Strafrecht AT I

Hemmer/Wüst/Berberich

Vorwort

Strafrecht AT I mit der **hemmer-Methode**

Wer in vier Jahren sein Studium abschließen will, kann sich einen Irrtum in Bezug auf Stoffauswahl und -aneignung nicht leisten. Hoffen Sie nicht auf leichte Rezepte und den einfachen Rechtsprechungsfall. Hüten Sie sich vor Übervereinfachung beim Lernen. Stellen Sie deswegen frühzeitig die Weichen richtig.

Gerade im Strafrecht ist es wichtig, die Klassiker zu kennen. Speziell im Bereich des Allgemeinen Strafrechts ist die Kenntnis typischer Aufbaufragen und Literaturstreitigkeiten unumgänglich. Im **Strafrecht AT I/II** werden deshalb alle wichtigen Fragen zu Vorsatz- und Fahrlässigkeitsdelikt, Versuch, Rücktritt, Irrtum, Rechtswidrigkeit und Schuld dargestellt. Grundbegriffe werden erläutert und zudem in den klausurtypischen Zusammenhang gebracht. Spezialbegriffe wie actio libera in causa werden in fallspezifischer Weise erklärt; Grundsätze wie in dubio pro reo und Grundzüge der verschiedenen Strafmöglichkeiten und der Strafzumessung werden ebenfalls dargestellt. Die **hemmer-Methode** vermittelt Ihnen die **erste richtige Einordnung** und das **Problembewusstsein**, welches Sie brauchen, um an einer Klausur bzw. dem Ersteller nicht vorbeizuschreiben. Häufig ist dem Studierenden nicht klar, warum er schlechte Klausuren schreibt. Wir geben Ihnen **gezielte Tipps**! Vertrauen Sie auf unsere **Expertenkniffe**.

Durch die ständige Diskussion mit unseren Kursteilnehmerinnen und Kursteilnehmern ist uns als erfahrenen Repetitoren klar geworden, welche **Probleme** die Studierenden haben, ihr **Wissen anzuwenden**. Wir haben aber auch von unseren Kursteilnehmerinnen und Kursteilnehmern profitiert und von ihnen erfahren, welche **Argumentationsketten** in der Prüfung zum Erfolg geführt haben.

Die **hemmer-Methode** gibt **jahrelange Erfahrung** weiter, erspart Ihnen viele schmerzliche Irrtümer, setzt richtungsweisende Maßstäbe und begleitet Sie als **Gebrauchsanweisung** in Ihrer Ausbildung:

1. Grundwissen:

Die **Grundwissenskripten** sind für die Studierenden in den ersten Semestern gedacht. In den Theoriebänden Grundwissen werden leicht verständlich und kurz die wichtigsten Rechtsinstitute vorgestellt und das notwendige Grundwissen vermittelt. Die Skripten werden durch den jeweiligen Band unserer **Reihe „Die wichtigsten Fälle“** ergänzt.

2. Basics:

Das Grundwerk für Studium und Examen. Es schafft schnell **Einordnungswissen** und mittels der hemmer-Methode richtiges Problembewusstsein für Klausur und Hausarbeit. Wichtig ist, **wann und wie** Wissen in der Klausur angewendet wird.

3. Skriptenreihe:

Vertiefendes Prüfungswissen: Über 1.000 Klausuren wurden auf ihre „essentials" abgeklopft.

Anwendungsorientiert werden die für die Prüfung nötigen Zusammenhänge umfassend aufgezeigt und wiederkehrende Argumentationsketten eingeübt.

Gleichzeitig wird durch die **hemmer-Methode** auf **anspruchsvollem Niveau** vermittelt, nach welchen Kriterien Prüfungsfälle beurteilt werden. Mit dem Verstehen wächst die Zustimmung zu Ihrem Studium. Spaß und Motivation beim Lernen entstehen erst durch Verständnis.

Lernen Sie, durch Verstehen am juristischen Sprachspiel teilzunehmen. Wir schaffen den „background“, mit dem Sie die innere Struktur von Klausur und Hausarbeit erkennen: **„Problem erkannt, Gefahr gebannt“**. Profitieren Sie von unserem **strategischen Wissen**. Wir werden Sie mit unserem know-how auf das Anforderungsprofil einstimmen, das Sie in Klausur und Hausarbeit erwartet.

Die Theoriebände Grundwissen, die Basics, die Skriptenreihe und der Hauptkurs sind als **modernes, offenes und flexibles Lernsystem** aufeinander abgestimmt und ergänzen sich ideal. Die **studentenfreundliche Preisgestaltung** ermöglicht den **Erwerb als Gesamtwerk**.

4. Hauptkurs:

Schulung am examenstypischen Fall mit der Assoziationsmethode. Trainieren Sie unter professioneller Anleitung, was Sie im Examen erwartet und wie Sie bestmöglich mit dem Examensfall umgehen.

Nur wer die Dramaturgie eines Falles verstanden hat, ist in Klausur und Hausarbeit auf der sicheren Seite! Häufig hören wir von unseren Kursteilnehmenden: **„Erst jetzt hat Jura richtig Spaß gemacht“**.

Die Ergebnisse unserer Kursteilnehmerinnen und Kursteilnehmer geben uns Recht. Maßstab ist der Erfolg. Die Examensergebnisse zeigen, dass unsere Kursteilnehmenden überdurchschnittlich abschneiden.

Die Examensergebnisse unserer Kursteilnehmerinnen und Kursteilnehmer können auch Ansporn für Sie sein, intelligent zu lernen: Wer nur auf vier Punkte lernt, landet leicht bei drei.
Lassen Sie sich aber nicht von diesen Supernoten verschrecken, sehen Sie dieses Niveau als Ansporn für Ihre Ausbildung.

Wir hoffen, mit unserem Gesamtangebot bei der Konkretisierung des Rechts mitzuwirken und wünschen Ihnen **viel Spaß beim Durcharbeiten** unserer Skripten.

Wir würden uns freuen, mit Ihnen in unserem Hauptkurs und mit der **hemmer-Methode** gemeinsam Verständnis an der Juristerei zu trainieren. Nur wer erlernt, was ihn im Examen erwartet, lernt richtig!

So leicht ist es, uns kennenzulernen: Probehören ist jederzeit in den jeweiligen Kursorten möglich.

Karl-Edmund Hemmer & Achim Wüst

Strafrecht AT I

Hemmer/Wüst/Berberich

Hemmer/Wüst Verlagsgesellschaft
Hemmer/Wüst/Berberich, Strafrecht AT I

ISBN 978-3-96838-006-3

15. Auflage 2021

gedruckt auf chlorfrei gebleichtem Papier
von Schleunungdruck GmbH, Marktheidenfeld

Kommentare:

Fischer	Strafgesetzbuch und Nebengesetze (zit. Fischer)
Joecks	Strafgesetzbuch, Studienkommentar (zit. Joecks)
Lackner/Kühl	Strafgesetzbuch mit Erläuterungen (zit. Lackner/Kühl)
Münchener Kommentar *(Hrsg. Joecks/Miebach)*	Kommentar zum Strafgesetzbuch, Band 1, §§ 1-51 StGB, (zit. MüKo)
Nomos Kommentar *(Hrsg. Kindhäuser/Neumann/Paeffgen)*	Strafgesetzbuch Band 1-3 (zit. NK)
Palandt	Bürgerliches Gesetzbuch mit Nebengesetzen (zit. Palandt)
Schönke/Schröder	Strafgesetzbuch, Kommentar (zit. Schönke/Schröder)
Meyer-Goßner/Schmitt	Strafprozessordnung (zit. Meyer-Goßner/Schmitt)

Lehrbücher:

Baumann/Weber/Mitsch	Strafrecht Allgemeiner Teil
Freund	Strafrecht Allgemeiner Teil, Personale Straftatlehre
Gropp	Strafrecht Allgemeiner Teil
Haft	Strafrecht Allgemeiner Teil, eine Einführung für Anfangssemester
Jescheck/Weigend	Lehrbuch des Strafrechts, Allgemeiner Teil
Jakobs	Strafrecht Allgemeiner Teil, Grundlagen und Zurechnungslehre
Kühl	Strafrecht Allgemeiner Teil
Maurach	Strafrecht Allgemeiner Teil Band I

Maurach	Strafrecht Besonderer Teil Band I, Straftaten gegen Persönlichkeits- und Vermögenswerte
Rengier	Strafrecht Allgemeiner Teil
Roxin	Strafrecht Allgemeiner Teil Band I
Zieschang	Strafrecht Allgemeiner Teil

Weitere Nachweise (insbesondere bzgl. Aufsätze) in den Fußnoten.

§ 1 EINLEITUNG

A. Einführung

I. Klausurhinweise

Klausurhinweise

Zur Einleitung werden einige generelle Aufbauhinweise gegeben, wobei die Ausführungen bewusst knapp gehalten sind, um möglichst zügig zu den klausurrelevanten Problemkreisen zu gelangen.[1] 1

1. Prüfung der Strafbarkeit nur einer Person

Ist nach dem Bearbeitervermerk nur nach der Strafbarkeit einer Person gefragt, so bietet es sich für die Klausur häufig an, den Sachverhalt in Handlungskomplexe zu zerlegen, die einer isolierten Betrachtung zugänglich sind. 2

hemmer-Methode: Unterschätzen Sie niemals die Bedeutung des Bearbeitervermerks! Dieser gibt Ihnen den Prüfungsrahmen verbindlich vor. Lösen Sie sich hiervon, so können die schönsten Ausführungen nicht mehr retten. Sind beispielsweise nach dem Bearbeitervermerk Mordmerkmale nicht zu prüfen und prüfen Sie dennoch seitenweise die Merkmale des § 211 StGB, wird dies den Korrektor nicht nur ärgern, sondern sich auch in seiner Bewertung negativ auswirken. Daher bietet es sich an, als allerersten Arbeitsschritt in einer Klausur den Bearbeitervermerk zu lesen. Dies erleichtert von Anfang an den Umgang mit dem Sachverhalt, wenn insoweit bereits vom Klausurersteller gewisse Einschränkungen vorgenommen worden sind.

Innerhalb eines Handlungskomplexes sollte dann grundsätzlich mit dem schwersten Delikt begonnen werden, also dem Straftatbestand mit der abstrakt höchsten Strafandrohung. Dies zeigt Verständnis für die richtige Schwerpunktsetzung und erleichtert vor allem häufig den Umgang mit Problemen auf Konkurrenzebene. 3

Von diesem Grundsatz sollte aber dann abgewichen werden, wenn obiger Aufbau zu Inzidentprüfungen führt oder zu unübersichtlich wird. Zum Beispiel ist es häufig sachdienlich, bei einem möglichen Verdeckungsmord gemäß § 211 II Gr. 3 StGB zuvor die zu verdeckende Straftat zu prüfen.

Falsch dagegen ist es, Tatbestände, die aus Gründen der Gesetzeskonkurrenz zurücktreten, vor den sie verdrängenden Vorschriften zu prüfen. In Fällen der Spezialität ist eine Prüfung entbehrlich; ein kurzer Hinweis bei den Konkurrenzen genügt hier (z.B. werden die beim Raub gem. § 249 StGB notwendigerweise mit verwirklichten §§ 240, 242 StGB im Wege der Spezialität verdrängt). 4

In Fällen der Konsumtion und Subsidiarität hängt der Umfang der Prüfung vor allem davon ab, ob hier Probleme bzgl. der konkurrenzrechtlichen Behandlung existieren. Dabei spielt das richtige Zeitmanagement bei einer Klausurbearbeitung eine entscheidende Rolle. Denn Aufgabe ist es stets, die Klausur vollständig zu lösen. Damit sind Sie gerade bei strafrechtlichen Klausuren, bei denen häufig eine Fülle von Tatbeständen zu prüfen ist, zu einer richtigen Schwerpunktsetzung gezwungen.[2]

---

[1] Siehe hierzu auch Hannich, Der Prüfungsaufbau in der Strafrechtsklausur, Life&Law 2009, S. 421 ff.

[2] Ausführlich zu den Konkurrenzen im Strafrecht vgl. Berberich/Löper, Life&Law 2012, S. 907 ff.

2. Prüfung der Strafbarkeit mehrerer Personen

Grundsätzlich ist auch bei Beteiligung Mehrerer – schon wegen der Übersichtlichkeit – eine Einteilung in einzelne Handlungskomplexe vorzunehmen. Die alleinige Untergliederung nach Personen sollte dagegen nur bei einfach gelagerten Sachverhalten gewählt werden. 5

Innerhalb der einzelnen Handlungskomplexe ist dann nach Personen zu untergliedern. Zwingende Vorgaben hinsichtlich der Prüfungsreihenfolge ergeben sich insoweit lediglich aus dem sog. Akzessorietätsgrundsatz für die Teilnahme, §§ 26, 27 StGB: Demzufolge ist erst der Täter, dann der Teilnehmer zu prüfen.

Darüber hinaus lassen sich kaum verbindliche Hinweise bzgl. des Prüfungsaufbaus bzw. der Prüfungsreihenfolge geben. Mittäter müssen nicht unbedingt zusammen geprüft werden. Anzuraten ist die Zusammenprüfung regelmäßig, wenn keiner der Mittäter den Straftatbestand in seiner Person voll verwirklicht hat, also nur über eine wechselseitige Zurechnung objektiver Tatbeiträge über § 25 II StGB der Straftatbestand bejaht werden kann. Bei Rücktritt oder Exzess eines Mittäters bietet sich hingegen eher eine getrennte Prüfung an, was insbesondere der Übersichtlichkeit und auch dem eigenen Verständnis dient. Regelmäßiges Klausurschreiben ist zum Training dieser Aufbaufragen unverzichtbar. 6

hemmer-Methode: Die Strafbarkeit von Toten ist nur zu prüfen, wenn ausdrücklich danach gefragt ist. Eine Ausnahme gilt in Fällen, in denen die Strafbarkeit der Lebenden von der Strafbarkeit eines Toten abhängig ist. Dies ist etwa dann der Fall, wenn i.R.d. Notwehr zu klären ist, ob die mittlerweile tote Person einen „gegenwärtigen rechtswidrigen Angriff" vorgenommen hatte (im Rahmen einer Indzidentprüfung).

II. Aufgabe und Begriff des Strafrechts

Unter dem Begriff des *Strafrechts* versteht man nach gängiger Definition die Summe der Rechtsnormen, die für eine bestimmte Tat eine bestimmte Strafe oder Maßnahme als Rechtsfolge anordnen.[3] Strafrecht ist ein Teilgebiet des Öffentlichen Rechts, da es Beziehungen hoheitlicher Natur zwischen Staat und Bürger regelt. 7

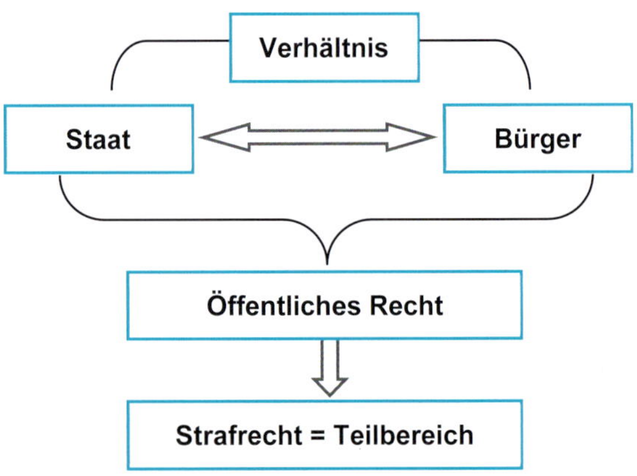

hemmer-Methode: Auf Ausführungen zu Sinn und Zweck der Strafe wird an dieser Stelle bewusst verzichtet, da solch philosophische Abhandlungen keine Klausurrelevanz aufweisen. Insoweit sei auf die einschlägigen Lehrbücher verwiesen.[4]

---

3 Baumann/Weber/Mitsch, § 3 Rn. 2.

4 Vgl. etwa Baumann/Weber/Mitsch, § 3 Rn. 24 ff.; Jescheck/Weigend, § 8.

1. Strafrechtsbegriff

a) Strafgesetz

Strafgesetz

Straftat ist jedes Verhalten, durch das ein Strafgesetz verletzt worden ist. *Strafgesetze* sind alle Vorschriften, die als Rechtsfolge ausdrücklich Strafe (Geld- oder Freiheitsstrafe) vorsehen oder sich als allgemeine Regeln direkt darauf beziehen, wie die Normen des Allgemeinen Teils (AT). 8

Normen mit anderen Rechtsfolgen sind dagegen keine Strafgesetze. Insbesondere darf die im Ordnungswidrigkeitenrecht häufig als Sanktion vorgesehene Geldbuße nicht mit der Geldstrafe verwechselt werden.

b) Rechtsquellen

Wichtigste *Rechtsquelle* für Strafgesetze ist das Strafgesetzbuch (StGB). Hierbei handelt es sich aber nicht um eine insoweit abschließende Kodifikation. In zahlreichen Spezialgesetzen, die als *strafrechtliche Nebengesetze* bezeichnet werden,[5] finden sich weitere Strafgesetze. Der Allgemeine Teil des StGB gilt auch für diese Nebengesetze, vgl. Art. 1 EGStGB. Im Folgenden werden die relevantesten dieser Normen kurz dargestellt. Die Aufzählung ist nicht abschließend. 9

Beispiele für strafrechtliche Nebengesetze

- §§ 29 ff. BtMG (Sartorius Nr. 275)
- § 24 PaßG (Sartorius Nr. 250)
- §§ 21, 22 StVG (Schönfelder Nr. 35)
- §§ 27, 28 VersammlG (Sartorius Nr. 435)

hemmer-Methode: Häufig wird im Bearbeitervermerk die Prüfung der strafrechtlichen Nebengesetze ausgeschlossen sein, indem die Strafbarkeit gemäß dem StGB zu prüfen ist. Sollte dagegen allgemein nach der Strafbarkeit der Beteiligten gefragt werden, käme auch eine Prüfung der nebengesetzlichen Normen in Betracht. Prüfen Sie dann gedanklich, ob eine Strafbarkeit aufgrund von Nebengesetzen bestehen könnte.

c) Rechtsfolgen

§§ 38 ff. StGB

Das StGB geht in den §§ 38 ff. StGB vom sog. dualistischen Rechtsfolgensystem aus. 10

Einmal sind repressive Strafen für begangenes Unrecht vorgesehen. Hauptstrafen sind Freiheits- und Geldstrafe. Nebenstrafe ist das Fahrverbot gem. § 44 StGB.

Maßregeln der Besserung und Sicherung dagegen verfolgen präventive Zwecke. Sie setzen kein schuldhaftes Verhalten des Täters voraus. Zu erwähnen sind hier die Entziehung der Fahrerlaubnis, vgl. §§ 69 ff. StGB, und das Berufsverbot gem. §§ 70 ff. StGB.

[5] Vgl. zu den strafrechtlichen Nebengesetzen Fischer, Anhang Nr. 4-22.

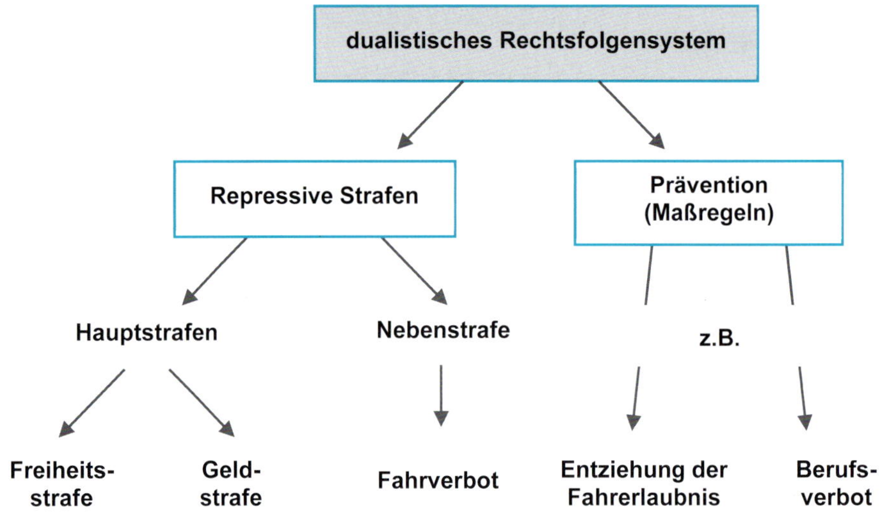

Sowohl repressiven wie auch präventiven Zwecken dienen die Regelungen über die Einziehung gem. §§ 73 ff. StGB. 11

hemmer-Methode: Überfliegen Sie kurz diese Vorschriften im Gesetzestext. Die Einziehung von Taterträgen, Tatprodukten und Tatmitteln können durchaus über die klassischen Strafen (Geld- und Freiheitsstrafe) hinaus eine große Abschreckungswirkung erzeugen. Besonderes Wissen ist insoweit nicht erforderlich.

2. Abgrenzung Verbrechen / Vergehen, § 12 StGB

Verbrechen und Vergehen

Die einzelnen Delikte lassen sich nach der Schwere der Strafandrohung einteilen. § 12 StGB differenziert insoweit zwischen Verbrechen und Vergehen. 12

Verbrechen

Verbrechen sind rechtswidrige Taten, die im Mindestmaß mit einer Freiheitsstrafe von einem Jahr oder darüber bedroht sind, vgl. § 12 I StGB. 13

Vergehen

Vergehen dagegen sind rechtswidrige Taten, die im Mindestmaß mit einer geringeren Freiheitsstrafe oder die mit Geldstrafe bedroht sind, vgl. § 12 II StGB. 14

Maßgebend für die Deliktsnatur ist nicht die im Einzelfall verwirkte, sondern die im Strafrahmen abstrakt angedrohte Mindeststrafe.

Nach § 12 III StGB bleiben bei der Einordnung der Delikte als Vergehen oder Verbrechen Schärfungen oder Milderungen, die nach den Vorschriften des Allgemeinen Teils oder für besonders schwere oder minder schwere Fälle vorgesehen sind, außer Betracht. Dies gilt auch, wenn Regelbeispiele für besonders schwere Fälle vom Gesetzgeber ausdrücklich aufgeführt werden.[6] In den Fällen des § 12 III StGB steht es im Ermessen des Richters, ob er von dem geänderten Strafrahmen ausgeht. Deshalb ist es nur folgerichtig, dass durch diese Schärfungen oder Milderungen die Deliktsnatur des Straftatbestandes unberührt bleibt. 15

hemmer-Methode: Relevant kann die Einteilung nach Verbrechen und Vergehen etwa für die Versuchsstrafbarkeit sein. Nur bei Verbrechen ist diese generell angeordnet, vgl. § 23 I Alt. 1 StGB.

6 Vgl. Fischer, § 12 Rn. 11.

III. Garantiefunktion der Strafgesetze

Grundlage der Strafverfolgung ist in einem Rechtsstaat das so genannte Gesetzlichkeitsprinzip, vgl. Art 103 II GG bzw. § 1 StGB. Demnach kann eine Tat nur dann bestraft werden, wenn die Strafbarkeit auch gesetzlich bestimmt war, bevor die Tat begangen wurde. 16

Dieser *nullum crimen sine lege-Grundsatz*[7] des § 1 StGB enthält materielles Verfassungsrecht und besitzt Grundrechtscharakter. Demzufolge kann die Verletzung dieses Grundsatzes mit der Verfassungsbeschwerde gerügt werden, vgl. Art. 93 I Nr. 4a GG, § 90 I BVerfGG. Hieraus lassen sich die folgenden vier Grundregeln ableiten:

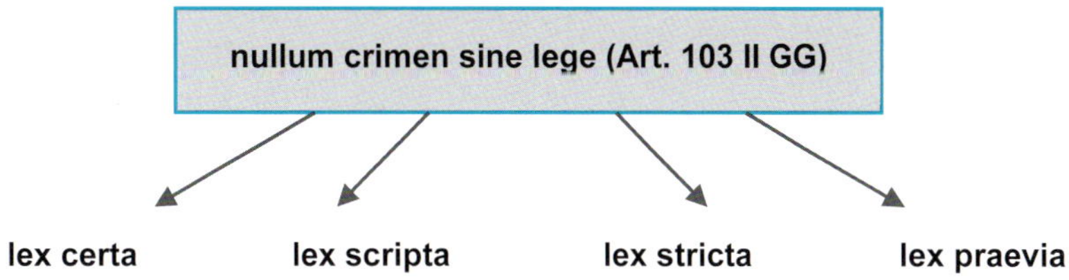

1. Lex certa[8]

Bestimmtheitsgebot

Aus dem Gesetzlichkeitsprinzip folgt die Pflicht, hinreichend bestimmte Gesetze zu formulieren. Die Strafbarkeit der Tat muss also gesetzlich bestimmt sein. 17

In Anbetracht dessen, dass das Strafrecht zum Teil massive Eingriffe in die Freiheitsrechte des Einzelnen vorsieht, ist es unerlässlich, dass der Gesetzgeber selbst die wesentlichen Voraussetzungen einer Strafbarkeit regelt und damit auch Rechtssicherheit schafft. Dies bedeutet, dass jedermann vorhersehen können muss, welches menschliche Handeln mit welcher Strafe bedroht ist, um sein Verhalten auch entsprechend ausrichten zu können.[9]

Konkret müssen die Straftatbestände und ihre Voraussetzungen sowie die daran geknüpften Folgen so genau umschrieben sein, dass sich die Tragweite und der Anwendungsbereich der jeweiligen Tatbestände erkennen oder durch Auslegung ermitteln lassen.

> **Bsp.:** *Diskutiert wurde das Bestimmtheitsgebot insbesondere i.R.d. § 240 II StGB hinsichtlich der Verwerflichkeitsklausel bei den sog. Sitzblockaden. Die Einhaltung wurde insoweit vom BGH bejaht.*[10]

2. Lex scripta[11]

Verbot von strafbegründendem Gewohnheitsrecht

Im materiellen Strafrecht ist es verboten, eine Strafbarkeit durch Gewohnheitsrecht, also durch lang andauernde, von der Überzeugung ihrer Verbindlichkeit getragene Übung seitens der Gerichte, zu begründen. Die Strafbarkeit eines bestimmten menschlichen Verhaltens setzt demnach voraus, dass diese Strafbarkeit gesetzlich bestimmt ist. Daraus ergibt sich, dass allein der Gesetzgeber durch förmliches Gesetz zu entscheiden hat, welches konkrete Verhalten unter Strafe stehen soll. Weder Verwaltung noch Rechtsprechung dürfen demnach die Voraussetzungen einer Strafbarkeit bestimmen.[12] 18

---

7 Aus dem Lateinischen wörtlich übersetzt: „Keine Strafe ohne Gesetz“.

8 Aus dem Lateinischen wörtlich übersetzt: „(Hinreichend) bestimmtes Gesetz“.

9 Vgl. BGHSt 23, S. 171.

10 Vgl. BGH, NJW 1987, S. 43.

11 Aus dem Lateinischen wörtlich übersetzt: „Geschriebenes Recht“.

12 Vgl. BVerfG, NStZ 1969, S. 229 f.

Daneben dürfen aufgrund Gewohnheitsrechts weder neue Straftatbestände begründet, noch vorhandene Straftatbestände verschärft werden, etwa durch Bildung neuer besonders schwerer Fälle ohne gesetzliche Grundlage. Dies folgt auch aus dem Gewaltenteilungsgrundsatz.

Wie auch bei der lex stricta - vgl. sogleich unten - ist es aber erlaubt, gewohnheitsrechtliche Einschränkungen anzuwenden, die zugunsten des Täters wirken.

3. Lex stricta[13]

Analogieverbot

19 Zudem ist es im Strafrecht verboten, über eine Analogie zu Lasten des Täters eine Strafbarkeit zu begründen. Zu Lasten des Täters ist eine Analogie demnach verboten, dagegen ist es erlaubt, zugunsten des Täters eine Analogie zu bilden.

> **Bsp.:** *Beseitigt der Täter die konkrete Lebensgefahr für das Opfer, findet aus systematischen Gründen sowie nach Sinn und Zweck der tätigen Reue § 306e StGB analoge Anwendung auf den Qualifikationstatbestand des § 306b II Nr. 1 StGB.*[14]

Anders als im Zivilrecht darf das Strafgericht nicht bei Bejahung einer unbewussten Regelungslücke und einer ähnlichen Interessenlage wie im geregelten Fall eine Strafbarkeit bejahen. Es ist Aufgabe des Gesetzgebers zu bestimmen, wann ein konkretes menschliches Verhalten strafbar sein soll.

Abgrenzung Auslegung / verbotene Analogie

20 Häufig ist es problematisch, zwischen einer erlaubten Auslegung und einer verbotenen Analogie zu Lasten des Täters abzugrenzen. Mit Hilfe der Auslegung soll der Gesetzesinhalt ermittelt werden. Grenze ist dabei der mögliche Sinngehalt des Wortlauts. Die Analogie dient dagegen der Ausfüllung von Gesetzeslücken.

> **Bsp.:** *Bei § 226 I Nr. 2 StGB ist umstritten, ob innere Organe als „wichtiges Glied" anzusehen sind. Unter einem Glied versteht man nach einer weit verbreiteten Auffassung nur ein solches Körperteil, das mit dem Rumpf oder einem anderen Körperteil durch ein Gelenk verbunden ist.*[15]

hemmer-Methode: In der Klausur sollte man sich grundsätzlich vor einer zu extensiven Auslegung hüten, da insoweit schnell die Grenze zur verbotenen Analogie zulasten des Täters überschritten sein kann.

4. Lex praevia[16]

a) Allgemeines

Rückwirkungsverbot

21 Weiterhin ist das Rückwirkungsverbot zu beachten. Danach ist es verboten, eine Strafbarkeit rückwirkend einzuführen oder eine gesetzlich angeordnete Strafe nachträglich zu erhöhen. Die Strafbarkeit muss bestimmt sein, bevor die Tat begangen wurde. Es soll verhindert werden, dass jemand aufgrund eines Gesetzes bestraft wird, das zur Tatzeit noch gar nicht in Kraft war und somit dem Täter auch noch nicht bekannt sein konnte.[17]

---

13 Aus dem Lateinischen wörtlich übersetzt: „Striktes Recht".

14 BGH, Beschluss vom 27.05.2020 – 1 StR 118/20 = **juris**byhemmer. **(Wenn dieses Logo hinter einer Fundstelle abgedruckt wird, finden Sie die Entscheidung online unter „juris by hemmer": www.hemmer.de).**

15 Fischer, § 226 Rn. 6 ff.

16 Aus dem Lateinischen wörtlich übersetzt: „Vorheriges Gesetz".

17 Vgl. BVerfG, NStZ 1990, S. 238 f. = **juris**byhemmer.

b) Einzelfälle

Das Rückwirkungsverbot umfasst dabei das „Ob" und „Wie" der Strafbarkeit. Es gilt im gesamten materiellen Strafrecht, nicht hingegen im Strafverfahrensrecht. 22

Änderung der Auslegung

Zu beachten ist, dass eine Änderung der Auslegung eines gesetzlichen Tatbestandsmerkmals seitens der Rechtsprechung hiervon nicht erfasst wird. 23

hemmer-Methode: So wurde etwa die Grenze für die absolute Fahruntüchtigkeit aufgrund wissenschaftlicher Erkenntnisse von 1,3 auf 1,1 Promille von der Rechtsprechung abgesenkt. Dies bekamen auch Täter zu spüren, welche die Alkoholfahrt vor der Änderung der höchstrichterlichen Rechtsprechung getätigt hatten, eine Verurteilung aber noch ausstand.

Kein Verstoß bei Verlängerung von Verjährungszeiten

In Bezug auf die Strafverfolgungsvoraussetzungen hat das BVerfG entschieden, dass eine rückwirkende Verlängerung laufender Verjährungszeiten nicht gegen Art. 103 II GG verstößt.[18] 24

§§ 61 ff. StGB

Das Rückwirkungsverbot greift grundsätzlich nicht bei Maßregeln der Besserung und Sicherung, vgl. §§ 61 ff. StGB. Kennzeichnend für diese ist nämlich, dass sie nicht an eine Schuld des Täters anknüpfen, sondern an die Gefährlichkeit des Täters für die Allgemeinheit, also vor allem präventiven Zwecken dienen. 25

Kann wegen § 20 StGB beispielsweise keine Strafe verhängt werden, so eröffnet § 63 StGB gleichwohl unter gewissen Voraussetzungen die Unterbringung in einem psychiatrischen Krankenhaus.[19] Für derartige Maßregeln gilt nach § 2 VI StGB das Gesetz, das zur Zeit der Entscheidung gilt.

B. Strafrechtliche Handlungslehren

I. Einführung

Der strafrechtliche Vorwurf knüpft immer an ein bestimmtes Verhalten an, das sich in einem *aktiven Tun* oder einem *Unterlassen* äußern kann. Diese an sich klare Einteilung klärt aber noch nicht, welche Anforderungen in concreto an eine strafrechtlich relevante Handlung zu stellen sind. Diese Bestimmung ist Sinn und Zweck der verschiedenen Handlungslehren. 26

hemmer-Methode: Praktische Auswirkung haben diese Lehren vor allem auf den Deliktsaufbau. Eine direkte Erörterung in der Klausur ist damit der Ausnahmefall. Für das Verständnis der Systematik und auch für die mündliche Prüfung sind die folgenden Ausführungen jedoch von Examensrelevanz.

1. Kausale Handlungslehre / klassisches Verbrechenssystem

Nach der älteren *kausalen Handlungslehre* ist die menschliche Handlung jedes willensgetragene menschliche Verhalten, das zu einer Veränderung in der Außenwelt führt. Maßgeblich ist hiernach der „Außenwelterfolg", wobei der menschliche Wille lediglich in seiner verursachenden Funktion, nicht jedoch in seiner den Geschehensablauf steuernden Kraft erfasst wurde.[20] 27

[18] BVerfG, NStZ 2000, S. 251 = jurisbyhemmer.

[19] Vgl. Zieschang, S. 18.

[20] Zieschang, S. 36.

Kritik

Diese Lehre ist in mehrfacher Hinsicht kritisch zu betrachten.[21] Zum einen kann sie nicht die fahrlässige Unterlassungstat erklären, die zu einer Strafbarkeit führt, obwohl der Täter im „Handlungs“zeitpunkt noch nicht an den späteren Erfolg gedacht haben und somit auch keinen Willensimpuls zur Untätigkeit gesetzt haben kann. 28

Auch im Bereich des Versuchs ist diese Lehre problematisch, da der objektive Bestandteil des unmittelbaren Ansetzens i.S.d. § 22 StGB nur deshalb zum tatbestandlichen Unrecht wird, da zuvor festgestellt wurde, dass der Täterwille inhaltlich auf die Verwirklichung eines bestimmten Unrechtstatbestandes gerichtet war.

Verbrechensaufbau

Dieser klassische Verbrechensbegriff bildete den Ausgangspunkt für das *kausale oder klassische Verbrechenssystem*. Weil die Handlung nur aus äußeren, objektiv in Erscheinung tretenden Merkmalen besteht, enthält der Tatbestand folglich nur objektive Merkmale. Subjektive Merkmale werden demnach nur auf der Ebene der Schuld geprüft. 29

Aufbauschema: Klassisches Verbrechenssystem

1. Tatbestand (deskriptive Seite der Tat)

⇨ nur objektiver Tatbestand

2. Rechtswidrigkeit (normative Seite der Tat)

3. Schuld (subjektive Seite der Tat)

a) Schuldfähigkeit

b) Schuldvorwurf (Vorsatz und Absichten)

c) Bewusstsein der Rechtswidrigkeit

d) Keine Schuldausschließungsgründe

2. Finale Handlungslehre / finales Verbrechenssystem

Finale Handlungslehre

Dem steht die von *Welzel* begründete finale Handlungslehre gegenüber. Nach dieser Lehre stellt die Handlung ein vom steuernden Willen beherrschtes, zielgerichtetes menschliches Verhalten dar. Es wird hiernach also nicht nur auf den durch einen Willensimpuls ausgelösten Kausalvorgang abgestellt. Die Finalität der Handlung beruht auf der Fähigkeit des Menschen, die möglichen Folgen seines Tätigwerdens in gewissem Umfange vorauszusehen, sich verschiedene Ziele zu setzen und sein Verhalten planvoll auf das angestrebte Ziel hinzusteuern. 30

Kritik

Auch diese Lehre ist Kritik ausgesetzt. Zum einen lassen sich hiermit nicht die Unterlassungstaten erklären, da es insoweit gerade keine „aktuelle Finalität“ im Sinne eines bewussten Steuerns und Lenkens des Geschehensablaufs gibt.[22] 31

Aber auch die unbewusste Fahrlässigkeitstat lässt sich anhand dieser Lehre nicht erklären, da Anknüpfungspunkt der Strafbarkeit dann gerade kein zielbewusstes Handeln, sondern ein unbewusster Sorgfaltsmangel ist.

[21] Vgl. Haft, S. 25.

[22] Vgl. Schönke/Schröder, Vorbem. §§ 13 ff. Rn. 31.

Verbrechensaufbau

Die finale Handlungslehre bildet ihrerseits die Grundlage für das sog. 32
finale Verbrechenssystem. Da hiernach zur Handlung nicht nur das äußere Geschehen gehört, sondern auch die Zielsetzung, also der Vorsatz, sind die subjektiven Merkmale bereits auf Tatbestandsebene zu prüfen. Hingegen wird auf der Ebene der Schuld auf die Prüfung subjektiver Elemente verzichtet.

<u>Aufbauschema: Finales Verbrechenssystem</u>

1. Tatbestand

- **a)** Objektiver Tatbestand (äußere Merkmale)
- **b)** Subjektiver Tatbestand (Zielsetzung)

2. Rechtswidrigkeit

3. Schuld

- **a)** Schuldfähigkeit
- **b)** Unrechtsbewusstsein
- **c)** Keine Schuldausschließungsgründe

3. Soziale Handlungslehre / modernes Verbrechenssystem

Heute herrschend ist die *soziale Handlungslehre*.[23] Diese erachtet als 33
entscheidendes Kriterium des Handlungsbegriffes die soziale Relevanz menschlichen Verhaltens.

Begriffe

Unter *Verhalten* ist dabei jede denkbare menschliche Reaktion auf 34
eine erkannte oder erkennbare Situationsanforderung zu verstehen. *Sozialerheblich* ist ein solches Verhalten, das die Beziehungen des Einzelmenschen zu seiner Umwelt berührt und nach seinem erstrebten oder unerwünschten Folgen im sozialen Bereich Gegenstand einer wertbezogenen Beurteilung sein kann. Insoweit stellt sich diese Lehre als Synthese der beiden oben dargestellten älteren Handlungslehren dar.

Kritik

Hauptkritikpunkt an dieser Lehre ist vor allem der Begriff der *Sozial-* 35
erheblichkeit. Dieser führt nämlich dazu, dass der Begriff der Handlung gar nicht definiert wird, sondern letztlich nur ihre Auswirkungen und Folgen. Die *Sozialerheblichkeit* als solche lässt sich abstrakt zudem auch gar nicht beurteilen, ohne auf einen bestimmten Unrechtsgehalt zurückzugreifen.[24]

Verbrechensaufbau

Die soziale Handlungslehre bildet ihrerseits die Grundlage für das *mo-* 36
derne Verbrechenssystem. Da bei dieser sowohl kausale als auch finale Handlungselemente enthalten sind, kommt dem Vorsatz konsequenterweise eine *Doppelstellung* zu. Der Vorsatz wird sowohl auf Tatbestandsebene als auch auf der Ebene der Schuld geprüft.

---

[23] Vgl. etwa Jescheck/Weigend, § 23 VI.

[24] Schönke/Schröder, Vorbem. §§ 13 ff. Rn. 35.

Aufbauschema: Modernes Verbrechenssystem

1. Tatbestand

a) Objektiver Tatbestand

b) Subjektiver Tatbestand

2. Rechtswidrigkeit

3. Schuld

a) Schuldfähigkeit

b) Vorsatzschuld

c) Unrechtsbewusstsein

d) Keine Schuldausschließungsgründe

Lehre von den negativen Tatbestandsmerkmalen

Die h.M. folgt also einem dreistufigen Verbrechensaufbau. Dagegen folgt die sog. *Lehre von den negativen Tatbestandsmerkmalen* einem zweistufigen Aufbau. Hiernach sollen die Rechtfertigungsgründe als negative Tatbestandsmerkmale anzusehen sein, weil deren Nichtvorliegen für die Unrechtsbewertung die gleiche Bedeutung hat wie das Vorliegen der unrechtsbegründenden (= positiven) Tatbestandsmerkmale.[25] Demnach wäre also bereits im objektiven Tatbestand immer das Fehlen von Rechtfertigungsgründen zu prüfen.

Aufbauschema: „Zweistufiger Aufbau“

1. Unrechtstatbestand

a) Objektiv

(1.) Objektive Tatbestandsmerkmale

(2.) Nichtvorliegen von Rechtfertigungsgründen

b) Subjektiv

(1.) Vorsatz bezügl. objektivem Unrechtstatbestand

(2.) Ggfs. sonstige subjektive Merkmale

2. Schuld

a) Schuldfähigkeit

b) Vorsatzschuld

c) Unrechtsbewusstsein

d) Keine Schuldausschließungsgründe

Gegen diese Ansicht spricht aber schon das Gesetz selbst. Eine unter Vorliegen eines Rechtfertigungsgrundes begangene Tat als „nicht rechtswidrig“ zu bezeichnen (vgl. z.B. § 32 StGB) macht letztlich nur dann Sinn, wenn in einem derartigen Fall nicht bereits die Tatbestandsmäßigkeit entfällt, sondern die Rechtswidrigkeit als eigenständige Wertungsstufe anzuerkennen ist.[26]

hemmer-Methode: Für die Klausur empfiehlt es sich, dem modernen System zu folgen. Die weiteren Ausführungen sind allenfalls im mündlichen Examen von Interesse. Denken Sie vor allem in der Klausur daran: Erklären Sie niemals Ihren Aufbau! Dieser spricht für sich selbst, aus ihm wird deutlich, welchem System Sie folgen.

---

25 Vgl. dazu etwa Fischer, vor § 13 Rn. 46 m.w.N.

26 Vgl. Schönke/Schröder, Vorbem. §§ 13 ff. Rn. 18.

II. Handlung - Nichthandlung

Nicht jedes menschliche „Handeln“ erfüllt auch in strafrechtlicher Hinsicht den Handlungsbegriff. Insoweit bestehen einige Mindestvoraussetzungen, die von allen oben beschriebenen Lehren weitgehend gleich formuliert werden, um in strafrechtlicher Hinsicht eine Abgrenzung zwischen Handlung und Nichthandlung vorzunehmen. 37

1. Menschliches Verhalten

Menschliches Verhalten

Zunächst muss überhaupt ein menschliches Verhalten vorliegen. Folglich können auch nur natürliche Personen strafbar sein, nicht juristische Personen. Insoweit ist aber § 14 StGB hinsichtlich der sog. Organ- und Vertreterhaftung zu beachten.[27] 38

hemmer-Methode: Beachten Sie, dass ein Gesetz, welches unter anderem strafbegründende persönliche Merkmale voraussetzt, auf den Vertreter anzuwenden ist, wenn zwar bei ihm die persönlichen Merkmale fehlen, aber beim Vertretenen vorliegen, § 14 I StGB. Dies gilt auch dann, wenn der Vertretene beispielsweise eine juristische Person ist.

Bloße Naturereignisse und tierisches Verhalten unterfallen ebenfalls nicht dem Handlungsbegriff. Bei tierischem Verhalten ist allerdings darauf zu achten, ob es auf vorangegangenem menschlichem Verhalten beruht:

Bspe.: 39

- *Eine menschliche Handlung liegt dann vor, wenn ein Mensch einen Hund auf einen anderen Menschen hetzt und dieser dann Verletzungen hervorruft.*
- *Auch ist eine menschliche Handlung gegeben, wenn ein Tier „zweckentfremdet“ wird und von einem Menschen als Wurfgeschoss benutzt wird.*

2. Willensbetätigung nach außen

Äußerliches Verhalten

Weiterhin muss die Willensbetätigung nach außen gerichtet sein. Hierunter kann auch ein Unterlassen fallen. Nicht hiervon erfasst sind allerdings Vorgänge, die sich allein im Innern des Menschen abspielen. 40

Bsp.: *Gedanken, Absichten, Wünsche*

3. Vom Willen beherrschtes oder beherrschbares Verhalten

Schließlich muss das Verhalten auch vom menschlichen Willen *beherrscht* oder zumindest *beherrschbar* sein.[28] Erforderlich ist insoweit allein, dass der Wille bei der Verhaltenssteuerung überhaupt mitwirkt. Dabei ist unerheblich, ob dieser Wille von einem Vorsatz im technischen Sinne getragen wird oder das Verhalten im technischen Sinn schuldhaft erfolgt ist. Somit scheiden auf dieser Ebene folgende „Nichthandlungen“ aus: 41

---

27 Vgl. dazu Schönke/Schröder, § 14 Rn. 1.

28 Vgl. Fischer, vor § 13 Rn. 7.

a) Reflexbewegungen

Reflexbewegungen

Bei Reflexbewegungen wird ein physiologischer Reiz ohne Mitwir- 42
kung des Bewusstseins von einem Empfindungszentrum auf ein Bewegungszentrum übertragen, also unmittelbar in eine willensunabhängige Bewegung umgesetzt.

Bspe.:

- *Kniesehnenreflex*
- *Krampfanfälle*
- *Bewegungen im Schlaf*
- *Bewegungen in Bewusstlosigkeit*[29]
- *Bewegungen unter Hypnose*[30]

b) Vis absoluta[31]

Vis absoluta

„Nichthandlung" ist auch ein körperliches Verhalten, das durch unwi- 43
derstehliche Gewalt (vis absoluta) auf mechanische Weise erwirkt wird.[32] Dagegen liegt eine Handlung vor, die durch Einwirkung auf den Willen erzwungen wird (vis compulsiva).

Bsp. für vis absoluta:

A stürzt nach einem Schlag des B in die Warenauslage des Gemüsehändlers C. Wegen der vis absoluta liegt schon kein strafrechtlich relevantes Verhalten des A im Hinblick auf Rechtsgüter des C vor.

c) Schreck- und Affektreaktionen

Schreckreaktionen

Vor allem im Bereich der Abgrenzung zu den oben unter **a)** dargestell- 44
ten Reflexbewegungen ist umstritten, ob Schreckreaktionen unter den strafrechtlichen Handlungsbegriff fallen.[33] Hierunter fallen mehr oder minder automatisierte Verhaltensweisen, die auf eingefahrenen Verhaltens- und Reaktionsmustern basieren.

Die wohl h.M. bejaht auch bei diesen Automatismen die Handlungsqualität. Im Gegensatz zu den Reflexbewegungen liegt hier dennoch die Möglichkeit eines bewussten Gegensteuerns vor, also letztlich eine Willensabhängigkeit, selbst wenn dieses Element im Einzelfall weit zurückgedrängt ist.[34]

Eine Mindermeinung hingegen sieht in derartigen Automatismen vom Unterbewusstsein gesteuerte Reaktionen, die nicht mehr einer Willensherrschaft unterliegen.

Bspe.:

- *Spontanreaktionen, etwa beim Abwehren einer Wespe und gleichzeitigem Herumreißen des Lenkrades*
- *Affekt- und Kurzschlusshandlungen*

---

[29] Vgl. Schönke/Schröder, Vorbem. §§ 13 ff. Rn. 40.

[30] Dies ist allerdings strittig; teilweise wird vertreten, dass lediglich die Schuldfähigkeit ausgeschlossen sei, vgl. Maurach, AT 1 § 16 Rn. 19.

[31] Aus dem Lateinischen wörtlich übersetzt: "Absolute (oder unwiderstehliche) Gewalt".

[32] Schönke/Schröder, Vorbem. §§ 13 ff. Rn. 38.

[33] Vgl. Schönke/Schröder, Vorbem. §§ 13 ff. Rn. 41.

[34] Vgl. Maurach, AT 1 § 16 Rn. 17; Jescheck/Weigend, § 23 III S. 2a.

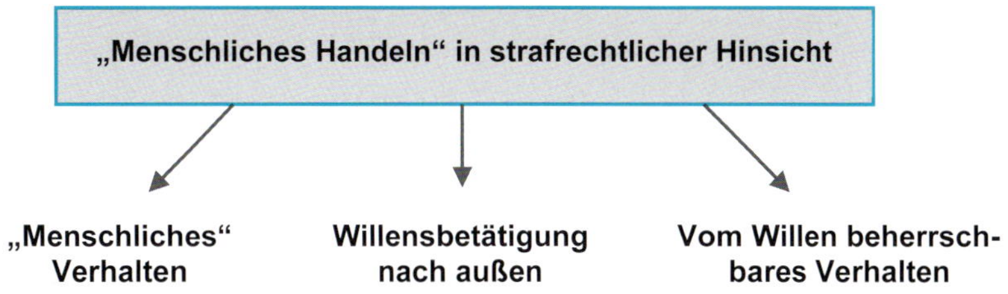

C. Systematik des StGB

AT und BT

Die Skriptreihe orientiert sich am grundlegenden Aufbau des StGB, 45
das zunächst einmal grundsätzlich in zwei große Abschnitte unterteilt ist, nämlich in einen Allgemeinen Teil (AT) und einen Besonderen Teil (BT).

Dabei sind im AT grundlegende Prinzipien formuliert, die grundsätzlich auf alle im BT geregelten einzelnen Delikte anwendbar sind.

I. Allgemeiner Teil

Auch der AT selbst ist wiederum in Abschnitte und Titel unterteilt und 46
insoweit systematisch untergliedert. Während für den Studenten hauptsächlich die beiden ersten Abschnitte von Interesse sind, sieht dies für den Referendar schon ganz anders aus, da hier insbesondere auch die Strafen und die Strafzumessung sowie etwaige Nebenfolgen von durchaus großer Bedeutung sind.

hemmer-Methode: Bevor man sich mit einer neuen Materie eingehender beschäftigt, ist ein Blick ins Gesetz durchaus angebracht, indem man sich anhand des Inhaltsverzeichnisses zumindest den groben Aufbau des Gesetzes verdeutlicht. Dies schafft von vornherein einen gewissen Überblick über die Systematik und erleichtert die spätere Arbeit mit dem Gesetz. Also lesen Sie an dieser Stelle einmal das Inhaltsverzeichnis des StGB im Überblick!

Klausurbedeutung

I.R.d. Prüfungsvorbereitung ist besonderes Augenmerk auf den AT zu legen. Denn nur ein gezieltes Studium des AT vermittelt das notwendige Grundverständnis für strafrechtliche Klausuren. Weiterhin ist zu beachten, dass die Grundsätze des Allgemeinen Teils letztlich das Grund- und Prüfungsschema für alle Klausuren bestimmen, in das die jeweiligen Normen des BT einzubetten sind. Damit ist auch klar, dass reines Detailwissen zu den einzelnen Straftatbeständen des BT allein niemals zu einer guten Falllösung führen kann. Wie die Bezeichnung „Allgemeiner Teil“ schon verdeutlicht, gelten dessen Normen als vor die Klammer gezogene allgemeine Regelungen für den gesamten Bereich des materiellen Strafrechts. Es gibt so gut wie keine Klausur, die nicht auch Probleme des AT enthält.

II. Besonderer Teil

Der BT ist in Abschnitte untergliedert, was anhand der unterschiedli- 47
chen Deliktsgruppen, insbesondere anhand der zu schützenden Rechtsgüter, erfolgt.

hemmer-Methode: Eine solche Aufspaltung in AT und BT ist selbstverständlich in der Klausur nicht denkbar, da jedes AT-Problem als „Aufhänger“ die Prüfung eines Delikts des BT voraussetzt.

D. Der Geltungsbereich des deutschen Strafrechts

Internationales Strafrecht gem. §§ 3 ff. StGB

Bevor in die Prüfung der Tatbestandsmäßigkeit, der Rechtswidrigkeit und der Schuld eingetreten werden kann, ist grundsätzlich zu prüfen, ob das deutsche Strafrecht anwendbar ist. Natürlich gilt dies nur, wenn im konkreten Fall Zweifel bestehen, ob deutsches Recht überhaupt zur Anwendung kommt. Problematisch ist dies insbesondere, wenn eine Straftat im Ausland begangen worden ist. Dieser Themenkomplex findet sich im sog. *internationalen Strafrecht* der §§ 3 ff. StGB. 48

hemmer-Methode: Lassen Sie sich nicht von diesem Begriff verwirren. Im Gegensatz zum internationalen Privatrecht geht es gerade nicht um die Frage, ob das Strafgericht ausländisches Recht anzuwenden hat. Denn die §§ 3 ff. StGB regeln nicht nur die Anwendbarkeit deutschen Strafrechts, sondern zugleich auch die internationale Zuständigkeit deutscher Strafgerichte. Anders als im Zivilrecht kann es also nicht dazu kommen, dass ein deutsches Strafgericht ausländisches Strafrecht anwendet.

I. Grundsatz, §§ 3, 4 StGB

1. Territorialitätsprinzip gem. § 3 StGB

§ 3 StGB

Ausgangspunkt ist das in § 3 StGB enthaltene Territorialitätsprinzip (Gebietsgrundsatz). Anknüpfungspunkt ist insoweit der Tatort. Demnach findet deutsches Strafrecht Anwendung auf alle Taten, die im Inland begangen worden sind. Unerheblich ist also die Staatsangehörigkeit des Täters oder des Opfers. 49

> ***Bsp.:*** *Der Norweger Ole Einar tötet in Würzburg den Franzosen Rafael. Anwendung findet nach § 3 StGB deutsches Strafrecht.*

Inland

Unter „Inland" ist das Gebiet der Bundesrepublik Deutschland zu verstehen. „Ausland" dagegen ist jedes nicht zum deutschen Inland gehörige Gebiet, also auch solches, das nicht unter einer Staatshoheit steht.[35] 50

Deutsches Strafrecht

Das deutsche Strafrecht ist die Gesamtheit aller Normen der Bundesrepublik und ihrer Länder, soweit die Normen Voraussetzungen und Rechtsfolgen rechtwidriger Taten regeln, für Ordnungswidrigkeiten gilt § 5 OWiG.[36] 51

§ 9 StGB

In Ergänzung zu den §§ 3-7 StGB erläutert § 9 StGB den Begriff des *Tatortes*. 52

Handlungsort

Gem. § 9 I StGB ist eine Tat an jedem Ort begangen, an dem der Täter gehandelt bzw. im Bereich des Unterlassens an dem der Täter hätte handeln müssen (*Handlungsort*). Hierunter fällt auch der Ort, an dem der Versuch begonnen hat sowie der Ort, an dem eine selbständig strafbare Vorbereitungshandlung vollzogen worden ist.[37] 53

Erfolgsort

Weiterhin ist Tatort i.S.d. § 9 I StGB auch der Ort, an dem der zum Tatbestand gehörende Erfolg eingetreten ist bzw. der Ort, an dem nach der Vorstellung des Täters der zum Tatbestand gehörende Erfolg eintreten sollte (*Erfolgsort*).[38] 54

---

35 Fischer, vor §§ 3-7 Rn. 20.

36 Fischer, vor §§ 3-7 Rn. 2.

37 Vgl. BGH, NJW 1993, S. 1405 = **juris**byhemmer.

38 Fischer, § 9 Rn. 4.

Da sowohl Handlungs- wie auch Erfolgsort Tatort i.S.d. § 9 I StGB sein können, herrscht also im StGB der sog. *Ubiquitätsgrundsatz*.

hemmer-Methode: Teilweise ist die Bestimmung des Erfolgsortes bei sog. Distanzdelikten problematisch, insbesondere bei Verwendung des Internet. Soweit der Tatbestand von Äußerungsdelikten den Zugang einer Äußerung mit strafbarem Inhalt voraussetzt, ist nach älterer Ansicht Erfolgsort i.S.d. § 9 I StGB auch der Ort des Zugangs.[39] Anders hat sich der BGH in einer jüngeren Entscheidung zu § 86a StGB positioniert: Lädt jemand Kennzeichen, deren öffentliche Verwendung nach § 86a StGB strafbar ist, von einem im Ausland befindlichen Server in das Internet hoch, ist ein die Anwendung deutschen Strafrechts begründender Tatort nicht dadurch gegeben, dass die Inhalte von Deutschland aus abrufbar sind.[40] Ein abstraktes Gefährdungsdelikt umschreibe keinen zum Tatbestand gehörenden Erfolg, sodass eine Inlandstat nicht über § 9 I Var. 3 StGB begründet werden könne. Der Handlungsort werde bei aktivem Tun (allein) durch den Aufenthaltsort des Täters bestimmt. Diese am Wortlaut orientierte Auslegung vermag zu überzeugen.

§ 9 II StGB

Nach § 9 II StGB bestimmt sich der Tatort für Teilnehmer sowohl nach dem Tatort der Haupttat als auch nach dem Ort, an dem die Teilnahmehandlung begangen worden ist. 55

Bsp.: *Der Türke Ahmet überredet in der Türkei die englische Touristin Maggie, eine Bombe vor eine kurdische Kultureinrichtung in Berlin zu legen. Geschieht dies, ist Maggie als Täterin wegen §§ 3, 9 I StGB nach deutschem Strafrecht zu bestrafen. Entsprechendes gilt für Ahmet als Anstifter über §§ 3, 9 II StGB.*

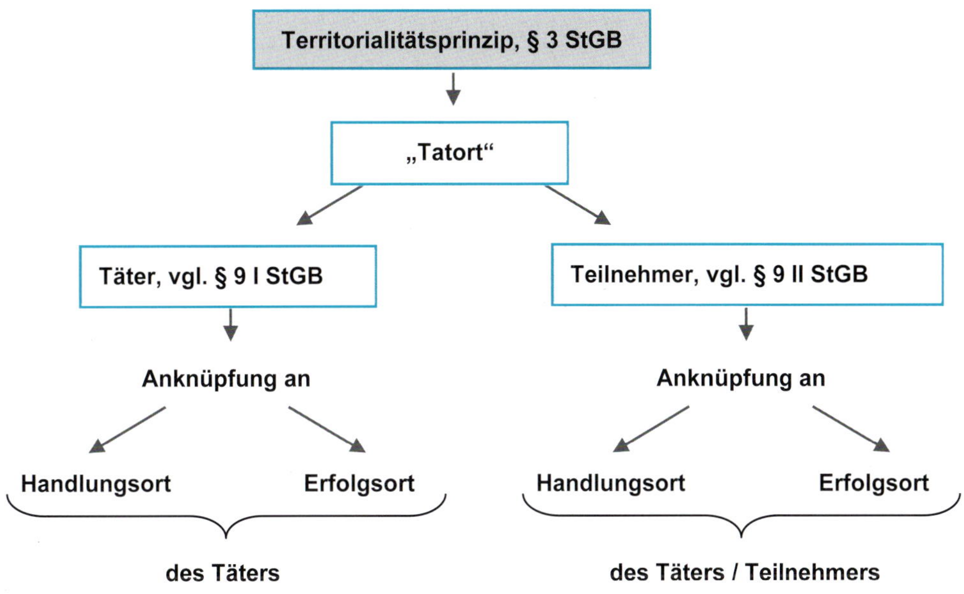

2. Flaggenprinzip gem. § 4 StGB

In Ergänzung zu dem Territorialitätsgrundsatz des § 3 StGB regelt § 4 StGB das sog. *Flaggenprinzip*, wonach eine Straftat, die auf einem zum Führen der Bundesflagge oder des Staatszugehörigkeitszeichens der Bundesrepublik berechtigten Schiff oder Luftfahrzeug begangen wurde, so behandelt wird, als sei sie im Inland begangen worden. 56

---

39 Fischer, § 9 Rn. 5a.

40 Vgl. BGH, Beschluss vom 19.08.2014 – 3 StR 88/14 = Life&Law 2015, 749 ff. = **juris**byhemmer.

Bsp.: Auf der unter deutscher Flagge fahrenden Aida wird die britische Touristin Maggie von dem spanischen Animateur Raul beraubt. Nach den §§ 3, 4, 9 I StGB findet auch hier deutsches Strafrecht Anwendung.

II. Ausnahmetatbestände, §§ 5-7 StGB

Es gibt auch Fälle, in denen der Ubiquitätsgrundsatz der §§ 3, 4 StGB nicht greift, aber dennoch deutsches Strafrecht Anwendung findet. Diese Fälle sind in den §§ 5-7 StGB geregelt.

1. Aktives Personalitätsprinzip

Aktives Personalitätsprinzip

Nach dem sog. *aktiven Personalitätsprinzip*[41] ist der Anknüpfungspunkt für eine Strafverfolgung nach deutschem Strafrecht die Staatsangehörigkeit. Demnach können deutsche Täter auch dann nach deutschem Strafrecht belangt werden, wenn sie die Tat ausschließlich im Ausland begangen haben. Dem aktiven Personalitätsprinzip liegen die Bindung des Einzelnen an die heimische Rechtsordnung und die Personalhoheit des jeweiligen Staates über seine Bürger zugrunde. 57

Mittlerweile gilt in der Bundesrepublik nur noch das „eingeschränkte" aktive Personalitätsprinzip. Hiernach setzt § 7 II StGB bei Tatbegehung durch einen Deutschen (vgl. § 7 II Nr. 1 StGB) weiter voraus, dass die Tat am Tatort ebenfalls mit Strafe bedroht ist oder keiner Strafgewalt unterliegt.

2. Schutzprinzip

Weiterhin gilt deutsches Strafrecht nach dem *Schutzprinzip* auch für solche Taten im Ausland, wenn inländische Rechtsgüter verletzt oder gefährdet werden. 58

Realprinzip - passives Personalitätsprinzip

Unbestritten ist diese Straferstreckung, soweit es um den Selbstschutz des Staates, sog. *Realprinzip*, geht, wie es z.B. in § 5 Nr. 2-5 a), 10-13 StGB zum Ausdruck kommt. Umstritten ist dies jedoch in den Fällen des Individualschutzes von deutschen Staatsangehörigen im Ausland, sog. *passives Personalitätsprinzip*, wie es z.B. in den §§ 5 Nr. 6-9a, 7 I StGB zum Ausdruck kommt.[42] Auch in letzterem Falle sind jedenfalls nur natürliche Personen geschützt, nicht etwa juristische Personen mit Sitz in der Bundesrepublik.[43]

3. Weltrechtsprinzip

Weltrechts- oder Universalprinzip

Nach dem sog. *Weltrechts-* oder auch *Universalprinzip*[44] findet auch dann deutsches Strafrecht Anwendung, wenn Taten vorliegen, die sich gegen gemeinsame, in allen Kulturstaaten anerkannte Rechtsgüter richten. Hintergrund ist der Gedanke internationaler Solidarität.[45] Gesetzlich geregelt ist dies in § 6 Nr. 1-9 StGB. 59

41 Fischer, vor §§ 3-7 Rn. 3.

42 Fischer, a.a.O.

43 OLG Stuttgart, NStZ 2004, S. 402 = **juris**byhemmer.

44 Fischer, a.a.O.

45 Schönke/Schröder, Vorbem. §§ 3-7 Rn. 19.

4. Prinzip der stellvertretenden Strafrechtspflege

Stellvertretende Strafrechtspflege

Subsidiär greift deutsches Strafrecht nach dem Grundsatz der *stellvertretenden Strafrechtspflege* da ein, wo eine an sich zuständige ausländische Strafgewalt aus tatsächlichen oder rechtlichen Gründen an der Durchsetzung ihres Strafanspruches gehindert ist.[46] 60

Voraussetzung ist, dass die Tat am Tatort, soweit dieser einer Strafgewalt unterliegt, mit Strafe bedroht ist.[47] Gesetzlich niedergeschlagen hat sich dieser Grundsatz in § 7 II Nr. 1 Alt. 2 sowie II Nr. 2 StGB.

Bsp.: Ein Algerier erschießt in Marokko einen französischen Urlauber und flieht anschließend in die Bundesrepublik. Er wird hier aufgegriffen, von keiner Seite wird allerdings ein Auslieferungsgesuch gestellt. Nach § 7 II Nr. 2 StGB kann der Täter nach deutschem Strafrecht abgeurteilt werden, da die Tötung eines Menschen auch nach marokkanischem Recht strafbar ist.

Geltungsbereich des deutschen Strafrechts

I. Grundschutz:
Territorialitätsprinzip = Ubiquitätsgrundsatz, §§ 3, 9 StGB

II. Ergänzung:
Flaggenprinzip = vgl. § 4 StGB

III. Ausnahmetatbestände, §§ 5-7 StGB:
1. Aktives Personalitätsprinzip
2. Schutzprinzip
3. Weltrechtprinzip
4. Prinzip der stellvertretenden Strafrechtspflege

III. Tatbestandsimmanente Inlandsbeschränkung

Tatbestandsimmanente Inlandsbeschränkung

Im Bereich der §§ 3 ff. StGB ist zumindest gedanklich immer zu prüfen, ob der konkrete Rechtsgutsangriff auch in den Schutzbereich der Norm fällt, sog. *tatbestandsimmanente Inlandsbeschränkung*. 61

Zu unterscheiden ist insoweit zwischen sog. *inländischen* Rechtsgütern, die ohne Rücksicht auf den Tatort die Nationalität des Täters bzw. Opfers dem betreffenden Tatbestand unterfallen, und den sog. *ausländischen* Rechtsgütern, die im Regelfall schon tatbestandlich nicht erfasst werden und daher bereits auf dieser Ebene aus dem Schutzbereich des deutschen Strafrechts herausfallen. Wie auch sonst bedarf es zur Feststellung des Schutzbereiches einer Norm der Auslegung.

[46] Fischer, a.a.O.
[47] Fischer, § 7 Rn. 7.

Bspe.:

- *Inländische Rechtsgüter: regelmäßig alle Individualrechtsgüter, etwa bei §§ 211 ff., 223 ff. StGB*[48]

  ⇨ *hier ist es unerheblich, ob Täter bzw. Opfer Ausländer sind*

- *Ausländische Rechtsgüter: Außerhalb des Schutzbereichs der Normen des deutschen Strafrechts liegen ausländische Rechtsgüter, die auch nach dem deutschen Tatortrecht nur im staatlichen Interesse des ausländischen Staates geschützt werden (z.B. §§ 102-104a StGB)*[49]

  ⇨ *Mangels Eröffnung des tatbestandlichen Schutzbereichs keine Anwendbarkeit deutschen Strafrechts*

IV. Zeit der Tat

Handlung maßgebend

§ 8 StGB regelt den zeitlichen Geltungsbereich des StGB. Allein maßgeblich ist dabei die Handlung, da § 8 StGB bestimmt, dass im Falle einer Begehungstat diese dann begangen ist, wenn der Täter oder Teilnehmer gehandelt hat. Für eine Unterlassungstat bestimmt sich der Tatzeitpunkt danach, wann der Täter hätte handeln müssen. Im Unterschied zu dem örtlichen Geltungsbereich, der auf Handlungs- oder Erfolgsort abstellt, ist der Erfolg für den Zeitpunkt der Tat irrelevant, vgl. § 8 S. 2 StGB. In Konkretisierung des § 1 StGB ist damit entscheidend, dass bereits zum Zeitpunkt der Tathandlung die gesetzliche Strafandrohung bestand.

Bsp.: *Der Gesetzgeber führt eine neue Strafvorschrift ein, um eine als unbillig empfundene Strafbarkeitslücke zu schließen. Das Gesetz tritt erst nach Ausführung der Tathandlung des A in Kraft.*

Hier kommt aufgrund von § 8 StGB keine Strafbarkeit des A in Betracht, auch wenn der tatbestandliche Erfolg erst nach Inkrafttreten des Gesetzes eintreten würde.

hemmer-Methode: Die Wertung des § 8 StGB kann auch in anderen Kontexten von Bedeutung sein. Etwa dann, wenn der Täter fahrlässig eine schwangere Frau verletzt, so dass diese sofort entbunden werden muss und das Kind aufgrund der noch im Mutterleib erlittenen Verletzungen kurz nach der Geburt verstirbt. Hier stellt sich die Frage, ob eine Strafbarkeit bezüglich des Kindes gemäß § 222 StGB in Betracht kommt. Nach ganz h.M. kommt es auf den Zeitpunkt der schädigenden Tathandlung an (Wertung des § 8 StGB).[50] Zu diesem Zeitpunkt war das Kind aber noch eine Leibesfrucht. Eine Strafbarkeit wegen Tötungsdelikten scheidet somit aus. Einschlägig sind hingegen die §§ 218 ff. StGB (in Tateinheit mit Körperverletzungsdelikten bezüglich der schwangeren Frau).

---

48 Weitere Beispiele vgl. Fischer, vor §§ 3-7 Rn. 8 f.

49 Vgl. Fischer, vor §§ 3-7 Rn. 10.

50 Siehe dazu BGH, Beschluss vom 02.11.2007, 2 StR 336/07 = Life&Law 2008, S. 473 ff.

§ 2 DAS VORSÄTZLICHE BEGEHUNGSDELIKT

A. Einführung

Aufbauschema

Das vorsätzliche Begehungsdelikt ist nach folgendem Grundschema zu prüfen: 63

Das vorsätzliche Begehungsdelikt

I. Tatbestand

1. Objektiver Tatbestand

a) Äußere Unrechtsmerkmale (= objektive Tatbestandsmerkmale): Täter, Tathandlung, Tatobjekt, Erfolg

b) Nur bei Erfolgsdelikten:

- Kausalität
- Objektive Zurechenbarkeit

2. Subjektiver Tatbestand:

a) Vorsatz

b) Sonstige subjektive Tatbestandsmerkmale: Absichten, Tendenzen, Motive

3. Objektive Bedingungen der Strafbarkeit

II. Rechtswidrigkeit

1. Grundsätzlich indiziert

2. Es sei denn: Rechtfertigungsgrund

a) Objektive Voraussetzungen

b) Subjektive Voraussetzungen

III. Schuld

1. Schuldfähigkeit: §§ 19-21 StGB, actio libera in causa

2. Schuldform (Vorsatz/Fahrlässigkeit)

3. Unrechtsbewusstsein

4. Spezielle strafschärfende oder -mildernde Schuldmerkmale

5. Fehlen von Schuldausschließungsgründen: §§ 33, 35 StGB

IV. Strafausschließungs- und Strafaufhebungsgründe, Absehen von Strafe

1. Z.B. §§ 36, 60, 258 VI, 173 III StGB,

2. Tätige Reue, z.B. §§ 83a, 306e, 314a StGB

V. Prozessvoraussetzungen

§ 77 StGB: Strafantrag, § 78 StGB: Verjährung

Das Schema folgt dem modernen System und der modernen Handlungslehre sowie dem Grundsatz des dreistufigen Verbrechensaufbaus. Sie sehen bereits hier, dass die in der Einleitung erläuterten Begriffe nicht lediglich abstrakte Bedeutung haben, sondern die Systematik des Strafrechts erheblich beeinflussen und deren Kenntnis für das Verständnis dieser Systematik erforderlich ist.

B. Tatbestand

I. Objektiver Tatbestand

1. Allgemeines

Die Elemente des objektiven Tatbestandes beschreiben diejenigen Umstände, welche das äußere Erscheinungsbild der Tat bestimmen, sog. äußere Unrechtsmerkmale. 64

Im Rahmen des vorsätzlichen vollendeten Begehungsdelikts bestimmen die objektiven Tatbestandsmerkmale den Umfang des Straftatbestandes und damit auch den Umfang des strafbaren Unrechts. Dabei lässt sich der objektive Tatbestand im Wesentlichen in fünf Bereiche unterteilen. Zu nennen sind insoweit: Täter, Tathandlung, Taterfolg als reine objektive Tatbestandsmerkmale sowie die Zurechnungselemente Kausalität und objektive Zurechnung (str.).

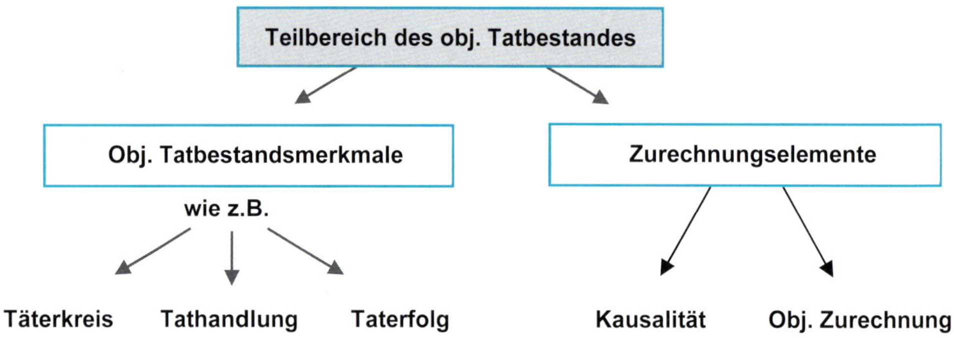

2. Täter

Die meisten Strafvorschriften des BT stellen keine spezifischen Anforderungen an die Täterqualität. Dennoch ist auch hier hinsichtlich des möglichen Täterkreises eine Unterteilung in verschiedene Deliktsgruppen angebracht. 65

a) Allgemeindelikte

Allgemeindelikte

Täter eines Allgemeindelikts kann – wie der Name schon sagt – *jedermann* sein. Im Gesetz lässt sich dies teilweise an der Formulierung „wer" erkennen. 66

Bspe.: *§§ 211 ff., 223 ff., 242 ff. StGB*

Wie bereits dargestellt, können somit nur natürliche Personen als Täter in Betracht kommen. Hinzuweisen sei aber nochmals auf § 14 StGB, der u. a. die Möglichkeit gibt, dass besondere persönliche Merkmale, welche die juristische Person treffen, ebenfalls bezüglich des Vertreters anzuwenden sind. Lediglich im Ordnungswidrigkeitenrecht besteht nach § 30 OWiG die Möglichkeit, gegenüber einer juristischen Person eine Geldbuße zu verhängen.

hemmer-Methode: Rufe nach einer strafrechtlichen Sanktionierung von Unternehmen werden immer wieder laut. Gerade in jüngerer Zeit wurden hierzu Gesetzesentwürfe entwickelt. Anknüpfungspunkt könnte sein, dass ein Verband unzureichend organisiert ist, so dass dieser strafbares Verhalten duldet, begünstigt oder gar provoziert. Behalten Sie hier etwaige Neuerungen (Einführung einer Verbandsstrafe) im Blick, etwa anhand der Ausbildungszeitschrift Life&Law.

b) Sonderdelikte

Sonderdelikte

Neben diesen Allgemeindelikten gibt es aber auch noch Strafvorschriften, die an die Tätereigenschaft besondere Anforderungen stellen. Täter eines solchen Delikts kann dann aber auch nur derjenige sein, der dem im Gesetz beschriebenen Personenkreis angehört. Unterschieden wird insoweit begrifflich zwischen echten und unechten Sonderdelikten. 67

Bspe.: *§ 203 I StGB (verschiedene Berufgeheimnisträger), §§ 331 f. StGB (Amtsträger)*

Echte Sonderdelikte

Echte Sonderdelikte sind solche Delikte, die keinen Grundtatbestand aufweisen, der von jedermann begangen werden kann. Insoweit hat die Subjektsqualität also *strafbegründende* Bedeutung. Für Teilnehmer (Anstifter oder Gehilfe) ist § 28 I StGB zu beachten. 68

Dies bedeutet, dass für den Teilnehmer, der die besondere Subjektsqualität nicht aufweist, die obligatorische Strafmilderung gem. § 28 I StGB i.V.m. § 49 I StGB eingreift, da ein strafbegründendes Merkmal vorliegt.

Bspe.: *§§ 266b, 339, 344 StGB*

Unechte Sonderdelikte

Kann dagegen das Delikt grundsätzlich von jedermann begangen werden, weist die besondere Subjektsqualität also lediglich *strafschärfende* Bedeutung auf, so wird von unechten Sonderdelikten gesprochen. Insoweit gilt für den Teilnehmer § 28 II StGB, was bedeutet, dass der Teilnehmer, der die besondere Subjektsqualität nicht aufweist, nur aus dem Grunddelikt zu strafen ist. 69

Bspe.: *§§ 120 II, 133 III, 258a, 340 (gegenüber § 223, str.) StGB*

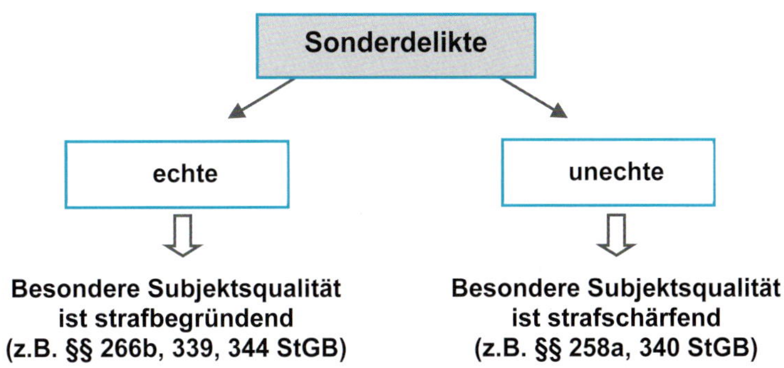

c) Eigenhändige Delikte

Eigenhändige Delikte

Darüber hinaus gibt es noch die sog. *eigenhändigen* Delikte. Kennzeichen dieser Kategorie ist, dass diese zwar von jedermann verwirklicht werden können, jedoch Täter nur der sein kann, wer den Tatbestand *persönlich* ausführt. 70

Bedeutung erlangt diese Unterscheidung vor allem im Bereich der Täterschaft und Teilnahme. So ist bei eigenhändigen Delikten nur der persönlich Handelnde bzw. das Mitglied der betreffenden Gruppe Täter. Andere Personen können folglich nur Teilnehmer, nicht aber Mittäter gem. § 25 II StGB oder mittelbare Täter gem. § 25 I Alt. 2 StGB sein.

> ***Bsp.:*** *Nur der unmittelbar Handelnde kann eine täterschaftliche Falschaussage gemäß § 153 StGB begehen.*

Um die hierdurch auftretenden Strafbarkeitslücken zu schließen, hat der Gesetzgeber teilweise Sondervorschriften vorgesehen, in denen bestimmte Beteiligungshandlungen zu selbständigen Tatbeständen erhoben sind, z.B. § 160 StGB. Entsprechend erfasst § 160 StGB den Fall der mittelbaren Täterschaft i.R.d. §§ 153 ff. StGB. Bei einer Anstiftung verbleibt es hingegen bei den allgemeinen Regeln, so dass bei einer Anstiftung zu einer Falschaussage der Teilnehmer gemäß §§ 153, 26 StGB strafbar ist.

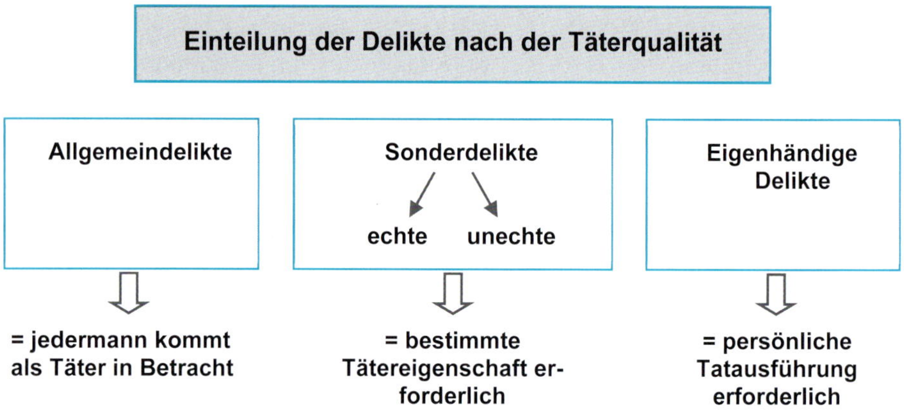

3. Tathandlung

Schon i.R.d. Einleitung unter § 1 wurden die verschiedenen Handlungslehren und ihre Auswirkungen auf den Deliktsaufbau dargestellt. 71
Nunmehr sollen die i.R.d. objektiven Tatbestandes auftretenden Unterschiede ausgeführt werden.[51]

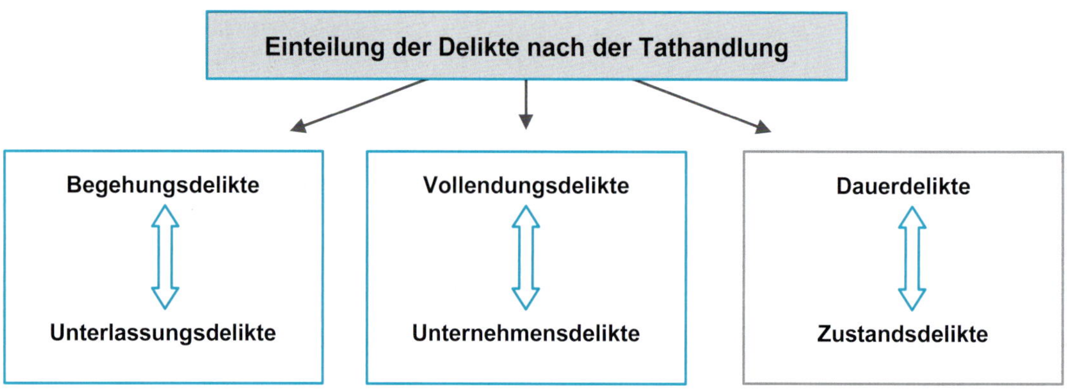

Nach den Grundformen menschlichen Verhaltens lassen sich die Delikte zunächst in Begehungs- und Unterlassungsdelikte einteilen.[52]

[51] Hinsichtlich der Mindestanforderungen an eine Handlung vgl. bereits oben Rn. 37 ff.

[52] Vgl. Fischer, vor § 13 Rn. 16.

a) Begehungsdelikte

Begehungsdelikt

Bei einem Begehungsdelikt wird der Tatbestand durch *aktives Tun* erfüllt. Weitere Probleme bestehen insoweit nur dann, wenn wirklich die Mindestanforderungen an eine Handlung erfüllt sind. 72

b) Unterlassungsdelikte

Unterlassungsdelikte

Im Falle eines Unterlassungsdelikts wird der Tatbestand durch ein *Untätigbleiben* verwirklicht. Wann ein Unterlassen vorliegt, wird vom BGH nach der Formel vom Schwerpunkt der Vorwerfbarkeit bestimmt.[53] Insoweit ist zwischen echten und unechten Unterlassungsdelikten zu unterscheiden. 73

Echte Unterlassungsdelikte

Bei den echten Unterlassungsdelikten erschöpft sich der Unrechtsgehalt im bloßen Verstoß gegen eine Gebotsnorm, d.h. im Unterlassen einer bestimmten, gesetzlich geforderten Tätigkeit.[54] 74

Bspe.: *§§ 138, 323c I, 123 I Alt. 2 StGB*

Unechte Unterlassungsdelikte

Die unechten Unterlassungsdelikte dagegen sind das „Spiegelbild" der Begehungsdelikte. Nur unter den Voraussetzungen des § 13 I StGB können die im Gesetz als Begehungsdelikte konstruierten Straftatbestände auch durch ein Unterlassen der objektiv möglichen und gebotenen Handlung verwirklicht werden, wenn beim Hinzudenken dieser Handlung der Erfolgsunwert mit an Sicherheit grenzender Wahrscheinlichkeit nicht eingetreten wäre. Dann gelten die Tatbestände und der dazugehörige Strafrahmen des jeweiligen Begehungsdelikts. 75

Nahezu jedes Begehungsdelikt hat auch eine Entsprechung im Unterlassungsbereich, wobei hierbei viele klausurrelevante Probleme, etwa i.R.d. § 13 I StGB oder der Teilnahme durch Unterlassen bestehen. Eine nähere Darstellung erfolgt bei den Unterlassungsdelikten.[55]

c) Vollendungs- und Unternehmensdelikte

Auch nach dem Grad der Ausführungshandlung bestehen Unterschiede. Hier lassen sich Vollendungs- und Unternehmensdelikte unterscheiden.

Vollendungsdelikte

Das Vollendungsdelikt führt grundsätzlich nur dann zur Strafbarkeit, wenn alle Tatbestandsmerkmale verwirklicht sind. Zuvor kommt eine Strafbarkeit wegen Versuchs nur unter den Voraussetzungen der §§ 22, 23 I StGB in Betracht. 76

Unternehmensdelikte

Eine wesentlich vorverlagerte Strafbarkeit hingegen besteht bei den sog. „echten" *Unternehmensdelikten*, vgl. § 11 I Nr. 6 StGB. Hier stellt das Gesetz schon das bloße „Unternehmen" der Tatbestandsverwirklichung unter Strafe. Versuch und Vollendung sind demnach gleichgestellt, d.h. kommt das Delikt nur in das Versuchsstadium, ist der Straftatbestand bereits voll verwirklicht. 77

Hintergrund der Ausgestaltung eines Tatbestandes als Unternehmensdelikt ist eine Verschärfung gegenüber der Anordnung der Versuchsstrafbarkeit. Denn dadurch findet die in § 23 II StGB vorgesehene fakultative Strafmilderung sowie die Rücktrittsmöglichkeit gemäß § 24 StGB *keine* Anwendung.

---

53 BGHSt 6, S. 59.

54 Vgl. BGHSt 14, S. 280 = **juris**byhemmer.

55 Vgl. Rn. 530 ff.

***Bspe.:** §§ 81, 82, 131 I Nr. 3, 316c I S. 1 Nr. 2, 357 StGB.*

hemmer-Methode: Soweit in Ihrem Bundesland zulässig, sollten Sie zwei oder drei Beispiele der aufgeführten Normen an § 11 I Nr. 6 StGB kommentieren.

Unechte Unternehmensdelikte

Daneben existieren im StGB einige weitere Strafvorschriften, bei denen eine objektiv ambivalente Handlung deshalb unter Strafe gestellt ist, weil der Täter während der Handlung bestimmte deliktische Absichten verfolgt. Diese werden als „unechte“ Unternehmensdelikte bezeichnet. *78*

Bspe.:

- *„Nachstellen“ in § 292 I Nr. 1 StGB*
- *„Vortäuschen“ in § 145d I StGB*
- *„Widerstandleisten“ in § 113 I StGB*

Auch hier erfolgt eine Gleichstellung zwischen Vollendung und Versuch, so dass die §§ 22 ff. StGB ebenfalls keine Anwendung finden. Sobald die entsprechende Tathandlung vorgenommen wurde, liegt damit bereits Vollendung vor. Auch insoweit ist dann keine Milderung gemäß § 23 II StGB bzw. kein Rücktritt gemäß § 24 StGB möglich. Der Gesetzgeber spricht hier zwar nicht von einem „unternehmen“. In der Sache führen die gewählten Tathandlungen aber zur selben Rechtsfolge. *79*

Zu beachten ist, dass nach h.M. die Grundsätze des untauglichen Versuchs gelten sollen. Eine Strafbarkeit kommt somit in Betracht, wenn sich der Täter irrtümlich einen Sachverhalt vorstellt, bei dessen Vorliegen er ein Unternehmensdelikt verwirklicht hätte. Dieser Ansatz führt wegen § 23 I StGB aber nur dann zu einer Strafbarkeit, wenn ein Verbrechen vorliegt.[56]

***Bsp.:** Der Jäger J will im Nachbarrevier dem Wild nachstellen, also unter Verletzung fremden Jagdrechts handeln. In Wirklichkeit befindet er sich jedoch noch im eigenen Revier, in dem er selbst Jagdausübungsberechtigter gem. § 3 BJagdG ist.*

Hier liegt ein untauglicher Versuch des § 292 I Nr. 1 StGB vor. Eine Strafbarkeit scheidet aber mangels Versuchsstrafbarkeit aus, vgl. §§ 23 I, 12 II StGB. Anders wäre es etwa bei einem untauglichen Versuch im Hinblick auf Hochverrat, vgl. §§ 81, 82 StGB, da es sich hierbei um Verbrechen i.S.d. § 12 I StGB handelt.

d) Dauer- und Zustandsdelikte

Zustands- und Dauerdelikte

Im Hinblick auf die Beendigung lassen sich *Zustandsdelikte* und *Dauerdelikte* unterscheiden. Anknüpfungspunkt für die Unterscheidung bilden das willentliche Aufrechterhalten und die bloße Herbeiführung des widerrechtlichen Zustandes. *80*

Zustandsdelikte

Ein *Zustandsdelikt* ist beendet mit der Herbeiführung des widerrechtlichen Zustandes. Die Tat ist also mit dem Eintritt des tatbestandlichen Erfolgs *vollendet* und regelmäßig zugleich *beendet*. *81*

***Bspe.:** §§ 211 ff., 223, 303 StGB*

Dauerdelikte

Bei *Dauerdelikten* führt der Täter einen widerrechtlichen Zustand herbei. Von seinem Willen hängt es jedoch ab, wie lange dieser Zustand *fortdauert*. *82*

---

[56] Vgl. Schönke/Schröder, § 11 Rn. 44 ff.

Der gesetzliche Tatbestand erfasst hier sowohl die Herbeiführung als auch das Fortdauern lassen des widerrechtlichen Zustandes. *Beendet* ist das Dauerdelikt erst, wenn der rechtswidrige Zustand wieder aufgehoben ist. *Vollendet* ist das Dauerdelikt bereits mit Herbeiführung des widerrechtlichen Zustandes.

Bspe.: *§§ 123, 239 StGB*

Verwirklichungsstufen

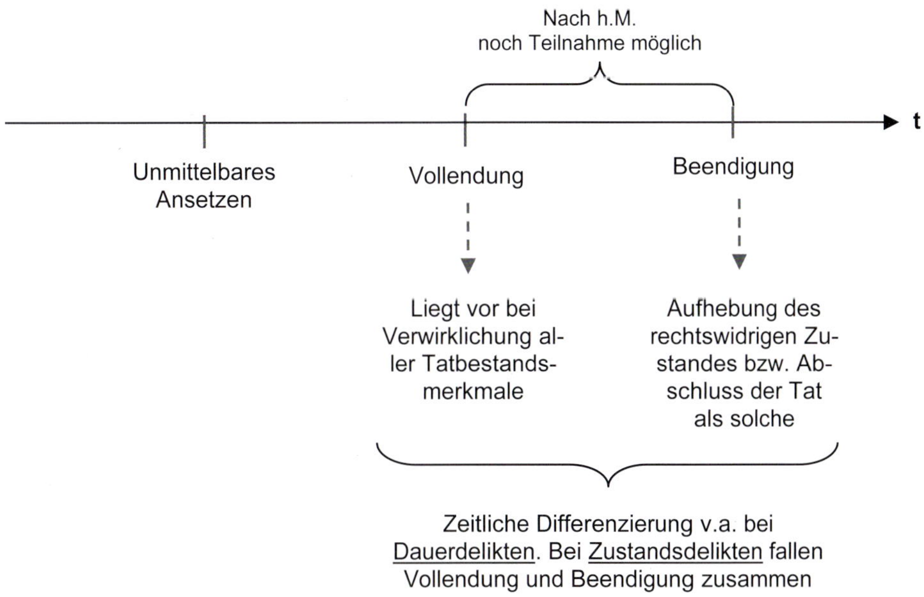

Auswirkungen

Die Unterscheidung zwischen Zustands- und Dauerdelikt wirkt sich 83
i.R.d. *Teilnahme* aus. Bei Dauerdelikten ist eine Teilnahme bis zur Beendigung des rechtswidrigen Zustandes möglich. Bei Zustandsdelikten ist dagegen die Teilnahme grundsätzlich nur bis zum Eintritt des Zustandes möglich.[57]

Weiterhin wirkt sich diese Unterscheidung auf den *Beginn der Verjährung* aus. Nach *§ 78a StGB* beginnt die Verjährungsfrist mit Beendigung der Tat, d.h. bei Zustandsdelikten mit Eintritt, bei Dauerdelikten mit Aufhebung des rechtswidrigen Zustandes.

Außerdem können Dauerdelikte i.R.d. Konkurrenzlehre aufgrund einer möglichen Klammerwirkung bezogen auf andere Delikte zur Annahme von Idealkonkurrenz (§ 52 StGB) führen.[58]

4. Taterfolg

I.R.d. Taterfolgs ist zu klären, was im StGB überhaupt unter einem 83a
„Erfolgsdelikt" zu verstehen ist. Klassischerweise wird hier nach Erfolgsdelikten und schlichten Tätigkeitsdelikten abgegrenzt.

---

[57] Instruktives Fallbeispiel hierzu siehe BGH, Beschluss vom 08.06.2009, 4 StR 164/09 = Life&Law 2010, S. 31 ff. **Unser Service-Angebot an Sie: kostenlos hemmer-club-Mitglied werden (www.hemmer-club.de) und Entscheidungen der Life&Law lesen und downloaden.**

[58] Näher hierzu vgl. Hemmer/Wüst, StrafR AT II, Rn. 400 ff.

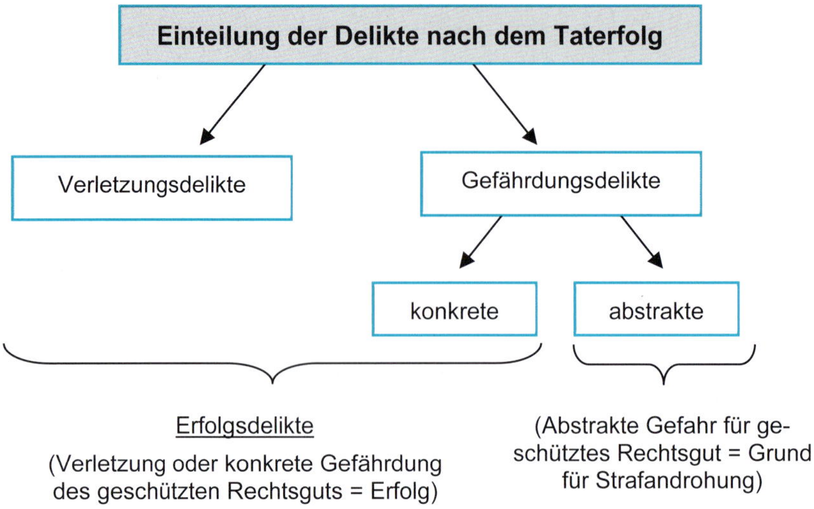

a) Erfolgsdelikte

Erfolgsdelikte

Erfolgsdelikte setzen in ihrem Tatbestand den Eintritt eines von der Tathandlung als solcher gedanklich abgrenzbaren Erfolgs in der Außenwelt voraus. Gerade bei diesen Delikten muss ein ursächlicher Zusammenhang zwischen Tathandlung und Taterfolg vorliegen, worauf sich auch im Wesentlichen der Vorsatz beziehen muss. 84

Hinsichtlich des Grades der Beeinträchtigung lassen sich grundsätzlich zwei Arten von Erfolgsdelikten feststellen, die Verletzungsdelikte und die konkreten Gefährdungsdelikte.

Verletzungsdelikt

Ein Verletzungsdelikt bedeutet, dass in der entsprechenden Strafvorschrift die tatsächliche Beeinträchtigung des jeweils geschützten Rechtsguts vorausgesetzt wird.[59] 85

Bspe.: *§§ 211 ff. StGB, §§ 223 ff. StGB, § 303 StGB*

Gefährdungsdelikte

Bei den Gefährdungsdelikten genügt hingegen die Herbeiführung einer Gefahrenlage für das jeweilige geschützte Rechtsgut. Dabei ist weiter abzugrenzen zwischen konkreten und abstrakten Gefährdungsdelikten. 86

Konkrete Gefährdungsdelikte

Auch die konkreten Gefährdungsdelikte sind Erfolgsdelikte im obigen Sinne. Im Unterschied zu den Verletzungsdelikten ist aber nicht die konkrete Beeinträchtigung der tatbestandliche Erfolg, sondern eine konkrete Gefahrenlage. Die Gefahr bedeutet einen Zustand, bei dem die nicht fern liegende Möglichkeit der Verletzung eines konkreten Objekts besteht.[60] Sie ist dann konkret, wenn es nur noch vom Zufall abhängt, ob der Schaden eintritt oder nicht.[61] Dabei ist das „Zufallselement“ nicht in dem Sinne zu verstehen, dass die Vermeidung des Schadenseintritts der Einflussnahme des Täters oder des Gefährdeten entzogen ist. Vielmehr kommt es darauf an, ob der Täter vernünftigerweise erwarten konnte und darauf vertrauen durfte, dass die Gefahr sich nicht verwirklicht.[62] Grund für diese vorgelagerte Strafbarkeit ist, dass ein bestimmtes Verhalten eben schon für das geschützte Tatobjekt gefährlich sein kann. 87

59 Zieschang, S. 22.

60 RGSt 30, S. 179.

61 BGHSt 22, S. 344; BGH, NJW 1985, S. 1036 = **juris**byhemmer.

62 Fischer, § 315c Rn. 15.

Das Vorliegen einer konkreten Gefahr ist Tatbestandsmerkmal und muss jeweils im Einzelfall festgestellt werden.

Bspe.: *§§ 221 I StGB, 315b StGB, 315c StGB*

Da es sich bei der konkreten Gefahr um einen Erfolgssachverhalt handelt, der der Verletzung vorgelagert ist, ist immer dann, wenn die Verletzung tatsächlich eingetreten ist, auch die konkrete Gefahr i.S.d. jeweiligen Norm - quasi als notwendiges Durchgangsstadium - gegeben.[63]

Bsp.: *i.R.d. § 315c StGB die Verletzung eines anderen Menschen oder die Beschädigung einer fremden Sache von bedeutendem Wert*

Abstrakte Gefährdungsdelikte

Nicht zu den Erfolgsdelikten gehören dagegen die sog. *abstrakten Gefährdungsdelikte*. Bei diesen beruht die Strafbarkeit auf der gesetzlichen Vermutung, dass bestimmte Verhaltensweisen für ein bestimmtes Schutzgut generell gefährlich sind. Hier ist die abstrakte Gefahr auch nicht Tatbestandsmerkmal, sondern überhaupt der Grund der Existenz der jeweiligen Strafvorschrift. Eine Einzelfallprüfung der Gefahrenlage entfällt somit. 88

Bspe.: *§§ 306a I, 316, 326-328, 329 I, II StGB*

hemmer-Methode: Beachten Sie nochmals, dass bei den konkreten Gefährdungsdelikten die konkrete Gefahr als Tatbestandsmerkmal im objektiven Tatbestand zu prüfen ist, während bei den abstrakten Gefährdungsdelikten die abstrakte Gefahr vom Gesetz vermutet wird und folglich keinen Prüfungspunkt darstellt.

b) Tätigkeitsdelikte

Tätigkeitsdelikte

Bei den schlichten Tätigkeitsdelikten wird kein bestimmter Außenwelterfolg vorausgesetzt. Der Unrechtstatbestand ist vielmehr bereits dann verwirklicht, wenn die im Gesetz umschriebene Handlung vorgenommen wurde. 89

Bsp.: *§§ 153 ff. StGB*

Auch § 316 StGB stellt ein Tätigkeitsdelikt dar, da allein das Führen eines Fahrzeugs, obwohl der Täter infolge des Genusses alkoholischer Getränke oder anderer berauschender Mittel nicht mehr in der Lage ist, das Fahrzeug sicher zu führen, den Tatbestand des § 316 StGB erfüllt.

hemmer-Methode: Zu beachten ist dabei, dass selbst wenn das Fahrzeug nur wenige Meter bewegt wird und gar keine Personen oder Sachen auch nur ansatzweise gefährdet sind, der Tatbestand des § 316 StGB erfüllt ist.[64] Denn es handelt sich dabei um ein abstraktes Gefährdungsdelikt.

Keine Kausalitätsprüfung bei schlichten Tätigkeitsdelikten

Die Unterscheidung zwischen Erfolgs- und Tätigkeitsdelikten gewinnt auch auf anderer Ebene Bedeutung: Liegt ein schlichtes Tätigkeitsdelikt vor, ist also für die Erfüllung des objektiven Tatbestandes kein Erfolg erforderlich, entfällt die Prüfung der Kausalität zwischen Handlung und Erfolg und damit auch die objektive Zurechnung.[65] 90

[63] Vgl. hierzu Zieschang, S. 22.

[64] Zieschang, S. 23.

[65] Vgl. Zieschang a.a.O.

c) Erfolgsqualifizierte Delikte[66]

Erfolgsqualifikation

I.R.d. Erfolgsdelikte stellen die *erfolgsqualifizierten Delikte* eine Sondergruppe dar. In diesen Fällen sieht das Gesetz eine Strafschärfung vor, wenn bei einem bestimmten Grunddelikt zusätzlich – gem. § 18 StGB mindestens fahrlässig – eine bestimmte besondere Folge herbeigeführt wird. 91

Bspe.: *§ 221 II Nr. 2, III StGB (Tod), § 226 I StGB (bestimmte Verletzungen), § 227 StGB (Tod), § 239 III Nr. 2, IV StGB (bestimmte Folgen der Freiheitsberaubung bzw. Tod), § 239a III StGB (Tod), § 251 StGB (Tod), § 306b I StGB (schwere Gesundheitsschädigung), § 306c StGB (Tod), § 316a III StGB (Tod).*

hemmer-Methode: Wichtige Probleme für die Klausur liegen hier vor allem im Bereich der Erfolgszurechnung und der Versuchsstrafbarkeit.

5. Deskriptive und normative Tatbestandsmerkmale

Innerhalb der objektiven Tatbestandsmerkmale wird zwischen deskriptiven und normativen Merkmalen unterschieden.

Deskriptive Merkmale

Deskriptive (= beschreibende) Merkmale beschreiben äußerlich, sinnlich wahrnehmbare Gegenstände und Vorgänge oder seelische Geschehnisse und Zustände. 92

Bspe.:

- *§ 242 StGB: „Sache“, „beweglich“, „wegnimmt“*
- *§ 211 StGB: „tötet“, „Menschen“*

Normative Merkmale

Normative (= wertausfüllungsbedürftige) Merkmale dagegen können nur unter der logischen Voraussetzung einer Norm gedacht werden. Sie sind vom Richter nur im Wege eines ergänzenden Werturteils festzustellen. 93

Bspe.:

- *§§ 242, 249, 303 StGB: „fremd“*
  ⇨ Rückgriff auf Zivilrecht erforderlich
- *§ 267 StGB: „Urkunde“*
  ⇨ Rückgriff auf die Verkehrsanschauung erforderlich

Kritik

Die Unterscheidung ist im Einzelnen und namentlich im Grenzbereich zweifelhaft, weil deskriptive Begriffe schon durch die Einstellung in den Gesetzestext normative Gestalt annehmen.[67] Überhaupt ist auch die Bestimmung deskriptiver Merkmale oftmals nicht ohne wertende Betrachtung möglich.[68] 94

Bspe.:

- *§§ 211 ff. StGB: Ab welchem Zeitpunkt ist ein in der Geburt befindliches Kind ein „Mensch“ in diesem Sinne?*
- *§ 223 StGB: Wann liegt eine „Misshandlung“ im Sinne der Vorschrift vor?*

---

66 Vgl. hierzu auch unten Rn. 684 ff.

67 Fischer, § 16 Rn. 4.

68 Vgl. Baumann/Weber/Mitsch, § 8 Rn. 16 ff.

hemmer-Methode: In vielen Fällen genügt eine kurze Definition des Tatbestandsmerkmals, ohne dass es auf schwierige Abgrenzungsfragen ankäme. Dann sollten Sie in der Klausursituation auch nicht zu diesen Grenzfällen Stellung beziehen.
Normative Tatbestandsmerkmale spielen häufig i.R.d. Vorsatzes eine Rolle. Insoweit erfordert die Prüfung des Vorsatzes eine „Parallelwertung in der Laiensphäre". Insbesondere wenn der Schwerpunkt des Irrtums nicht bei einer fehlerhaften rechtlichen Bewertung liegt, sondern sich auf falsche Tatsachen bezieht, kommt ein Vorsatzausschluss gemäß § 16 I S. 1 StGB in Betracht.

6. Exkurs: Tatbestandsabwandlungen

Tatbestandsabwandlungen

In den Strafvorschriften des StGB finden sich Gruppen zusammen-gehöriger Straftatbestände, die sich mit dem Schutz desselben Rechtsgutes befassen. An ein bestimmtes Grunddelikt knüpfen sich verschiedene Abwandlungen mit leichterer oder schwerer Rechtsfolge. 95

Grundtatbestand

Der *Grundtatbestand* stellt die Grundform des Deliktstypus dar, der die Deliktsgruppe prägt. Er bestimmt die Mindestanforderungen an die Strafbarkeit.

Bspe.: *§§ 242 I, 212 I, 223 I StGB*

Unselbständige Abwandlung

Eine *unselbständige Abwandlung* modifiziert den Grundtatbestand unter anderem nach Gesichtspunkten von Zeit und Ort der Handlung, nach der Art der Tathandlung oder nach der besonderen Situation des Handlungsobjektes. Es handelt sich hierbei um eine *verwandte Erscheinungsform* des Grundtatbestandes, die von diesem weiterhin abhängig ist und mit ihm in einem rechtlich verbindenden *Stufenverhältnis* steht.[69] 96

Führt die Abwandlung zu einer Abmilderung der Strafdrohung des Grundtatbestandes, handelt es sich um eine *Privilegierung*. Führt sie zu einer Verschärfung, so liegt eine *Qualifikation* vor.

Bspe.:[70]

- *Privilegierung: § 216 StGB (h.L.)*
- *Qualifikation: §§ 244 I, IV, 244a; 211 (h.L.); 224 StGB*

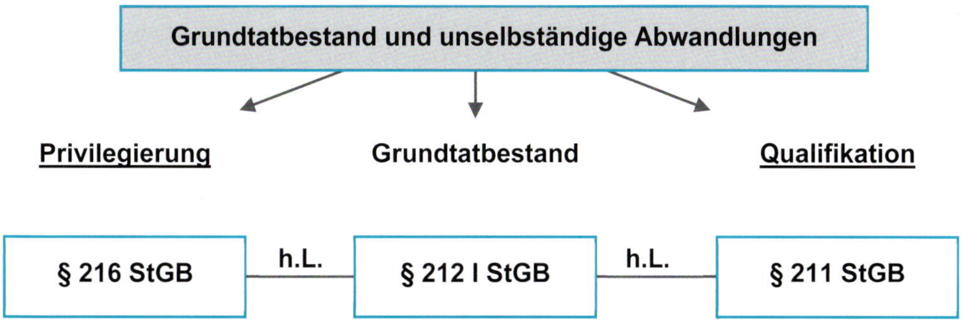

Selbständige Abwandlung

Bei einer *selbständigen Abwandlung* ist die Abwandlung vom Grundtatbestand gelöst und so weit verselbständigt, dass sie zu einem *neuen, eigenständigen Delikt* (*delictum sui generis*[71]) mit eigenem Unwertgehalt wird. 97

---

69 Fischer, § 1 Rn. 21.

70 Die Einordnung dieser Beispiele ist umstritten. Nach der Rspr. sind §§ 211, 216 StGB selbständige Abwandlungen; eine Mindermeinung nimmt dies auch für § 225 StGB an.

71 Lat. = „Delikt eigener Art".

Dies ist im Einzelfall entsprechend dem Sinn und Zweck der Vorschrift durch Auslegung zu ermitteln.

Bsp.: *§ 252 StGB im Verhältnis zu § 242 StGB*

Zusammentreffen

Treffen im Einzelfall privilegierende und qualifizierende Tatumstände zusammen, so ist durch Auslegung zu prüfen, ob sich die Rechtsfolgen von Qualifizierung und Privilegierung nach ihrem Sinn und Zweck gegenseitig ausschließen oder ob sie sich ergänzen. In ersterem Fall wird vom Grundsatz der *Sperrwirkung des milderen Tatbestands* gesprochen. 98

Bspe.:

- *§ 244 StGB und § 247 StGB (als eine prozessuale Privilegierung) ergänzen einander. Auch beim Diebstahl mit Waffen ist ein Strafantrag erforderlich, wenn die Situation des Familiendiebstahls vorliegt.*

  ⇨ Keine Sperrwirkung, sondern Ergänzung

- *§ 211 StGB und § 216 StGB schließen einander dagegen aus. Tötet der Sohn seinen Vater auf dessen ausdrücklichen und ernsthaften Wunsch hin in grausamer Art und Weise, so ist er nur gem. § 216 StGB zu bestrafen.*

  ⇨ Sperrwirkung

hemmer-Methode: Die Sperrwirkung des § 216 StGB auch gegenüber § 211 StGB lässt sich mit dem Wortlaut des § 216 StGB begründen. Dort ist die Rede von „Verlangen zur Tötung". Diese Begrifflichkeit wird als Tathandlung sowohl in § 212 I StGB als auch in § 211 II StGB verwendet, erfasst also beide Vorschriften.

Regelbeispiele

Von den Abwandlungen zu unterscheiden sind die *Regelbeispiele* und sonstigen *Strafzumessungsregeln*. Sie modifizieren nicht die Tatbestandsvoraussetzungen, sondern die Rechtsfolge, d.h. sie ändern in bestimmten Fällen den Strafrahmen. Sie haben keinen tatbestandlichen Charakter,[72] da sie keine abschließende und zwingende Regelung enthalten. 99

hemmer-Methode: Durch das 6. Strafrechtsreformgesetz von 1998[73] sind viele neue Regelbeispiele in das StGB eingefügt worden (vgl. etwa §§ 263 III, 267 III StGB: „in der Regel"). Anders als bei den zwingenden Qualifikationstatbeständen handelt es sich hierbei – wie früher schon bei § 243 StGB – um Strafzumessungsregeln. Die Regelbeispiele zwingen den Rechtsanwender nicht, einen besonders schweren Fall anzunehmen, wenn sie verwirklicht sind. Gleichzeitig kann ein besonders schwerer Fall auch dann angenommen werden, wenn kein Regelbeispiel vorliegt. Durch diese Gesetzgebungstechnik soll es den Gerichten im Einzelfall möglich sein, flexibel zu entscheiden. Die Rechtssicherheit wird dadurch gewahrt, indem nicht ganz auf gesetzliche Vorgaben verzichtet wird.

Strafzumessungsregeln, die keine konkretisierenden (Regel)beispiele enthalten, finden sich v.a. bei der Begründung minder schwerer Fälle, vgl. etwa §§ 213, 249 II StGB, aber auch § 212 II StGB.

Hinweis

Zur Erinnerung: Regelbeispiele und sonstige Strafzumessungsregeln bleiben nach § 12 III StGB für die Einteilung nach Verbrechen oder Vergehen unberücksichtigt. Selbständige und unselbständige Abwandlungen sind jedoch zu berücksichtigen. 100

[72] Vgl. Fischer, § 1 Rn. 5; Schönke/Schröder, § 12 Rn. 10.

[73] Vom 26.01.1998; in Kraft getreten am 01.04.1998.

hemmer-Methode: Bei unselbständigen Abwandlungen ist vom Grundtatbestand auszugehen und anschließend die Abwandlung zu prüfen. Dies kann in einer getrennten Prüfung der Straftatbestände erfolgen. Regelmäßig empfiehlt es sich jedoch aus Zeitgründen, beide Tatbestände zusammen zu prüfen, indem nach dem objektiven Tatbestand des Grundtatbestandes der objektive Tatbestand der unselbständigen Abwandlung angeschlossen wird.
Das gilt ebenso für den subjektiven Tatbestand. Der subjektive Tatbestand wird hinsichtlich der unselbständigen Abwandlung gerne vergessen. Bei Rechtswidrigkeit und Schuld ergeben sich keine Unterschiede. Prüfen Sie beide Normen zusammen, so nennen Sie auch beide Normen in der Überschrift bzw. dem Einleitungssatz (z.B. §§ 223 I, 224 I StGB).
Ob Grundtatbestand und unselbständige Abwandlung besser getrennt oder zusammen geprüft werden, ist jeweils im Einzelfall zu entscheiden (z.B. regelmäßig §§ 223, 224 StGB zusammen, § 223 StGB und die §§ 225/226/227 StGB dagegen häufig aus Gründen der Übersichtlichkeit getrennt).

Übersicht: "Kombinations"- Prüfung

I. Tatbestand

1. Objektiver Tatbestand
   a) Grunddelikt ⇨ § 223 I StGB
   b) Unselbständige Abwandlung ⇨ § 224 StGB
2. Subjektiver Tatbestand
   a) Grunddelikt
   b) Unselbständige Abwandlung (z.B. Vorsatz hinsichtlich der Giftbeibringung i.S.v. § 224 I Nr. 1 StGB).

II. Rechtswidrigkeit

III. Schuld

Die selbständige Abwandlung ist ohne jegliche Bezugnahme auf das Grunddelikt zu prüfen, da es sich um ein eigenständiges Delikt handelt.

Regelbeispiele und sonstige Strafzumessungsregeln sind nach dem 101
jeweiligen Grundtatbestand im Anschluss an die Schuld zu prüfen. Allerdings ist bei Regelbeispielen, die von der h.M. als tatbestandsähnlich angesehen werden, § 16 I S. 1 StGB entsprechend anzuwenden. Keinesfalls dürfen sie getrennt wie ein neues Delikt geprüft werden. Es empfiehlt sich, bereits in der Überschrift bzw. dem Einleitungssatz neben dem Grunddelikt das Regelbeispiel zu zitieren (z.B. §§ 242 I, 243 I S. 2 Nr. 1 StGB), damit der Korrektor sogleich sieht, dass auch das Regelbeispiel erkannt wurde.

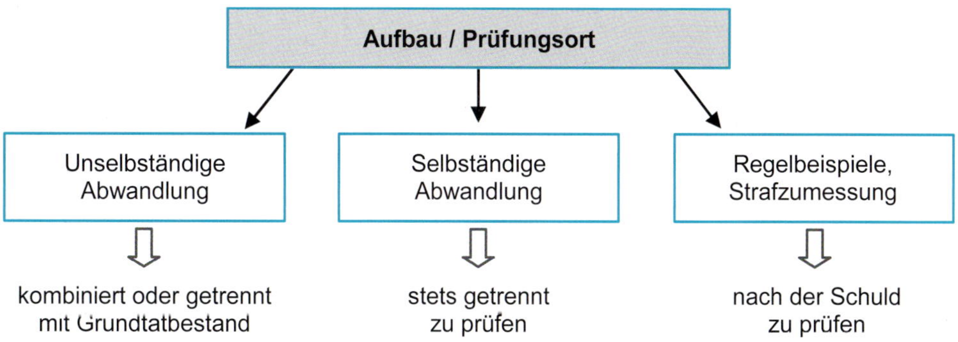

7. Kausalität

Erfolgsdelikte

Bei den *Erfolgsdelikten* muss zur Handlung der Eintritt eines bestimmten Erfolgs hinzutreten. Dabei muss zwischen Handlung und Erfolg eine Verbindung hergestellt werden, die den Erfolg als Ergebnis der Handlung des Täters erscheinen lässt. 102

Demnach ist die Kausalität zwischen Handlung und Erfolg bei den Erfolgsdelikten ungeschriebenes Tatbestandsmerkmal.[74]

hemmer-Methode: Wie bereits bei der Abgrenzung zwischen Erfolgs- und reinen Tätigkeitsdelikten kurz dargestellt, taucht der Prüfungspunkt „Kausalität" nur bei den Erfolgsdelikten auf, da es eine solche bei den schlichten Tätigkeitsdelikten nicht geben kann.

a) Theorien

Das StGB selbst schweigt zu der Frage, wie die Kausalität konkret zu bestimmen ist. In Rechtsprechung und Schrifttum werden verschiedene Theorien vertreten, wie die Kausalität zu fassen ist.

aa) Äquivalenztheorie

Äquivalenztheorie

Die Rechtsprechung[75] und die überwiegende Ansicht im Schrifttum[76] vertreten die Äquivalenztheorie, die auch Bedingungstheorie oder auch „conditio-sine-qua-non-Formel"[77] genannt wird.[78] 103

Demnach ist eine *Handlung dann Ursache eines Erfolges, wenn sie nicht hinweggedacht werden kann, ohne dass der Erfolg in seiner konkreten Gestalt entfiele*.

Alle Erfolgsbedingungen sind insoweit gleichwertig, also *äquivalent*, wenn sie nur den konkreten Erfolg (mit-)herbeigeführt haben. Es findet also keine Unterscheidung zwischen wesentlichen und unwesentlichen Bedingungen oder nach der Nähe zum Erfolg statt.

Problem: Reichweite

Daraus wird auch sofort ersichtlich, worin die Problematik der Äquivalenztheorie liegt: Die Reichweite ist bedenklich weit gefasst. Bei konsequenter Anwendung dieser Theorie haben auch die Eltern oder gar die Großeltern eines Täters eine gleichwertige Ursache für den Erfolg gesetzt, da sie ihn in die „Welt gesetzt" haben. 104

Daraus wird ersichtlich, dass die Äquivalenztheorie einer Einschränkung bedarf. Diese Einschränkung wird entweder – nach der Rechtsprechung – erst im Bereich des subjektiven Tatbestandes (als Irrtum über den Kausalverlauf - § 16 StGB) oder – nach der herrschenden Lehre – bereits im objektiven Tatbestand unter dem zusätzlichen Prüfungspunkt der objektiven Zurechnung vorgenommen.

bb) Formel von der gesetzmäßigen Bedingung

Formel von der gesetzmäßigen Bedingung

Eine dieser angesprochenen Ansichten ist die *Formel von der gesetzmäßigen Bedingung*.[79] Danach ist ein Verhalten dann Ursache eines Erfolges, wenn dieser Erfolg mit dem Verhalten durch eine Reihe von Veränderungen gesetzmäßig verbunden ist. 105

---

74 Fischer, vor § 13 Rn. 20.

75 BGHSt 1, S. 333 = **juris**byhemmer.

76 Vgl. Schönke/Schröder, Vorbem. §§ 13 ff. Rn. 73 f.; Fischer, vor § 13 Rn. 21f.

77 Aus dem Lateinischen wörtlich übersetzt: „Bedingung, ohne welche nicht".

78 Die Äquivalenztheorie geht auf *Glaser* zurück, der sie bereits 1858 für das österreichische Recht entwickelt hat. Von *Buri* wurde sie später weiterentwickelt.

79 Diese wurde von *Engisch* begründet, vgl. zu dieser auch Fischer, vor § 13 Rn. 23; Kühl AT, § 4 Rn. 22 ff.; Jescheck/Weigend, § 28 II S. 4.

Es ist zu fragen, ob die konkrete Handlung auch im konkreten Erfolg tatsächlich wirksam geworden ist.

Zwar stellt diese Lehre deutlicher als die Äquivalenztheorie auf das Erfordernis eines (natur-)gesetzlichen Zusammenhangs ab. Allerdings betont auch diese Ansicht die Gleichwertigkeit der Bedingungen, so dass sie zu keinem wesentlich anderen Ergebnis als die Äquivalenztheorie führt.

cc) Adäquanztheorie

Adäquanztheorie

Teilweise wird auch die im Zivilrecht herrschende *Adäquanztheorie* vertreten.[80] Hiernach sind nur solche Folgen einer Tat verursacht, mit deren Eintritt nach allgemeiner menschlicher Lebenserfahrung vom Standpunkt des kundigen, nachträglich urteilenden Richters gerechnet werden konnte (objektiv-nachträgliche Prognose).[81] 106

Innerhalb dieser Lehre findet die erforderliche Einschränkung der Erfolgszurechnung bereits auf der Ebene der Kausalität statt. Dies ist aber zumindest i.R.d. Strafrechts abzulehnen, da Erfolgszurechnung und Kausalität unterschiedliche Bewertungsebenen darstellen und daher streng zu trennen sind.

dd) Relevanztheorie

Relevanztheorie

Zuletzt soll noch die *Relevanztheorie* kurz Erwähnung finden.[82] Diese baut auf der Äquivalenztheorie auf und unterscheidet zwischen Erfolgsverursachung und Erfolgszurechnung. Nur tatbestandsadäquate Bedingungen werden insoweit als haftungsbegründend anerkannt.[83] 107

Da aber auch diese Theorie die Wertungsebenen vermengt, indem sie die Frage der Erfolgszurechnung bereits auf der Ebene der Kausalität diskutiert, ist auch diese abzulehnen.

hemmer-Methode: Sämtliche Theorien, welche die Problematik der Reichweite der Äquivalenztheorie bereits auf der Ebene der Kausalität zu lösen versuchen, weisen Schwächen auf und haben sich daher zu Recht im Strafrecht nicht durchsetzen können. Hüten Sie sich davor, im Klausurfall gebetsmühlenartig diese Theorien abzuspulen. Im Regelfall wird dies den Korrektor nur langweilen und damit zu schlechteren Ergebnissen führen. Gehen Sie also regelmäßig einfach von der Äquivalenztheorie aus!

b) Spezialfälle der Kausalität

In gewissen Konstellationen stößt die Äquivalenztheorie (scheinbar) an ihre Grenzen, da sie eben von der Gleichwertigkeit aller Ursachen ausgeht. Deshalb sind hier teilweise gewisse Modifikationen angebracht.

---

80 Vgl. Fischer, vor § 13 Rn. 23 m.w.N.

81 Fischer, a.a.O.

82 Die Relevanztheorie geht auf *Metzger* zurück.

83 Vgl. Fischer, a.a.O.

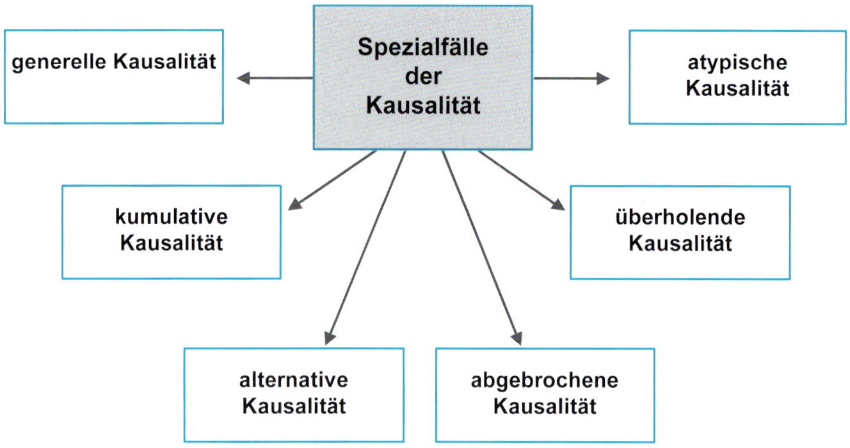

aa) Atypische Kausalität

Atypische Kausalität

108 Wie mehrfach erwähnt, liegt der Äquivalenztheorie der Gedanke zugrunde, dass alle Bedingungen gleichwertig sind. Dies bedeutet aber gerade auch, dass die Kausalität dann zu bejahen ist, wenn es sich um einen Geschehensablauf handelt, der außerhalb jeglicher Lebenserfahrung liegt, sog. *atypische Kausalität*.[84]

hemmer-Methode: Diese Weite ist für einige Vertreter der Grund für die Anwendung der Adäquanztheorie auch im Strafrecht. Richtigerweise ist diese Problematik aber erst auf der Ebene der objektiven Zurechnung oder des subjektiven Tatbestandes anzusprechen.

bb) Hypothetische Kausalität

Hypothetische Kausalität

109 Im Fall der *hypothetischen Kausalität*[85] wäre der Erfolg im selben Zeitpunkt auch durch eine andere Ursache, die nicht von einem Dritten gesetzt wurde (sonst Fall der alternativen Kausalität, vgl. hierzu unten), eingetreten. Zwar entfällt bei Hinwegdenken der Handlung des Täters der Erfolg nicht. Allerdings kommt es bei der conditio-sine-qua-non-Formel gerade auf den Erfolg in seiner konkreten Gestalt an. Reserveursachen müssen außer Betracht bleiben.

> ***Bsp.:*** *T gibt O vergifteten Whisky. Dieser verstirbt infolge des Giftes. O wäre aufgrund einer unheilbaren Krankheit allerdings im selben Moment verstorben. Dennoch ist das Verhalten des T kausal für den Tod des O, da der konkrete Erfolg ohne das Gift nicht eingetreten wäre.*

cc) Überholende Kausalität

Überholende Kausalität

110 Im Fall der *überholenden Kausalität* nimmt der Täter eine Handlung vor, die eigentlich bei ungestörtem Ablauf zum Erfolgseintritt geführt hätte.[86] Kennzeichnend dabei ist hier aber, dass die gesetzte Bedingung gerade nicht bis zum Erfolg fortwirkt, sondern von einer anderen Ursachenkette überholt wird.[87]

Hinsichtlich des zweiten, später eingreifenden Täters ist die Kausalität gegeben, da dieser mit dem Einwand, dass die Handlung des Ersttäters auch den Erfolg bewirkt hätte, nicht gehört werden kann. Dies stellt eine Reserveursache dar, die unbeachtlich ist, sog. hypothetische Kausalität, vgl. oben.

---

84 Vgl. Zieschang, S. 29.

85 Schönke/Schröder, Vorbem. §§ 13 ff. Rn. 80.

86 Vgl. Haft, S. 53 f.

87 Zieschang, S. 30.

Bsp.: *T2 tötet O vor einer beabsichtigten Flugreise. Aufgrund einer Bombe des T1 stürzt das Flugzeug später ab. Den konkreten Erfolg hat nur T2 verursacht, die Handlung des T1 war nicht kausal.*

Allerdings bleibt natürlich auch das Verhalten des Ersttäters nicht unbedingt straflos. Zwar ist mangels Kausalität der objektive Tatbestand nicht erfüllt. Dafür kommt aber eine Versuchsstrafbarkeit unter den Voraussetzungen der §§ 22, 23 StGB in Betracht, sofern diese erfüllt sind.

dd) Abgebrochene Kausalität

Abgebrochene Kausalität

Ähnlich ist die Situation im Fall der *abgebrochenen Kausalität*,[88] die zum Teil als Unterfall der überholenden Kausalität angesehen wird. Im Gegensatz zu der eben geschilderten Konstellation bricht das Handeln des Zweittäters die vom Ersttäter bereits in Gang gesetzte Kausalkette ab und führt zu einem früheren und somit auch anderen Erfolg. Auch hier ist nur das Verhalten des Zweittäters kausal für den konkreten Erfolg. Allerdings besteht die Möglichkeit der Versuchsstrafbarkeit für den Ersttäter. 111

Bsp.: *T1 gibt O eine tödliche Menge Gift. Noch bevor das Gift wirkt, wird O von T2 erschossen, der von dem Gift nichts weiß. Die Handlung von T2 ist kausal. Die Handlung von T1 ist nicht kausal, da der konkrete Erfolg (Tod des O durch Schuss) nicht auf der Handlung des T1 beruht.*

hemmer-Methode: Die überholende und die abgebrochene Kausalität werden häufig auch als Unterfälle der hypothetischen Kausalität behandelt.

ee) Alternative Kausalität

Alternative Kausalität

Im Fall der *alternativen Kausalität* oder auch *Doppelkausalität* führen zwei Ursachen zum Erfolg.[89] Jede Ursache hätte für sich allein den Erfolg zum selben Zeitpunkt herbeigeführt. In dieser Konstellation ist eine Modifikation der Äquivalenztheorie erforderlich. Können nämlich mehrere Bedingungen zwar nicht kumulativ, jedoch alternativ hinweggedacht werden, ohne dass der Erfolg in seiner konkreten Gestalt entfiele, so ist *jede Bedingung ursächlich*. 112

Bsp.: *A und B verabreichen unabhängig voneinander O eine jeweils tödliche Menge Gift. O verstirbt. Später stellt ein Sachverständiger fest, dass jede Giftmenge für sich den Tod des O genauso schnell verursacht hätte wie beim Zusammenwirken beider Giftmengen.*

Denkt man die Handlung des A hinweg, so bleibt der Erfolg auch in seinem konkreten Erfolg bestehen. Nach der „normalen" Äquivalenztheorie war das Verhalten des A nicht kausal. Gleiches würde aber auch für B gelten. Erst das Hinwegdenken beider Handlungen von A und B ließe auch den Erfolg in seiner konkreten Gestalt entfallen, so dass nach oben dargestellter Modifikation der Äquivalenztheorie beide Verhalten kausal sind. Im Ergebnis führt dies jeweils zu einer Strafbarkeit von A und B wegen vollendeten Totschlags bzw. Mordes.

ff) Kumulative Kausalität

Kumulative Kausalität

Im Fall der *kumulativen Kausalität* führen ebenfalls zwei Ursachen zum Erfolg. Hier wird der Erfolg jedoch nur durch das Zusammenwirken beider Ursachen bewirkt. 113

88 Vgl. Haft, S. 54.

89 Vgl. Schönke/Schröder, Vorbem. §§ 13 ff. Rn. 82; Jescheck/Weigend, § 28 II S. 4.

Eine Ursache allein hätte den Erfolgseintritt nicht bewirkt. Diese Konstellation stellt an sich kein spezielles Problem dar, sondern lässt sich in konsequenter Heranziehung der Äquivalenztheorie lösen.[90] Aufgrund der bereits mehrfach erwähnten Gleichwertigkeit der Ursachen ist nach der Äquivalenztheorie *jede Ursache kausal* für den Erfolgseintritt, auch wenn der Erfolg durch eine Ursache allein nicht eintreten konnte.

Bsp.: A und B geben jeweils unabhängig voneinander je eine für sich genommen nicht tödlich wirkende Menge Gift in die Kaffeetasse des O. O stirbt nach Genuss der Tasse an dem Zusammenwirken beider Gifte.

Hier hilft die konsequente Anwendung der Äquivalenztheorie. Weder das Hinwegdenken des Verhaltens des A noch des B führt zum Entfallen des Erfolgs in seiner konkreten Gestalt. Daher sind beide Handlungen kausal.

Probleme können sich in diesen Konstellationen aber im Bereich der objektiven Zurechnung oder nach BGH i.R.d. subjektiven Tatbestandes ergeben. Insoweit kommt nach der herrschenden Lehre ein Fall des atypischen Kausalverlaufs im Bereich der objektiven Zurechnung in Betracht oder nach dem BGH ein Irrtum auf Ebene des subjektiven Tatbestandes.

Wäre es bei einer Dosis geblieben, wäre die Tat im Versuchsstadium stecken geblieben (untauglicher Versuch, da untaugliches Tatmittel). Damit verbleibt es sowohl bei A als auch B bei einer Strafbarkeit wegen versuchten Mordes und vollendeter Körperverletzung.

hemmer-Methode: Vollkommen anders liefe der Fall dann, wenn die Verabreichung des Giftes auf einer Übereinkunft von A und B beruhen würde. Dann wären die jeweiligen Tatbeiträge gem. § 25 II StGB wechselseitig zurechenbar und beide wegen vollendeten Mordes zu bestrafen.

gg) Generelle Kausalität

Generelle Kausalität

Die bisherigen Ausführungen bezogen sich alle auf die konkrete Kausalität. Dem vorgelagert ist die Frage der generellen Kausalität, also ob abstrakt gesehen aus einem bestimmten Verhalten ein bestimmter Erfolg überhaupt resultieren kann.[91] Diese Problematik kam zuerst in den sog. Contergan-Fällen auf und ist auch im Bereich von Handysendemasten von Interesse wegen des sog. Elektrosmogs.[92] In solchen Fällen der Produkthaftung kann für den Ursachenzusammenhang zwischen Beschaffenheit und Gesundheitsbeschädigung der Verbraucher offen bleiben, welche Substanz den Schaden verursacht hat, solange andere in Betracht kommende Schadensursachen ausgeschlossen werden können.[93] 114

Nach herrschender Ansicht ist die generelle Kausalität eine Frage der Beweiswürdigung.[94] Probleme ergeben sich dann, wenn die Frage der generellen Kausalität unter den Wissenschaftlern selbst umstritten ist. Die herrschende Lehre kommt nach dem in-dubio-pro-reo-Grundsatz zum Freispruch.[95] Dagegen ist der BGH der Ansicht, dass im Wege der freien richterlichen Beweiswürdigung auch eine Bejahung der generellen Kausalität möglich ist.[96] 115

90 Zieschang, S. 31.

91 Vgl. zum Ganzen Zieschang, S. 32.

92 Vgl. auch sog. Lederspray-Fall BGHSt 37, S. 111 = jurisbyhemmer.

93 Fischer, vor § 13 Rn. 32a.

94 Kuhlen, NStZ 1990, S. 567.

95 Maiwald, Kausalität und Strafrecht, S. 108 ff.

96 BGHSt 41, S. 206.

Diese Ansicht ist vorzugswürdig, da der Sachverständigenbeweis keinen Vorrang vor anderen Beweismitteln genießt und der Richter folglich unter Ausschöpfung der anderen Umstände des Einzelfalls durchaus zu einer Bejahung der generellen Kausalität kommen kann.[97]

8. Lehre von der objektiven Zurechnung

Objektive Zurechnung

Wegen der Reichweite der Äquivalenzformel bedarf es in gewissen 116
Fällen eines Korrektivs. Dieses findet die herrschende Lehre in der Lehre von der objektiven Zurechnung.[98] Ausgangspunkt ist auch hier der Kausalzusammenhang nach der Äquivalenztheorie oder der Formel von der gesetzmäßigen Bedingung. Im Anschluss an die Kausalitätsprüfung ist dann zu erörtern, ob nicht möglicherweise unter Zurechnungsgesichtspunkten auf Wertungsebene der objektive Tatbestand entfällt. Die objektive Zurechnung stellt also einen eigenen Prüfungspunkt dar und wird nicht etwa i.R.d. Kausalität geprüft.

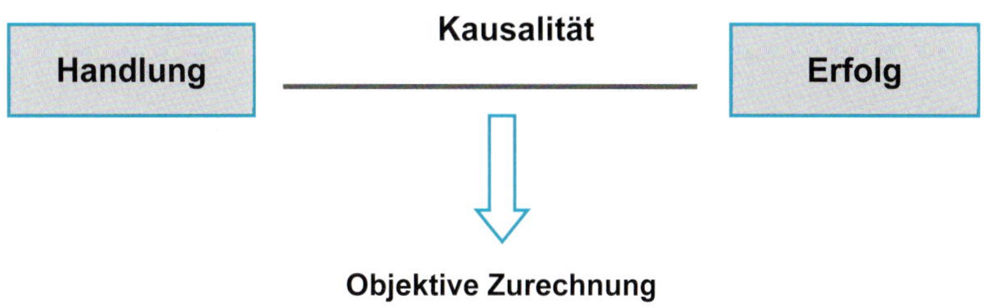

hemmer-Methode: Ähnlich wie bei den verschiedenen Handlungslehren geht es in der Klausur selbst bei problematischen Fällen nicht darum, das Für und Wider der einzelnen Theorien zu erörtern. Vielmehr sollte man der vorzugswürdigen Lehre von der objektiven Zurechnung folgen und in zwei getrennten Prüfungsschritten zunächst die Kausalität anhand der conditio-sine-qua-non-Formel feststellen und anschließend auf die objektive Zurechnung eingehen.

Definition

Begrifflich ist ein durch menschliches Verhalten verursachter Erfolg 117
nur dann objektiv zurechenbar, wenn dieses Verhalten eine rechtlich missbilligte Gefahr des Erfolgseintritts geschaffen hat und gerade diese Gefahr sich im konkreten, tatbestandsmäßigen Erfolg verwirklicht hat.[99]

Es geht folglich darum, ob dem Täter der Erfolg als „sein Werk“ zurechenbar ist.[100]

a) Allgemeines

2 Elemente

Obige Definition lässt sich letztlich auf zwei Elemente reduzieren, wo- 118
bei bei Fehlen eines dieser Elemente die objektive Zurechenbarkeit des Erfolgs ausscheidet. Diese beiden Elemente sind im Einzelnen: „Vorliegen einer rechtlich missbilligten Gefahr“ (= *rechtlich relevantes Risiko*) sowie „Verwirklichung gerade dieser Gefahr im konkreten Erfolg“ (= *Risikozusammenhang*).

---

97 Vgl. Zieschang, S. 32.

98 Diese wurde von *Honig* begründet, näher zu dieser vgl. Roxin, Honig-FS 1970, S. 133 ff.; vgl. auch Fischer, vor § 13 Rn. 24 ff.

99 Vgl. Fischer, vor § 13 Rn. 25; Jescheck/Weigend, § 28 IV; Roxin AT I, § 11 Rn. 44 ff.

100 Zieschang, S. 33.

Hieraus lassen sich zwei größere Fallgruppen filtern, bei denen die objektive Zurechenbarkeit ausscheidet. Daneben entfällt die objektive Zurechenbarkeit bei Entfallen des Pflichtwidrigkeitszusammenhangs.

Kategorien bei der objektiven Zurechnung

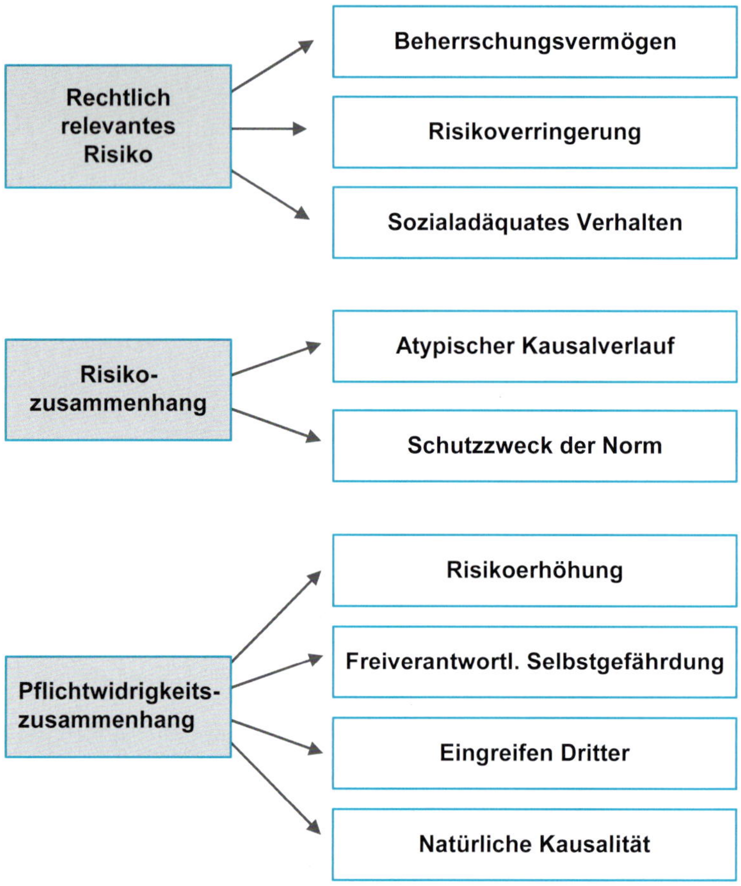

b) Rechtlich relevantes Risiko

Ein rechtlich relevantes Risiko fehlt insbesondere in den folgenden Konstellationen:

aa) Beherrschungsvermögen - allgemeine Lebensrisiken

Beherrschungsvermögen

Zunächst fehlt die objektive Zurechenbarkeit in den Fällen, in denen 119
der Schadenseintritt dem menschlichen *Beherrschungsvermögen* entzogen ist.[101]

Bspe.:

- *T schickt den Erbonkel O bei einem Gewitter hinaus und hofft, dass der O draußen von einem Blitz erschlagen wird, was auch geschieht. Der Blitzschlag ist dem menschlichen Beherrschungsvermögen entzogen, eine Erfolgszurechnung findet daher nicht statt.*
- *T schenkt dem Erbonkel O ein Flugticket in der Hoffnung, dass das Flugzeug abstürzt, was dann auch geschieht. Auch hier fehlt es wie in Beispielsfall 1 an der objektiven Zurechenbarkeit. In beiden Fällen verwirklicht sich nur ein allgemeines Lebensrisiko.*

[101] Schönke/Schröder, Vorbem. §§ 13 ff. Rn. 93.

hemmer-Methode: Selbst wenn man der Lehre nicht folgt, läge im Ergebnis keine Strafbarkeit das T vor, sondern nur eine straflose Teilnahme an einer freiverantwortlichen Selbstgefährdung.[102]

bb) Sozialadäquates Verhalten

Sozialadäquates Verhalten

Handelt ein Täter *sozialadäquat*, so fehlt es ebenfalls an einem rechtlich missbilligten Risiko im obigen Sinne, sondern es liegt vielmehr ein „erlaubtes Risiko“ vor. Zwar ist ein Erfolgseintritt in Fällen sozialadäquaten Verhaltens vorhersehbar, wird aber von der Rechtsordnung geduldet, um menschliches Zusammenleben überhaupt erst zu ermöglichen. 120

Erst wenn die Grenzen der Sozialadäquanz überschritten sind, findet eine Erfolgszurechnung wieder statt. So halten sich insbesondere der normale Straßenverkehr bzw. der ordnungsgemäße Betrieb einer gefährlichen Anlage.

Bspe.:

- *T fährt alkoholisiert (BAK 0,9 ‰) Auto. Als er eine rote Ampel überfährt, verletzt er den Fußgänger O, der dabei schwer verletzt wird. Eine Erfolgszurechnung ist hier unzweifelhaft, da er sich nicht gem. den Regeln der StVO verhalten hat.*

- *T besucht erkältet seinen reichen Erbonkel O und hofft dabei, diesen mit seinem Schnupfen anzustecken. Weiterhin hofft er auf den Tod des O infolge des Schnupfens. Hier liegt ein sozialadäquates Verhalten vor, da ein Besuch mit einer landläufigen Ansteckungskrankheit innerhalb der Grenzen der Sozialadäquanz liegt. Etwas anderes würde dann gelten, wenn sich O bereits auf der Intensivstation befinden würde und damit eine besondere Anfälligkeit für Infektionskrankheiten bestünde.*

Kritik

Schon diese kleinen Beispielsfälle zeigen die Problematik der Fallgruppe des sozialadäquaten Verhaltens. Der Begriff selbst ist konturenlos und insoweit sind Probleme mit dem Bestimmtheitsgrundsatz vorprogrammiert.[103] Darüber hinaus ist weiter fragwürdig, ab welchem Zeitpunkt die „Grenzen der Sozialadäquanz“ überschritten sind. 121

hemmer-Methode: Aufgrund dieser Problematik wird auch vertreten, dass der Gesichtspunkt der Sozialadäquanz allein nicht ausreicht, die Strafbarkeit entfallen zu lassen.[104]

cc) Risikoverringerung

Risikoverringerung

Eine weitere Fallgruppe, in denen die objektive Zurechenbarkeit entfallen kann, stellen die Fälle der sog. *Risikoverringerung* dar.[105] In diesen Fällen verringert der Täter durch die Tat das Risiko einer bereits anderweitig in Gang gesetzten Kausalkette.[106] Es wird ein drohender schwerer Erfolg abgeschwächt oder zeitlich hinausgeschoben, ohne dass der Täter zur Erreichung dieses Ziels eine neue andersartige, selbst missbilligte Gefahr setzt. 122

Bsp.: *A will O mit einer Axt erschlagen. B wirft sich „heldenhaft“ dazwischen, so dass der Schlag abgelenkt wird und O lediglich am Arm verletzt wird. Nach der conditio-sine-qua-non-Formel hat B die Körperverletzung des O unzweifelhaft verursacht. Aber da er kein rechtlich relevantes Risiko gesetzt hat, ist ihm der Erfolg nicht zurechenbar.*

---

102 Vgl. näher Zieschang, S. 34.

103 Vgl. Zieschang, S. 35.

104 Vgl. Zieschang a.a.O.

105 Fischer, vor § 13 Rn. 28; Roxin AT I, § 11 Rn. 53; Ranft, ZStW 1997, S. 286.

106 Fischer, a.a.O.

Kritik

Im Grundsatz bedarf es in diesen Fällen nicht der Formel der objektiven Zurechenbarkeit, da insoweit häufig schon der Vorsatz fehlen oder wenigstens eine Strafbarkeit auf der Ebene der Rechtswidrigkeit nach § 34 StGB entfallen wird. In der Klausur erscheint es aber vorzugswürdig, der herrschenden Lehre zu folgen, die das Problem bereits auf der Ebene der objektiven Zurechenbarkeit verortet. 123

c) Risikozusammenhang

Risikozusammenhang

Eine objektive Zurechnung entfällt auch dann, wenn der *Risikozusammenhang* nicht gegeben ist, d.h. wenn sich nicht die vom Täter rechtswidrig geschaffene Gefahr im konkreten Erfolg realisiert hat.[107] Hierunter lassen sich folgende Fallgruppen subsumieren: 124

aa) Atypischer Kausalverlauf

Atypischer Kausalverlauf

Die objektive Zurechnung entfällt in den Fällen eines *völlig atypischen Kausalverlaufs*, d.h. bei einer ganz ungewöhnlichen, atypischen Schadensfolge oder einem nicht vorhersehbaren, außerhalb der Lebenserfahrung liegenden Geschehensablauf. 125

Bsp.: *T verletzt O. Dieser kann sich aufgrund der Verletzung nicht mehr bewegen. Bei einem aufkommenden Gewitter wird O von einem Blitz erschlagen. Hier ist der tödliche Ausgang dem T nicht mehr zurechenbar, da sich ein Risiko realisiert hat, das außerhalb jeglicher Lebenserwartung liegt. Dies ändert natürlich nichts an der Strafbarkeit hinsichtlich der Körperverletzung. Ebenso ist möglicherweise – je nach Sachverhaltskonstellation – eine Versuchsstrafbarkeit zu prüfen.*

Sollte man der Lehre der objektiven Zurechenbarkeit mit der Rechtsprechung des BGH nicht folgen, so wäre obige Problematik auf der Ebene des subjektiven Tatbestandes i.R.d. Vorsatzes zu diskutieren.

bb) Schutzzweck der Norm

Schutzzweck der Norm

Ebenfalls am Risikozusammenhang und damit auch an der objektiven Zurechnung fehlt es, wenn sich im eingetretenen Erfolg nicht das verbotene, sondern ein anderes Risiko verwirklicht hat.[108] Dann liegt nämlich der Erfolg außerhalb des *Schutzzwecks der verletzten Norm*. 126

Bsp.: *Apotheker T gibt dem Patienten O auf ein abgelaufenes Rezept hin erneut ein Medikament. O stirbt nach dessen Einnahme. Der Arzt hätte das Rezept auf Nachfrage des O erneuert. Ein Verstoß gegen die Pflicht, abgelaufene Rezepte nicht zu beachten, soll den Patienten nicht vor Verletzung oder gar Tod schützen. Daher ist der Tod des O dem T nicht objektiv zurechenbar.*[109]

Kritik

Auch der Begriff des Schutzzwecks leidet an einer gewissen Unbestimmtheit und sollte daher auch nicht zu extensiv gebraucht werden. Ein weiteres anerkanntes Beispiel ist der Fall, dass ein Autofahrer irgendwo eine Geschwindigkeitsüberschreitung begeht und nach einer Zwischenphase einen für ihn konkret unvermeidbaren Unfall verursacht. 127

---

[107] Fischer, vor § 13 Rn. 30.

[108] Fischer, a.a.O.

[109] Vgl. RGSt 15, S. 151.

d) Pflichtwidrigkeitszusammenhang

Pflichtwidrigkeitszusammenhang

Die dritte Fallgruppe, in der die objektive Zurechnung regelmäßig verneint wird, ist die des fehlenden *Pflichtwidrigkeitszusammenhangs*. Dieser fehlt dann, wenn der durch die sorgfaltswidrige Handlung herbeigeführte Erfolg auch dann eingetreten wäre, wenn sich der Täter pflichtgemäß verhalten hätte. 128

aa) Risikoerhöhung

Risikoerhöhung

Zunächst soll der Fall einer non-liquet-Situation dargestellt werden, d.h. also eine Konstellation, in der vor Gericht nicht mehr aufklärbar ist, ob ein sorgfaltsgemäßes Verhalten des Täters den Erfolgseintritt verhindert hätte. Fraglich ist, ob insoweit der „in-dubio-pro-reo"-Grundsatz anzuwenden ist oder ob auf die sog. *Risikoerhöhungslehre* zurückzugreifen ist. Diese Lehre besagt, dass ein Verhalten schon dann objektiv zurechenbar ist, wenn die in ihm liegende Sorgfaltspflichtverletzung das Risiko des eingetretenen Erfolgs gegenüber dem erlaubten Risiko auch nur deutlich erhöht hat.[110] Gegen diese Lehre wird zu Recht eingewandt, dass sie den Zweifelssatz des in-dubio-pro-reo in unzulässiger Weise einschränke und zudem die Verletzungsdelikte contra legem als Gefährdungsdelikte begreife.[111] 129

Bsp.: *Sog. Radfahrer-Fall*

Ein LKW überholt einen Radfahrer mit zu geringem Sicherheitsabstand. Der Radfahrer gerät unter den LKW und wird getötet. Aus dem eingeholten Sachverständigengutachten ergibt sich aber, dass der Unfall auch bei ordnungsgemäßem Sicherheitsabstand geschehen wäre, da der Radfahrer stark alkoholisiert war.

Der BGH verneinte in diesem Fall eine Erfolgszurechnung, da der Erfolg auch bei ordnungsgemäßem Verhalten des LKW-Fahrers eingetreten wäre. Auch der BGH wendete im vorliegenden Fall die Kategorie der Erfolgszurechnung an, da § 222 StGB in Rede stand und bei Fahrlässigkeitsdelikten auch der BGH eine derartige Einschränkung des Tatbestandes vornimmt. Zu einem anderen Ergebnis kommt die Risikoerhöhungslehre, da der Verstoß gegen die Abstandsregeln jedenfalls das Unfallrisiko signifikant erhöht hat.

bb) Freiverantwortliche Selbstgefährdung

Freiverantwortliche Selbstgefährdung

Auch in den Fällen der *freiverantwortlichen Selbstgefährdung* ist die objektive Zurechnung zu verneinen.[112] Unerheblich ist insoweit, ob dies unter dem Stichwort Risikozusammenhang oder dem Pflichtwidrigkeitszusammenhang zu fassen ist. 130

Begründet wird dies zum einen mit dem Schutzzweck der Norm. Schließlich sollen die Straftatbestände den Rechtsinhaber vor Eingriffen Dritter bewahren, nicht aber den Rechtsinhaber vor sich selbst schützen.

Für ein eigenes Handeln kann ein Dritter grundsätzlich nicht verantwortlich sein. Wer bei einem anderen eine *eigenverantwortlich* gewollte und verwirklichte Selbstgefährdung oder gar –verletzung vorsätzlich oder fahrlässig veranlasst, macht sich dann nicht strafbar, wenn sich nur das mit der Selbstgefährdung eingegangene Risiko verwirklicht. Erst wenn der Täter das Risiko aufgrund seines überlegenen Wissens besser erfasst als der sich Gefährdende, kommt eine Strafbarkeit in Betracht.

[110] Fischer, vor § 13 Rn. 26; Roxin, ZStW 1974, S. 430; Lackner/Kühl, § 15 Rn. 44.

[111] Vgl. Roxin, AT I § 11 Rn. 90 ff.

[112] Kühl, AT § 4 Rn. 83 ff.

Bspe.: 131

- *Heroin-Fälle:*[113] *Drogendealer T verkauft O Heroin. O stirbt an einer Überdosis. Auch hier lehnt die h.M. bereits die Zurechnung des Erfolgs in entsprechender Anwendung der Grundsätze zu den Aids-Fällen ab.*

- *Aids-Fall:*[114] *Der HIV-positive T hat ein Verhältnis mit der 16-jährigen O. In Kenntnis dieser Umstände hat O mit T ungeschützten Geschlechtsverkehr. Eine (im Originalfall versuchte) Körperverletzung scheidet hier nach der Rspr. in Abweichung zu früheren Entscheidungen bereits auf der Ebene des objektiven Tatbestandes aus, da eine eigenverantwortliche Selbstgefährdung der O vorliegt, die T nicht zugerechnet werden kann.*

Eine solche straflose Beteiligung an einer eigenverantwortlichen Selbstgefährdung ist in den Aids-Fällen dann gegeben, wenn der Infizierte den Sexualpartner über die Infektion informiert, da dann eine Tatherrschaft kraft überlegenen Wissens nicht angenommen werden kann. Hinsichtlich der Eigenverantwortlichkeit ist auf die Einsichtsfähigkeit der konkreten Person abzustellen.

Beachte: BGH löst andere Fälle über § 16 I S. 1 StGB

hemmer-Methode: Beachten Sie, dass die Fallgruppe der eigenverantwortlichen Selbstgefährdung bzw. –verletzung bislang der einzige Bereich ist, in welchem die Rspr. bereits auf der Ebene des objektiven Tatbestandes die Strafbarkeit entfallen lässt. In allen anderen Fallgruppen fasst der BGH die oben genannten Fallgruppen als Probleme des subjektiven Tatbestandes auf. Insoweit nimmt sie unter bestimmten Voraussetzungen für solche Fälle einen wesentlichen Irrtum über den Kausalverlauf an, der gem. § 16 I S. 1 StGB den Vorsatz entfallen lässt. Instruktives Fallbeispiel für die Abgrenzung zwischen Selbst- und Fremdgefährdung ist der Fall „Tödliches Autorennen“.[115]

cc) Eingreifen Dritter

Eingreifen Dritter

Weiterhin ist noch auf die Fallgruppe des Eingreifens Dritter in den Geschehensablauf einzugehen. Der Risikozusammenhang entfällt auch dann, wenn ein *Dritter in den Kausalablauf eingreift* und *ein neues, allein von ihm gesteuertes Risiko setzt*, das sich dann auch verwirklicht. Der Versuch des Dritten, das vom Ersttäter geschaffene Risiko abzuwenden, lässt den Risikozusammenhang nicht entfallen. Dies gilt auch für den Fall einer Garantenstellung des Täters gegenüber dem Opfer.[116] 132

Bspe.:

- *T verletzt vorsätzlich O. Im Krankenhaus stirbt O wegen eines Kunstfehlers des behandelnden Arztes Z. Zwar wurde die Behandlung von T veranlasst. Jedoch ist im Regelfall nicht mit einem Kunstfehler zu rechnen, so dass der Kunstfehler ein neues eigenständiges Risiko darstellt, das dem T nicht mehr zurechenbar ist.*

- *T verletzt vorsätzlich O. Diesmal gelangt O aber gar nicht mehr ins Krankenhaus, da er auf dem Weg dorthin infolge eines Verkehrsunfalls mit dem Krankenwagen umkommt. Hier ist strittig, ob ein neues Risiko vorliegt. Die wohl h.M. bejaht die Zurechnung, während die a.A.*[117] *den Unfall als neue, zusätzliche Ursache ansieht, die T nicht zuzurechnen sei.*

---

[113] Bspw. BGHSt 32, S. 265; BGH, NJW 1991, S. 307: **alle Entscheidungen** = **juris**byhemmer.

[114] BayObLG, NJW 1990, S. 131 = **juris**byhemmer.

[115] Vgl. BGH, Urteil vom 20.11.2008 – 4 StR 328/08 = **juris**byhemmer = Life&Law 2009, S. 179 ff. Lehrreich ist außerdem der Fall „Der weiße Tod“- reines Heroin statt Kokain. Dort geht es insbesondere um die Frage, ob ein Drogenkonsument sich „eigenverantwortlich“ selbst gefährdet, wenn er Drogen vom Dealer kauft, dieser aber die Drogenpäckchen aus Versehen vertauscht hat. Vgl. dazu BGH, Beschluss vom 08.01.2009 – 1 StR 518/08 = Life&Law 2009, S. 534 ff.

[116] Vgl. Schönke/Schröder, Vorbem. §§ 13 ff. Rn. 101a.

[117] Vgl. Haft, S. 56 f.

dd) Naturkausalität

Schließlich fehlt der Risikozusammenhang auch dann, wenn eine *Modifizierung der Naturkausalität* vorliegt. 133

Bsp.: Bahnwärter T stellt die Weiche für einen Triebwagen um. Der Zug verunglückt durch einen Bergrutsch. Dasselbe wäre zum gleichen Zeitpunkt auch auf dem ursprünglichen Gleis geschehen. Der Erfolg ist hier dem T nicht zurechenbar, da die Naturkausalität nur in geringem Maße modifiziert wurde.

Anwendungsbereich

Die Lehre von der objektiven Zurechnung findet vor allem im Bereich der Fahrlässigkeitsdelikte i.R.d. Prüfungspunktes „Pflichtwidrigkeitszusammenhang" Anwendung.

hemmer-Methode: Die Lehre von der objektiven Zurechnung ist sehr vielschichtig. Die hier verwendeten Begriffe und Grobunterteilungen sind nicht als abschließend aufzufassen. In verschiedenen Lehrbüchern finden sich die aufgeführten Fallgruppen unter jeweils anderen Stichworten. Zum Teil werden die Beispiele unterschiedlichen Fallgruppen zugeordnet. Lassen Sie sich von den diversen Einordnungen nicht verwirren, sondern gehen Sie systematisch vor, indem Sie das Problem zunächst klar herausarbeiten und dann durch Auslegung einer Lösung zu führen. Ihr Argumentationsvermögen steht im Vordergrund, nicht die Begrifflichkeit.

II. Subjektiver Tatbestand

Prüfungsort

Nach der bereits oben dargestellten älteren kausalen Handlungslehre wurde der Vorsatz erst und allein i.R.d. Schuld geprüft, nach der finalen Handlungslehre wurde der Vorsatz allein auf der Tatbestandsebene geprüft.[118] Das moderne Verbrechenssystem, dem hier gefolgt wird, räumt hingegen dem Vorsatz eine Doppelfunktion ein und prüft ihn sowohl auf der Ebene des Tatbestandes als auch auf der Ebene der Schuld. 134

1. Allgemeines

§ 15 StGB

Ausgangspunkt ist § 15 StGB, wonach grundsätzlich nur vorsätzliches Handeln strafbar ist, wenn nicht ausdrücklich fahrlässiges Handeln mit Strafe bedroht ist. Damit klärt § 15 StGB aber gleichzeitig, dass ein strafrechtlich relevantes Verhalten nur verwirklichen kann, wer vorsätzlich oder fahrlässig handelt. Dies gilt auch für eine strafbare Vorbereitung, Versuch, Beteiligung und versuchter Beteiligung.[119] 135

Subjektive Zurechnung

Der subjektive Tatbestand stellt die Grundlage für die subjektive Zurechnung des tatbestandlichen Erfolgs dar. Das Tatgeschehen muss nicht nur äußerlich einem Straftatbestand entsprechen (= objektiver Tatbestand / objektive Zurechnung), sondern auch innerlich, d.h. einer vom Bewusstsein des Täters gesteuerten Handlung (= subjektive Zurechnung).[120]

2. Elemente des Vorsatzes

Der Vorsatz setzt sich aus einem voluntativen und einem kognitiven Element zusammen.

---

[118] Vgl. oben Rn. 27 ff.

[119] Fischer, § 15 Rn. 2.

[120] Bloy, JuS 1989, S. 12.

⇨ Die objektiven Bedingungen der Strafbarkeit[130]

⇨ Die Voraussetzungen der Schuld[131]

⇨ Die Prozessvoraussetzungen

bb) Bewusstseinsformen

Funktion des kognitiven Elements ist es, dem Täter die Bedeutung seines Verhaltens vor Augen zu führen. Fraglich ist insoweit, welchen Grad das Bewusstsein des Täters haben muss.

Aktuelles Bewusstsein

Grundsätzlich ist ein aktuelles Bewusstsein der Tatumstände zu fordern. Der Täter muss im Augenblick der Begehung der Tat die Merkmale, die zum gesetzlichen Tatbestand gehören, in sein Bewusstsein aufgenommen haben. 145

Nicht ausreichend ist nur bloßes ins Bewusstsein gekommenes Wissen.[132] Ebenfalls nicht ausreichend ist ein bloß unterschwelliges Bewusstsein bzw. das bloße Gefühl, dass etwas nicht in Ordnung sei. Gleiches gilt für ein potentielles Bewusstsein, bei dem bestimmte Umstände während der Tat vergessen oder verdrängt werden, die aber durch Nachdenken und Erinnern aktualisiert werden könnten.

Sachgedankliches Mitbewusstsein

Allerdings dürfen insoweit die Anforderungen auch nicht überspannt werden, da ansonsten kaum mehr der subjektive Tatbestand nachweisbar wäre. Deshalb begnügt sich die Rechtsprechung mit einem sog. *sachgedanklichen Mitbewusstsein*. Es wird also nicht gefordert, dass der Täter ständig über alle Umstände nachdenkt, ihnen also in jedem Augenblick der Tatausführung die volle Aufmerksamkeit seines Bewusstseins zuwendet. Vielmehr genügt, dass die Kenntnis der Tatbestandsmerkmale bei der Willensbildung wirksam geworden ist.[133] 146

Bsp.: *Berufswaffenträger-Fall*[134]

Soldat T ist zum nächtlichen Rundgang auf dem Kasernengelände eingeteilt. Beim Rundgang bemerkt er Licht im Kantinengebäude sowie ein offenes Kellerfenster. Er steigt durch das Fenster in das Gebäude ein, um nach Einbrechern zu suchen. Er wird jedoch insoweit nicht fündig. Beim Verlassen des Gebäudes sieht er in der Küche eine Flasche Cognac. Aus Ärger über seine vergeblichen Mühen nimmt er die Flasche mit, um sich den Rest der Wache zu „verschönern“. Während der ganzen Zeit hatte er – wie vorgeschrieben – ein geladenes Gewehr bei sich. Strafbarkeit des T?

Fraglos liegt eine Strafbarkeit wegen Diebstahls nach § 242 I StGB vor. Das Regelbeispiel des § 243 I S. 2 Nr. 1 StGB hingegen ist nicht erfüllt, da beim Einsteigen noch kein Diebstahlsvorsatz gegeben war.

Fraglich ist, ob die Qualifikation nach § 244 I Nr. 1a StGB vorliegt. Dem Wortlaut nach liegt der objektive Tatbestand des „Beisichführens“ einer Waffe vor. Weiterhin ist der subjektive Tatbestand gegeben, da für den Vorsatz bzgl. des „Beisichführens“ nicht erforderlich ist, dass T ständig im Sinne eines aktuellen Bewusstseins an die Waffe gedacht hat. Ausreichend ist vielmehr das sachgedankliche Mitbewusstsein. Ein Wille zum Einsatz der Waffe ist für § 244 I Nr. 1a StGB gerade nicht erforderlich.

---

[130] Schönke/Schröder, § 15 Rn. 34.

[131] Schönke/Schröder, § 15 Rn. 36.

[132] BGH, NJW 1953, S. 152.

[133] Schönke/Schröder, § 15 Rn. 51.

[134] Vgl. OLG Köln, NJW 1978, S. 335.

Teleologische Reduktion?

Vielfach wird dieses Ergebnis als unbillig empfunden – insbesondere bei Berufswaffenträgern – weshalb insoweit eine teleologische Reduktion des § 244 I StGB befürwortet wird. Dies ist aber abzulehnen, da auch der Berufswaffenträger grds. nicht weniger gefährlich ist als ein anderer Täter, der eine Waffe bei sich führt.[135]

cc) Maßgeblicher Zeitpunkt

Maßgeblicher Zeitpunkt

Das Bewusstsein und damit auch der Vorsatz müssen im Zeitpunkt der *Begehung der Tat* vorliegen, vgl. § 16 I S. 1 StGB (sog. *Simultanitätsprinzip*).[136] § 8 StGB präzisiert insoweit, wann die Tat begangen ist. Bei Begehungstaten ist also maßgeblich, wann der Täter gehandelt hat, nicht wann der Erfolg eingetreten ist. 148

Dolus antecedens

Demzufolge ist dabei ein früheres Bewusstsein nicht ausreichend, auch wenn dieses dem Täter als potentielles, also reproduzierbares Wissen zur Verfügung steht.[137] Ein vorhergehender und im Tatzeitpunkt nicht mehr aktueller Vorsatz, sog. *dolus antecedens,*[138] ist somit unbeachtlich. 149

Dolus subsequens

Ebenfalls nicht ausreichend ist die nach der Tat erlangte Kenntnis der Tatumstände.[139] Die nachträgliche Billigung von im Tatzeitpunkt unbekannten Umständen ist unbeachtlich, sog. *dolus subsequens.*[140] 150

Bsp.: *T erwirbt von A einen gestohlenen Fernseher. T weiß nicht, dass es sich um Diebesgut handelt. Einige Zeit später erfährt T von den wahren Umständen. Trotzdem behält er den Fernseher weiter für sich. Strafbarkeit des T gemäß § 259 StGB?*

Eine Strafbarkeit nach § 259 StGB wegen Hehlerei scheidet aus, da im Zeitpunkt des Sichverschaffens der Vorsatz fehlt, da er nicht wusste, dass es sich bei dem Fernseher um eine gestohlene Sache handelte. Die nachträgliche Kenntnis und Billigung schadet nicht, da ein dolus subsequens nicht ausreicht.

c) Voluntatives Element

Voluntatives Element - Wollen

Neben dem oben dargestellten kognitiven Element muss der Täter auch in einer Wollensbeziehung zu seiner Tat stehen. Diese besteht darin, dass der Täter die von ihm erkannte Möglichkeit einer Tatbestandsverwirklichung (sog. *intellektuelles Element*) in seinen Willen aufnimmt und sich für sie entscheidet (sog. *voluntatives Element*). Der Täter muss also den Willen zur Tatbestandsverwirklichung und schließlich auch die Vorstellung von der Beherrschung der Tathandlung aufweisen.[141] 151

Bsp.: *Ein bloßes Wünschen oder Hoffen auf einen Zufall ist kein Vorsatz. Anders ist es aber, wenn der Täter eine abergläubische Herrschaftsvorstellung hat. Dann kann ein untauglicher Versuch vorliegen, vgl. den Rechtsgedanken des § 23 III StGB.*

---

[135] BVerfG, NStZ 1995, S. 76.

[136] BGH, NStZ 2004, S. 202 = **juris**byhemmer.

[137] Schönke/Schröder, § 15 Rn. 49.

[138] Lat. = vorangehender Vorsatz.

[139] BGHSt 6, S. 331; Roxin AT I, § 12 Rn. 91.

[140] Lat. = nachfolgender Vorsatz.

[141] Fischer, § 15 Rn. 4.

Kritik

Heftig umstritten ist im Schrifttum die Existenzberechtigung des voluntativen Elements. So wird zum Teil dieses Element gänzlich abgelehnt.[142] Begründet wird dies damit, dass das voluntative Element bloß eine beliebig einsetzbare Korrekturformel zur Begrenzung der Strafbarkeit wegen Vorsatzes in gewissen zweifelhaften Fällen darstelle. Zudem gebe es kein gleichrangiges Nebeneinander von Wissen und Wollen, da jeder, der wissentlich etwas tue, sein Tun auch wolle. 152

Nach der h.M. ist ein voluntatives Element aber unverzichtbar, da ansonsten eine sachgerechte Abgrenzung zwischen *dolus eventualis* und *bewusster Fahrlässigkeit* nicht mehr hinreichend trennscharf möglich sei.[143]

Da das Gesetz den Begriff „bewusste Fahrlässigkeit" nicht kennt, was auch von der Gegenansicht als Kritikpunkt angeführt wird, lässt sich für die h.M. aber auch ein Verweis auf die Versuchsstrafbarkeit ins Feld führen, da es eine solche Strafbarkeit nur bei Vorsatztaten gibt und insoweit i.R.d. Tatentschlusses das voluntative Element eine tragende Rolle spielt. Im Ergebnis ist daher mit der h.M. ein voluntatives Element erforderlich.

3. Vorsatzformen

a) Übersicht

Je nach Intensität der Willensbeziehung des Täters zur konkreten Tatbestandsverwirklichung können unterschiedliche Arten des Vorsatzes festgestellt werden: die Absicht, der direkte Vorsatz und der Eventualvorsatz.[144] 153

Bedeutung

Dieser Unterscheidung kommt durchaus praktische Bedeutung zu, da das Gesetz an einigen Stellen nur bestimmte Vorsatzformen ausreichen lässt bzw. fordert. So scheidet beispielsweise dolus eventualis in den Fällen aus, in denen das Gesetz ein Handeln „wider besseres Wissen" (§§ 145d, 164, 187, 278 StGB) oder „wissentliches" Handeln (§§ 134, 145, 226 II, 258 StGB) voraussetzt.

Übersicht

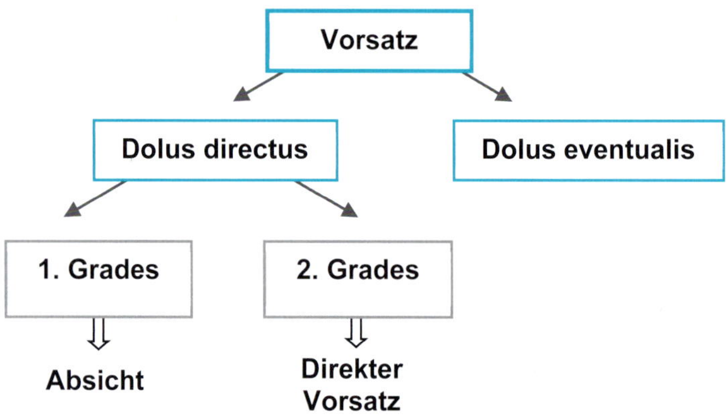

[142] Bloy, JuS 1989, L 3; Schlehofer, NJW 1989, 2017.

[143] Vgl. Fischer, § 15 Rn. 9a.

[144] Vgl. Fischer, § 15 Rn. 5 ff.

b) Dolus directus 1. Grades - Absicht

Absicht

154 Absicht, auch dolus directus 1. Grades genannt, ist dann gegeben, wenn es dem Täter *gerade darauf ankommt*, den Eintritt des tatbestandlichen Erfolgs herbeizuführen oder den Umstand zu verwirklichen, für den das Gesetz absichtliches Handeln voraussetzt.[145]

Unter Absicht ist insoweit der zielgerichtete Erfolgswille zu verstehen, der zwar zugleich Beweggrund oder Motiv sein kann, damit jedoch nicht zwangsläufig identisch sein muss. Dass dem Täter der Erfolg erwünscht oder wichtig ist, reicht allein nicht aus.[146] Kommt es ihm aber dagegen gerade auf den Erfolg an, so handelt er auch dann absichtlich, wenn er die von ihm ausgelöste Verwirklichung des Tatbestandes nur für möglich hält, was insoweit für das intellektuelle Moment ausreichend ist.[147] Ob es sich also um das End- oder auch nur um ein Zwischenziel handelt, ist unerheblich. Allerdings darf dieses sich aber auch nicht als bloße, wenn auch unvermeidbare Nebenfolge darstellen.[148] Jedenfalls ist bei der Absicht das Willenselement das bestimmende Moment.[149]

Bsp.: *T vernichtet die Blutprobe seines Zechkumpanen Z, weil er ihn vor einer Bestrafung nach § 316 StGB schützen will. T hält es dabei für möglich, dass die Blutprobe den Nachweis der absoluten Fahruntauglichkeit (ab 1,1 ‰ BAK) bei Z erbringt. Vorsatz bei T?*

T hat sich nach § 258 I StGB wegen Strafvereitelung strafbar gemacht. Als Vorsatzform lag bei ihm Absicht vor, da es ihm gerade auf den Erfolg der Strafvereitelung ankam. Tragendes Element ist hier eindeutig der Wille, Z vor einer Bestrafung zu schützen.

Anmerkung

155 Bei der Bezeichnung „Absicht" ist Vorsicht geboten, da das Gesetz diesen Begriff bei den besonderen subjektiven Merkmalen verwendet, z.B. „Zueignungsabsicht", „Bereicherungsabsicht", obwohl er dort nicht zwingend identisch ist mit der Vorsatzform des dolus directus 1. Grades.[150] Diese subjektiven Merkmale haben eigenständigen Charakter, werden aber hinsichtlich der Zielvorstellung gleich behandelt.[151]

Bsp.: *„Nachteilszufügungsabsicht" i.S.d. § 274 StGB. Dieser Tatbestand stellt ein Delikt mit überschießender Innentendenz dar, da ein subjektives Tatbestandsmerkmal ohne Bezugsobjekt im objektiven Tatbestand eingefügt ist. Erforderlich ist demnach nicht ein tatsächlich entstandener Nachteil, es genügt allein eine darauf bezogene Absicht.*

Fraglich ist aber, welche Vorsatzform diesbezüglich erforderlich ist. Nach h.M. genügt trotz des Wortlauts „Absicht" dolus directus 2. Grades, so dass es dem Täter auch auf die Zufügung des Nachteils nicht unbedingt ankommen muss. Dies ergibt eine an den Schutzzweck der §§ 267 ff. StGB orientierte Auslegung, da diese vorrangig dem Schutz des Rechtsverkehrs dienen und nicht den Interessen Einzelner.

c) Dolus directus 2. Grades – direkter Vorsatz / Wissentlichkeit

Direkter Vorsatz

156 Der direkte Vorsatz, auch dolus directus 2. Grades oder Wissentlichkeit genannt, liegt dann vor, wenn der Täter weiß oder auch als sicher voraussieht, dass sein Handeln zur Verwirklichung des gesetzlichen Tatbestandes führt. Insoweit ist also das Wissenselement das bestimmende Moment dieser Vorsatzform.

---

145 BGHSt 16, S. 1 = **juris**byhemmer.

146 Fischer, § 15 Rn. 6.

147 Vgl. BGHSt 35, S. 328 = **juris**byhemmer.

148 Schönke/Schröder, § 15 Rn. 66.

149 Vgl. Bloy, JuS 1989, L 3.

150 Vgl. Zieschang, S. 38.

151 BGH, NStZ 1992, S. 540.

Gleichgültig ist es, ob er die Tatbestandsverwirklichung anstrebt, wenn er sie nur für sicher hält.[152] Hieran ändert nicht einmal der Umstand etwas, dass der Erfolgseintritt dem Täter unerwünscht ist.[153] Wer nämlich trotz dieser Kenntnis oder Voraussicht willentlich tätig wird, nimmt in seinen Verwirklichungswillen alles auf, was er sich als die notwendige und sichere Folge vorstellt.

Bsp.: *T zündet seine Scheune an, um in den Genuss der Versicherungssumme zu gelangen. T wusste, dass der nicht sesshafte O hier häufig nächtigt. Auch kurz vor der konkreten Tatausführung hat T den O in der Scheune gesehen. Strafbarkeit des T? Mordmerkmale sind nicht zu prüfen.* 157

T hat sich nach § 212 StGB wegen Totschlags strafbar gemacht. Er handelte mit direktem Vorsatz, da er wusste, dass sich O in der Scheune aufgehalten hat. Selbst wenn der Tod des O ihm gleichgültig war, liegt direkter Vorsatz vor, da entscheidend das Wissen des T ist.

Bedeutung

Diese Vorsatzform genügt grundsätzlich zur Bejahung des Vorsatzes, sofern nicht eine Strafnorm explizit Absicht fordert. Der Begriff „wissentlich" wird im StGB i.S.d. direkten Vorsatzes verwendet.[154]

d) Dolus eventualis

Dolus eventualis

Eine weitere Vorsatzform ist der sog. *dolus eventualis.*[155] Hierbei handelt es sich um die problematischste Vorsatzform, wobei besonders die Abgrenzung von der bewussten Fahrlässigkeit von Bedeutung ist. 158

aa) Wissenselement

Wissenselement

Nach allen Ansichten ist für die Bejahung des dolus eventualis die *Kenntnis des Täters von der möglichen Tatbestandsverwirklichung* erforderlich. Der Täter muss den Eintritt des Erfolgs zumindest für möglich halten.[156] Umstritten ist dabei der Grad des Wissens, nämlich ob das Erkennen der Möglichkeit „Kenntnis" i.S.d. § 16 I S. 1 StGB darstellt oder ob hieran höhere oder je nach Delikt unterschiedliche Anforderungen gestellt werden müssen. 159

bb) Willenselement

Willenselement

Heftig umstritten ist vor allem, ob zusätzlich ein voluntatives Element erforderlich ist und wenn ja, welche konkreten Anforderungen hieran zu stellen sind. 160

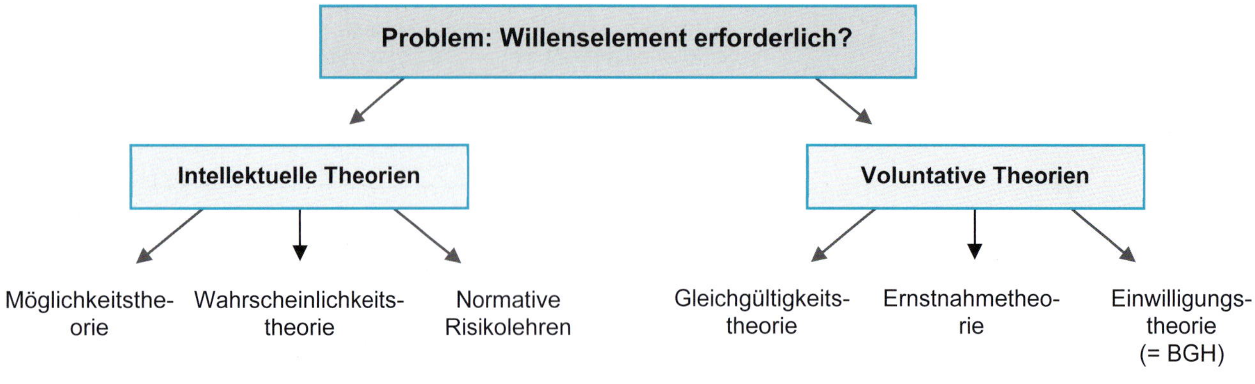

---

[152] Fischer, § 15 Rn. 7.

[153] BGHSt 21, S. 283.

[154] Fischer, a.a.O.

[155] Lat. = bedingter Vorsatz.

[156] Bloy, JuS 1989, L3.

Intellektuelle Theorien

161 Gemeinsames Element der sog. *intellektuellen Theorien* ist, dass sie auf das voluntative Element verzichten. Hier wird - im Wesentlichen - nach dem Maß des erforderlichen Wissens unterschieden:

Möglichkeitstheorie

162 Nach der Möglichkeitstheorie ist bedingter Vorsatz bereits dann gegeben, wenn der Täter die reale Möglichkeit der Rechtsgutsverletzung erkannt und dennoch gehandelt hat.[157]

Problematisch an dieser Auffassung ist, dass sie den Vorsatz zu weit in den Bereich der bewussten Fahrlässigkeit ausdehnt und insbesondere auf der Fiktion beruht, dass im Festhalten am Tatentschluss *zwangsläufig* eine Entscheidung *für* die als möglich erkannte Rechtsgutsverletzung zu erblicken sei. Zudem zeigt die Versuchsstrafbarkeit, dass der Gesetzgeber die Einstellung des Täters zu seinem Tun für strafbegründend erachtet. Dies wird vor allem in Bezug auf die Strafbarkeit des untauglichen Versuchs deutlich (Umkehrschluss aus 23 III StGB). Da es eine Versuchsstrafbarkeit aber gerade nur bei vorsätzlicher und nicht bei fahrlässiger Tatbegehung gibt, ist auch die Einstellung des Täters, sein „Wollen", maßgeblicher Bestandteil des Vorsatzes.

Wahrscheinlichkeitstheorie

163 Wesentlich enger als die Möglichkeitstheorie ist die sog. *Wahrscheinlichkeitstheorie*. Hiernach ist bedingter Vorsatz dann zu bejahen, wenn der Täter den Eintritt der Tatbestandsverwirklichung für wahrscheinlich gehalten hat.[158] *Wahrscheinlich* soll dabei *mehr* als möglich und *weniger* als überwiegend wahrscheinlich sein.

Schon diese Begriffsbestimmung zeigt die Schwächen dieser Theorie auf, da sie insbesondere sehr unbestimmt ist und damit auch keine klare Grenzziehung zur bewussten Fahrlässigkeit ermöglicht.

Normative Risikolehren und Theorie vom unabgeschirmtem Risiko

164 Nach den normativen Risikolehren ist je nach Bedeutung des geschützten Rechtsguts ein unterschiedliches Maß an Wissen zu fordern. Dies bedeutet, dass je bedeutsamer das Rechtsgut ist, desto weniger Anforderungen an das Maß des Wissens zu stellen sind, um eine vorsätzliche Begehung zu bejahen.

Teilweise wird insoweit berücksichtigt, ob die Gefahr „anderweitig abgeschirmt" ist. Nach der Theorie vom *unabgeschirmten Risiko* wird die Abgrenzungsproblematik in den objektiven Tatbestand verlagert.[159]

Das Wollen sei bereits Element des Handlungsbegriffes. Schon im Bereich des objektiven Tatbestandes sei für die Abgrenzung zwischen dolus eventualis und bewusster Fahrlässigkeit zu verlangen, dass der Täter eine „unabgeschirmte Gefahr" geschaffen habe. Für den dolus eventualis genüge das Bewusstsein, das Opfer durch diese Gefahr einem qualifizierten Verletzungsrisiko auszusetzen. Letztlich reduziert auch diese Ansicht den dolus eventualis auf ein Wissenselement.

Wie bereits dargestellt, ist die Wahrscheinlichkeitstheorie zu unbestimmt. Dies gilt auch für die normativen Risikolehren, die damit auch dem Gebot des Art. 103 II GG zuwiderlaufen.

Voluntative Theorien

165 In Abgrenzung zu den soeben dargestellten Ansichten halten die sog. *voluntativen* Theorien an einem *Willenselement* i.R.d. Vorsatzes fest.

[157] Vgl. Fischer, § 15 Rn. 9g.

[158] Vgl. Fischer, § 15 Rn. 9f; NK, § 15 Rn. 58 ff.

[159] Vgl. Herzberg, JuS 1986, S. 249 ff.

Gleichgültigkeitstheorie

Die *Gleichgültigkeitstheorie* lässt schon die bloße Inkaufnahme der Tatbestandsverwirklichung aus Gleichgültigkeit genügen.[160] 166

Diese Theorie erweist sich aber als zu einseitig und zu eng, da sie unter dem Blickwinkel des Gesinnungsunwertes nur einen Teilaspekt des Problemkomplexes erfasst. Maßgeblich ist nach dieser Theorie allein die gefühlsmäßige Einstellung des Täters, was folglich einer Bestrafung des Gesinnungsunwertes gleich käme.

Ernstnahmetheorie

Nach der *Ernstnahme-* oder auch *Verarbeitungstheorie* liegt bedingter Vorsatz bereits dann vor, wenn der Täter einen *für möglich gehaltenen Erfolgseintritt auch ernst genommen* hat.[161] Maßgeblich ist hiernach die Verarbeitung des Risikos durch den Täter. Dieser muss die Gefahr nicht nur erkennen, sondern auch ernst nehmen und sich um des erstrebten Zieles willen mit dem Risiko abgefunden haben. 167

Letztlich ist aber auch diese Theorie wegen ihrer Unbestimmtheit abzulehnen. Sie ermöglicht insbesondere keine klare Abgrenzung, da unklar bleibt, ob der Täter nur die Gefahr, das Risiko des Erfolgseintritts oder den Erfolgseintritt selbst ernst genommen haben muss.

Einwilligungstheorie

Der BGH vertritt in ständiger Rechtsprechung sog. Einwilligungs- oder auch Billigungstheorie. Hiernach ist für den bedingten Vorsatz erforderlich, dass der Täter den für möglich gehaltenen Erfolg *„gebilligt"* oder *„billigend in Kauf genommen"* habe.[162] Vorausgesetzt ist stets, dass der Täter den Erfolgseintritt „als möglich und nicht ganz fern liegend erkennt".[163] Darüber hinaus muss der Täter den Erfolgseintritt billigen. 168

„Billigen"

„Billigen" bedeutet nach dem BGH ein „Billigen im Rechtssinne". Der Täter billigt auch einen an sich unerwünschten, aber notwendigen Erfolg, wenn er sich mit ihm um eines erstrebten Zieles willen abfindet und die als möglich erkannte Folge hinzunehmen bereit ist.[164]

Abgrenzung: bewusste Fahrlässigkeit

Den Gegensatz zum dolus eventualis stellt, wie mehrfach angedeutet, die bewusste Fahrlässigkeit dar. Diese wird vom BGH dann angenommen, wenn der Täter darauf vertraut, dass der als möglich vorausgesehene Erfolg nicht eintreten werde. 169

Laut BGH[165] liegt aber die Annahme einer Billigung, also von Eventualvorsatz, nahe, wenn der Täter sein Vorhaben trotz äußerster Gefährlichkeit durchführt, ohne auf einen glücklichen Ausgang vertrauen zu können, und es dem Zufall überlässt, ob sich die von ihm erkannte Gefahr verwirklicht oder nicht.

„Hemmschwellentheorie"

Besonders relevant ist die Abgrenzung von bedingtem Vorsatz und bewusster Fahrlässigkeit im Bereich schwerer Gewaltdelikte, insbesondere bei den Tötungsdelikten. 170

In diesem Bereich ist die Rechtsprechung wesentlich restriktiver bei der Bejahung des dolus eventualis. Teilweise wird dies mit der sog. *Hemmschwellentheorie* begründet, wonach bei Tötungsvorsatz eine viel höhere Hemmschwelle als bei einem Gefährdungs- und Körperverletzungsvorsatz bestehe.

[160] Schönke/Schröder, § 15 Rn. 84; Engisch, NJW 1955, S. 1688.

[161] Vgl. Herzberg, JuS 1986, S. 250; Schroth, JuS 1992, S. 4.

[162] RGSt 76, S. 115; BGHSt 36, S. 1 = **juris**byhemmer; Baumann/Weber/Mitsch, § 20 Rn. 53.

[163] BGH, NStZ 1981, S. 23 = **juris**byhemmer.

[164] Fischer, § 15 Rn. 9b.

[165] BGH, JZ 1981, S. 35 = **juris**byhemmer.

hemmer-Methode: Der BGH hat klargestellt, dass die Aussage der Hemmschwellentheorie sich darauf begrenzt, dass bei Tötungsdelikten eine besonders sorgfältige Prüfung des Vorsatzes nötig ist. Dies hängt mit der hohen Strafandrohung zusammen: Je höher die drohende Strafandrohung, desto höhere Anforderungen gelten für eine Überzeugungsbildung des Gerichts im Sinne von § 261 I StPO.[166] Der Rechtsgedanke der Hemmschwellentheorie ist damit verallgemeinbar und entspricht einer sachgerechten Anwendung des in-dubio-pro-reo-Grundsatzes.

Klausurtipp!

In der Klausur kann die sog. 1. Frank`sche Formel helfen:

⇨ *bewusste Fahrlässigkeit*

Der Täter sagt sich: „Es wird schon gut gehen!"

⇨ *dolus eventualis*

Der Täter sagt sich: „Na, wenn schon!"

Bedeutung

Die bloße Darstellung der recht zahlreichen Theorien im Bereich des dolus eventualis ist weder erforderlich noch ausreichend, da immer der konkrete Einzelfall entscheidend ist. Die bloße Reproduktion von Gelerntem hilft hier wenig weiter. Als Ausgangspunkt können zwar beispielhaft die wichtigsten aufgefuhrten Theorien dargestellt werden, aber die Lösung sollte letztlich anhand der vom BGH vertretenen Einwilligungs- und Billigungstheorie ermittelt werden. 171

e) Zusammenfassung

Vorsatzformen im Überblick

1. **Absicht**
   Dem Täter kommt es gerade auf den Erfolgseintritt an. Auf der Wissensebene genügt ein Fürmöglichhalten.
2. **Direkter Vorsatz**
   Handeln trotz sicheren Wissens um den Erfolgseintritt - ohne dass es dem Täter auf ihn ankommt oder er ihn unbedingt will.
3. **Dolus eventualis**
   a) **Einwilligungstheorie** (BGH und h.L.)
   Handeln trotz Möglichkeit des Erfolgseintritts; Billigung des Erfolgseintritts im Rechtssinn
   b) **Gleichgültigkeitstheorie**
   Handeln in Gleichgültigkeit gegenüber dem Erfolg; Möglichkeit des Erfolgseintritts
   c) **Ernstnahmetheorie**
   Handeln trotz Ernstnahme der Möglichkeit der Gefahr des Erfolgseintritts
   d) **Möglichkeitstheorie**
   Erkennen der konkreten Möglichkeit des Erfolgseintritts
   e) **Wahrscheinlichkeitstheorie**
   Erfolgseintritt wird für wahrscheinlich gehalten.

Nur die Theorien **a)** bis **c)** gehen vom Erfordernis eines voluntativen Elements aus, nach **d)** und **e)** wird darauf verzichtet.

[166] Vgl. BGH, Urteil vom 22.03.2012 – 4 StR 558/11 = Life&Law 2012, S. 657 ff. = **juris**byhemmer.

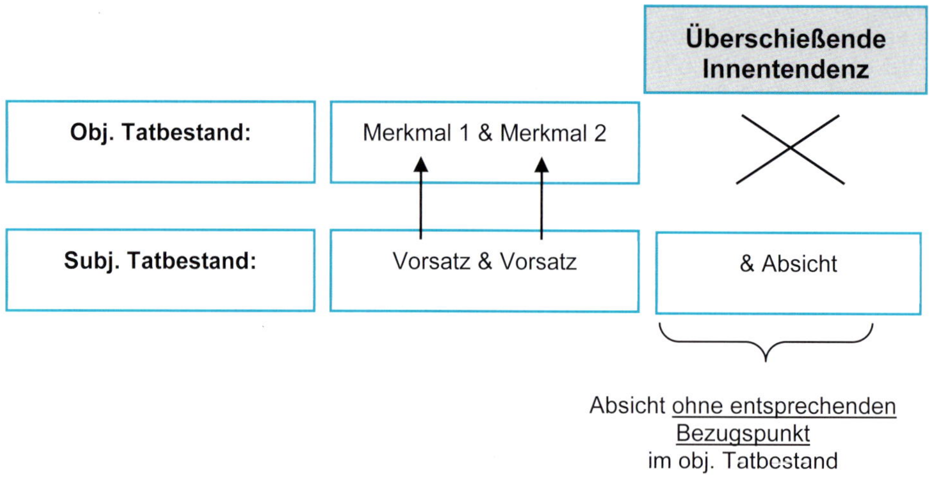

Nicht ganz unumstritten ist, welche Elemente im Einzelnen zu den besonderen subjektiven Tatbestandsmerkmalen zählen:

a) Absichten

Absichten

Nahezu Einigkeit besteht insoweit hinsichtlich der von einigen Strafnormen geforderten *besonderen Absichten*.[176] Sie stehen selbständig neben dem Vorsatz und müssen demzufolge nicht von ihm umfasst sein. 178

Welche konkrete Vorsatzform bezüglich dieser besonderen subjektiven Absichten erforderlich ist, lässt sich nicht im Allgemeinen beantworten, sondern muss jeweils gesondert für jeden Tatbestand festgestellt werden.

So wurde bereits oben dargestellt, dass es für die Nachteilszufügungsabsicht des § 274 I StGB ausreicht, wenn dolus directus 2. Grades vorliegt.[177] Hinsichtlich der Bereicherungsabsicht i.R.d. § 263 StGB ist dolus directus 1. Grades erforderlich.[178]

Bspe.:

- *§§ 242, 249 StGB: Zueignungsabsicht*
- *§§ 253, 259, 263 StGB: Bereicherungsabsicht*
- *§ 265 StGB: Absicht, sich oder einem Dritten Leistungen aus der Versicherung zu verschaffen*
- *§ 267 StGB: Absicht der Täuschung im Rechtsverkehr*
- *§ 274 StGB: Nachteilszufügungsabsicht*

b) Motivationen

Motivationen

Besondere subjektive *Motivationen* werden teilweise ebenfalls zu den besonderen subjektiven Tatbestandsmerkmalen gerechnet.[179] 179

Bspe.: *§ 211 StGB: niedrige Beweggründe, Mordlust, Habgier*

---

176 Fischer, § 16 Rn. 18; Schönke/Schröder, § 15 Rn. 24.

177 Vgl. Fischer, § 274 Rn. 9 f.

178 Fischer, § 263 Rn. 186 ff.

179 Fischer, § 16 Rn. 18.

hemmer-Methode: Die Einordnung der Mordmerkmale in den Prüfungsaufbau ist allerdings stark umstritten. Nach h.M. handelt es sich dabei um persönliche Merkmale i.S.d. § 28 StGB und nicht um Schuldmerkmale gemäß § 29 StGB.

Prüfungsstandort

Die besonderen subjektiven Merkmale sind im Anschluss an den Vorsatz im subjektiven Tatbestand zu erörtern. Besonderheiten sind insoweit vor allem im Bereich des § 242 StGB zu beachten, da hier die erstrebte Zueignung rechtswidrig sein muss, worauf sich wiederum der Vorsatz beziehen muss. Logischerweise kann dies aber erst nach Bejahung der Zueignungsabsicht behandelt werden.[180] 180

Bsp.: Absicht rechtswidriger Zueignung bei § 242 I StGB

1. Vorsatz bezügl. dauerhafter Enteignung

2. Absicht bezügl. zumindest vorübergehender Aneignung

3. Objektive Rechtswidrigkeit der erstrebten Zueignung

4. Vorsatz bezügl. der objektiven Rechtswidrigkeit der erstrebten Zueignung

Wichtige Klausurprobleme im Bereich des subjektiven Tatbestandes ergeben sich vor allem im Bereich der Irrtumsfragen. Wegen dieser Relevanz wird diesem Bereich deshalb ein gesondertes Kapitel gewidmet.[181]

Hinweis auf die wichtigsten im subjektiven Tatbestand zu prüfenden Irrtümer

1. Tatbestandsirrtum, § 16 I S. 1 StGB

- **a)** Subsumtionsirrtum
- **b)** Error in persona vel objecto
- **c)** Aberratio ictus
- **d)** Zusammentreffen von **b)** und **c)**
- **e)** Irrtum über den Kausalverlauf

2. Irrtum über privilegierende Tatbestandsmerkmale, § 16 II StGB

5. Objektive Bedingung der Strafbarkeit

Objektive Bedingungen der Strafbarkeit

In einigen Strafnormen des StGB sind sog. objektive Bedingungen der Strafbarkeit – auch teilweise als Tatbestandsannex bezeichnet – enthalten. Dies sind zwar objektive Tatumstände, auf sie muss sich aber dennoch der Tatbestandsvorsatz nicht beziehen. 181

Sie sind dem Anwendungsbereich des § 16 I S. 1 StGB entzogen, so dass es folglich allein auf ihr objektives Vorliegen oder Nichtvorliegen im konkreten Fall ankommt. Insoweit handelt es sich um Ausnahmen von § 15 StGB aufgrund von tatbestandlichen Besonderheiten bestimmter Delikte.

Da sich der Vorsatz nicht auf eine objektive Bedingung der Strafbarkeit beziehen muss, ist folglich auch ein diesbezüglicher Irrtum unerheblich. Zudem muss der Täter auch nicht fahrlässig gehandelt haben, da diese nicht Merkmal des Unrechtstatbestandes sind. § 18 StGB gilt insoweit nicht.[182]

[180] Vgl. hierzu Fischer, § 242 Rn. 49.

[181] Hemmer/Wüst, StrafR AT II, Rn. 318 ff.

[182] Schönke/Schröder, Vorbem. §§ 13 ff. Rn. 124.

Bspe.:

- *§ 186 StGB: Nichterweislichkeit der Wahrheit der ehrenrührigen Tatsache*
- *§ 231 StGB: Verursachung der schweren Körperverletzung bzw. des Todes*
- *§ 323a StGB: Rauschtat*

hemmer-Methode: Im Einzelnen ist hier vieles strittig.[183] Belasten Sie Ihr Gedächtnis nicht mit Einzelproblemen, die obigen Beispiele können Sie in der Klausur ohne weitere Erörterung als objektive Bedingungen der Strafbarkeit auffassen und dementsprechend abhandeln. Prägen Sie sich diese Besonderheit für die Klausur gut ein!

Aufbauhinweis

Die h.M. prüft die objektiven Bedingungen der Strafbarkeit im Tatbestand als eigenen Prüfungspunkt nach dem subjektiven Tatbestand (vgl. auch Schema in Rn. 63).[184]

C. Rechtswidrigkeit

I. Einführung

1. Verhältnis Tatbestand / Rechtswidrigkeit

Nach der Tatbestandsebene gelangt man bei der Prüfung einer Strafnorm auf die zweite Stufe des Verbrechensaufbaus, auf die Ebene der *Rechtswidrigkeit*. 182

Der Tatbestand einer Strafnorm enthält eine generelle Verbots- oder Gebotsnorm und beschreibt somit typisches Unrecht in einer abstrakten Weise. Daraus folgt, dass jemand, der tatbestandsmäßig handelt, im Regelfall auch „unrecht“, also *rechtswidrig* handelt. Die Rechtswidrigkeit ist im Regelfall durch die Tatbestandsmäßigkeit indiziert.

hemmer-Methode: Dies ist selbstverständlich und sollte deshalb in der Klausur nicht speziell erwähnt werden. Nur wenn eine Rechtfertigung in Betracht kommt, sollten Sie die Frage aufwerfen, ob die Rechtswidrigkeit aufgrund eines Rechtfertigungsgrundes entfallen könnte.

Regel-Ausnahme-Verhältnis

Diese Regelfälle werden aber bestimmten Ausnahmefällen nicht gerecht, so dass unter Umständen eine Korrektur erforderlich ist. Diese Korrektur folgt nun auf der zweiten Stufe des Verbrechens-aufbaus, so dass man für das Verhältnis von Tatbestand zu Rechtswidrigkeit von einem Regel-Ausnahme-Verhältnis sprechen kann.[185] 183

Für diese Ausnahmefälle stellen das Gesetz und Gewohnheitsrecht bestimmte Rechtfertigungsgründe bzw. Erlaubnissätze zur Verfügung. Greifen zugunsten des Täters Rechtfertigungsgründe ein, so endet die Prüfung auf dieser zweiten Stufe, so dass auf die dritte Ebene der Schuld nicht mehr eingegangen werden darf.

Folgen

Folge dieses Regel-Ausnahme-Mechanismus ist zum einen, dass eine Tat dann rechtswidrig ist, wenn sie einen Unrechtstatbestand verwirklicht und nicht durch einen Rechtfertigungsgrund gedeckt ist. Zum anderen ist durch die Indizwirkung eine *positive* Feststellung der Rechtswidrigkeit nicht erforderlich.

---

183 Vgl. zum Streit i.R.d. § 323a StGB nur Fischer, § 323a Rn. 17 ff.

184 Eine a.A. hingegen prüft sie erst nach der Schuld.

185 Zieschang, S. 50.

2. Offene Tatbestände

Offene Tatbestände

184 Bei den sog. *offenen* oder *ergänzungsbedürftigen* Tatbeständen hingegen wird die Rechtswidrigkeit ausnahmsweise nicht bereits durch die Tatbestandsmäßigkeit indiziert. Kennzeichnend für diese Ausnahmefälle ist, dass diese Straftatbestände derart weit im Tatbestand gefasst sind, dass es angebracht ist, das oben genannte Regel-Ausnahme-Verhältnis hier umzukehren. Somit ist in diesen Fällen die Rechtswidrigkeit positiv festzustellen, um einer sonst drohenden Ausuferung der Strafbarkeit vorzubeugen.

Bspe.:

- *§ 240 StGB: Nötigung*

  § 253 StGB: Erpressung

Wann hier jeweils Rechtswidrigkeit vorliegt, ergibt sich bei beiden Normen aus Absatz 2.

Vorrangig Rechtfertigungsgründe prüfen!

185 Eine Tat kann aber auch in diesen Fällen keinesfalls rechtswidrig sein, wenn ein Rechtfertigungsgrund vorliegt, so dass dies, beispielsweise bei § 240 StGB, stets vorrangig zu prüfen ist, bevor die Verwerflichkeitsprüfung nach § 240 II StGB vorgenommen wird.

hemmer-Methode: Grund hierfür ist, dass bei Vorliegen eines Rechtfertigungsgrundes die unter Umständen komplexe Prüfung der Verwerflichkeit des Handelns nicht erforderlich ist.

3. Aufbau der Rechtfertigungsgründe - Lehre von den subjektiven Rechtfertigungselementen

Aufbau

186 Der Tatbestand und die Rechtswidrigkeit bzw. die Verbots- und die Erlaubnissätze sind strukturell in gewisser Weise vergleichbar. So wie der Tatbestand aus objektiven und subjektiven Unrechtselementen besteht, fordert die h.M. auf der Ebene der Rechtswidrigkeit ebenfalls das Vorliegen objektiver wie auch subjektiver Elemente.

a) Objektive Rechtfertigungselemente

Objektive Elemente

187 Zunächst müssen die *objektiven Rechtfertigungselemente* als tatbestandliche Voraussetzungen eines Rechtfertigungsgrundes vorliegen. Letztlich liegt dabei allen Rechtfertigungsgründen ein gewisses Schema zugrunde. Kennzeichnend ist nämlich, dass objektiv eine bestimmte *Konflikt-* oder *Eingriffssituation* gefordert wird. Des Weiteren muss eine *Eingriffshandlung* vorliegen. Anschließend findet eine tatbestandliche *Begrenzung* der *Eingriffsbefugnisse* statt.

b) Subjektive Rechtfertigungselemente

Subjektive Elemente

188 Nach überwiegender Auffassung wird aber neben diesen objektiven Elementen bei allen Rechtfertigungsgründen noch ein subjektives Rechtfertigungselement gefordert.

Lehre von den subjektiven Rechtfertigungselementen

189 Nach der sog. Lehre von den subjektiven Rechtfertigungselementen handelt nur derjenige rechtmäßig, *der aufgrund eines Erlaubnissatzes auch rechtmäßig handeln will.*[186] In subjektiver Hinsicht ist folglich ein Rechtfertigungswille erforderlich, z.B. bei der Notwehr gem. § 32 StGB der sog. Verteidigungswille.[187]

[186] Vgl. Fischer, § 32 Rn. 25 f.

[187] BGHSt 2, S. 111, 114; Kühl AT, § 7 Rn. 124.

A.A.: Rechtfertigungswille nicht erforderlich

Nach anderer Ansicht ist dagegen ein solcher Rechtfertigungswille nicht bzw. nur bei bestimmten Rechtfertigungsgründen, etwa bei einer Einwilligung, erforderlich.[188] Diese Ansicht ist aber abzulehnen, da sie im Widerspruch zur Systematik des StGB steht. Denn wenn schon für die Unrechtsbegründung im Tatbestand sowohl eine objektive wie auch eine subjektive Seite zu fordern ist, dann kann es auch bei den Unrechtsausschließungsgründen keine rein objektiv begründbare Rechtfertigung geben. Die objektiven Elemente können lediglich den Erfolgsunwert (z.B. Tötung) beseitigen, nicht aber den Handlungsunwert (z.B. gezielte, absichtliche Tötung). Dies ist nur über subjektive Merkmale möglich. 190

hemmer-Methode: Auch nach dem BGH setzt Notwehr in subjektiver Hinsicht neben der Kenntnis der die Notwehrlage begründenden Umstände auch den Willen, der drohenden Rechtsgutsverletzung entgegenzutreten (sog. Verteidigungswille), voraus. Es genügt jedoch, dass der Verteidigungswille Teil eines Motivbündels ist, solange nicht andere Motive bewusstseinsdominant sind.[189]

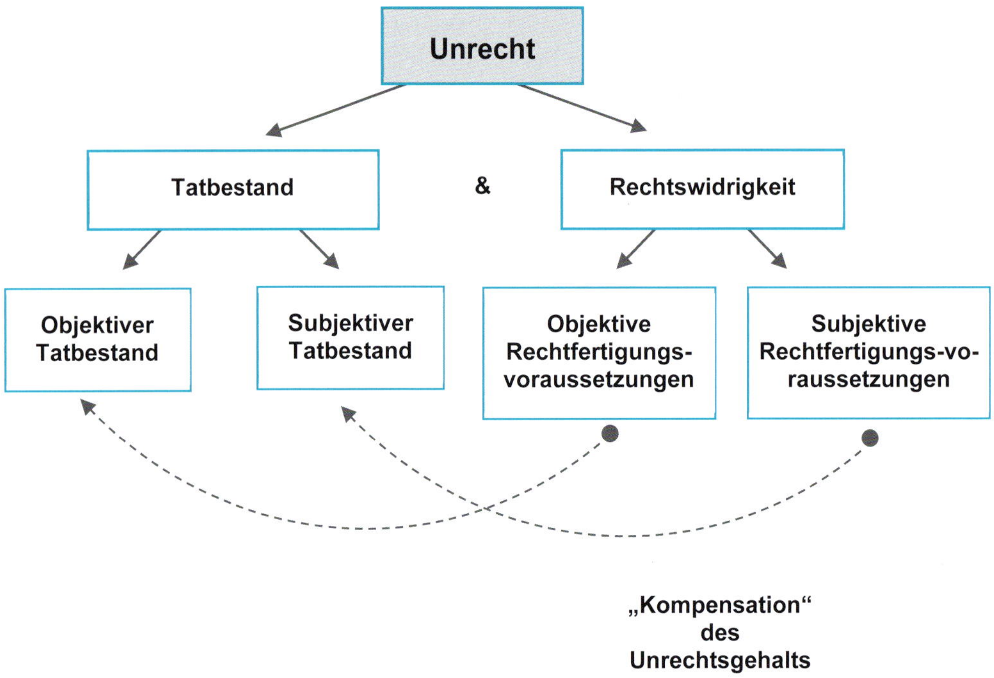

Konsequenzen beim Fehlen des subjektiven Rechtfertigungselements

Problematisch ist der Fall, in welchem der Täter tatbestandsmäßig handelt, ohne erkannt zu haben, dass sein Verhalten objektiv gerechtfertigt war.

Hierzu folgender Beispielsfall:

T will O töten. Er trifft O zufällig am Abend in der Dämmerung an. T will die günstige Gelegenheit nutzen, zieht seinen Revolver und erschießt O. Dabei hat T nicht erkannt, dass O seinerseits gerade mit einer Waffe auf den T angelegt hatte, da dieser seinen „ewigen Feind“ T endlich beseitigen wollte. 191

Lösung

Grundsätzlich liegt jedenfalls der Tatbestand des § 212 I StGB vor.[190] T könnte aber nach § 32 StGB wegen Notwehr gerechtfertigt sein. Ein gegenwärtiger, rechtswidriger Angriff i.S.d. § 32 II StGB auf das Leben des T liegt vor. Angesichts der Tatsache, dass O bereits auf T angelegt hatte, war auch die vorherige Abgabe eines Warnschusses oder ähnliches nicht notwendig, so dass die Handlung des T auch erforderlich war.

---

[188] Vgl. Gallas, Bockelmann-FS 1979, S. 155 ff.

[189] Vgl. BGH, Urteil vom 27.10.2015 – 3 StR 199/15; BGH, Urteil vom 25.04.2013 – 4 StR 551/12 = Life&Law 2013, S. 745 ff. = jurisbyhemmer.

[190] Für das Mordmerkmal der Heimtücke nach § 211 StGB sind die Sachverhaltsangaben zu dünn.

Es ist zudem nichts für ein rechtsmissbräuchliches Verhalten ersichtlich, so dass die Handlung auch geboten i.S.d. § 32 StGB war.[191] Die objektiven Voraussetzungen der Notwehr liegen somit vor.

Problematisch ist aber, dass T die Notwehrlage gar nicht erkannt und folglich ohne Rechtfertigungswillen gehandelt hat. Umstritten ist, welche Konsequenzen an diesen Umstand zu knüpfen sind. Grundsätzlich handelt der Täter jedenfalls rechtswidrig.

E.A.: vollendete rechtswidrige Tat

Eine Ansicht bestraft in diesen Fällen wegen vollendeter rechtswidriger Tat.[192] Damit wäre hier T – da auch keine Entschuldigungsgründe vorliegen – wegen vollendeten Totschlags strafbar.

A.A.: Versuchsregeln entsprechend anwendbar

Eine im Schrifttum stark vertretene Ansicht hält es demgegenüber für vorzugswürdig, die *Versuchsregeln* nur *entsprechend* anzuwenden. Begründet wird dies mit folgenden Erwägungen: Der mit der Tatbestandsverwirklichung verknüpfte Erfolgswert werde durch die objektiv gegebene Rechtfertigung kompensiert.

Der Unwertgehalt der Tat beschränke sich vielmehr wie beim untauglichen Versuch auf den subjektiven Handlungsunwert, der im Willen zur Rechtsverletzung zum Ausdruck kommt. Hiergegen stehe auch nicht das Analogieverbot, da es sich insoweit um eine Analogie zugunsten des Täters handele, da die Alternative die Bestrafung wegen vollendeten Delikts sei.[193]

Streitentscheid

Letztlich überzeugt es, die Versuchsregeln analog zu Gunsten des Straftäters anzuwenden, da dieser aufgrund der objektiven Rechtfertigungslage kein Erfolgsunrecht verwirklicht hat. Problematisch ist allerdings der Fall, dass der Versuch des konkreten Delikts gar nicht unter Strafe steht. Hier ist alles vertretbar: Teilweise wird dann die Straflosigkeit erwogen, teilweise eine Strafbarkeit wegen Vollendung angenommen.

hemmer-Methode: Vorzusgwürdig erscheint es, den Meinungsstreit erst nach der Schuld unter dem Punkt „Strafzumessung" zu diskutieren. Dementsprechend werden nicht alle Vorschriften der §§ 22 ff. StGB analog angewandt, sondern nur die Möglichkeit der Strafmilderung gemäß §§ 23 II, 49 I StGB. Tatbestandlich bleibt es hingegen bei der Vollendung, so dass im Tenor eines entsprechenden Urteils zum Ausdruck kommt, dass das Opfer zu Tode kam.

4. Übersicht über die Rechtfertigungsgründe

Einheit der Rechtsordnung

Im Bereich der Rechtfertigung gilt der sog. *Grundsatz der Einheit der Rechtsordnung*. Dieser hat zum Inhalt, dass eine Vorschrift, die in einem bestimmten Bereich der Rechtsordnung rechtfertigende Wirkung hat, gleichzeitig einen Rechtfertigungsgrund im Strafrecht darstellt. Knapper formuliert: Ein Verhalten, das - beispielsweise - zivilrechtlich erlaubt ist, kann strafrechtlich nicht verboten sein. 192

Daher ergibt sich eine Vielzahl von Rechtfertigungsgründen, die über alle Rechtsgebiete bis hin zum Gewohnheitsrecht verstreut sind.

Übersicht

Ein abschließender Katalog von Rechtfertigungsgründen existiert nicht. Hier nur ein Überblick über die wichtigsten Rechtfertigungsgründe: 193

[191] Vertiefte Ausführungen zu den Voraussetzungen des § 32 StGB finden Sie unten bei Rn. 198 ff.

[192] BGHSt 2, S. 111; Fischer, § 32 Rn. 27.

[193] Vgl. Zieschang, S. 61.

Überblick über die Rechtfertigungsgründe

I. Aus dem StGB

1. § 32 StGB: Notwehr

2. § 34 StGB: Rechtfertigender Notstand

3. § 193 StGB: bei Ehrverletzungen

II. Aus dem BGB

1. § 227 BGB: Notwehr

2. § 228 BGB: Defensivnotstand

3. § 229 BGB: Selbsthilferecht

4. § 859 BGB: Besitzkehr, Besitzwehr

5. § 904 BGB: Aggressivnotstand, ferner: § 1029 BGB u.a.

III. Aus der StPO

1. § 81a StPO: Recht zur Blutentnahme

2. § 127 I S. 1 StPO: vorläufige Festnahme

IV. Aus der ZPO

§§ 758, 808, 888, 890 ZPO u.a.

V. Aus dem OWiG

§§ 15, 16 OWiG

VI. Aus dem GVG

§§ 177, 178 GVG

VII. Aus dem StVollzG

§ 87 StVollzG: Festnahmerecht

VIII. Aus dem GG

1. Art. 20 IV GG: politisches Widerstandsrecht

2. Art. 4 GG: Religionsfreiheit (Mindermeinung!)

IX. Aus Gewohnheitsrecht

1. Einwilligung (als Ausfluss von Art. 2 I GG)

2. Mutmaßliche Einwilligung (s.o.)

3. Züchtigungsrecht der Eltern und bestimmter Erzieher (nach h.M. [-])

Spezialität

Dem Grunde nach können sämtliche Rechtfertigungsgründe nebeneinander und unabhängig voneinander zur Anwendung kommen, wie etwa §§ 859, 229 BGB neben § 32 StGB.[194] Nur in Ausnahmefällen wird der eine Rechtfertigungsgrund durch den anderen im Wege der Spezialität verdrängt. **194**

Bsp.: *Gegenüber der speziellen Regelung, die das Gesetz in §§ 228, 904 BGB getroffen hat, tritt § 34 StGB als ultima ratio für Konfliktlagen außergewöhnlicher Art regelmäßig zurück.*[195]

[194] OLG Schleswig, NStZ 1987, S. 75.

[195] Fischer, § 34 Rn. 33.

5. Einzelfragen

Amtsträger

Umstritten ist, ob sich auch Amtsträger insbesondere auf die allgemeinen Rechtfertigungsgründe nach §§ 32, 34 StGB berufen können. Die überwiegende Ansicht in Rspr.[196] und Lehre[197] wendet diese Rechtfertigungsgründe auch im Bereich des hoheitlichen Handelns an, soweit nicht ein spezielleres Gesetz eine abschließende Sonderregelung getroffen hat.[198] 195

Bsp.: Amtsträger können sich demnach auf §§ 32, 34 StGB sowie § 127 I S. 1 StPO berufen. Probleme ergeben sich vor allem im Bereich des polizeilichen Schusswaffengebrauchs i.R.d. Nothilfe nach § 32 StGB oder bei Maßnahmen zur Abwehr terroristischer Gewalttaten,[199] soweit in der StPO und den Polizeigesetzen insoweit keine Spezialvorschriften bestehen.

hemmer-Methode: Umgekehrt kann sich die Frage stellen, ob bzw. in welchem Umfang ein Recht auf Notwehr gegen unrechtmäßiges hoheitliches Handeln besteht. Der BGH hat dazu entschieden, dass sich die Frage nach der Rechtmäßigkeit hoheitlichen Handelns bei § 32 II StGB nicht streng akzessorisch nach der materiellen Rechtmäßigkeit des dem Handeln zugrunde liegenden Rechtsgebiets beurteilt.[200]

Teilbare Rechtfertigung

Eine Handlung kann mehrere Straftatbestände zugleich erfüllen. Somit kann es auch vorkommen, dass nur für einen dieser Straftatbestände eine Rechtfertigung besteht, während dies für einen anderen nicht der Fall ist. Die Rechtfertigung ist in Bezug auf einen konkreten Straftatbestand zu prüfen. Eine quasi vor die Klammer gezogene Rechtfertigungsprüfung wäre also fehlerhaft.[201] 196

Bsp.: Der im Fitness-Center gestählte T stellt den flüchtigen Dieb O und verlangt, dass dieser ihn auf die nächste Polizeiwache begleite. Der eher schmächtige O folgt dem T aus Angst, aber freiwillig und ohne jede Gegenwehr. T packt O am Arm derart fest an, dass dieser einen Speichenbruch erleidet. Dies nahm T billigend in Kauf.

T ist hinsichtlich der Nötigung gem. § 240 StGB (Mitkommen zur Polizei und Festhalten am Arm) gem. § 127 I S. 1 StPO gerechtfertigt. Hinsichtlich der Körperverletzung nach § 223 I StGB besteht durch das Festnahmerecht keine Rechtfertigung, da die Körperverletzung in der konkreten Situation nicht erforderlich war.

6. Folgen der Rechtfertigung

Duldungspflicht

Konsequenz der Rechtfertigung ist eine entlastende Wirkung für den Täter, die sich für den von der Tat Betroffenen in einer entsprechenden Belastung äußert. Diesen trifft also insoweit eine Duldungspflicht. Gegen eine gerechtfertigte Tat ist damit *keine weitere gerechtfertigte Tat* möglich. 197

Dies ergibt sich aus folgender Überlegung: Notwehr gem. § 32 StGB ist nur gegen einen gegenwärtigen *rechtswidrigen* Angriff möglich. Ist aber das Verhalten des Angreifers gerechtfertigt, so liegt folglich auch *kein rechtswidriger* Angriff vor. Dies ist insoweit verallgemeinerungsfähig, als es an der nötigen Eingriffssituation fehlt, die regelmäßig einen rechtswidrigen Angriff auf das geschützte Rechtsgut verlangt (sog. *Gegennotwehr*).

196 BGHSt 27, S. 260.

197 Vgl. Schönke/Schröder, § 32 Rn. 42a ff.

198 Vgl. Fischer, § 32 Rn. 35.

199 Schönke/Schröder, § 34 Rn. 7.

200 Vgl. Rn. 210a.

201 Zieschang, S. 52.

Keine Teilnahme

Die strafbare Teilnahme gem. §§ 26, 27 StGB verlangt eine *vorsätzliche und rechtswidrige Haupttat*. Ist aber die Haupttat gerechtfertigt, liegt die Voraussetzung einer rechtswidrigen Haupttat schon nicht vor, so dass folglich hieran auch keine Teilnahme nach §§ 26, 27 StGB möglich ist.

Bei einem rechtmäßigen Handeln des unmittelbar Tätigwerdenden kann aber unter Umständen eine mittelbare Täterschaft des Hintermannes in Betracht kommen.[202]

Im Folgenden werden nun die wichtigsten Rechtfertigungsgründe im Einzelnen dargestellt:

II. Die Notwehr gem. § 32 StGB

1. Einführung

Notwehr gem. § 32 StGB

Die Notwehr gem. § 32 StGB ist der wichtigste Rechtfertigungsgrund und auch der für die Klausur relevanteste Fall. *§ 32 I StGB* stellt zunächst fest, dass es sich bei der Notwehr um einen Rechtfertigungsgrund handelt. *§ 32 II StGB* legt dabei die Voraussetzungen der Notwehr fest (Lesen!). 198

Nothilfe

§ 32 II StGB spricht von „sich oder einem anderen". Daraus folgt, dass auch eine Handlung gegen den Angriff auf die Rechtsgüter eines Dritten gerechtfertigt sein kann. Dies wird allgemein als *Nothilfe* bezeichnet.

Prüfungsschema zur Notwehr / Nothilfe: § 32 StGB

I. Konfliktlage (Notwehrlage)

1. Gegenwärtiger
2. Rechtswidriger
3. Angriff eines Menschen
4. Auf ein notwehrfähiges Rechtsgut

II. Vorliegen einer Notwehrhandlung

III. Grenzen

1. Erforderlichkeit der Notwehrhandlung
2. Rechtliche Gebotenheit der Notwehrhandlung

IV. Subjektive Rechtfertigungselemente (Verteidigungswille)

1. Kenntnis der rechtfertigenden Umstände
2. Handeln zur Gefahrenabwehr

[202] BGHSt 3, S. 4; 10, S. 306.

2. Notwehrlage

Notwehrlage

Erste Voraussetzung für das Eingreifen des Rechtfertigungsgrundes der Notwehr nach § 32 StGB ist das Vorliegen einer *Notwehrlage*. Diese ist dann gegeben, wenn ein gegenwärtiger rechtswidriger Angriff auf ein notwehrfähiges Rechtsgut des Täters (Notwehr) oder eines Dritten (Nothilfe) vorliegt. 199

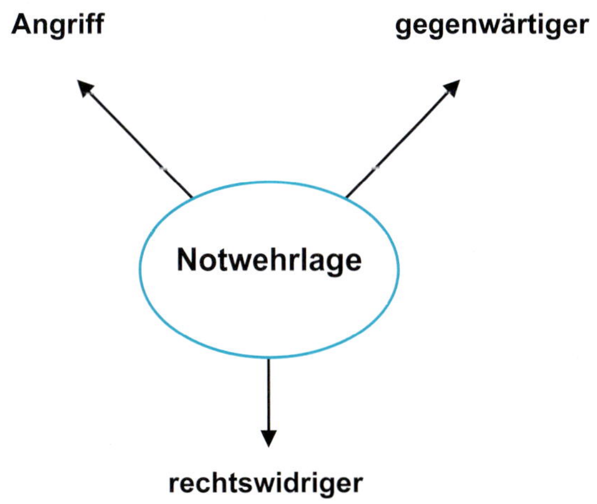

Zeitpunkt strittig

Teilweise wird vertreten, es sei für den Standpunkt, von dem aus die Notwehrlage zu beurteilen ist, auf die ex ante-Sicht eines Dritten in der Situation des Täters abzustellen.[203] Dies würde bedeuten, dass jedenfalls dann eine Notwehrlage zu bejahen wäre, wenn der Täter von einer solchen hätte ausgehen dürfen. Die h.M. dagegen stellt auf die ex post-Sicht eines Dritten in der Situation des Täters ab, also darauf, ob tatsächlich eine Notwehrlage vorlag oder nicht.[204]

Die h.M. überzeugt, schon der Wortlaut des § 32 StGB geht von einem tatsächlichen gegenwärtigen rechtswidrigen Angriff aus. Demzufolge ist allein entscheidend, ob eine Notwehrlage wirklich (ex post) vorlag. Ging der Täter allerdings von einem anderen Sachverhalt aus, kommt ein Erlaubnistatbestandsirrtum in Betracht, so dass nach h.M. mangels Vorsatzschuld eine Strafbarkeit wegen Vorsatzdelikten ausscheidet.[205]

a) Angriff

Angriff

Angriff ist jede durch menschliches Verhalten drohende Verletzung rechtlich geschützter Güter oder Interessen. 200

Handlung

Ein auf die Rechtsgutsverletzung gerichteter *Wille* der angreifenden Person ist nicht erforderlich. Auch fahrlässige oder schuldlose Handlungen können Angriffe sein.[206] Dass auch schuldloses Verhalten einen Angriff darstellen kann, ergibt sich zum einen aus Sinn und Zweck der Notwehr, da auch durch schuldloses menschliches Verhalten rechtlich geschützte Interessen beeinträchtigt werden können. Zum anderen wird auch nach dem Gesetzeswortlaut nur ein rechtswidriger und gerade kein schuldhafter Angriff gefordert.[207] 201

[203] NK, § 32 Rn. 3.
[204] Lackner/Kühl, § 32 Rn. 6.
[205] Vgl. zum Ganzen auch Zieschang, S. 54.
[206] Fischer, § 32 Rn. 5.
[207] Vgl. Zieschang, S. 54 f.

Allerdings muss Handlungsqualität vorliegen, d.h. das Verhalten muss zumindest vom menschlichen Willen beherrschbar sein. Kein Angriff liegt somit bei den sog. Nichthandlungen vor.

Bsp.: Ein Fensterputzer rutscht während seiner Arbeit an einer Hochhausfassade aus und stürzt ab, wobei er auf eine Gruppe spielender Kinder zu stürzen droht. Hier liegt aufgrund vis absoluta (Schwerkraft) kein vom Willen beherrschbares Verhalten und damit auch keine Handlung vor. Ein Angriff i.S.d. § 32 StGB liegt nicht vor, sondern eine Notstandslage nach §§ 34, 35 StGB.

Unterlassen

Auch ein Unterlassen kann Angriffscharakter haben.[208] Dafür spricht schon, dass auch durch bloßes Unterlassen geschützte Interessen bedroht werden können.[209] Nach h.M. muss hierzu aber eine Rechtspflicht zum Tätigwerden bestehen.[210] 202

Bspe.:

- *Wer sich auf Aufforderung des Hausrechtsinhabers nicht aus einem Gebäude entfernt (§ 123 I 2. Alt. StGB), begeht einen Angriff auf das Hausrecht.*
- *Kein Angriff auf das Hausrecht liegt dagegen vor, wenn ein gekündigter Mieter die Wohnung nicht verlässt, da der Mieter weiterhin – wenn auch unberechtigter – Besitzer der Mietsache und damit auch Hausrechtsinhaber bleibt.*
- *Eine Mutter, welche die Ernährung ihres Säuglings einstellt, begeht einen Angriff auf Leben und Gesundheit des Kindes.*[211]

Angriff durch einen Menschen

Der Angriff muss von einem Menschen ausgehen. Ein Tier kann nicht rechtswidrig handeln, eine Abwehr gegen ein tierisches Verhalten kann nur auf §§ 228, 904 BGB bzw. § 34 StGB gestützt werden.[212] 203

Bspe.:

- *Grundfall: Wehrt der Briefträger T den bissigen Hund des O mit einem mitgeführten Stock ab und tötet ihn, so ist das Handeln des T (§ 303 StGB hinsichtlich des Hundes) durch § 228 S. 1 BGB gerechtfertigt.*
- *Variante 1: wie oben, nur verwendet T diesmal zur Abwehr eine Zaunlatte, die er aus dem Zaun des Z gerissen hat. Hinsichtlich der Strafbarkeit nach § 303 StGB wegen des Hundes verbleibt es bei einer Rechtfertigung nach § 228 S. 1 BGB. Hinsichtlich der Strafbarkeit nach § 303 StGB wegen des Zaunes ist T nach § 904 S. 1 BGB gerechtfertigt.*
- *Variante 2: wie Grundfall, nur diesmal hat der O seinen Hund auf T gehetzt, weil er leid ist, dass T ihm nur Rechnungen in den Briefkasten wirft. Im Gegensatz zum Grundfall und Variante 1 liegt hier ein menschliches Verhalten vor, da der O seinen Hund als Waffe (im untechnischen Sinne) benutzt. Somit ergibt sich hier die Rechtfertigung aus § 32 StGB.*[213]

b) Gegenwärtigkeit

Gegenwärtigkeit

Gegenwärtig i.S.d. § 32 II StGB ist ein Angriff, der unmittelbar bevorsteht, schon begonnen hat oder noch fortdauert.[214] 204

---

[208] Fischer, a.a.O.

[209] Zieschang, S. 55.

[210] Vgl. Lagodny, GA 1991, 300.

[211] BayObLG, NJW 1963, S. 824 Nr. 17.

[212] Fischer, § 32 Rn. 6.

[213] So die h.M., vgl. Fischer, § 32 Rn. 6; nach a.A. greift § 228 BGB.

[214] BGH, NJW 1973, S. 255; BayObLG, JR 1986, S. 291: **alle Entscheidungen = juris**byhemmer.

Beendet

Beendet ist der Angriff, wenn er fehlgeschlagen, endgültig aufgegeben oder vollständig durchgeführt ist, so dass die Rechtsgutsverletzung durch Gegenwehr nicht mehr abgewendet werden kann. 205

Ein Angriff bleibt aber gegenwärtig, solange die Gefahr für das bedrohte Rechtsgut oder eine Vertiefung der Rechtsgutsverletzung noch abgewendet werden kann und diese noch nicht endgültig eingetreten ist.[215] Dies bedeutet, dass beispielsweise bei Eigentums- oder Vermögensdelikten ein gegenwärtiger Angriff auch dann gegeben ist, wenn die Tat vollendet, die Beute aber noch nicht gesichert ist.[216] Bei *Dauerdelikten* ist Notwehr bis zu deren Beendigung möglich, d.h. also bis zur Aufhebung des rechtswidrigen Zustandes.

Unmittelbar bevorstehend

Für den Gesichtspunkt des unmittelbaren Bevorstehens kann grundsätzlich auf dieselben Kriterien abgestellt werden, die man für die Frage heranzieht, wann vom Versuchsbeginn auszugehen ist. Hierbei kommt es aber im Hinblick auf die erforderliche Objektivierung nicht auf das Vorstellungsbild des Täters an, sondern auf die äußeren Umstände.[217] Es kommt insoweit aber auch nicht auf die Vorstellungen dessen an, der sich bedroht fühlt oder andere für bedroht hält.[218] Denn das Vorliegen einer Notwehrlage bestimmt sich gerade aus einer (objektiven) ex post-Perspektive. 206

Ein unmittelbar bevorstehender Angriff ist nur dann gegenwärtig, wenn eine Bedrohung für das Rechtsgut vorliegt, die in eine Verletzung umzuschlagen droht. Ansonsten liegt ein nicht notwehrfähiger künftiger Angriff vor.

Nicht gegenwärtig

Zur Klarstellung: Nicht gegenwärtig sind somit bereits abgeschlossene bzw. endgültig abgewehrte Angriffe sowie künftige Angriffe. Nach ständiger Rechtsprechung liegt auch kein gegenwärtiger Angriff bei nur *latenter Bedrohung* in dem Zeitraum *zwischen* den einzelnen Angriffsakten vor.[219] 207

Notwehrähnliche Lage

Präventivmaßnahmen gegen künftige, noch nicht gegenwärtige Angriffe werden durch § 32 StGB nicht gedeckt. In solchen Fällen, die auch als „notwehrähnliche Lage“ bezeichnet werden, scheidet eine analoge Anwendung des § 32 StGB aus, selbst wenn dadurch die späteren Abwehrchancen erheblich verschlechtert werden.[220] 208

Dies ergibt sich daraus, dass hier nur die Gefahr eines Angriffs besteht. Nur unter den Voraussetzungen des § 34 StGB (vgl. hierzu später) kann ein derartiges Verhalten gerechtfertigt sein.

> **Bsp.:** *Der Wirt W einer abgelegenen Gaststätte hört, wie zwei Gäste verabreden, nach Eintritt der Sperrstunde die Kasse der Gaststätte leerzuräumen. Da W einem Angriff der beiden allein nicht gewachsen wäre, schüttet er ihnen k.o.-Tropfen ins Bier. Hier liegt nur ein künftiger Angriff vor. Eine Rechtfertigung über § 32 StGB kommt nicht in Betracht. Möglicherweise greift § 34 StGB ein.*

Selbstschutzanlagen

Ein immer wieder auftretendes Problem in Klausuren sind die selbständig wirkenden Selbstschutzanlagen, wie etwa bei Selbstschussanlagen oder elektrischen Zäunen. Zu beachten ist, dass es sich in solchen Fällen nicht um einen künftigen Angriff handelt, sondern um einen gegenwärtigen, da diese Anlagen gerade erst im Zeitpunkt des Angriffs tätig werden. Hieran ändert auch eine im Einzelfall möglicherweise fehlende Genehmigung nichts. Insoweit liegt aber das Problem auf der Ebene der Erforderlichkeit, die hier in den meisten Fällen nicht gegeben sein wird.[221] 209

---

[215] Fischer, § 32 Rn. 18.

[216] BGHSt 48, S. 207 f.

[217] Vgl. Zieschang, S. 55.

[218] OLG Stuttgart, NJW 1992, S. 850 = **juris**byhemmer; Schönke/Schröder, § 32 Rn. 27.

[219] Vgl. dazu die „Familientyrannen“-Fälle, Fischer, § 32 Rn. 18; BGH, NStZ 1984, S. 21.

[220] Vgl. Schönke/Schröder, § 32 Rn. 17.

[221] Vgl. Fischer, § 32 Rn. 19.

hemmer-Methode: Beachten Sie, dass der Begriff des „gegenwärtigen Angriffs“ nach § 32 II StGB wesentlich enger ist als der der „gegenwärtigen Gefahr“ nach § 34 S. 1 StGB, vgl. hierzu unten.

c) Rechtswidrigkeit

Rechtswidrigkeit

Rechtswidrig ist ein Angriff, wenn er im Widerspruch zur Rechtsordnung steht. Dies ist dann der Fall, wenn er den Bewertungsnormen des Rechts, nicht nur des Strafrechts, zuwiderläuft und nicht durch einen Erlaubnissatz gedeckt ist. 210

Gegennotwehr

Insbesondere handelt der Angreifer nicht rechtswidrig, wenn er selbst gerechtfertigt ist (sog. „Gegennotwehr“).[222]

Sonderfall: Angriff von Hoheitsträgern (z.B. Polizisten)

Ein Sonderfall liegt vor, wenn es – etwa im Rahmen eines polizeilichen Einsatzes – um die Frage geht, wann ein Angriff von Hoheitsträgern als rechtswidrig in diesem Sinne zu bewerten ist. Nach dem BGH ist dies (ähnlich wie bei § 113 III StGB) nicht streng akzessorisch nach der materiellen Rechtmäßigkeit des dem Handeln zugrunde liegenden Rechtsgebiets zu beurteilen. Vielmehr hängt die Rechtmäßigkeit des hoheitlichen Handelns im strafrechtlichen Sinn davon ab, ob die äußeren Voraussetzungen zum Eingreifen des Beamten gegeben sind. Der Hoheitsträger muss demnach örtlich und sachlich zuständig sein, die vorgeschriebenen wesentlichen Förmlichkeiten einhalten und das ihm gegebenenfalls eingeräumte Ermessen pflichtgemäß ausüben.[223] 210a

hemmer-Methode: Etwa für Polizisten ist es situativ teilweise nicht einfach zu bewerten, ob bzw. in welchem Umfang das konkrete Einschreiten von der Rechtsordnung gedeckt ist. Der BGH intendiert vor diesem Hintergrund den Schutz der hoheitlich Handelnden. Für die hiervon Betrofffenen bleibt dann nur der nachträgliche Rechtsschutz auf Feststellung der Rechtswidrigkeit des hoheitlichen Handelns (bei Vorliegen eines Feststellungsinteresses).

Schuldlosigkeit oder das Vorliegen eines persönlichen Strafausschließungsgrundes bei dem Angreifer stehen dem Notwehrrecht nicht entgegen.[224] Somit ist Notwehr auch gegenüber Betrunkenen, Geisteskranken, Kindern oder schuldlos Irrenden möglich. Eine Einschränkung kann sich dann aber auf der Ebene der Gebotenheit ergeben.[225]

Erfolgsunwert oder Handlungsunwert

Umstritten ist, ob hinsichtlich der Rechtswidrigkeit auf den Erfolgsunwert der drohenden Verletzung[226] oder auf den Handlungsunwert[227] abzustellen ist. Stellt man auf den Erfolgsunwert ab, so kommt selbst dann Notwehr in Betracht und nicht nur Notstand, wenn beispielsweise ein Kraftfahrer trotz Einhaltung der erforderlichen Sorgfalt andere Personen zu verletzen droht. Stellt man hingegen auf den Handlungsunwert ab, so liegt Rechtswidrigkeit i.S.d. § 32 StGB nur bei einem zumindest objektiv sorgfaltswidrigen Verhalten vor. 211

hemmer-Methode: In kriminalpolitischer Hinsicht überzeugt es wohl mehr, auf das Handlungsunrecht abzustellen. Denn wenn eine Person selbst gar kein objektives Erfolgsunrecht verwirklicht, sollte das „schneidige“ Notwehrrecht dieser Person gegenüber nicht Anwendung finden.

---

222 Schönke/Schröder, § 32 Rn. 21.

223 Vgl. BGH, Beschluss vom 30.06.2015 – 5 StR 71/15 = jurisbyhemmer = Life&Law 2015, S. 902 ff.

224 Fischer, § 32 Rn. 21.

225 Schönke/Schröder, § 32 Rn. 24.

226 So etwa Jescheck/Weigend, § 32 II S. 1c.

227 So aber Baumann/Weber/Mitsch, § 17 Rn. 17.

d) Notwehrfähiges Gut

Notwehrfähiges Gut

Weiterhin muss ein notwehrfähiges Gut vorliegen. *Notwehrfähig* ist 212
jedes dem Angegriffenen oder Dritten *zustehende Gut* und *jedes rechtlich anerkannte Interesse*.

Das angegriffene Gut muss dabei *Rechtsgutsqualität* aufweisen. Hieran kann es z.B. bei geringfügigen Behelligungen im sozialen Nahraum fehlen, so dass nicht jede familiäre Auseinandersetzung eine rechtlich bedeutsame Position darstellt.[228]

Rechtsgutsqualität weisen zunächst die strafrechtlich geschützten Rechtsgüter auf, wie Leben, Gesundheit, Freiheit, Ehre, sexuelle Selbstbestimmung, Eigentum, Vermögen, Hausrecht, Pfandrechte.

Dass ein strafrechtlicher Schutz vorliegt, ist aber nicht Voraussetzung, sondern es fallen auch sonstige rechtlich geschützte Interessen hierunter. Folglich setzt ein Angriff nicht die Verwirklichung eines Straftatbestandes voraus.[229] Beispiele für derartige geschützte Interessen sind etwa das Recht am eigenen Bild, der rechtmäßige Besitz und das Recht auf Intimsphäre.[230]

Individualrechtsgüter

Man erkennt an obiger Auflistung, dass in erster Linie die *Individual-* 213
rechtsgüter des Einzelnen geschützt sind.

Staatliche Rechtsgüter

Rechtsgüter des Staates oder anderer juristischer Personen öffentli- 214
chen Rechts sind aber jedenfalls dann notwehrfähig, wenn es sich um die dem Fiskus zustehenden Individualrechtsgüter handelt.[231] Umstritten sind die Fälle der sog. Staatsnotwehr, d.h. die Frage, inwieweit sich der Einzelne bei Eintreten für die freiheitlich-demokratische Grundordnung auf § 32 StGB berufen kann.[232] Dies wird weitgehend abgelehnt. Vergleichbares gilt für Kollektivrechtsgüter, wie z.B. die Sicherheit des Straßenverkehrs.[233]

> ***Bsp.:*** *Rentner A ist unterbeschäftigt und prügelt deshalb Fahrradfahrer ohne Licht mit seinem Stock vom Fahrrad, um gegen diesen „Rechtsbruch" effektiv vorzugehen und die Rechtsordnung zu verteidigen.*
>
> Eine Rechtfertigung aufgrund von Notwehr muss ausscheiden, da A kein notwehrfähiges Rechtsgut verteidigt hat. Es ist Aufgabe des Staates, i.R.d. Verhältnismäßigkeit gegen Verkehrssünder vorzugehen.

3. Die Notwehrhandlung

Notwehrhandlung

Die Notwehrhandlung muss *objektiv erforderlich* und *normativ gebo-* 215
ten sein.

---

[228] BGH, NJW 2000, S. 1000.

[229] Fischer, § 32 Rn. 8.

[230] Vgl. Fischer, a.a.O. m.w.N.

[231] Schönke/Schröder, § 32 Rn. 6.

[232] Vgl. Schönke/Schröder, a.a.O., Fischer, § 32 Rn. 10.

[233] Vgl. Fischer, a.a.O.

Die Notwehr entspringt dem Grunde nach aus zwei Gedanken: Zum einen dem Bedürfnis des Angegriffenen, seine Rechtsgüter zu schützen (= *Schutzprinzip*), zum anderen dem Bedürfnis der Allgemeinheit, die Rechtsordnung gegenüber dem Angreifer zu verteidigen (= *Rechtsbewährungsprinzip*).[234]

Daraus ergeben sich schlagwortartig die beiden Grundsätze:

⇨ „Das Recht braucht dem Unrecht nicht zu weichen."[235]

⇨ „Bei der Notwehr findet keine Güterabwägung statt".

Einschränkungen

Aber auch der Rechtfertigungsgrund der Notwehr gem. § 32 StGB ist nicht grenzenlos. So darf sie sich nur gegen den Angreifer, nicht gegen Rechtsgüter Dritter richten.[236]

Art und Maß der Verteidigung richten sich nach der Stärke des Angriffs, der Gefährlichkeit des Angreifers und nach den zur Verfügung stehenden Verteidigungsmitteln.

a) Erforderlichkeit

Begriff

Erforderlich ist eine Abwehrhandlung, die *geeignet* ist, den Angriff *sofort zu beenden* oder zumindest abzuschwächen und die *gegenwärtige Gefahr der Rechtsgutsverletzung endgültig abzuwenden* oder zu verringern. 216

Maßgebliche Sicht

Die Erforderlichkeit bestimmt sich nach der objektiven Sachlage, nicht nur nach der Vorstellung des Angegriffenen, und zwar nach den Verhältnissen im Augenblick des Angriffs. Entscheidend ist der Standpunkt des Angegriffenen zum Zeitpunkt des Angriffs nach den konkreten Umständen des Einzelfalls.[237] Maßgeblich ist also die Sicht eines besonnenen Dritten in der Situation des Angegriffenen (sog. objektive ex ante-Sicht). 217

Bsp.: *Bei einem heftigen Wortgefecht in einer verrufenen Kneipe zwischen A und B zieht A eine kaum von einer echten Waffe unterscheidbare Pistolenattrappe und zielt damit auf B. Der hinter B stehende C schlägt daraufhin A nieder und entreißt ihm die Pistole.*

C ist hier gerechtfertigt. Ein gegenwärtiger rechtswidriger Angriff liegt vor, nämlich zumindest auf die Willensfreiheit des B. Zwar wäre ein Niederschlagen des A mangels einer echten Waffe objektiv ex post nicht erforderlich gewesen, aber aus Sicht eines besonnenen Dritten hatte C so handeln müssen, da es für ihn nicht erkennbar war, dass A nur eine Scheinwaffe benutzt hat.

Anders wäre der Fall zu beurteilen, wenn A nur eine als solche erkennbare Wasserpistole verwendet hätte, die lediglich C wegen seiner Kurzsichtigkeit nicht als solche identifizieren konnte.

Geeignetheit

Zur Verteidigung *geeignet* ist jede Abwehrmaßnahme, die nach dem Grundgedanken des Notwehrrechts sinnvoll ist und dem Angriff wenigstens ein Hindernis in den Weg legt. Auch die Eignung bestimmt sich grundsätzlich aus der Sicht des Angegriffenen. Handlungen, die gegen den Angriff gerichtet sind und aus Sicht des Angegriffenen eine den Angriff jedenfalls abschwächende Wirkung haben können, sind hiernach gerechtfertigt.[238] 218

---

[234] BGHSt 24, S. 356, 359 = **juris**byhemmer; Fischer, § 32 Rn. 2.

[235] BGH, Life&Law 1998, S. 787 ff.

[236] BGHSt 5, S. 245, 248.

[237] Fischer, § 32 Rn. 28.

[238] Fischer, § 32 Rn. 29.

Erforderlichkeit

Erforderlich ist, wie bereits dargestellt, alles, was zu einer wirksamen Verteidigung gehört, eine möglichst sofortige Beendigung des Angriffs erwarten lässt und die endgültige Beseitigung der Gefahr am besten gewährleistet. *219*

Dies schließt grundsätzlich auch den Einsatz lebensgefährdender Mittel ein. Der Angegriffene ist nicht gehalten, auf weniger gefährliche Mittel zurückzugreifen, wenn deren Wirkung für die Abwehr zweifelhaft ist.[239] Probleme ergeben sich hier häufig im Bereich des *Schusswaffengebrauchs*.

Ob insoweit eine vorherige Androhung oder ein Warnschuss notwendig ist, ist immer für den jeweiligen Einzelfall zu klären. Maßgeblich ist dabei die Sicht eines besonnenen Dritten.[240] Eine Pflicht zur Androhung scheidet insoweit jedenfalls dann aus, wenn gerade dadurch die endgültige Verletzung des Rechtsguts wahrscheinlicher würde.[241]

hemmer-Methode: Der BGH spricht hier gerne von der sog. „Kampflage", wonach die konkrete Tatsituation sehr genau zu prüfen ist. Instruktives Fallbeispiel zur Auslegung der sog. „Kampflage" vgl. BGH, Urteil vom 03.11.2011 – 2 StR 375/11.[242] Merken Sie sich hierzu die Diktion des BGH: Der sofortige das Leben gefährdende Einsatz einer Schusswaffe ist erforderlich, wenn die milderen Mittel des Androhens des Schusswaffengebrauchs, des Abgebens eines Warnschusses und des Schießens auf die Beine des Angreifers keine Erfolgsaussichten haben.[243]

Mildestes Mittel

Zwar stellt das Notwehrrecht ein weites Verteidigungsrecht dar. Trotzdem wird gefordert, dass der Täter von mehreren gleich wirksamen Abwehrmitteln, die ihm zur Verfügung stehen, das mildeste Mittel auswählen muss.[244] Allerdings müssen mindestens zwei gleich effiziente Abwehrmittel auch tatsächlich zur Verfügung stehen, was vorrangig zu klären ist. *220*

Dabei gilt, dass bei bestehenden Zweifeln über die Wirksamkeit von mehreren Abwehrmitteln sich der Angegriffene nicht mit solchen zu begnügen braucht, deren Anwendung mit Unsicherheiten in Bezug auf eine erfolgreiche Abwehr verbunden ist.[245] Darüber hinaus muss sich der Angegriffene auf für den Angreifer minder schwere Abwehrmöglichkeiten nur dann verweisen lassen, wenn ihm Zeit zur Auswahl sowie zur Abschätzung der Gefährlichkeit zur Verfügung steht. Auch das weniger einschneidende Abwehrmittel muss geeignet sein, den Angriff zweifelsfrei und endgültig auszuräumen.[246]

Keine Güterabwägung

Eine Güterabwägung zwischen bedrohtem Rechtsgut des Angegriffenen und dem durch die Notwehrhandlung verletzten Rechtsgut des Angreifers findet nicht statt, da das Recht nicht dem Unrecht zu weichen braucht und § 32 StGB auch dem Bestand der Rechtsordnung dient. Im Extremfall, als ultima ratio, kann damit sogar die Tötung des Diebes erforderlich sein, wenn kein anderes gleich geeignetes Mittel zur Verfügung steht, diesen Angriff abzuwehren. Das Risiko einer unzureichenden Notwehrhandlung muss der Angegriffene gerade nicht tragen.[247] Ebenso muss er sich nicht auf das Risiko eines mehr als nur belanglosen Schadens an seinen Rechtsgütern einlassen.[248] *221*

239 BGH, JuS 1999, S. 86 f.

240 Fischer, § 32 Rn. 33a.

241 BGH, NStZ 2001, S. 590 = **juris**byhemmer.

242 Kurzbesprechung als kompakt-Beitrag in Life&Law 2012, S. 146 ff.

243 Vgl. BGH, Urteil vom 13.09.2017 – 2 StR 188/17 = Life&Law 2018, 312 ff. = **juris**byhemmer.

244 BGHSt 42, S. 97, 100 = **juris**byhemmer.

245 Zieschang, S. 56.

246 Zieschang a.a.O.

247 Vgl. Fischer, § 32 Rn. 32.

248 BGH, NStZ 1991, S. 32; BGHSt 24, S. 356; **alle Entscheidungen** = **juris**byhemmer.

Erforderlichkeit der Verteidigungshandlung

Wie bereits dargestellt, bestimmen demnach Art und Gefährlichkeit des Angriffs, die vom Angreifer eingesetzten Mittel, die körperlichen Fähigkeiten und die Gemütsverfassung sowie die Gesamtheit der dem Angegriffenen zur Verfügung stehenden Verteidigungsmittel die Erforderlichkeit. Es kommt dabei auf die Erforderlichkeit der Verteidigungs*handlung*, nicht auf die des *Erfolgs* an.[249] 222

Trutzwehr

Der Angegriffene braucht sich nicht auf die reine Abwehr zu beschränken, sondern kann die Verteidigung auch durch einen Gegenangriff führen (sog. *Trutzwehr*).[250] 223

Selbstschussanlagen

Ein Sonderproblem besteht im Bereich des Schusswaffengebrauchs beim Gebrauch der bereits oben angesprochenen Selbstschussanlagen. Insoweit werden verschiedene Ansichten vertreten, wie hier die Erforderlichkeit zu bestimmen ist. Doch grundsätzlich sind hier keine Abweichungen zu den oben aufgestellten Kriterien festzustellen. 224

Es muss jeweils im konkreten Einzelfall betrachtet werden, ob die Verteidigung erforderlich ist. Dabei ist zu berücksichtigen, dass der Verteidiger durch die im Vorhinein installierten Verteidigungsmittel das Maß der Erforderlichkeit nicht zu seinen Gunsten verschieben kann, so dass bei solchen Selbstschussanlagen grundsätzlich ein Warnschild angebracht sein muss, das etwa der Androhung des Schusswaffengebrauchs oder einem Warnschuss gleichzustellen ist.[251] Auch auf der Ebene der Gebotenheit können insoweit Probleme bestehen.

b) Gebotenheit

Gebotenheit

Auch das Notwehrrecht nach § 32 StGB findet seine Schranke im allgemein geltenden Verbot des Rechtsmissbrauchs, das i.R.d. § 32 StGB bei dem normativen Merkmal der *Gebotenheit* angesiedelt ist.[252] An der Gebotenheit fehlt es trotz Vorliegens der Erforderlichkeit, wenn von dem Angegriffenen aus Rechtsgründen ein anderes Verhalten, also etwa die Hinnahme der Rechtsgutsverletzung oder eine eingeschränkte und risikoreichere Verteidigung zu verlangen ist.[253] Ein schrankenloses Notwehrrecht wäre auch im Hinblick auf das Rechtsbewährungsprinzip sozialethisch nicht vertretbar. Angebracht ist vielmehr eine normative Bewertung des Einzelfalls. Primär muss der Angegriffene in Fällen fehlender Gebotenheit dem Angriff ausweichen; erst wenn dies ohne Preisgabe des bedrohten Interesses nicht möglich ist, kann er zu weiter greifenden Verteidigungsmaßnahmen übergehen. 225

In der Rspr. und der Literatur haben sich verschiedene Fallgruppen der sozialethischen Einschränkung des Notwehrrechts herausgebildet:

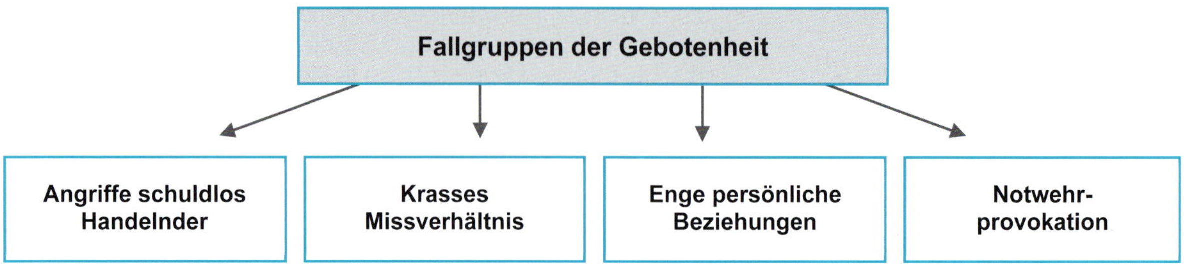

[249] Schönke/Schröder, § 32 Rn. 38.

[250] Jescheck/Weigend, § 32 II S. 2b.

[251] Vgl. zu diesem Problemkreis Zieschang, S. 56 f.

[252] Vgl. Roxin AT I, § 15 Rn. 56.

[253] Fischer, § 32 Rn. 36.

aa) Notwehr gegen schuldlos Handelnde

Schuldlos Handelnde

Einigkeit besteht darüber, dass gegenüber kindlichen[254] und sonst schuldunfähigen Angreifern, wie etwa Betrunkenen, Geisteskranken, nach § 35 StGB entschuldigten Personen oder Personen, die sich in einem die Schuld ausschließenden Irrtum befinden, das Notwehrrecht unter dem Aspekt der Gebotenheit Einschränkungen findet. Hier kann es sogar geboten sein, ganz auf die Verteidigung zu verzichten oder sich jedenfalls nur so zu verteidigen, dass der Angreifer nicht ernsthaft gefährdet wird.[255] Bei den vorgenannten Personen erklärt sich die Einschränkung des Notwehrrechts daraus, dass es hier keiner Bewährung der Rechtsordnung bedarf, da diese gerade in diesen Fällen nicht in Frage gestellt wird.[256] 226

Soweit es also die Umstände zulassen, hat der Angegriffene auszuweichen. Eine weitergehende Verteidigung ist aber auch nicht per se ausgeschlossen, wenn die Umstände eine rein defensive Haltung nicht mehr zulassen.

Vorsicht geboten ist bei alkoholisierten Angreifern, denn sollte bei diesen die Schwelle der Alkoholisierung unterhalb verminderter Schuldfähigkeit liegen, ist bei Proportionalität von Angriffs- und Verteidigungsmittel grundsätzlich kein Anlass für eine Notwehreinschränkung geboten.[257]

bb) Krasses Missverhältnis

Krasses Missverhältnis

Bei einem *unerträglichen Missverhältnis* zwischen dem angegriffenen Rechtsgut und der durch die Verteidigungshandlung drohenden Rechtsgutsverletzung kann sich die erforderliche Verteidigungshandlung ebenfalls als rechtsmissbräuchlich, d.h. als nicht geboten darstellen. Die Erforderlichkeit ändert hieran nichts, die Versagung des Verteidigungsmittels bleibt bestehen.[258] 227

Bspe.:

- *Selbstschussanlage zur Abwehr von Pfirsichdiebstählen*[259]
- *Revolverschüsse zum Schutz von Biergläsern*[260]
- *Drohen des Überfahrens zur Erzwingung der Freigabe einer Parklücke*[261]

Bagatellangriffe

Ein solches krasses Missverhältnis kommt insbesondere bei sog. *Bagatellangriffen* in Betracht. Solche Bagatellangriffe sind Handlungen, die an der Grenze zu den noch sozial üblichen Belästigungen liegen.[262] Eine Abwehrhandlung, die bei solchen Bagatellangriffen zu besonders gravierenden Verletzungen von bedeutenden Rechtsgütern des Angreifers führt, ist damit nicht geboten.[263] 228

254 BayObLG, NJW 1991, S. 2031 = **juris**byhemmer.

255 Fischer, § 32 Rn. 37.

256 Vgl. auch Schönke/Schröder, § 32 Rn. 52; Jescheck/Weigend, § 32 III S. 3a.

257 BayObLG, NStZ-RR 1999, S. 9.

258 Vgl. hierzu Schönke/Schröder, § 32 Rn. 50; BGH, Urteil vom 27.10.2015 – 3 StR 199/15 = **juris**byhemmer = Life&Law 2016, S. 185 ff.

259 OLG Braunschweig, MDR 1947, S. 205.

260 RGSt 23, S. 116.

261 BayObLG, NJW 1963, S. 824.

262 Schönke/Schröder, § 32 Rn. 49.

263 Vgl. Fischer, § 32 Rn. 39.

Bsp.: A leuchtet dem Angler B ständig mit der Taschenlampe ins Gesicht. Daraufhin ergreift B einen Stein und wirft ihn auf A, der dadurch am Arm verletzt wird. Die Körperverletzung ist rechtswidrig, da keine Rechtfertigung nach § 32 StGB vorliegt. Der Steinwurf war wegen des nur bagatellhaften „Angriffs" nicht geboten.

cc) Enge persönliche Beziehungen

Enge persönliche Beziehungen

Die frühere Rspr. des BGH sowie große Teile der Literatur[264] gehen davon aus, dass bei Angriffen in *engen persönlichen* – insbesondere *familiären – Beziehungen* das Notwehrrecht nur eingeschränkt ausgeübt werden darf. Dies erklärt sich daraus, dass hier eine besondere Verpflichtung zu verständnisvollem Umgang und Rücksichtnahme besteht. Bei Angriffen mit geringer Intensität ist demnach grundsätzlich auszuweichen bzw. ist nur eine solche Verteidigung geboten, die ohne ernstliche Gefährdung des Angreifers vonstatten geht.[265] 229

Ob diese Grundsätze insoweit noch Geltung beanspruchen können, erscheint fraglich. Zunächst ist anzumerken, dass ein soziales Näheverhältnis allein keine Einschränkung des Notwehrrechts rechtfertigen kann, insbesondere bei solchen Angriffen, die sich gerade gegen dieses Näheverhältnis richten oder dieses bewusst ausnutzen, wie dies häufig bei Übergriffen gewalttätiger Ehemänner auf ihre Ehefrauen der Fall ist.[266] Gerade wer von einer Person angegriffen wird, zu der er grundsätzlich ein besonderes Vertrauensverhältnis pflegt, kann nicht auf eine Solidaritätspflicht gegenüber dem Angreifer verwiesen werden, den schließlich eine ebensolche Pflicht trifft und der diese Pflicht zuerst verletzt hat.[267] Auch die Rspr. hat die obige Ansicht zumindest eingeschränkt.[268]

dd) Notwehrprovokation

Notwehrprovokation

Die wichtigste und zugleich umstrittenste Fallgruppe der Einschränkung des Notwehrrechts i.R.d. Gebotenheit betrifft die Fälle der sog. *Notwehrprovokation*. Zu unterscheiden ist hierbei zwischen den Fällen der *Absichtsprovokation* sowie den Fällen der *sonstigen rechtswidrigen* oder *zumindest sozialethisch zu missbilligenden Provokation der Notwehrlage*. 230

Absichtsprovokation

Zunächst wird die sog. Absichtsprovokation näher beleuchtet. Hierzu folgender Beispielsfall: 231

Bsp.: T will O töten. Da T weiß, dass O sehr schnell zu aggressivem Verhalten neigt, brennt er – vermeintlich unbeabsichtigt – mit seiner Zigarettenkippe ein Loch in dessen neues Polohemd. O gerät, wie von T geplant, in Rage, greift zu einem Bierkrug und zielt damit in Richtung des T. Wie von vornherein geplant, zieht T ein Messer und ersticht mit einem gezielten Stoß Richtung Herz den O. Strafbarkeit des T?

Von Fällen der Absichtsprovokation spricht man, wenn der Angriff vom Angegriffenen herausgefordert wurde, um den Angreifer unter Ausnutzung des Notwehrrechts verletzen zu können. Dieses absichtliche Verhalten muss dabei nach h.M. selbst nicht zwingend rechtswidrig sein, es genügen vielmehr bereits sozialwidrige Hänseleien oder planmäßig auf die Provokation angelegte Sticheleien.[269]

Wie diese Fälle zu behandeln sind, ist umstritten.

---

264 Roxin AT I, § 15 Rn. 93 ff.

265 BGH, GA 1969, S. 117; NJW 1969, S. 802.

266 Vgl. Wohlers, JZ 1999, S. 441.

267 Vgl. Fischer, § 32 Rn. 37.

268 Vgl. BGH, NStZ 2002, S. 303 f.

269 Vgl. Schönke/Schröder, § 32 Rn. 55 ff.

H.M.: Ausweichen, sonst keine Rechtfertigung

Die Rspr.[270] und die h.M. im Schrifttum[271] verlangen vom Angegriffenen, dass er dem Angriff ausweicht. Sollte dies nicht möglich sein, so sei ihm trotzdem das Notwehrrecht versagt. Denn hiernach liege ein rechtsmissbräuchliches Verhalten vor, das – wie in anderen oben dargestellten Fällen rechtsmissbräuchlichen Verhaltens – eine Berufung auf § 32 StGB ausschließe. 232

Dogmatisch wird dies unterschiedlich begründet. Ein Begründungsansatz stellt darauf ab, dass in Wirklichkeit nämlich der „Angegriffene" der „Angreifer" sei.[272] Der BGH stellt dagegen zumindest auch darauf ab, dass der „Angegriffene" ohne Verteidigungswillen und somit jedenfalls ohne subjektives Rechtfertigungselement handele.[273]

Eine andere Begründung ist, dass der Provokateur von vornherein durch sein Verhalten auf den Rechtsgüterschutz verzichte.[274]

A.A.: keine generelle Versagung des Notwehrrechts

In Teilen der Literatur hingegen wird vertreten, dass das Notwehrrecht nicht generell zu versagen ist. Hierbei werden die unterschiedlichsten Schattierungen vertreten, was jeweils noch erlaubt ist und was nicht. 233

Eine im Vordringen begriffene Ansicht lehnt die generelle Versagung ab und billigt dem „Angegriffenen" zumindest ein eingeschränktes Notwehrrecht zu. Unabhängig von der Provokation, bleibe nämlich der Angriff rechtswidrig, so dass die generelle Versagung nicht im Einklang mit der Wertung des § 32 StGB stehe, da diese im Ergebnis eine Propagierung des Vorrangs des Unrechts bedeute.

Angemessen sei insoweit vielmehr ein abgestuftes Notwehrrecht. Innerhalb dieser Ansicht ist dann aber wiederum strittig, worauf eine Strafbarkeit des Provokateurs gestützt werden kann. Eine Ansicht bejaht eine Strafbarkeit nur dann, wenn das provozierende Verhalten selbst rechtswidrig ist und einen Straftatbestand verletzt. Dies würde in vielen Fällen zu keiner Strafbarkeit des Provokateurs führen, da gerade die oben genannten Hänseleien und Sticheleien häufig noch unterhalb der Schwelle einer Beleidigung i.S.d. § 185 StGB liegen.

Actio illicita in causa

Deswegen will eine Mindermeinung im Schrifttum[275] an dasjenige Verhalten des Provokateurs anknüpfen, mit dem er seine Notwehrlage herbeigeführt hat, vgl. die entsprechend vergleichbare Situation bei der sog. actio libera in causa, hier sog. *actio illicita in causa* genannt. Hinsichtlich des Prüfungsaufbaus wäre dann zu beachten, dass hinsichtlich der Rechtswidrigkeit nicht an die Notwehrhandlung, sondern an die Provokation angeknüpft wird. 234

War nun die Provokation vorsätzlich, so ist demnach später der Angegriffene wegen vorsätzlichen Verhaltens strafbar. War die Provokation dagegen nur fahrlässig, so besteht eine Rechtfertigung hinsichtlich des vorsätzlichen Delikts. Allerdings besteht dann eine Strafbarkeit hinsichtlich des fahrlässigen Delikts, sofern für das konkrete Delikt eine Fahrlässigkeitsstrafbarkeit existiert.

---

[270] Vgl. BGH, NStZ 2003, S. 425 ff.

[271] Vgl. Fischer, § 32 Rn. 42 m.w.N.

[272] Vgl. Fischer, a.a.O.

[273] Vgl. BGH, NStZ 2001, S. 143 = **juris**byhemmer.

[274] Vgl. Zieschang, S. 59.

[275] Vgl. MüKo, § 32 Rn. 202 m.w.N.

Gegen die actio illicita in causa spricht jedoch, dass diese bereits an den grundlegenden Zurechnungskriterien scheitert. Knüpft man nämlich an die Provokation als Verletzungshandlung an, so käme die Körperverletzung nur über das Dazwischentreten des Opfers zustande. Dies stellt jedoch regelmäßig selbst ein grob fahrlässiges Verhalten dar, so dass es jedenfalls möglich erscheint, dass häufig der Zurechnungszusammenhang unterbrochen ist.

Lösung Ausgangsfall

I.R.d. Ausgangsfalls steht eine Strafbarkeit des T nach § 212 I StGB in Frage. Eine Rechtfertigung nach § 32 StGB scheitert nach h.M. jedenfalls auf der Ebene der Gebotenheit, da hiernach nur ein Ausweichen möglich ist, hinsichtlich der Tötung aber keinesfalls eine Rechtfertigung in Betracht kommt. Aber auch nach den anderen Ansichten bestünde hier keine Rechtfertigung, da im Rahmen eines abgestuften Notwehrrechts kein sofortiger gezielter Stich in Richtung Herz in der konkreten Situation geboten gewesen wäre. T ist somit strafbar nach § 212 I StGB. 235

hemmer-Methode: Wie Sie sehen, lässt sich in diesem Bereich vieles vertreten. Allerdings erscheint die h.M. am Überzeugendsten mit Augenmerk auf die Argumentationsansätze: „Rechtsmissbrauch" sowie „fehlender Verteidigungswille".[276]

Unabsichtliche Provokation

Weiterhin sind die Fälle von unabsichtlicher Provokation der Notwehrlage von Interesse. Hierunter sind die Konstellationen zu verstehen, in denen der Täter die Notwehrlage vorsätzlich, aber nicht absichtlich (sog. *Vorsatzprovokation*), oder sonst rechtswidrig und vorwerfbar herbeiführt (sog. *fahrlässige Notwehrprovokation*). Hierzu folgender Beispielsfall in Abwandlung zu dem Ausgangsfall bei der Absichtsprovokation: 236

Bsp.: *T verursacht aus Unachtsamkeit das Brandloch diesmal tatsächlich unabsichtlich. O geht wiederum direkt mit dem Bierkrug auf T los. Dieser versucht zu fliehen, wird aber von O in eine Ecke gedrängt, wobei dieser weiter versucht auf T einzuschlagen. Da T keine andere Möglichkeit zur Verteidigung hat, sticht er mit seinem Messer in Richtung O, wobei er ihn tödlich verletzt und dies auch in Kauf nimmt. Strafbarkeit des T?*

H.M.: eingeschränktes Notwehrrecht

In den Fällen der fahrlässigen Notwehrprovokation hat der Angegriffene nach h.M. ein eingeschränktes Notwehrrecht. Umstritten ist aber insoweit, ob es sich um ein rechtswidriges Vorverhalten handeln muss[277] oder ob ein sozialethisch zu missbilligendes Verhalten bereits genügt.[278] Letztere Ansicht ist im Ergebnis vorzuziehen, wobei allerdings zu beachten ist, dass sozialadäquates Verhalten natürlich nicht zu einer Einschränkung des Notwehrrechts führen kann.[279] 237

Besteht zwischen dem Vorverhalten und dem rechtswidrigen Angriff ein enger zeitlicher und räumlicher Zusammenhang, ist der Angegriffene zunächst zu einem Ausweichen verpflichtet.[280] Wenn ein solches Ausweichen nicht möglich ist, muss er sich zunächst auf *Schutzwehr* beschränken.

Erst wenn diese versagt, darf der Angegriffene sich auch aktiv verteidigen, sog. *Trutzwehr*. Aber auch innerhalb dessen hat er eine weniger gefährliche Verteidigung auszuüben bzw. diese zurückhaltend auszuüben.[281]

---

276 Instruktives Fallbeispiel zur Notwehrprovokation vgl. BGH, Beschluss vom 03.06.2009, 2 StR 163/09 = Life&Law 2009, S. 834 ff. = **juris**byhemmer.

277 So etwa Freund AT, § 3 Rn. 117.

278 So aber BGHSt 42, S. 97, 101 = **juris**byhemmer; Fischer, § 32 Rn. 44.

279 Vgl. Fischer, § 32 Rn. 45.

280 Vgl. Fischer, § 32 Rn. 44.

281 Vgl. Fischer, a.a.O.

Sonderfall: Vorsatzprovokation

In Fällen der sog. Vorsatzprovokation, in denen also der Täter erkennt, dass sein Verhalten einen Angriff hervorrufen wird und er dies auch billigend in Kauf nimmt, wendet der BGH weitgehend die Grundsätze zur Absichtsprovokation an.[282] 238

Dabei ist aber zu beachten, dass allein aus dem Umstand vorwerfbarer Herbeiführung einer Notwehrlage sich nicht ergibt, in welchem *Maß* ggf. die Verteidigungsbefugnis eingeschränkt ist. Das Maß einer möglichen Einschränkung des Notwehrrechts, etwa einer Pflicht zur Beschränkung auf Schutzwehr, bestimmt sich in diesen Fällen nach den konkreten Tatumständen.[283] Somit sind an den Täter, der sich auf Notwehr berufen will, um so höhere Anforderungen im Hinblick auf die Vermeidung gefährlicher Konstellationen zu stellen, je schwerer die rechtswidrige und vorwerfbare Provokation der Notwehrlage wiegt.

Im Ergebnis sind also bei derartigen Provokationen stets die Verwerflichkeit des Vorverhaltens und die Effizienz der weniger einschneidenden Verteidigungsmittel gegeneinander abzuwägen.

hemmer-Methode: Instruktiv zur Notwehrprovokation bei fahrlässiger Verursachung vgl. BGH, Beschluss vom 04.08.2010 – 2 StR 118/10 = Life&Law 2011, S. 99 ff. (mit Background zur Notwehrprovokation allgemein).

Lösung Beispielsfall

In obigem Beispielsfall hat T die Notwehrlage nur fahrlässig herbeigeführt. Nach h.M. steht ihm damit grundsätzlich ein eingeschränktes Notwehrrecht nach § 32 StGB zu. Da sowohl ein Ausweichen wie auch die Schutzwehr nicht mehr möglich waren und auch i.R.d. Trutzwehr kein für den Angreifer O weniger einschneidendes Verteidigungsmittel zur Verfügung stand, war auch der tödliche Messerstich geboten. Der T war folglich in diesem Fall nach § 32 StGB gerechtfertigt. Eine Strafbarkeit wegen Totschlags scheidet somit aus.

Denkbar wäre damit allenfalls eine Strafbarkeit wegen fahrlässiger Tötung, § 222 StGB. O ist tot, dafür war das Handeln des T, nämlich das Verursachen des Brandloches, kausal. T handelte dabei unachtsam, also sorgfaltswidrig. Der Tod des O müsste auch objektiv vorhersehbar gewesen sein. Ein objektiver Dritter in der konkreten Situation und der sozialen Rolle des T musste nicht damit rechnen, dass aufgrund eines solchen Verhaltens eine lebensgefährliche Reaktion des Gegenübers erzeugt wird, welche abgewehrt werden muss. Mithin war der Tod des O nicht objektiv vorhersehbar. Eine Strafbarkeit wegen § 222 StGB scheidet somit ebenfalls aus, so dass T straflos bleibt.

hemmer-Methode: Denken Sie an die Möglichkeit einer Fahrlässigkeitsstrafbarkeit, indem an die Provokation selbst angeknüpft wird. Der BGH hat eine entsprechende Strafbarkeit teilweise bejaht. Dies setzt allerdings voraus, dass der Provozierende auch mit einer entsprechenden Gegenwehr rechnen musste.

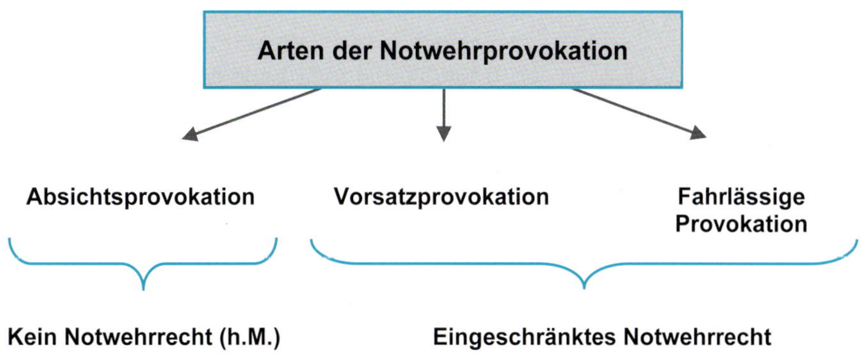

[282] Vgl. BGHSt 39, S. 374 = jurisbyhemmer.

[283] Vgl. Fischer, § 32 Rn. 45.

ee) Sonderfall: Notwehr gegen Erpressung

Schweigegelderpressungsfälle

Abschließend soll noch der Sonderfall der Notwehr gegenüber einer *Schweigegelderpressung* (sog. „Chantage“) dargestellt werden. 239

Hierbei handelt es sich um Fallkonstellationen, in denen das Opfer mit einer für dieses nachteiligen Offenbarung sozialethisch oder rechtlich verwerflicher Tatsachen bedroht bzw. erpresst wird. Hier, wie auch bei anderen *Dauerdelikten*, wird eine Einschränkung des Notwehrrechts diskutiert, da über einen längeren Zeitraum von der Gegenwärtigkeit ausgegangen werden kann, sodass eine radikale Praktizierung des Notwehrrechts zu einer fatalen Fried- und Schutzlosigkeit des Delinquenten führen würde.

Bsp.: *A droht dem B mit der Veröffentlichung von kompromittierenden Fotos von der letzten Weihnachtsfeier, wenn dieser ihm nicht binnen 14 Tagen 100.000 € zahlt. B bricht deshalb in die Wohnung des A ein und entwendet die betreffenden Fotos.* 240

Lösung Beispielsfall

Fraglich ist, ob B sich wegen eines Wohnungseinbruchsdiebstahls nach §§ 242, 244 I Nr. 3, IV StGB strafbar gemacht hat. Im Beispielsfall liegt jedenfalls ein gegenwärtiger rechtswidriger Angriff vor, da bei einer Erpressung gem. § 253 I, II StGB der Angriff auf die Willensfreiheit des Erpressungsopfers nicht bereits mit der Kenntnisnahme der Drohung abgeschlossen ist, sondern vielmehr bis zur Aufhebung der Zwangslage fortdauert. Damit kommt grundsätzlich auch das Notwehrrecht nach § 32 StGB in Betracht. Zunächst ist in diesen Fällen jeweils sorgfältig zu prüfen, ob überhaupt die Erforderlichkeit der Notwehr gegeben ist und nicht etwa mildere erfolgsversprechende Mittel in Betracht kommen, etwa die Möglichkeit zur Polizei zu gehen. Da es T hier gerade um die Verheimlichung der Fotos geht, handelt es sich hierbei aber nicht um ein gleich geeignetes Mittel.

Somit ist weiterhin die Gebotenheit der Verteidigungshandlung zu prüfen. Einigkeit besteht insoweit, als dem Erpressungsopfer zumindest nicht jedes Verteidigungsmittel zusteht. Umstritten ist dagegen, welcher Verteidigungsmittel es sich bedienen darf. Allgemeine Richtlinien sollten hier nicht aufgestellt werden, sondern jeder Einzelfall sollte mit seinen konkreten Umständen betrachtet werden. Je nach Sachverhaltskonstellation und Schwere der Erpressung scheiden zwar auch Gewaltmaßnahmen nicht von vornherein aus, dürften sich aber auf extreme Ausnahmesituationen beschränken.[284] Für den Ausgangsfall bedeutet dies, dass ein Diebstahl der Fotos wohl noch als geboten angesehen werden kann (andere Ansicht gut vertretbar).

c) Verteidigungswille

Verteidigungswille

Im Bereich der subjektiven Rechtfertigungselemente muss der Angegriffene mit *Verteidigungswillen* gehandelt haben.[285] 241

Dies bedeutet, dass der Angegriffene gerade gehandelt haben muss, um die Gefahr abzuwenden. Voraussetzung ist hierfür zunächst, dass der Angegriffene überhaupt Kenntnis von der Notwehrlage bzw. den sie begründenden Umständen hat. Andere Motive wie Hass, Rache, Empörung oder Wut schließen den Verteidigungswillen nicht aus, sofern er von diesen nicht vollkommen in den Hintergrund gedrängt wird.

[284] Vgl. zum Ganzen Zieschang, S. 60.

[285] Vgl. hierzu auch oben Rn. 184 ff.

d) Notwehrüberschreitung und Putativnotwehr

Notwehrüberschreitung und Putativnotwehr

Überschreitet der Angegriffene bewusst oder unbewusst die Grenzen der erlaubten Notwehr, so handelt er jedenfalls rechtswidrig (sog. Notwehrexzess). Möglicherweise kommt aber eine Entschuldigung nach § 33 StGB in Betracht. 242

Rechtswidrig handelt auch derjenige, der nur einen vermeintlichen Angriff abwehren will (sog. *Putativnotwehr*). Dieser Fall wird i.R.d. Kapitels über die Irrtümer näher dargestellt.[286] Daneben ist noch der sog. *Putativnotwehrexzess*, der eine Kombination aus den soeben genannten Fällen darstellt, zu beachten, der ebenfalls an späterer Stelle dargestellt wird.

4. Die Nothilfe

Nothilfe

Nach *§ 32 II Alt. 2 StGB* ist auch derjenige gerechtfertigt, der einen gegenwärtigen rechtswidrigen Angriff von einem anderen abwendet, sog. *Nothilfe*. 243

Grundsätzlich unterscheiden sich die Voraussetzungen von Notwehr und Nothilfe nicht. Es muss also ebenfalls ein gegenwärtiger rechtswidriger Angriff vorliegen. Dies ist i.R.d. Nothilfe nun in Bezug auf den Dritten zu beurteilen, dem Hilfe geleistet werden soll. Ist diesem gegenüber der Angriff nicht rechtswidrig, etwa wegen einer Rechtfertigung nach § 229 BGB, so darf folglich auch keine Nothilfe geleistet werden.[287]

Aufgedrängte Nothilfe

Ein Problemfall i.R.d. Nothilfe ist die sog. „aufgedrängte" Nothilfe. Hierzu folgender 244

Beispielsfall: *Z wird von O mit den Fäusten geschlagen. Dies sieht T und will Z zu Hilfe kommen. Z will jedoch nicht, dass sich ein Außenstehender einmischt und ruft dem T zu, dass er sich fernhalten solle. T kümmert sich darum nicht, sondern geht auf O los und streckt diesen mit einem gezielten Schlag nieder. Rechtfertigung des T?*

Lösung Beispielsfall

Eine Notwehrlage, nämlich ein gegenwärtiger rechtswidriger Angriff auf Z, liegt vor. Eine Einwilligung des Z ist nicht gegeben, da in dem Zuruf keine Einwilligung in die Körperverletzung selbst zu sehen ist. Die Handlung des T war auch erforderlich, da kein milderes Mittel ersichtlich ist. Auch handelte T mit dem Willen, Z zu helfen. Allerdings ist als Besonderheit der Nothilfe zu beachten, dass es sich hierbei um ein abgeleitetes Recht handelt. Insofern ist umstritten, wie sich ein entgegenstehender Wille des Angegriffenen auswirkt.

Die Rechtsprechung[288] wie auch die h.M. im Schrifttum[289] sehen den Willen des Angegriffenen als beachtlich an, sofern dieser hinsichtlich des Rechtsguts dispositionsbefugt ist. *Dem Angegriffenen darf die Nothilfe nicht aufgedrängt werden, wenn dieser eine Verteidigung selbst nicht will.* Abzustellen ist demnach auf den tatsächlichen Willen des Angegriffenen, sogar unabhängig davon, ob der Nothelfer von diesem Willen Kenntnis hat.

Handelt der Nothelfer aufgrund des mutmaßlichen Willens des Angegriffenen, wollte dieser aber die Verteidigung nicht, fehlt es am Verteidigungswillen und damit an einer Voraussetzung der Notwehr.[290] In solchen Fällen kommt ein Erlaubnistatbestandsirrtum in Betracht.

---

[286] Vgl. Hemmer/Wüst, StrafR AT II, Rn. 318 ff.

[287] Vgl. Zieschang, S. 62.

[288] Vgl. BGHSt 5, S. 245.

[289] Vgl. etwa Jescheck/Weigend, § 32 IV.

[290] Vgl. zum Ganzen auch Sternberg-Lieben, JuS 1999, S. 444 ff.

Hier handelte T gegen den Willen des Z, sodass keine Rechtfertigung nach § 32 StGB vorliegt. Da T außerdem von dem abweichenden Willen des Z aufgrund des Zurufs Kenntnis hatte, scheidet auch ein Erlaubnistatbestandsirrtum aus.

hemmer-Methode: Bevor Sie die nun folgenden Rechtfertigungsgründe in der Klausur prüfen, sollte immer zunächst die Notwehr nach § 32 StGB geprüft werden. Wie ausführlich dies geschehen sollte, kann nicht pauschal gesagt werden, sondern richtet sich nach den Umständen des Einzelfalls.

III. Zivilrechtlicher Notstand gem. §§ 228, 904 BGB

Da die zivilrechtlichen Notstandstatbestände der §§ 228, 904 BGB spezialgesetzliche Vorschriften zu § 34 StGB darstellen, sollen zunächst diese erläutert werden, da sie auch in der Klausur vorrangig zu prüfen sind. 245

Defensivnotstand gem. § 228 BGB ⟺ **Aggressivnotstand gem. § 904 BGB**

Subsidiär: allgemeiner rechtfertigender Notstand gem. § 34 StGB

1. Defensivnotstand gem. § 228 BGB

Defensivnotstand

Die Sachwehr oder der Defensivnotstand ist in § 228 BGB geregelt. Aus § 228 S. 1 BGB ergibt sich dabei zunächst folgendes Prüfungsschema: 246

Prüfungsschema zum Defensivnotstand, § 228 BGB

I. Konfliktlage

1. Gefahr für ein Rechtsgut
2. Durch eine Sache

II. Vorliegen einer Notstandshandlung

III. Grenzen

1. Erforderlichkeit
2. Interessenabwägung: geopfertes Gut darf nicht wesentlich wertvoller sein als gerettetes Gut

IV. Subjektive Rechtfertigungselemente

1. Kenntnis der rechtfertigenden Umstände
2. Handeln zur Gefahrenabwehr

Im Folgenden sollen nun noch näher diejenigen Elemente dargestellt werden, die abweichend zu der Rechtfertigung nach § 32 StGB i.R.d. Prüfung des § 228 BGB zu beachten sind.

a) Gefahr durch die fremde Sache selbst

Gefahr durch die fremde Sache selbst

Regelungsgegenstand des § 228 BGB ist die Rechtfertigung der Beschädigung oder Zerstörung einer fremden Sache zur Abwendung einer *durch sie* drohenden Gefahr. 247

Bsp.: *Der Spaziergänger T wird von einem Hund, der dem O entlaufen ist, angefallen. T wehrt sich und erschlägt den Hund mit seinem Spazierstock. Strafbarkeit des T?*

Hier liegt kein „Angriff" i.S.d. § 32 StGB vor, da kein Angriff durch einen Menschen vorliegt. Vielmehr geht die Gefahr direkt von der Sache aus, da ein rein tierisches Verhalten vorliegt (der Hund unterfällt dem strafrechtlichen Sachbegriff). T ist somit nach § 228 BGB gerechtfertigt.

b) Abwägung

Abwägung

I.R.d. § 228 BGB ist weiterhin zu untersuchen, ob der durch die Sachwehr angerichtete Schaden nicht außer Verhältnis zu der durch die Sache drohenden Gefahr steht.[291] 248

Dabei sind im Rahmen dieser Abwägung nicht so hohe Anforderungen zu stellen wie bei § 904 BGB und § 34 StGB. Dies resultiert aus dem Umstand, dass bei § 228 BGB die Gefahr von dem beeinträchtigten Gut ausgeht, während es bei § 904 BGB um ein unbeteiligtes Gut geht und bei § 34 StGB ein wesentliches Überwiegen des geschützten gegenüber dem beeinträchtigten Interesse gefordert wird.[292]

Beispielsfall

Im oben dargestellten Beispielsfall steht der Schaden durch die Tötung des Hundes nicht außer Verhältnis zu der drohenden Körperverletzung des T. Eine Strafbarkeit nach § 303 I StGB besteht somit nicht.

2. Aggressivnotstand gem. § 904 BGB

Aggressivnotstand

Eine weitere Spezialregelung findet sich in § 904 BGB, der den sog. *Angriffs- oder Aggressivnotstand* regelt. Aus § 904 S. 1 BGB ergibt sich insoweit folgendes Prüfungsschema: 249

Prüfungsschema zum Aggressivnotstand gem. § 904 BGB

I. Konfliktlage

1. Gegenwärtige
2. Gefahr für ein Rechtsgut

II. Vorliegen einer Notstandshandlung

D.h. Einwirkung auf eine Sache, von der die Gefahr *nicht* ausgeht; zur Abwendung der Gefahr

III. Grenzen

1. Erforderlichkeit
2. Interessenabwägung: Gerettetes Gut muss wesentlich wertvoller sein als die Sache, auf die eingewirkt wird

IV. Subjektive Rechtfertigungselemente

1. Kenntnis der rechtfertigenden Umstände
2. Handeln zur Gefahrenabwehr

[291] Vgl. Jescheck/Weigend, § 33 II S. 1.

[292] Vgl. Zieschang, S. 64.

a) Sache eines Dritten

Sache eines Dritten

Regelungsgegenstand des § 904 BGB ist die Rechtfertigung eines Eingriffs in eine *fremde, unbeteiligte Sache*, um Gefahren abzuwenden, die von dritter Seite drohen. § 904 BGB schafft damit für den Eigentümer einer Sache eine Duldungspflicht hinsichtlich des Eingriffs. 250

***Bsp.:** T wird wiederum von dem Hund des O angegriffen. Da er diesmal keinen Spazierstock zur Hand hat, reißt er aus dem Lattenzaun des Z eine Latte heraus und tötet hiermit den Hund. Rechtfertigung des T?*

Hinsichtlich des Hundes besteht eine Rechtfertigung, wie oben, nach § 228 BGB. Hinsichtlich des Zaunes scheidet eine Rechtfertigung nach § 32 StGB aus, da kein gegenwärtiger Angriff des Z vorliegt. § 32 StGB rechtfertigt keinen Eingriff in Rechtsgüter Unbeteiligter. Allerdings ist T nach § 904 BGB gerechtfertigt, da T zur Abwendung der Gefahr für seine körperliche Unversehrtheit in Rechtsgüter eines Dritten eingreift. Zur notwendigen Abwägung, vgl. sogleich.

b) Abwägung

Abwägung

Auch i.R.d. § 904 BGB ist eine Interessenabwägung vorzunehmen. Eine Rechtfertigung besteht hiernach dann, wenn der *drohende Schaden gegenüber dem durch die Einwirkung entstehenden Schaden unverhältnismäßig groß* ist. Wie bereits dargestellt, ist diese Abwägung von der nach § 228 BGB zu unterscheiden. Hier ist die grundsätzliche Gewichtung der beiden Positionen genau umgekehrt, da § 904 BGB eben die Rechtfertigung eines Eingriffs in die Rechtsgüter eines unbeteiligten Dritten regelt. Diese Gewichtung unterstreicht auch § 904 S. 2 BGB, der dem Geschädigten dieses Sonderopfer nur unter Zubilligung eines Schadensersatzanspruches zumutet. 251

Die Abwägung im Beispielsfall fällt zugunsten des T aus, da der durch den Hund drohende Schaden in Form einer Beeinträchtigung der körperlichen Unversehrtheit im Vergleich zu dem aus der Einwirkung entstehenden Schaden an dem Zaun unverhältnismäßig groß ist. T ist somit nach § 904 S. 1 BGB gerechtfertigt.

IV. Strafrechtlicher Notstand gem. § 34 StGB

1. Einführung

Der allgemeine rechtfertigende Notstand ist in der Rechtsprechung als „übergesetzlicher Notstand" aus dem Prinzip der Güter- und Pflichtenabwägung entwickelt worden und seit der Entscheidung des 1. Strafsenats des Reichsgerichts aus dem Jahre 1927 anerkannt.[293] 252

Seit dem Jahre 1975 sind die Voraussetzungen in § 34 StGB normiert und als Rechtfertigungsgrund ausgeformt. Für das Ordnungswidrigkeitenrecht findet sich eine entsprechende Regelung in § 16 OWiG.

Die oben dargestellten §§ 228, 904 BGB gehen der Regelung des § 34 StGB als spezialgesetzliche Normen vor und sind somit vorrangig zu prüfen.

[293] Vgl. RGSt 61, S. 242.

Notstandshilfe

§ 34 S. 1 StGB spricht von „sich oder einem anderen", so dass – wie bei § 32 StGB – auch zugunsten eines Dritten eine Rechtfertigung eingreifen kann, sog. *Notstandshilfe*. 253

Entschuldigender Notstand

Eine weitere Notstandsregelung findet sich in § 35 I StGB in Form des entschuldigenden Notstandes. Dieser ist aber erst auf der Ebene der Schuld zu prüfen, so dass in diesen Fällen weiterhin eine vorsätzliche, rechtswidrige Tat vorliegt, was insbesondere für die Fälle der Teilnahme nach §§ 26, 27 StGB von Bedeutung ist. 254

Aus § 34 StGB ergibt sich folgendes Prüfungsschema:

Prüfungsschema zum Notstand gem. § 34 StGB

I. Konfliktlage (Notstandslage)

1. Gegenwärtige
2. Gefahr für ein notstandsfähiges Rechtsgut

II. Vorliegen einer Notstandshandlung

D.h. Verletzung eines Rechtsgutes eines Dritten

III. Grenzen

1. Gefahr nicht anders abwendbar (= Erforderlichkeit)
2. Interessenabwägung, d.h. das geschützte Interesse muss das beeinträchtigte wesentlich überwiegen
3. Angemessenheit

IV. Subjektive Rechtfertigungselemente (Rettungswille)

1. Kenntnis der rechtfertigenden Umstände
2. Handeln zur Gefahrenabwehr

2. Die Notstandslage

Notstandslage

Erste Voraussetzung einer Rechtfertigung nach § 34 StGB ist das Vorliegen einer Notstandslage. Diese wird allgemein definiert als das Vorliegen einer *gegenwärtigen Gefahr für ein notstandsfähiges Rechtsgut*. 255

a) Notstandsfähiges Rechtsgut

Notstandsfähiges Rechtsgut

§ 34 S. 1 StGB enthält eine beispielhafte Aufzählung von notstandsfähigen Rechtsgütern. Schon aus dem Wortlaut „oder ein anderes Rechtsgut" wird ersichtlich, dass diese Auflistung nicht abschließend ist. Notstandsfähig ist jedes rechtlich anerkannte Interesse, auch wenn seine Beeinträchtigung keinen Straftatbestand erfüllt.[294] 256

Bspe.:

- *Recht auf ein gesetzmäßiges Strafverfahren*[295]
- *Interesse an der Unfallaufklärung*[296]

[294] Vgl. Schönke/Schröder, § 34 Rn. 9.

[295] Vgl. OLG Frankfurt, NJW 1979, S. 1172.

[296] Vgl. OLG Köln, VRS 1957, S. 143.

Notstandsfähig sind demnach die Rechtsgüter des Einzelnen und der Allgemeinheit, soweit sie in der konkreten Situation schutzbedürftig und schutzwürdig sind. Eine Beschränkung auf Individualinteressen wie bei § 32 StGB würde dem Wesen des Notstandes nicht entsprechen.[297] Eine Einschränkung findet allerdings auf der Ebene der Erforderlichkeit statt. Zulässig ist ein privates Handeln zum Schutz der Allgemeinheit wegen der primären Zuständigkeit staatlicher Organe nur im äußersten Notfall (ultima-ratio-Prinzip).

b) Gefahr

Gefahr

§ 34 StGB setzt weiterhin eine *Gefahr* für das Rechtsgut voraus. Eine Gefahr liegt dann vor, wenn ein Zustand gegeben ist, in dem aufgrund tatsächlicher Umstände die Wahrscheinlichkeit des Eintritts eines schädigenden Ereignisses besteht.[298] *Wahrscheinlich* ist der Eintritt, wenn die Möglichkeit nahe liegt oder begründete Besorgnis besteht. Eine bloß allgemeine Möglichkeit hingegen ist nicht ausreichend.[299] Der Grad der Wahrscheinlichkeit ist erst i.R.d. Abwägung zu berücksichtigen. 257

Objektiv-nachträgliche Prognose

Dieses Wahrscheinlichkeitsurteil knüpft an die im Handlungszeitpunkt vorliegenden Umstände an und prognostiziert die zu erwartende Gesamtentwicklung.[300] Maßgeblich ist dabei die Sicht eines *objektiven* Beobachters, der in Kenntnis der Umstände die Situation *ex post* beurteilt. Eine Anscheinsgefahr, d.h. wenn bei verständiger Würdigung des Falles von einer Gefahr auszugehen ist, obwohl tatsächlich keine vorliegt, genügt hier – anders als im Polizeirecht – den Voraussetzungen des § 34 StGB nicht. 258

> **Bsp.:**[301] *Ein Arzt fährt aufgrund eines Anrufs zu einem Unfall. Er benutzt, da sein eigenes Auto in der Reparatur ist, einen fremden Wagen unbefugt (vgl. § 248b StGB).*
>
> Sollte der Hilferuf nur vorgetäuscht gewesen sein, so fehlt es an den tatsächlichen Voraussetzungen einer Gefahr i.S.d. § 34 StGB, selbst wenn dies objektiv nicht erkennbar war.

Putativnotstand

Umstände, die allein in der Einbildung des Notstandstäters vorhanden sind, begründen demnach zwar keine Gefahr im obigen Sinne, können aber unter Umständen zur Annahme eines Putativnotstandes führen, der i.R.d. Kapitels über die Irrtümer näher dargestellt wird. 259

Gefahrenquelle

Liegt ein menschliches Verhalten vor, so ist immer auch § 32 StGB zu berücksichtigen. Die Art der Gefahrenquelle ist i.R.d. § 34 StGB aber unerheblich. In Betracht kommen auch Naturereignisse, Gefahren, die von Sachen ausgehen sowie tierisches oder auch menschliches Verhalten. Allerdings ist ein menschliches Verhalten nicht Voraussetzung für das Eingreifen von § 34 StGB. 260

Die Notstandsregelungen greifen indes nur ein, wenn eine Notwehrhandlung ausscheidet, weil bei der Gefahrenabwehr auch in Rechtsgüter unbeteiligter Dritter eingegriffen wird.[302]

> **Bsp.:** *Gast B wird von Gast A angegriffen. Diesen Angriff kann B nur dadurch abwehren, dass er einen Bierkrug des Wirtes W auf den Kopf des A schlägt. Der Krug geht dabei zu Bruch.*

297 Vgl. Schönke/Schröder, a.a.O.

298 Vgl. BGHSt 18, S. 271; 48, S. 255 = **juris**byhemmer.

299 Vgl. Fischer, § 34 Rn. 4.

300 Vgl. Fischer, a.a.O.

301 Vgl. Schönke/Schröder, § 34 Rn. 13.

302 Vgl. Bergmann, JuS 1989, S. 110.

Die Körperverletzung ist aufgrund Notwehr gem. § 32 StGB gerechtfertigt. Die Sachbeschädigung an dem Krug hingegen ist über die Notstandsregelungen gerechtfertigt, wobei hier die speziellere Norm des § 904 BGB, vgl. hierzu bereits oben, eingreift.

Dauergefahr

Im Unterschied zu § 32 StGB genügt i.R.d. § 34 StGB auch eine sog. *Dauergefahr*. Gemeint ist damit ein gefahrdrohender Zustand von längerer Dauer, der jederzeit in eine Rechtsgutsbeeinträchtigung umschlagen kann, ohne aber die Möglichkeit auszuschließen, dass der Eintritt des Schadens noch eine Zeit lang auf sich warten lässt.[303] 261

Bspe.:

- *Einsturzgefahr bei einem baufälligen Haus*
- *Hang eines Alkoholikers zur Misshandlung seiner Ehefrau nach jedem Alkoholmissbrauch*

c) Gegenwärtigkeit

Gegenwärtigkeit

Weiterhin muss es sich um eine gegenwärtige Gefahr handeln. Das ist sie, wenn bei natürlicher Weiterentwicklung der Dinge der Eintritt eines Schadens sicher oder doch höchstwahrscheinlich ist, falls nicht alsbald Abwehrmaßnahmen ergriffen werden, oder wenn der ungewöhnliche Zustand nach menschlicher Erfahrung bei natürlicher Weiterentwicklung der gegebenen Sachlage jederzeit in einen Schaden umschlagen kann.[304] 262

Wie oben dargestellt, unterfällt auch eine Dauergefahr dem Gefahrenbegriff des § 34 StGB. Allerdings ist eine solche Dauergefahr nur dann gegenwärtig, wenn ein unverzügliches Handeln erforderlich ist.[305] Die Gegenwärtigkeit einer Gefahr reicht demnach weiter als die Gegenwärtigkeit des Angriffs i.S.d. § 32 StGB. Dies beruht auf dem Unterschied zwischen Angriff und Gefahr. Ein Angriff ist nämlich bereits das fortgeschrittene Stadium der Gefahr, quasi deren akute Zuspitzung, d.h. wenigstens ein unmittelbares Bevorstehen des rechtsgutsbeeinträchtigenden Verhaltens.

3. Die Notstandshandlung

Notstandshandlung

Die Notstandshandlung als Mittel der Gefahrabwendung muss objektiv erforderlich und subjektiv vom Rettungswillen getragen sein. Die Notstandshandlung liegt dabei in einem Verhalten, das zu einer Verletzung von Rechtsgütern Dritter führt, um das zu schützende Rechtsgut zu retten. Dabei unterliegt die Notstandshandlung objektiven Einschränkungen: 263

Einschränkungen des § 34 StGB

1. Die Gefahr darf nicht anders abwendbar sein

2. Interessenabwägung

3. Angemessenheit gem. § 34 S. 2 StGB

[303] Vgl. Fischer, § 34 Rn. 8.

[304] Vgl. Fischer, § 34 Rn. 7.

[305] Vgl. BGH, JR 1980, S. 113 = **juris**byhemmer.

Teilweise wird angenommen, dass diese Fälle auch unter § 34 StGB zu subsumieren sind, wenn zwei nicht gleichrangige Pflichten aufeinandertreffen (vgl. hierzu sogleich).[327]

Eine solche Pflichtenkollision ist dann gegeben, wenn den Handelnden mehrere sich ausschließende *verschiedenwertige* Handlungspflichten treffen und er die objektiv höherwertige zum Nachteil der geringerwertigen erfüllt.[328]

Treffen zwei gleichwertige Pflichten aufeinander, handelt der Täter dann nicht rechtswidrig, wenn er eine der beiden ihn treffenden Pflichten erfüllt. Ihm steht insoweit ein *Wahlrecht* zu, welche Pflicht er erfüllen will.

Hinsichtlich der Prüfung der rechtfertigenden Pflichtenkollision kann auf folgendes Prüfungsschema zurückgegriffen werden: 287

Rechtfertigende Pflichtenkollision

I. Konfliktlage

1. Kollision zweier rechtlicher Handlungspflichten
2. Gleichwertigkeit oder Verschiedenwertigkeit der Handlungspflichten

II. Erfüllung der einen Pflicht auf Kosten der anderen oder (bei Verschiedenwertigkeit) Erfüllung der höheren Pflicht auf Kosten der niedrigeren

III. Subjektive Rechtfertigungselemente

1. Handeln in Kenntnis der rechtfertigenden Umstände
2. Handeln zur Gefahrenabwehr

Rechtfertigungs- oder Entschuldigungsgrund

Umstritten ist, wie die rechtfertigende Pflichtenkollision einzuordnen ist. Die h.M. ordnet sie als Rechtfertigungsgrund ein.[329] Eine Mindermeinung ordnet sie zumindest für die Fälle, in denen zwei gleichwertige Pflichten zusammentreffen, als einen Entschuldigungsgrund ein.[330] Dies wird damit begründet, dass dem von der einen Handlungspflicht Geschützten nicht versagt werden könne, gegen eine ihn benachteiligende Ausübung des Wahlrechts gegebenenfalls Notwehr bzw. Nothilfe auszuüben. Dagegen spricht aber, dass damit unter Umständen jegliche Rettungschancen blockiert würden. 288

2. Voraussetzungen

Im Folgenden sollen kurz die in obigem Schema dargestellten Voraussetzungen dargestellt werden, soweit sie in der Klausur von Interesse sein können. 289

[327] Gropp AT, § 6 Rn. 169.

[328] Fischer, vor § 32 Rn. 11.

[329] Schönke/Schröder, Vorbem. §§ 32 ff. Rn. 71.

[330] Vgl. Fischer, vor § 32 Rn. 11a.

a) Kollision zweier rechtlicher Handlungspflichten

Drei Fallgruppen

Hier sind drei Fallgruppen zu unterscheiden:

aa) Kollision Handlungspflicht und Unterlassungspflicht

Handlungspflicht-Unterlassungspflicht

Zunächst kommt eine Kollision einer Handlungspflicht mit einer Unterlassungspflicht in Betracht; z.B. wenn ein Arzt seine Schweigepflicht (Unterlassungspflicht) bricht, um seine anderen Patienten vor einer Ansteckung zu bewahren (Handlungspflicht).[331] 290

bb) Kollision zweier Unterlassungspflichten

Zwei Unterlassungspflichten

Ferner können zwei Unterlassungspflichten kollidieren.[332] So darf beispielsweise ein Geisterfahrer auf der Autobahn weder anhalten noch weiterfahren noch wenden.[333] 291

cc) Kollision zweier Handlungspflichten

Zwei Handlungspflichten

Schließlich können auch zwei Handlungspflichten kollidieren; z.B. wenn in eine Klinik gleichzeitig zwei Schwerstverletzte eingeliefert werden, aber nur ein Intensivbett zur Verfügung steht, so dass der Arzt entscheiden muss, welchem Patienten er dieses zuteilt mit der Folge, dass der andere Patient verstirbt. 292

dd) Einordnung

Handlungs- und Unterlassungspflicht

Betrifft der Pflichtenwiderstreit das Zusammentreffen einer Handlungspflicht mit einer Unterlassungspflicht, greift nach h.M. schon § 34 StGB ein, der aber nicht zwangsläufig zu einer Rechtfertigung führen muss. 293

Hierzu folgender Beispielsfall:

Fall: *[334] X benötigt dringend eine Blutspende, kann jedoch nicht mit den vorrätigen Blutkonserven im Krankenhaus versorgt werden, da er eine seltene Blutgruppe aufweist. Zufällig liegt im Krankenhaus O, der dieselbe Blutgruppe aufweist. Auf Bitten des Arztes T verweigert O aber die Blutspende, woraufhin T gegen dessen Willen das Blut entnimmt. X überlebt deshalb. Rechtfertigung des T?* 294

Lösung Beispielsfall

Eine Rechtfertigung im Wege der Einwilligung scheidet schon wegen des ausdrücklichen Widerspruchs des O aus. Möglicherweise liegt aber eine Rechtfertigung nach § 34 StGB vor. Eine Notstandslage liegt vor. Auch die Erforderlichkeit liegt vor, da kein milderes Mittel ersichtlich ist. T handelte auch mit Rettungswillen.

Fraglich ist aber, wie hier die Interessenabwägung ausfällt. Es stehen sich die Rechtsgüter Leben bei X und körperliche Unversehrtheit bei O gegenüber. Bei einer reinen Güterabwägung wäre das Überwiegen des Rechtsguts Leben zu konstatieren. Aber die Abwägung bei § 34 StGB beschränkt sich nicht nur auf diese reine Güterabwägung, sondern es wird auch eine Einbeziehung der konkreten Einzelfallumstände gefordert, was teilweise i.R.d. Angemessenheitsklausel des § 34 S. 2 StGB erfolgt. Hier liegt zudem durch das Verhalten des T ein Verstoß gegen das Selbstbestimmungsrecht (Autonomieprinzip) des O vor.

331 Vgl. RGZ 38, S. 62 ff.

332 Vgl. Fischer, vor § 32 Rn. 11c.

333 Nach OLG Karlsruhe, JZ 1984, S. 240.

334 Vgl. zum Ganzen auch Zieschang, S. 70.

Das geschützte Interesse überwiegt damit nicht wesentlich gegenüber dem beeinträchtigten, so dass eine zwangsweise Blutentnahme nicht gemäß § 34 StGB gerechtfertigt ist.

Zwei Unterlassungspflichten

Nach h.M. ist grundsätzlich auch die Kollision zweier Unterlassungspflichten denkbar, wenn auch höchst selten anzutreffen, vgl. obigen Beispielsfall. Hier ist umstritten, wie diese Fälle zu behandeln sind. Eine Ansicht will hier § 34 StGB anwenden.[335] Nach anderer Ansicht gelten auch hier bei Gleichwertigkeit der Rechtsgüter die Grundsätze der rechtfertigenden Pflichtenkollision.[336] Diese Fälle weisen aber kaum Klausurrelevanz auf, so dass eine Streitentscheidung hier dahinstehen kann. 295

Zwei Handlungspflichten

Letztlich kommt der rechtfertigenden Pflichtenkollision nur beim Zusammentreffen zweier Handlungspflichten Relevanz zu. Hier kann sie *echter Rechtfertigungsgrund* sein. 296

Somit sind im Wesentlichen auch nur Unterlassungsdelikte betroffen, wobei trotzdem an dieser Stelle die weitere Darstellung erfolgen soll, um die Übersichtlichkeit zu wahren.

b) Gleichwertigkeit

Gleichwertigkeit

Sind die kollidierenden Handlungspflichten *gleichwertig*, so handelt der Täter nicht rechtswidrig, wenn er eine dieser Pflichten erfüllt. Auch wenn er bei zwei *nicht-gleichwertigen* die höherrangige Pflicht erfüllt, handelt der Täter nicht rechtswidrig. 297

Der Rang der Pflichten bestimmt sich nach dem Wert der gefährdeten Güter in der Rechtsordnung, der rechtlichen Stellung des Normadressaten zum geschützten Objekt, d.h. Garantenstellung oder allgemeine Handlungspflicht, sowie nach der Nähe der Gefahr und der Schadenswahrscheinlichkeit.

Zur Veranschaulichung folgende Beispielsfälle: 298

Grundfall: *T befindet sich mit seiner 95-jährigen gehbehinderten Großmutter A und seiner dreijährigen Tochter B in einer brennenden Wohnung. T ist nur in der Lage eine von beiden aus der brennenden Wohnung zu retten und entscheidet sich für B. A verstirbt. Strafbarkeit des T?*

Lösung Grundfall

T könnte sich zulasten der A eines Totschlages durch Unterlassen nach §§ 212 I, 13 I StGB strafbar gemacht haben. Ihn trifft insoweit auch eine Garantenpflicht aus enger familiärer Verbundenheit nach § 13 I StGB.[337] Fraglich ist aber, ob T gerechtfertigt ist. § 32 StGB greift mangels rechtwidrigen Angriffs nicht ein. § 34 StGB vermag hier ebenfalls keine Rechtfertigung darzustellen, da insoweit wegen des Grundsatzes des absoluten Lebensschutzes eine Abwägung Leben gegen Leben nicht in Betracht kommt. 299

Eine Rechtfertigung ist aber nach dem selbständigen Rechtfertigungsgrund der rechtfertigenden Pflichtenkollision möglich. Hier traf T nämlich auch in Bezug auf seine Tochter B eine Garantenstellung. Diese beiden Garantenstellungen waren auch gleichwertig, da auch hier keine Abstufung zwischen „jungem" und „altem" Leben erfolgen darf. T ist folglich gerechtfertigt nach der rechtfertigenden Pflichtenkollision.

---

[335] Baumann/Weber/Mitsch, § 17 Rn. 132 f.; Aselmann/Krack, JuS 1999, S. 254, 256.

[336] Schönke/Schröder, Vorbem. §§ 32 ff. Rn. 76.

[337] Die näheren Voraussetzungen der Garantenstellung werden unter Rn. 565 ff. dargestellt.

***Abwandlung 1:** Wie oben, nur ist statt der Großmutter seine Freundin F mit in der Wohnung. T rettet wieder seine Tochter B. F verstirbt. Strafbarkeit des T?*

Lösung Abwandlung 1

300 In diesem Fall trifft den T hinsichtlich der Freundin nur die allgemeine Hilfspflicht, so dass insoweit nur eine Strafbarkeit nach § 323 c StGB in Betracht kommt. Doch insoweit liegt bereits kein tatbestandmäßiges Verhalten vor, da eine Hilfeleistung hier wegen der den T in Bezug auf B treffenden Garantenpflicht nicht zumutbar war. Die Frage nach der Pflichtenkollision stellt sich hier somit gar nicht mehr.

Zu beachten ist aber, dass es keinen Grundsatz gibt, wonach eine Garantenpflicht stets höherwertig ist als die allgemeine Handlungspflicht. Dies gilt nämlich dann nicht, wenn das durch die allgemeine Handlungspflicht geschützte Rechtsgut höherwertig ist als das durch die Garantenpflicht geschützte Rechtsgut.[338] Wenn die beiden geschützten Rechtsgüter insoweit gleichwertig sind, so geht die Sonderpflicht aber vor.[339]

***Abwandlung 2:** Wie eben Abwandlung 1, nur diesmal rettet T seine Freundin F. B verstirbt. Strafbarkeit des T?*

Lösung Abwandlung 2

301 Hier kommt eine Strafbarkeit nach §§ 212 I, 13 I StGB in Betracht. Hinsichtlich B bestand eine Garantenstellung. Auch hier vermögen die §§ 32, 34 StGB wie im Ausgangsfall das Verhalten des T jedenfalls nicht zu rechtfertigen. Fraglich ist, ob das Verhalten des T über die rechtfertigende Pflichtenkollision gerechtfertigt ist.

Hier besteht aufgrund der Garantenstellung gegenüber B aber keine Gleichwertigkeit der Handlungspflichten, so dass eine Rechtfertigung über das Institut der rechtfertigenden Pflichtenkollision nur bei Erfüllung der höherwertigen Handlungspflicht in Frage kommt. Hier aber kommt T nur der geringerwertigen allgemeinen Hilfspflicht nach, so dass eine Rechtfertigung insoweit ausscheidet.

Scheinkollision

302 Treffen wie in den Abwandlungen 1 und 2 Pflichten aufeinander, die nicht auf der gleichen Wertungsstufe angesiedelt sind, so besteht eigentlich nach den rechtlichen Wertungen gar keine echte Kollision, sondern nur eine *Scheinkollision,* da nur eine echte Rechtspflicht zum Handeln besteht. Dies ist nicht ausreichend für eine Rechtfertigung.

Praktische Bedeutung

303 Die praktische Bedeutung der rechtfertigenden Pflichtenkollision ist recht gering. Eine absolute Gleichrangigkeit der Rechtsgüter, so dass eine Rechtfertigung über § 34 StGB auf der Ebene der Interessenabwägung ausscheidet, kommt letztlich nur im Fall *Leben gegen Leben* in Betracht.

c) Notstandshandlung

Notstandshandlung

304 Die Notstandshandlung besteht i.R.d. rechtfertigenden Pflichtenkollision darin, dass der Täter eine Handlungspflicht auf Kosten der anderen Handlungspflicht erfüllt.

d) Subjektive Rechtfertigungselemente

Subjektive Rechtfertigungselemente

305 In subjektiver Hinsicht muss der Täter in Kenntnis der die Rechtfertigung begründenden Umstände sowie mit dem Willen zur Gefahrenabwehr handeln.

338 Fischer, vor § 32 Rn. 11b.

339 Roxin AT I, § 16 Rn. 116 f.

b) Die Voraussetzungen der rechtfertigenden Einwilligung

Im Folgenden werden nun die einzelnen Voraussetzungen näher dargestellt: 314

aa) Inhalt

Inhalt

Da sich die Einwilligung, wie dargestellt, dem Wesen nach als Verzicht auf den Rechtsschutz darstellt, ist der Inhalt der Einwilligung je nach Deliktscharakter unterschiedlich. So ist Gegenstand der Einwilligung bei Vorsatztaten die Handlung und der Erfolg,[344] bei konkreten Gefährdungsdelikten der Gefahrerfolg. 315

Der Einwilligende muss den Erfolg zumindest billigend in Kauf nehmen. Ein fahrlässiges Vertrauen auf den Nichteintritt genügt nicht.[345]

hemmer-Methode: Unterscheiden Sie streng zwischen Gefährdung und Erfolg. Die Einwilligung in die eigene Tötung führt, wie sich aus § 216 StGB mittelbar ergibt, grundsätzlich nicht zur Rechtfertigung des Täters.

bb) Form

Form

Inwiefern der Einwilligende die Einwilligung kundgetan haben muss, ist umstritten. Nach h.M. ist eine bestimmte Form nicht vorgeschrieben, insbesondere muss keine Willenserklärung i.S.d. BGB vorliegen. Trotzdem hält diese Ansicht eine ausdrückliche oder konkludente Manifestation nach außen für erforderlich.[346] Eine bloß innere Zustimmung ist folglich nicht ausreichend. Eine Entäußerung gegenüber dem Täter muss zwar nicht erfolgen,[347] allerdings muss der Täter in Kenntnis der Einwilligung handeln, vgl. unten bei den subjektiven Rechtfertigungselementen. 316

Eine andere Ansicht hingegen hält eine derartige Manifestation für entbehrlich.[348] Ihren Ursprung findet diese Ansicht darin, dass hier auch in subjektiver Hinsicht keine Kenntnis von der Einwilligung gefordert wird, so dass hiernach eine Manifestation nach außen per se nicht erforderlich ist.

Im Ergebnis ist mit der h.M. zu fordern, dass eine Manifestation erfolgen muss, da nur diese Ansicht auch den Anforderungen an die subjektiven Rechtsfertigungselemente genügt.

cc) Zeitpunkt

Zeitpunkt

Die Einwilligung muss *vor der Tat* erteilt werden und auch noch während der Tat vorliegen, da die rechtfertigende Einwilligung bis zur Tatbegehung jederzeit frei widerruflich ist.[349] Eine nachträgliche Genehmigung ist dagegen im Strafrecht bedeutungslos.[350] Dies erklärt sich daraus, dass der Handelnde aufgrund der Einwilligung handeln muss, was jedoch ausscheidet, wenn eine Zustimmung erst im Nachhinein abgegeben wird.[351] 317

---

344 Jescheck/Weigend, § 34 IV S. 3.

345 Vgl. Schönke/Schröder, Vorbem. §§ 32 ff. Rn. 34.

346 Vgl. OLG Frankfurt a.M., NStZ-RR 2005, S. 237 = **juris**byhemmer.

347 Gropp AT, § 6 Rn. 47 f.

348 Joecks vor § 32 Rn. 21; MüKo, vor §§ 32 ff. Rn. 120.

349 Vgl. Fischer, vor § 32 Rn. 3c.

350 BGHSt 17, S. 359 = **juris**byhemmer.

351 Zieschang, S. 76.

dd) Dispositionsbefugnis

Dispositionsbefugnis

Weiterhin muss der Täter überhaupt *dispositionsbefugt* sein. Zunächst ist zu prüfen, ob eine Einwilligung *rechtlich zulässig* ist.[352] Dies ist dann der Fall, wenn das bedrohte Rechtsgut in vollem Umfang der Disposition des Einwilligenden unterliegt. Das ist für den Einzelnen nicht der Fall, wenn es um *Rechtsgüter der Allgemeinheit* geht. 318

Bsp.: *§§ 153 ff. StGB: Ein Richter kann nicht in eine Falschaussage einwilligen, da er über das geschützte Rechtsgut der Rechtspflege nicht dispositionsbefugt ist.*

Rechtsgut Leben

Wie § 216 StGB zeigt, gibt es aber auch Individualrechtsgüter, namentlich das *Rechtsgut Leben*, die grundsätzlich nicht der Disposition des Einzelnen unterliegen, da hier fundamentale öffentliche Interessen berührt werden. 319

hemmer-Methode: Beachten Sie, dass das Rechtsgut Leben nicht per se einer Disposition entzogen ist. So hat der BGH entschieden, dass eine Sterbehilfe durch Unterlassen, Begrenzen oder Beenden einer begonnenen medizinischen Behandlung (sog. „Behandlungsabbruch") gerechtfertigt ist, wenn dies dem tatsächlichen oder mutmaßlichen Patientenwillen entspricht (§ 1901a BGB) und dazu dient, einem ohne Behandlung zum Tode führenden Krankheitsprozess seinen Lauf zu lassen.[353] Dabei setzt die Rechtfertigung eines Behandlungsabbruchs aufgrund rechtfertigender Einwilligung des Patienten die Einhaltung der verfahrensrechtlichen Vorgaben der §§ 1901a ff. BGB voraus.[354]

Schutznormen

Daneben gibt es Strafbestimmungen, die auch den *Schutz des zustimmenden Verletzten* bezwecken, wie z.B. § 174 StGB, so dass auch hier die Einwilligung nicht rechtfertigend wirkt.[355] 320

Eigentum und Vermögen

Eigentum und Vermögen dagegen sind verzichtbar, sofern die §§ 304, 306a-306d StGB, welche Normen zum Schutz der Allgemeinheit darstellen, nicht berührt werden. 321

Verfügungsbefugnis

Aber auch bei grundsätzlich disponiblen Rechtsgütern ist der Einwilligende nur dann verfügungsbefugt, wenn er der alleinige Inhaber des Rechtsgutes oder als Vertreter des Inhabers zur Disposition bevollmächtigt ist. Bei juristischen Personen ist die zivilrechtliche Befugnis der natürlichen Person vorausgesetzt, für die juristische Person zu handeln.[356] 322

ee) Einwilligungsfähigkeit

Einwilligungsfähigkeit

Weiterhin muss der Zustimmende auch *einwilligungsfähig* sein. Nach h.M. ist dies dann der Fall, wenn er nach seiner geistigen und sittlichen Reife dazu imstande ist, Bedeutung und Tragweite des Rechtsgutsverzichtes zu erkennen und sachgerecht zu beurteilen.[357] Dabei kommt es weder auf ein bestimmtes Alter noch auf die zivilrechtliche Geschäftsfähigkeit an.[358] Maßgeblich ist danach allein eine tatsächliche Einsichts- und Urteilsfähigkeit. 323

---

[352] Zur Strafbarkeit eines Arztes bei religiös motivierter Beschneidung vgl. LG Köln, Beschluss vom 07.05.2012 – LG Köln 151 Ns 169/11 = Life&Law 2012, 808 ff. BGB = **juris**byhemmer. Beachten Sie hierzu die gesetzliche Regelung in § 1631d BGB.

[353] Vgl. BGH, Urteil vom 25.06.2010 – 2 StR 454/09 = Life&Law 2010, S. 681 ff. = **juris**byhemmer.

[354] Vgl. BGH, Beschluss vom 10.11.2010 – 2 StR 320/10 = Life&Law 2011, S. 315 ff. = **juris**byhemmer.

[355] Zieschang, S. 75.

[356] Zieschang, S. 75.

[357] BGHSt 12, S. 382 = **juris**byhemmer.

[358] Fischer, vor § 32 Rn. 3c.

A.A. bei Vermögensdelikten

Grundsätzlich besteht hinsichtlich dieses Ausgangspunktes Einigkeit. Allerdings verlangt eine Mindermeinung für den Bereich der Vermögens- und Eigentumsdelikte zumindest die entsprechende Geltung der §§ 105 ff. BGB.[359] Die Begründung hierfür ist, dass die Beurteilung im Strafrecht nicht anders ausfallen dürfe als im Zivilrecht („Einheit der Rechtsordnung").

Kritik

Diese letztgenannte Auffassung überzeugt im Ergebnis nicht. Strafrecht und Zivilrecht können wegen des qualitativen Unterschieds zwischen beiden Rechtsgebieten in bestimmten Punkten durchaus unterschiedliche Zielsetzungen verfolgen.[360]

Eine Übertragung von zivilrechtlichen Grundsätzen auf das Strafrecht kann nur dann erfolgen, wenn bestimmte Regelungen von vergleichbaren Grundsätzen geleitet werden. Für die strafrechtliche Wirksamkeit der Einwilligung ist es aber irrelevant, ob der Rechtsgutsinhaber das Recht zivilrechtlich wirksam übertragen kann. Es soll bei der Einwilligung nur geprüft werden, ob ein Verhalten trotz Zustimmung des Rechtsgutsinhabers strafwürdig erscheint.[361] Hierfür ist die tatsächliche Einsichts- und Urteilsfähigkeit ausreichend.

Gesetzlicher Vertreter

Fehlt dem Rechtsgutsinhaber die nötige Einsichtsfähigkeit, so bedarf es der Zustimmung seines gesetzlichen Vertreters.

ff) Freiwilligkeit

Freiwilligkeit

Die Einwilligung muss zudem *ernstlich* und *freiwillig* erfolgen. Daran fehlt es bei ernstlichen Willensmängeln. Eine durch Nötigung erzwungene, durch Täuschung erschlichene oder auf Verletzung der ärztlichen Aufklärungspflicht beruhende Einwilligung ist regelmäßig unwirksam.[362] 324

Unproblematisch ist dies für die durch Nötigung gem. § 240 StGB erzwungenen Einwilligungen, da hier direkt die Willensentschließungsfreiheit beeinträchtigt wird. Probleme ergeben sich aber für den Bereich der Täuschung und der unrichtigen ärztlichen Aufklärung.

Täuschung

Umstritten ist, wie durch Täuschung erschlichene Einwilligungen zu behandeln sind. Eine Ansicht sieht eine so zustande gekommene Zustimmung stets als unwirksam an.[363] Die h.M. differenziert insoweit. Demnach sind durch Täuschung erschlichene Einwilligungen dann ausnahmsweise wirksam, wenn die Fehlvorstellungen des Irrenden sich nicht auf die Bedeutung und Tragweite des Eingriffs, sondern auf Randfragen oder Begleitumstände bezieht, die nicht *rechtsgutsbezogen* und daher nicht *einwilligungserheblich* sind.[364] 325

Der h.M. ist im Ergebnis zu folgen, da sie nicht zu pauschalen Einordnungen führt, sondern stets für den Einzelfall passende Ergebnisse ermöglicht. Eine Rechtfertigung ist immer im Hinblick auf das geschützte Rechtsgut zu betrachten, so dass richtigerweise eine Täuschung nur dann als erheblich anzusehen ist, wenn sie zu einer rechtsgutsbezogenen Fehlvorstellung führt.[365]

---

359 So etwa Jakobs, AT § 7 Rn. 114.

360 Schönke/Schröder, Vorbem. §§ 32 ff. Rn. 39.

361 Vgl. zum Ganzen auch Zieschang, S. 75 f.

362 BGHSt 11, S. 111 = **juris**byhemmer.

363 Fischer, § 228 Rn. 7; vgl. auch Schönke/Schröder, Vorbem. §§ 32 ff. Rn. 47 m.w.N.

364 Schönke/Schröder, Vorbem. §§ 32 ff. Rn. 46.

365 Vgl. Zieschang, S. 77.

Ärztlicher Heileingriff

326 Ähnliche Probleme stellen sich bei Frage nach der Wirksamkeit der Einwilligung beim ärztlichen Heileingriff. Hierzu folgender

Beispielsfall:

Arzt A stellt bei seiner Patientin einen Tumor fest. Da P, wie A weiß, sehr ängstlich ist und in die schwere, aber unbedingt notwendige Operation niemals einwilligen würde, spiegelt A der P einen leichten, harmlosen Eingriff in Narkose vor. A entfernt während der Operation den Tumor.[366]

Die Rspr. vertritt im Gegensatz zu der wohl h.M. im Schrifttum, dass auch eine gelungene ärztliche Heilbehandlung eine tatbestandsmäßige Körperverletzung darstellt. Eine Strafbarkeit entfällt daher nur bei einer Rechtfertigung durch eine wirksame Einwilligung des Patienten. Hieran fehlt es aber im Beispielsfall. P hat nur in einen leichten Eingriff eingewilligt, nicht aber in die Entfernung des Tumors.

Aufgrund der Täuschung war sich P nicht der Bedeutung und Tragweite ihrer Einwilligung bewusst. Im Falle einer ärztlichen Heilbehandlung mit einem Eingriff in die körperliche Unversehrtheit ist eine Einwilligung nur dann wirksam, wenn der Patient vom Arzt über alle Folgen und die Tragweite des Eingriffs – entsprechend dem Stand der derzeitigen Wissenschaft – umfassend aufgeklärt worden ist; inhaltlich muss die Aufklärung also Art, Chancen und Risiken verständlich enthalten.

In der Regel erfolgt diese Aufklärung durch ein sog. Aufklärungsgespräch, das durch eine standardisierte Patientenaufklärung, etwa durch Formblätter oder Broschüren, zwar unterstützt, nicht aber ersetzt werden darf. Die Aufklärung muss so rechtzeitig vor dem Eingriff erfolgen, dass dem Patienten Gelegenheit zu eigener Überlegung und Willensbildung bleibt.[367]

Diesen Anforderungen ist A nicht gerecht geworden, so dass sein Verhalten nicht über eine Einwilligung der P gerechtfertigt ist.

hemmer-Methode: Da nach der Rechtsprechung des BGH grundsätzlich jeder ärztliche Heileingriff den Tatbestand der Körperverletzung erfüllt, muss auch über Behandlungsmethoden, die nicht dem medizinischen Standard entsprechen („Wundbehandlung mit Zitronensaft"), aufgeklärt werden.[368]

gg) Sittenverstoß bei § 228 StGB

§ 228 StGB

327 Bei Eingriffen in die körperliche Unversehrtheit ist § 228 StGB zu beachten, wonach trotz Einwilligung dann keine Rechtfertigung besteht, wenn die Tat gegen die *guten Sitten* verstößt. Wie die Stellung nach § 227 StGB zeigt, gilt § 228 StGB für alle Fälle der vorsätzlichen Körperverletzung.[369] Maßgeblich ist die Sittenwidrigkeit der Tat, nicht diejenige der Einwilligung.[370]

Wie der unbestimmte Rechtsbegriff der guten Sitten im Einzelnen zu konkretisieren ist, ist sehr umstritten. Grundsätzlich wird dieser Begriff dahingehend definiert, dass kein Verstoß gegen das Anstands- und Billigkeitsgefühl aller billig und gerecht Denkenden vorliegen darf.

---

366 Nach BGHSt 11, S. 111 = **juris**byhemmer.

367 Fischer, § 228 Rn. 13.

368 Vgl. BGH, Urteil vom 22.12.2010 – 3 StR 239/10 = Life&Law 2011, S. 641 ff. = **juris**byhemmer.

369 Fischer, § 228 Rn. 3.

370 Zieschang, S. 78.

Der BGH ist grundsätzlich der Ansicht, dass sich die normative Bewertung des § 228 StGB grundsätzlich auf Art und Gewicht des Erfolgs der Körperverletzung zu beschränken hat, weil allein im Bereich gravierender Verletzungen generalpräventiv-fürsorgliche Eingriffe des Staates in das individuelle Selbstbestimmungsrecht legitimiert sein können.[371] Allein auf die Beweggründe und Ziele der Beteiligten, wenn diese auch Anhaltspunkte sein können, sollte aber nicht abgestellt werden, da sich ansonsten die Unterscheidung zwischen Tat und Einwilligung gar nicht treffen lässt. Eine pauschale Bewertung verbietet sich folglich in diesem Bereich; es ist vielmehr jeweils auf die Umstände des Einzelfalls abzustellen.[372]

Bsp.: *A lässt sich von der Domina D auspeitschen, so dass er sichtbare Striemen auf dem Rücken davonträgt.*

D könnte sich wegen einer Körperverletzung strafbar gemacht haben. Der Tatbestand ist erfüllt. Fraglich ist allein, ob D aufgrund einer Einwilligung des A gerechtfertigt sein könnte. A handelte mit natürlicher Einsichtsfähigkeit und freiwillig, als er sich von D auspeitschen ließ. Allerdings könnte eine rechtfertigende Einwilligung daran scheitern, dass ein Sittenverstoß gemäß § 228 StGB vorliegt.

Allein die Beweggründe und Ziele des A können hier nicht ausreichen, um einen Verstoß gegen das Anstandsgefühl aller billig und gerecht Denkenden zu bejahen. Vielmehr ist insoweit das Selbstbestimmungsrecht des A in Rechnung zu stellen, Art. 2 I GG. Da von den Verletzungen auch keine gravierende Leibes- oder Lebensgefahr für A ausging, scheidet § 228 StGB aus. Eine rechtfertigende Einwilligung des A ist zu bejahen, D bleibt straflos.

Anders läge der Fall, wenn A von D fast zu Tode gepeitscht worden wäre. Dann würde eine rechtfertigende Einwilligung an § 228 StGB scheitern.

hemmer-Methode: Bei Körperverletzungen im Rahmen von tätlichen Auseinandersetzungen zwischen rivalisierenden Gruppen ist bei der für die Anwendung von § 228 StGB vorzunehmenden Bewertung folgendes zu beachten:
Die rechtswidrige und schuldhafte Verwirklichung des Tatbestandes des § 231 StGB führt bereits zur Annahme der Sittenwidrigkeit der Körperverletzungstat im Sinne von § 228 StGB. Dies gilt nicht nur in den Fällen, in denen die schwere Folge des § 231 StGB tatsächlich eingetreten ist. Schließlich handelt es sich dabei um eine objektive Bedingung der Strafbarkeit, weshalb bereits ohne schwere Folge ein tatbestandsmäßiger, rechtswidriger und schuldhafter Verstoß gegen § 231 StGB gegeben ist.[373]

hh) Subjektive Rechtfertigungselemente

Subjektive Rechtfertigungselemente

Wie bei den anderen dargestellten Rechtfertigungsgründen ist auch i.R.d. Einwilligung das Vorliegen der subjektiven Rechtfertigungsele- 328
mente zu prüfen. Der Täter muss also *in Kenntnis* und *aufgrund der Einwilligung* handeln. Auch in diesem Rahmen können sich dieselben Probleme, wie i.R.d. Notwehr, stellen, wenn objektiv eine Einwilligung vorliegt, der Täter dies aber nicht weiß. Entsprechend den obigen Grundsätzen[374] hat auch hier die Lösung zu erfolgen.

[371] Fischer, § 228 Rn. 9a; BGHSt 49, S. 43 f.

[372] Schönke/Schröder, § 228 Rn. 8 m.w.N. aus der neueren Rspr.

[373] Vgl. BGH, Urteil vom 22.01.2015 – 3 StR 223/14 = Life&Law 2015, S. 663 ff. = jurisbyhemmer.

[374] Vgl. oben Rn. 188 ff.

Wesentliche Unterschiede zwischen Einwilligung und Einverständnis

Einwilligung		Einverständnis
(= Normativer Charakter)	⟺	(= Tatsächlicher Charakter)
Einwilligungsfähigkeit erforderlich	⟺	Natürliche Willensfähigkeit ausreichend
Bei erheblichen Willensmängeln unwirksam	⟺	Nur Freiwilligkeit erforderlich
Kenntnis des möglichen Täters von Einwilligung erforderlich	⟺	Keine Kenntnis des möglichen Täters erforderlich

4. Die mutmaßliche Einwilligung

a) Einführung

Mutmaßliche Einwilligung

Die *mutmaßliche Einwilligung* als besonderes Institut zwischen Einwilligung und rechtfertigendem Notstand ist nach h.M. ein eigenständiger, gewohnheitsrechtlich anerkannter Rechtfertigungsgrund und damit auch kein Unterfall des § 34 StGB.[375] Eine gesetzliche Regelung fehlt wie bei der oben dargestellten Einwilligung. 329

Es bestehen aber gewisse Parallelen zur zivilrechtlichen Geschäftsführung ohne Auftrag gem. §§ 677 ff. BGB.[376]

Da seine Konsequenz Rechtfertigung und damit Straffreiheit ist, handelt es sich hierbei um nicht gegen Art. 103 II GG verstoßendes Gewohnheitsrecht zugunsten des Täters.[377]

Eine mutmaßliche Einwilligung kommt grundsätzlich dann in Betracht, wenn eine Einwilligung rechtlich zulässig wäre, tatsächlich aber nicht erteilt wurde. Dies kann grundsätzlich in zwei Konstellationen Bedeutung gewinnen. Zum einen ist dies der Fall, wenn das *Handeln im materiellen Interesse des Betroffenen* erfolgt (*Prinzip der Geschäftsführung ohne Auftrag*). Zum anderen geht es um die Fälle, in denen der *Rechtsgutsinhaber offenbar kein Interesse an einem Rechtsgüterschutz* hat (*Prinzip des mangelnden Interesses*).

375 Fischer, vor § 32 Rn. 4.

376 Joecks vor § 32 Rn. 30.

377 Zieschang, S. 79.

Für die mutmaßliche Einwilligung bietet sich folgendes Prüfungsschema in der Klausur an: 330

Prüfungsschema: Mutmaßliche Einwilligung

I. Zulässigkeit der Einwilligung

1. Dispositionsbefugnis
2. Einwilligungsfähigkeit
3. § 228 StGB bei Körperverletzungsdelikten

II. Subsidiarität

1. Tatsächliche Einwilligung vorrangig
2. Vorherige Befragung des Rechtsgutsinhabers nicht ohne Gefahr möglich
3. Kein erkennbarer entgegenstehender Wille des Rechtsgutsinhabers

III. Hypothetischer Wille des Rechtsgutsinhabers

1. Rechtsgutsinhaber müsste bei Kenntnis der Sachlage vernünftigerweise einwilligen
2. Ex-ante-Beurteilung aus der Sicht des Rechtsgutsinhabers, Indizwirkung objektiver Kriterien

IV. Geschäftsbesorgungswille

Wille i.S.d. Rechtsgutsinhabers zu handeln

b) Voraussetzungen

Im Folgenden sollen die oben schematisch aufgeführten Voraussetzungen näher dargestellt werden: 331

aa) Zulässigkeit der Einwilligung

Zulässigkeit der Einwilligung

Eine mutmaßliche Einwilligung kann nur dann rechtfertigende Wirkung haben, wenn eine im konkreten Fall erklärte Einwilligung rechtlich zulässig gewesen wäre. Es muss also insbesondere ein disponibles Rechtsgut vorliegen und für die Körperverletzungsdelikte ist § 228 StGB zu beachten. Naturgemäß liegt keine Einwilligungsentäußerung vor. 332

bb) Subsidiarität

Subsidiarität

Eine vor der Tat erklärte und zur Tat noch wirksame Zustimmung des Rechtsgutsträgers fehlt zwar, jedoch ist dieses Merkmal durch ein anderes Erfordernis zu ersetzen. Die mutmaßliche Einwilligung ist nämlich subsidiär, was zur Konsequenz hat, dass ein erklärter Wille des Betroffenen vorrangig und zu respektieren ist.[378] 333

Vorherige Befragung

Ebenfalls Ausdruck der Subsidiarität ist in den Fällen des Handelns im Interesse des Verletzten (Prinzip der Geschäftsführung ohne Auftrag), dass zunächst versucht werden muss, die Einwilligung des Betroffenen oder seines Vertreters einzuholen. Kann nämlich eine Einwilligung des Betroffenen oder seines Vertreters ohne größere Gefahr für den Verletzten abgewartet werden, so darf durch die vorschnelle Annahme einer mutmaßlichen Einwilligung nicht in das Selbstbestimmungsrecht des Verletzten eingegriffen werden. 334

[378] Zieschang, S. 80.

Bsp.: Die fünfjährige K wird mit einem drohenden Blinddarmdurchbruch in die Klinik eingeliefert. Die Mutter lehnt aus religiösen Motiven jeglichen operativen Eingriff ab. 335

Wegen des Wochenendes ist keine Entscheidung des VormG zu erlangen, so dass sich Arzt T zur Operation entschließt. K wird gerettet.

In Frage kommt eine Strafbarkeit des T nach § 223 I StGB. Wie dargestellt, stellt auch der lege artis erfolgte ärztliche Heileingriff tatbestandlich eine Körperverletzung dar.

Fraglich ist aber, ob das Verhalten des T gerechtfertigt war. Die ausdrückliche Verweigerung der Einwilligung ist wegen § 1666 BGB ohne Bedeutung. Ein Zuwarten, bis eine Entscheidung des VormG erreicht werden kann, ist wegen der akuten Lebensgefahr nicht erforderlich. T ist daher wegen einer mutmaßlichen Einwilligung gerechtfertigt.

Mangelndes Interesse

Im Fall des Prinzips des mangelnden Interesses ist dagegen eine vorherige Befragung des Rechtsgutsinhabers in aller Regel entbehrlich. Voraussetzung ist hier vielmehr, dass es an einem schutzwürdigen Erhaltungsinteresse des Verletzten fehlt und seine Einwilligung aufgrund hinreichend verlässlicher Indizien bei verständiger objektiver Beurteilung zu vermuten ist. 336

***Bspe.:**[379] Minimale Eingriffe; Wechseln von Geld.*

Entgegenstehender Wille

Stets zu beachten, wie bereits kurz angesprochen, ist ein erkennbar, d.h. ausdrücklich oder konkludent erklärter, entgegenstehender Wille des Verletzten im Zeitpunkt der Handlung.[380] Liegt ein solcher entgegenstehender Wille vor, so scheidet schon begrifflich eine mutmaßliche Einwilligung aus. Selbst ein noch so unvernünftiger Wille geht wegen des Selbstbestimmungsrechts des Betroffenen vor und ist daher immer beachtlich. 337

cc) Hypothetischer Wille des Rechtsgutsinhabers

Hypothetischer Wille

Weiterhin muss die Handlung dem *mutmaßlichen Willen* des Verletzten entsprechen. Die Einwilligungsfähigkeit, die auch i.R.d. rechtfertigenden Einwilligung zu prüfen ist, spielt auch hier insoweit eine Rolle, als auf den mutmaßlichen Willen desjenigen abzustellen ist, der einwilligungsfähig ist. So ist bei Kleinkindern folglich auf den mutmaßlichen Willen der Eltern abzustellen.[381] 338

Ex ante

Abzustellen ist bei der Frage nach dem mutmaßlichen Willen auf eine ex ante Sicht des Betroffenen. Richtschnur bei der Lösung dieser Fälle ist, dass es bei der mutmaßlichen Einwilligung nicht um eine an objektiven Maßstäben orientierte Güter- und Interessenabwägung, sondern um ein Wahrscheinlichkeitsurteil über den wahren Willen des Rechtsgutsinhabers im Tatzeitpunkt geht. Grundsätzlich sind demnach die *individuellen* Interessen, Wünsche und Einstellungen sowie die Bedürfnisse des Betroffenen maßgeblich. 339

***Beispielsfall:**[382] O liegt bewusstlos im Krankenhaus. Wegen einer Blutvergiftung ist die sofortige Amputation des linken Beines erforderlich, um das Leben des O zu retten. Arzt T nimmt deshalb diese Amputation vor. Nachdem O erwacht, äußert er, dass er lieber gestorben wäre. Rechtfertigung des T?* 340

---

379 Joecks, vor § 32 Rn. 30.

380 Fischer, vor § 32 Rn. 4; Schönke/Schröder, Vorbem. §§ 32 ff. Rn. 57.

381 Vgl. Zieschang, S. 79.

382 Nach Zieschang, S. 79.

Lösung Beispielsfall

Eine explizite Einwilligung seitens des O liegt nicht vor. Möglicherweise kommt aber eine Rechtfertigung im Wege einer mutmaßlichen Einwilligung in Betracht. Die körperliche Unversehrtheit ist ein grundsätzlich disponibles Rechtsgut, wie schon die Existenz der Vorschrift des § 228 StGB zeigt. Auch liegt kein Verstoß gegen § 228 StGB vor. Da nichts ersichtlich ist, dass bei O mangelnde Reife oder keine Einsichtsfähigkeit vorliegt, ist auch auf seinen mutmaßlichen Willen abzustellen. Eine vorherige Zustimmung war wegen der Bewusstlosigkeit des O nicht einzuholen.

Maßgeblicher Zeitpunkt für die Bewertung des mutmaßlichen Willens ist der Tatzeitpunkt. Hier war aber kein entgegenstehender Wille feststellbar. Auch die Anhaltspunkte für die individuellen Wünsche und Einstellungen des O waren nicht ersichtlich, so dass hier auf den Willen eines vernünftig handelnden Menschen abzustellen ist. Ein solcher hätte aber um der Rettung des Lebens willen der Amputation zugestimmt. Unerheblich ist insoweit der später geäußerte Willen des O, da zum maßgeblichen ex ante-Zeitpunkt gerade nichts hierfür sprach.[383]

hemmer-Methode: Im eben beschriebenen Beispielsfall kommt grundsätzlich auch eine Rechtfertigung nach § 34 StGB in Betracht. Dies hängt davon ab, ob man für § 34 StGB eine Personenverschiedenheit zwischen dem Träger des Schutzgutes und dem des Eingriffsgutes fordert.[384] Die wohl h.M. lehnt eine solche Personenverschiedenheit aber mit Hinweis auf den Wortlaut, der eine solche Einschränkung nicht vorsehe, ab.[385]

dd) Geschäftsbesorgungswille

Geschäftsbesorgungswille

Auf subjektiver Ebene ist der sog. *Geschäftsbesorgungswille* erforderlich, d.h. der Täter muss in Kenntnis und aufgrund der mutmaßlichen Einwilligung handeln. 341

Sorgfältige Prüfung, str.

Ob darüber hinaus der Täter sorgfältig geprüft haben muss, dass sein Verhalten dem mutmaßlichen Willen des Rechtsgutsträgers entspricht, ist umstritten. Erheblich ist dies freilich nur dann, wenn sich wie in obigem Beispielsfall im Nachhinein überhaupt ein entgegenstehender Wille des Verletzten herausstellt.[386] 342

Des Weiteren gelten hinsichtlich Fehlvorstellungen des Täters die allgemeinen Irrtumsregeln, die im dazugehörigen Kapitel dargestellt werden. Insoweit nur eine kurze Anmerkung:

Die Abgrenzung zwischen Erlaubnistatbestandsirrtum und Erlaubnisirrtum bereitet hier Schwierigkeiten. Ein *Erlaubnistatbestandsirrtum* liegt vor, wenn der Täter einen Sachverhalt irrig annimmt, dessen wirkliches Vorliegen das Wahrscheinlichkeitsurteil getragen und die Tat auch im Übrigen gerechtfertigt hätte. Ein Erlaubnisirrtum dagegen ist gegeben, wenn der Täter aus dem zutreffend erkannten Sachverhalt rechtlich fehlerhafte Schlüsse gezogen hat.

hemmer-Methode: Abzugrenzen ist die mutmaßliche Einwilligung von der sog. hypothetischen Einwilligung. Letztere stammt ursprünglich aus der zivilrechtlichen Judikatur zum Arzthaftungsrecht. Hiernach entfällt die Haftung des Arztes für einen Aufklärungsfehler, wenn der Patient auch bei ordnungsgemäßer Aufklärung dem jeweiligen Eingriff zugestimmt hätte (vgl. hierzu § 630h II S. 2 BGB). Unter bestimmten Voraussetzungen soll in einer solchen Situation nach der Rechtsprechung des BGH auch im Strafrecht eine Strafbarkeit kraft einer hypothetischen Einwilligung entfallen.[387]

383 Vgl. Jescheck/Weigend, § 34 VII S. 3.

384 So etwa Baumann/Weber/Mitsch, § 17 Rn. 54.

385 So aber Kühl, AT § 8 Rn. 34; Zieschang, S. 80.

386 Für eine solche Prüfungspflicht Kühl AT, § 9 Rn. 47; gegen eine solche Pflicht Joecks, vor § 32 Rn. 35; Roxin AT I, § 18 Rn. 29.

387 Vgl. hierzu BGH, Urteil vom 20.02.2013 – 1 StR 320/12 = **juris**byhemmer. Hinsichtlich der Details handelt es sich um Besonderheiten des Arzthaftungsrechts, welche nicht zum klassischen Examensstoff zählen.

VII. Weitere Rechtfertigungsgründe

Im Folgenden werden nun noch weitere Rechtfertigungsgründe dargestellt, die im Rahmen einer Klausur eine Rolle spielen können. 343

1. Das elterliche Züchtigungsrecht

a) Einführung

Züchtigungsrecht

Beim elterlichen Züchtigungsrecht fehlt es ebenfalls an einer ausdrücklichen gesetzlichen Regelung. Es wird von der h.M. aus dem in §§ 1626, 1631 BGB normierten *Sorge-* und *Erziehungsrecht* abgeleitet bzw. aus § 1800 BGB für den Vormund. Ein Verstoß gegen Art. 103 II GG liegt insoweit ebenfalls nicht vor, da es sich um einen Rechtfertigungsgrund zugunsten des Täters handelt. 344

Eine Darstellung in der Klausur kann anhand folgenden Prüfungsschemas erfolgen:

Prüfungsschema: Züchtigungsrecht

I. Konfliktlage

Züchtigungsanlass/ Erziehungszweck

II. Eingriff in die körperliche Integrität

III. Grenzen

1. Erforderlichkeit

2. Angemessenheit

IV. Subjektive Rechtfertigungselemente

1. Handeln in Kenntnis der rechtfertigenden Umstände

2. Handeln zur Erziehung

b) Voraussetzungen

Im Folgenden sollen nun obige Voraussetzungen näher erläutert werden: 345

aa) Züchtigungsanlass

Züchtigungsanlass

Erforderlich ist zunächst ein konkreter und hinreichender Züchtigungsanlass. Es muss ein Fehlverhalten des Kindes vorliegen, das aus erzieherischen Gründen eine Reaktion erfordert. Eine bloße „generalpräventive“ Züchtigung ist unzulässig.[388] 346

Bsp.: *Ein Fehlverhalten stellt etwa eine gefährliche Mutprobe dar.*

bb) Züchtigungshandlung

Züchtigungshandlung

Die Züchtigungshandlung liegt in einem Eingriff in die körperliche Unversehrtheit des Kindes durch die Eltern. 347

[388] Schönke/Schröder, § 223 Rn. 22 f.

cc) Grenzen

Das elterliche Züchtigungsrecht unterliegt in mehrfacher Hinsicht Grenzen. Zum einen muss die Züchtigungshandlung *erforderlich* sein. Zum anderen muss sie ein *angemessenes* Züchtigungsmittel darstellen. 348

Erforderlich

Erforderlich ist die Züchtigung nur dann, wenn kein milderes Mittel den erzieherischen Zweck erreichen kann. Dabei sind Art und Gewicht des Anlasses, das sonstige Verhalten sowie Alter und Konstitution des Kindes zu berücksichtigen. Insofern steht den Eltern aber ein gewisser Beurteilungsspielraum zu. 349

Angemessen

Weiterhin muss die Züchtigung auch *angemessen* sein. Art und Maß der Züchtigung müssen in einem angemessenen Verhältnis zur Verfehlung und zum Lebensalter des Kindes stehen, wobei dessen körperliche Verfassung und seelische Entwicklung in die Abwägung einzubeziehen sind. Jede quälerische, gesundheitsschädliche, unnötig demütigende oder das Anstandsgefühl gröblich verletzende Züchtigung ist nach § 1631 II BGB unzulässig. 350

Exkurs: Auswirkung des § 1631 II BGB

§ 1631 II BGB

§ 1631 II BGB ordnet an, dass Kinder ein Recht auf gewaltfreie Erziehung haben sowie dass körperliche Bestrafungen, seelische Verletzungen und andere entwürdigende Maßnahmen unzulässig sind. Im Schrifttum ist umstritten, welche Auswirkung diese Norm auf die Strafbarkeit der Eltern hat. Die h.M.[389] hält aufgrund der Formulierung des § 1631 II BGB eine körperliche Züchtigung durch die Eltern, wenn § 223 I StGB tatbestandlich erfüllt ist, also insbesondere die Erheblichkeitsschwelle überschritten ist, für *nicht* mehr über das Züchtigungsrecht gerechtfertigt und damit auch für strafbar.[390] 351

Eine andere Ansicht versagt eine Rechtfertigung trotz § 1631 II BGB dann nicht, wenn die Züchtigung nicht entwürdigend ist, da § 1631 II BGB körperliche Misshandlungen nicht verbiete.[391] Nach anderer Ansicht[392] komme zwar einerseits wegen § 1631 II BGB keine Rechtfertigung in Betracht, andererseits könnte aber mit der oben genannten Gesetzesänderung das durch Art. 6 GG abgesicherte Erziehungsrecht der Eltern nicht beseitigt werden, so dass in verfassungskonformer Auslegung wegen Art. 6 GG maßvolle und im konkreten Fall angemessene körperliche Züchtigungen schon tatbestandlich nicht als Körperverletzung i.S.d. § 223 I StGB angesehen werden sollten.

Kritik

Die letztgenannten Aspekte widersprechen der gesetzgeberischen Intention, die Gewalt aus der Kindeserziehung zu verbannen. Alles andere entspricht nicht mehr der geltenden Gesetzeslage. Damit ist jede tatbestandliche Körperverletzung i.S.d. § 223 I StGB strafbar und nicht gerechtfertigt. 352

Obige und auch die folgenden Ausführungen sind folglich unter diesem Aspekt zu verstehen und nur relevant, wenn man der hier vertretenen Ansicht nicht folgt.[393]

---

389 Vgl. Fischer, § 223 Rn. 18a.

390 Siehe auch Roxin, JuS 2004, S. 177 sowie Riemer, FPR 2006, S. 387 ff.

391 Kühl, AT § 9 Rn. 77b.

392 Vgl. Maurach, BT 1 § 8 Rn. 19.

393 Vgl. zum Ganzen auch Zieschang, S. 81.

dd) Subjektive Rechtfertigungselemente

Subjektive Rechtfertigungselemente

In subjektiver Hinsicht muss der züchtigende Elternteil in Kenntnis der rechtfertigenden Umstände sowie mit Erziehungswillen gehandelt haben. 353

c) Ausübung durch andere Personen

Lehrer

In früheren Zeiten wurde aufgrund Gewohnheitsrechts auch den Lehrern ein Züchtigungsrecht zuerkannt. Diese gewohnheitsrechtliche Anerkennung ist aufgrund eines Anschauungswandels in der Gesellschaft nicht mehr gegeben.[394] Inzwischen ist auch in vielen landesrechtlichen Schulgesetzen ein ausdrückliches Verbot angeordnet. Dieses Ergebnis ergibt sich aus dem Grundgesetz, da die körperliche Züchtigung einen Eingriff in das Grundrecht auf körperliche Unversehrtheit darstellt, wobei aber Gewohnheitsrecht dem Gesetzesvorbehalt des Art. 2 II S. 3 GG nicht genügt. Eine Rechtfertigung eines Lehrers ist damit nur nach den allgemeinen Rechtfertigungsgründen der §§ 32, 34 StGB möglich, wenn deren Voraussetzungen erfüllt sind. 354

Übertragbarkeit

Das Züchtigungsrecht als solches ist ebenso wie das Erziehungsrecht *nicht* übertragbar. Im Rahmen eines besonderen Betreuungs- oder Erziehungsverhältnisses kann jedoch seine *Ausübung* einem anderen überlassen werden.[395] 355

hemmer-Methode: Die Klausurrelevanz des Züchtigungsrechts ist als sehr überschaubar zu bezeichnen. Allerdings eignet sich die Regelung des § 1631 II BGB durchaus für eine mündliche Prüfung. Zudem kommen auch hier grundsätzlich die gängigen Irrtumsproblematiken in Betracht.

2. Festnahmerecht gem. § 127 StPO

a) Einführung

§ 127 StPO

Die vorläufige Festnahme ist in § 127 StPO geregelt. Dieser lässt sie in zwei Fällen zu: 356

§ 127 I StPO

Wird jemand auf frischer Tat betroffen oder verfolgt, so ist jedermann, Polizeibeamte und Privatpersonen, zur Festnahme berechtigt, vgl. § 127 I S. 1 StPO. 357

Die Vorschrift überträgt dem Bürger eine öffentliche Aufgabe.

§ 127 II StPO

Bei Gefahr im Verzug sind die Staatsanwaltschaft und die Beamten des Polizeidienstes zur vorläufigen Festnahme befugt, wenn die Voraussetzungen eines Haft- oder Unterbringungsbefehls vorliegen, vgl. § 127 II StPO. 358

Diesen steht auch noch ein besonderes Festnahmerecht nach § 127b I StPO zu, wonach die Staatsanwaltschaft und die Beamten des Polizeidienstes auch dann zu einer vorläufigen Festnahme befugt sind, wenn eine unverzügliche Entscheidung im beschleunigten Verfahren (vgl. §§ 417 ff. StPO) wahrscheinlich ist und ein Fernbleiben des Festgenommen in der Hauptverhandlung zu befürchten ist.

[394] BGH, NJW 1976, S. 1949; Jescheck/Weigend, § 35 III.

[395] BGHSt 12, S. 62, 67 = **juris**byhemmer.

hemmer-Methode: Für das Erste Staatsexamen ist regelmäßig nur § 127 I StPO von Klausurrelevanz. Daher beschränken sich die folgenden Ausführungen weitestgehend auf diesen Fall.

Rechtsfolge

Rechtsfolge des § 127 I StPO ist eine Rechtfertigung für die Freiheit beschränkende Delikte wie etwa §§ 239, 240 StGB. 359

Dem Wortlaut des § 127 I StPO lässt sich folgendes Prüfungsschema entnehmen:

Prüfungsschema: § 127 I StPO 360

I. Konfliktlage

1. Auf frischer Tat betroffen oder verfolgt
2. Fluchtverdacht oder Identität nicht sofort feststellbar

II. Festnahmehandlung

Eingriff in die Fortbewegungs-/ Willensfreiheit

III. Grenzen

Erforderlichkeit/ Verhältnismäßigkeit der Festnahmehandlung

IV. Subjektive Rechtfertigungselemente

1. Kenntnis der rechtfertigenden Umstände
2. Handeln in Festnahmeabsicht

b) Voraussetzungen

aa) Jedermann

Jedermann

Zur Festnahme berechtigt ist *jedermann*, nicht nur der durch die Straftat Verletzte. Jedermann sind Privatpersonen, aber auch die Beamten der Staatsanwaltschaft und der Polizei, auch außerhalb ihres Amtsbezirkes.[396] 361

Letzteres gilt aber nicht für die Fälle der Identitätsfeststellung, da § 127 I S. 2 StPO auf die Spezialregelung des § 163b I StPO verweist. § 163c StPO ist hier ebenfalls vorrangig, obwohl die Vorschrift nicht ausdrücklich erwähnt wird.[397]

Volljährigkeit ist nicht erforderlich. Zu beachten ist aber, dass die Festnahmeberechtigung voraussetzt, dass keine Polizeibeamten zugegen sind, so dass eine Rechtfertigung nach § 127 I StPO nicht mehr in Betracht kommt, wenn die Polizeibeamten eintreffen.[398]

bb) Auf frischer Tat betroffen oder verfolgt

Tat

Das wohl umstrittenste Problem i.R.d. § 127 I S. 1 StPO stellt die Frage nach dem Tatbegriff im Sinne dieser Vorschrift dar.[399] Im Kern geht es dabei um die Frage, ob eine tatsächlich begangene Tat vorliegen muss oder wie im Bereich des § 127 II StPO ein dringender Tatverdacht ausreicht. 362

---

396 Kramer, NJW 1993, S. 111.

397 Meyer-Goßner/Schmitt, § 127 Rn. 7.

398 Vgl. Meyer-Goßner/Schmitt, a.a.O.

399 Vgl. Schönke/Schröder, Vorbem. §§ 32 ff. Rn. 81 m.w.N.

Materiell-rechtliche Theorien

Nach den Vertretern der materiell-rechtlichen Theorien ist eine Festnahme nach § 127 I S. 1 StPO nur dann zulässig, wenn tatsächlich eine Straftat i.S.d. § 11 I Nr. 5 StGB begangen worden ist.[400] Dringender Tatverdacht oder ein anderer hoher Verdachtsgrad reicht hiernach gerade nicht aus. Begründet wird dies insbesondere damit, dass einem Unschuldigen gegen die Festnahme die Notwehr nicht versagt werden dürfe. Dies wäre aber gerade der Fall, wenn auch bei einem Verdacht die Rechtfertigung eingreifen würde. Dies zeige sich auch aus einem Vergleich mit § 127 II StPO, der die Voraussetzungen eines Haftbefehls[401] – also das Vorliegen des dringenden Tatverdachts – ausreichen lasse. 363

hemmer-Methode: Dringender Tatverdacht besteht, wenn die Wahrscheinlichkeit groß ist, dass der Beschuldigte Täter oder Teilnehmer einer Straftat ist. Die Prüfung des dringenden Tatverdachts bestimmt sich nach dem gegenwärtigen Stand der Ermittlungen.[402]

Prozessuale Theorien

Nach anderer Ansicht, den sog. prozessualen Theorien, genügt das Vorliegen eines dringenden Tatverdachts. Danach liegt eine Tat i.S.d. § 127 I S. 1 StPO schon dann vor, wenn sich aus der Zusammenschau aller erkennbaren äußeren Umstände im Tatzeitpunkt nach der Lebenserfahrung im Urteil des Festnehmenden ohne vernünftige Zweifel der Schluss auf eine rechtswidrige Tat als zulässig erweist.[403] 364

Begründet wird diese Ansicht damit, dass das Festnahmerecht nicht dem Eigeninteresse des Privaten diene, sondern dem öffentlichen Interesse an einer wirksamen Strafverfolgung. Da die Privatperson somit, wie dargestellt, eine öffentliche Aufgabe übernehme, wäre es unbillig, ihr das Risiko eines Irrtums aufzubürden. Zudem könne eigentlich nie in der konkreten Tatsituation das Vorliegen einer Straftat i.S.d. § 11 I Nr. 5 StGB hinreichend überprüft werden, da dies erst Aufgabe des nachfolgenden gerichtlichen Strafverfahrens sei.[404]

Kritik

Im Ergebnis ist den materiell-rechtlichen Theorien zu folgen. Schon der Wortlaut der Regelung spricht von einem Betroffensein auf frischer Tat, nicht vom Vorliegen des Verdachts einer Tat. Zudem bedarf es wegen des Eingriffscharakters in die Rechtssphäre des Festgenommenen einer restriktiven Interpretation.[405] 365

Insbesondere wäre es unbillig, dem unschuldig Festgenommenen das Notwehrrecht zu versagen. Auch der Schutz des Irrenden spricht nicht hiergegen, da dieser ausreichend über das Institut des Erlaubnistatbestandsirrtums geschützt ist.[406] Zu fordern ist also eine tatbestandsmäßige, rechtswidrige und schuldhafte Tat.

Damit genügt auch ein Versuch, sofern er unter Strafe steht, nicht aber eine straflose Vorbereitungshandlung und auch nicht die Begehung einer Ordnungswidrigkeit (§ 46 III S. 1 OWiG).[407]

Frische Tat

Vorausgesetzt ist weiterhin, dass ein Betreffen oder eine Verfolgung *auf frischer Tat* vorliegt. 366

400 Meyer-Goßner/Schmitt, § 127 Rn. 4; Schönke/Schröder, Vorbem. §§ 32 ff. Rn. 82.

401 Vgl. § 112 I S. 1 StPO.

402 Meyer-Goßner/Schmitt, § 112 Rn. 5 f.

403 So etwa OLG Hamm, NStZ 1998, S. 370 = **juris**byhemmer; Life&Law 1998, S. 592 f.

404 Vgl. hierzu auch Roxin AT I, § 17 I.

405 Zieschang, S. 82.

406 Joecks, vor § 32 Rn. 40.

407 Meyer-Goßner/Schmitt, § 127 Rn. 3.

Betroffenheit

Auf frischer Tat *betroffen* ist, wer bei der Begehung einer rechtswidrigen Tat oder unmittelbar danach am Tatort oder in dessen unmittelbarer Nähe gestellt wird.[408] 367

Verfolgung

Verfolgung auf frischer Tat liegt vor, wenn sich der Täter bereits vom Tatort entfernt hat, sichere Anhaltspunkte, wie etwa Tatspuren, aber auf ihn als Täter hinweisen und seine Verfolgung zum Zwecke seiner Ergreifung aufgenommen wird.[409] Der Verfolgende braucht nicht der Entdecker der Tat zu sein. Die Dauer der Verfolgung ist nicht begrenzt, sie kann also bis zur Ergreifung des Täters fortgesetzt werden.[410] 368

cc) Festnahmegründe

Festnahmegründe

Festnahmegründe sind Fluchtverdacht und die Unmöglichkeit der sofortigen Identitätsfeststellung.

Fluchtverdacht

Für den *Fluchtverdacht* genügt, dass nach den erkennbaren Umständen des Falles unter Berücksichtigung allgemeiner Erfahrungen vernünftigerweise die Annahme gerechtfertigt ist, der Betroffene werde sich der Verantwortung durch Flucht entziehen, wenn er nicht alsbald festgenommen wird.[411] Die strengeren Voraussetzungen der Fluchtgefahr nach § 112 II Nr. 2 StPO brauchen nicht vorzuliegen.[412] 369

Identitätsfeststellung

Zur *Feststellung der Identität* ist die Festnahme dann zulässig, wenn der Betroffene, weil er Angaben zur Person verweigert oder sich nicht ausweisen kann, nicht ohne Vernehmung oder Nachforschungen identifiziert werden kann, die Feststellung an Ort und Stelle also nicht möglich ist.[413] 370

Daneben muss nicht noch zusätzlich ein Fluchtverdacht in obigem Sinne vorliegen. Allerdings ist eine Festnahme regelmäßig dann unzulässig, wenn der Name des Betroffenen bereits bekannt ist.[414]

Wie bereits erwähnt, bestimmt sich die Feststellung durch Polizeibeamte nach §§ 163b, 163c StPO.

> **Bsp.:** *Nach einer kurzen Verfolgungsjagd kann T den Dieb O stellen. O verweigert jegliche Auskunft zur Person, da T doch schließlich sein Autokennzeichen habe, was vollkommen ausreichend sei. Könnte T den O festhalten, bis die Polizei eintrifft, obwohl keine Fluchtgefahr besteht?*
>
> Eine weiterdauernde Festnahme zur Identitätsfeststellung könnte nach § 127 I S. 1 StPO gerechtfertigt sein. Eine Rechtfertigung entfällt aber dann, wenn der Zweck der Festnahme nicht mehr erfüllt werden kann, weil die Identität schon bekannt ist. Hier liegt immerhin das Autokennzeichen vor.
>
> Dies reicht allerdings zumindest bei Privatfahrzeugen in der Regel nicht aus, da allein das Autokennzeichen keinen sicheren Schluss auf den Führer des Wagens zulässt.[415] Etwas anderes gilt aber regelmäßig für Fahrzeuge öffentlicher Verkehrsbetriebe.[416] Somit kann hier im konkreten Fall T den O festhalten.

---

[408] Meyer-Goßner/Schmitt, § 127 Rn. 5.

[409] Meyer-Goßner/Schmitt, § 127 Rn. 6.

[410] Vgl. Meyer-Goßner/Schmitt, a.a.O.

[411] BayObLG, NStZ-RR 2002, S. 336.

[412] Meyer-Goßner/Schmitt, § 127 Rn. 10.

[413] Meyer-Goßner/Schmitt, § 127 Rn. 11.

[414] Meyer-Goßner/Schmitt, a.a.O.

[415] Vgl. Meyer-Goßner/Schmitt, § 127 Rn. 11.

[416] Meyer-Goßner/Schmitt, a.a.O.

dd) Erforderlichkeit / Verhältnismäßigkeit

Festnahmehandlung

Das Festnahmerecht nach § 127 I S. 1 StPO rechtfertigt massive Eingriffe in die persönliche Freiheit des Festzunehmenden (z.B. §§ 239, 240 StGB) sowie Eingriffe in die Willensfreiheit, aber auch weniger einschneidende Maßnahmen, wie etwa die Wegnahme des Personalausweises oder des Zündschlüssels für einen PKW. Zum Durchsetzen der Festnahme darf auch Gewalt angewendet werden, da derjenige, der sich einer berechtigten Festnahme widersetzt oder sich ihr gewaltsam zu entziehen sucht, bei der Überwindung seines Widerstandes auch Eingriffe in seine körperliche Unversehrtheit hinnehmen muss. In diesen Fällen kommt dann auch eine Rechtfertigung über § 32 StGB in Betracht, da derjenige, der sich mit Gewalt einer rechtmäßigen Festnahme widersetzt, selbst einen rechtswidrigen gegenwärtigen Angriff verübt.[417] 371

Wegen dieser teilweise massiven Auswirkungen auf den Betroffenen unterliegt auch das Festnahmerecht, wie die übrigen Rechtfertigungsgründe, gewissen Grenzen.

Erforderlichkeit und Verhältnismäßigkeit

Eingeschränkt wird das Festnahmerecht durch den Grundsatz der Verhältnismäßigkeit; dies bedeutet, dass die Festnahmehandlung erforderlich und auch im Verhältnis zur Bedeutung der Tat des Festzunehmenden angemessen sein muss. 372

Probleme ergeben sich hier vor allem im Bereich des Schusswaffengebrauchs. Insoweit kann zwar das Drohen mit einer Schusswaffe und auch die Abgabe von Warnschüssen gerechtfertigt sein, nicht aber das gezielte Schießen auf einen Fliehenden. Dies gilt ausnahmslos, auch wenn der Betroffene eine schwere Straftat begangen hat.[418] Eine Befugnis zu erheblichen Verletzungen von Leib und Leben des Festzunehmenden ist durch den Grundsatz der Verhältnismäßigkeit ausgeschlossen.[419]

Bsp.:[420] *Der fanatische Fahrradfahrer T fährt bei seiner rasanten Fahrt den Fußgänger F an und verletzt diesen am Bein. Als T sich weigert, seinen Namen preiszugeben und auch nicht bereit ist, den F zum Zwecke der Unfallaufnahme zur Polizei zu begleiten, entreißt F dem T das 2.500 € teure Fahrrad.* 373

F teilt dem T mit, er könne sich sein Rad auf der nächsten Polizeiwache abholen, nachdem er dort seine Personalien angegeben habe. Als T auch daraufhin nicht reagiert, schwingt sich F auf das Fahrrad des T und fährt damit wie angekündigt zur nächsten Polizeiwache. Strafbarkeit des F nach § 248b StGB?

F nahm gegen den Willen des T dessen Fahrrad in Gebrauch. Der Tatbestand des § 248b I 2. Alt. StGB ist somit verwirklicht. Möglicherweise handelte F aber nicht rechtswidrig. Dies ist dann der Fall, wenn sein Handeln nach § 127 StPO gerechtfertigt ist. Wie bereits oben dargestellt, unterfallen dem § 127 I S. 1 StPO nicht nur Festnahmehandlungen, sondern nach dem Grundsatz des schonendsten Eingriffs auch andere Maßnahmen auf niedrigerer Eingriffsstufe, die den Zweck genauso gut verwirklichen können. Auch die vorübergehende Wegnahme einer Sache sowie deren vorübergehende Benutzung, wenn diese Benutzung zur Erreichung des Sicherungszwecks erforderlich ist, können somit durch § 127 I S. 1 StPO gerechtfertigt sein.

Somit ist F hier gerechtfertigt, da seine Vorgehensweise im konkreten Fall auch angemessen war.

---

417 Vgl. Zieschang, S. 82.

418 Meyer-Goßner/Schmitt, § 127 Rn. 15.

419 Jescheck/Weigend, § 35 IV S. 2.

420 Weitere Bspe. finden sich bei Meyer-Goßner/Schmitt, § 127 Rn. 12-17.

ee) Subjektive Rechtfertigungselemente

Festnahmewille

Zunächst muss der Täter in Kenntnis der rechtfertigenden Umstände handeln. Der Zweck der Festnahme darf ferner nur darin bestehen, den Täter der Strafverfolgung zuzuführen. Wer diese Absicht nicht hat, besitzt zwar unter Umständen ein Festnahmerecht nach § 229 BGB, vgl. hierzu unten, ist aber jedenfalls zur vorläufigen Festnahme nach § 127 I S. 1 StPO nicht berechtigt (*Festnahmeabsicht*).[421] 374

hemmer-Methode: Strittigster Punkt i.R.d. § 127 I S. 1 StPO ist der Tatbegriff. Größere Erläuterungen hierzu sind aber nur dann erforderlich, wenn ersichtlich ein Problem gegeben ist. Wie bei allen Rechtfertigungsgründen spielt auch hier die Irrtumsproblematik eine große Rolle. Beachten Sie in diesem Zusammenhang BGH, NJW 2000, S. 1348 ff. = Life&Law 2000, S. 713 ff.

c) Weitere Festnahmerechte

Weitere Festnahmerechte finden sich in §§ 127 II, 164 StPO, § 87 StVollzG. 375

hemmer-Methode: Vertiefte Kenntnisse werden hier für das Erste Staatsexamen nicht erwartet. Sollten diese Normen dennoch einmal im Rahmen einer Klausur von Relevanz sein, kommt es vor allem auf eine ordentliche Subsumtionstechnik an.

3. § 193 StGB

§ 193 StGB

§ 193 StGB enthält für die Beleidigungstatbestände des 14. Abschnitts besondere Rechtfertigungsgründe. Im Grunde handelt es sich um einen Fall des erlaubten Risikos, das sich aus dem Grundrecht auf freie Meinungsäußerung ableitet.[422] Auf andere strafbare Handlungen findet § 193 StGB dagegen keine Anwendung. 376

Hauptanwendungsfall des § 193 StGB sind Äußerungen zur Wahrnehmung berechtigter, d.h. rechtlich anerkannter Interessen.

Eine Rechtfertigung setzt voraus, dass das vom Täter verfolgte Interesse höher zu bewerten ist als das Interesse des Verletzten. Auch dieser Rechtfertigungsgrund unterliegt den Grenzen der Erforderlichkeit und Angemessenheit.[423]

hemmer-Methode: Sollte der Rechtfertigungsgrund des § 193 StGB in der Klausur einmal eine Rolle spielen, so dürfte kaum Einzelfallwissen abgefragt werden. Vielmehr kommt es auf eine systematische und nachvollziehbare Argumentation an, die Sie vor allem auch im Hemmer-Hauptkurs erlernen.

4. §§ 229, 230 BGB

§§ 229, 230 BGB

§ 229 BGB regelt die *zivilrechtliche Selbsthilfe*, während § 230 BGB insoweit Grenzen zieht. 377

---

421 Meyer-Goßner/Schmitt, § 127 Rn. 8.

422 Fischer, § 193 Rn. 1; BVerfGE 12, S. 113.

423 Vgl. Fischer, § 193 Rn. 9.

Voraussetzungen des § 229 BGB

Voraussetzung nach § 229 BGB ist zunächst, dass dem Handelnden ein eigener Anspruch zusteht. Maßgebend ist dabei der Anspruchsbegriff des § 194 I BGB, nicht der des Prozessrechts. Auch genügt ein guter Glaube an das Vorliegen eines solchen Anspruches nicht.[424] Obrigkeitsrechtliche Hilfe darf zudem nicht zu erlangen sein, wobei insbesondere die Sicherungsmittel Arrest und einstweilige Verfügung in Betracht kommen, aber auch polizeiliche Hilfe.[425] Weiterhin müsste der Anspruch gefährdet sein, wenn die staatliche Hilfe abgewartet würde. Nicht erforderlich ist insoweit, dass ein unwiedereinbringlicher Verlust droht. Eine wesentliche Erschwerung der Durchsetzung genügt.[426]

Grenzen des § 230 BGB

Die Grenzen der Selbsthilfehandlung steckt § 230 BGB ab. Hiernach muss die Handlung zur Abwehr der Gefahr erforderlich sein (1. Grenze). Außerdem darf die Selbsthilfe nur zur vorläufigen Sicherung des Anspruchs (2. Grenze), nicht aber zum Zweck der Verwertung erfolgen. Die endgültige Entscheidung obliegt dem Gericht.[427]

hemmer-Methode: Um die Identifizierung eines fluchtverdächtigen Schuldners mit Namen und ladungsfähiger Anschrift zu ermöglichen, darf der Geschädigte grundsätzlich im Wege der Selbsthilfe eine dem Schuldner gehörende Sache wegnehmen. Instruktives Fallbeispiel hierzu vgl. BGH, Beschluss vom 05.04.2011 – 3 StR 66/11 = Life&Law 2011, S. 647 ff.

§ 231 BGB

Beachten Sie, dass § 231 BGB für irrtumsbedingte Handlungen nach § 229 BGB eine verschuldensunabhängige Schadensersatzpflicht aufstellt.

5. Erlaubtes Risiko

Erlaubtes Risiko

Umstritten ist, ob das *erlaubte Risiko* einen eigenständigen Rechtfertigungsgrund darstellt. Nach wohl h.M. ist das erlaubte Risiko *nicht* als eigenständige Rechtsfigur anzuerkennen. 378

Vielmehr stellt es nur einen Sammelbegriff für strukturell unterschiedliche Fallgestaltungen dar, in denen es zumeist schon an einem strafrechtlich relevanten Verhaltensunwert fehlt, wie etwa im Fahrlässigkeitsbereich mangels Missachtung der im Verkehr erforderlichen Sorgfalt.[428]

Zu diesen auf dem erlaubten Risiko basierenden Rechtfertigungsgründen zählen etwa die *Wahrnehmung berechtigter Interessen nach § 193 StGB* sowie die *mutmaßliche Einwilligung*.

6. Art. 4 GG

Art. 4 GG

Vereinzelt wird auch die Glaubens- und Gewissensfreiheit nach Art. 4 GG als Rechtfertigungsgrund anerkannt. Dagegen spricht aber, dass die individuelle Glaubensrichtung nicht über Recht oder Unrecht einer Tat, die zudem möglicherweise in Rechte Dritter eingreift, entscheiden kann. Dadurch würden die grundsätzlich abstrakt bestimmten Rechtfertigungsgründe durch ein völlig unbestimmtes Instrument ergänzt, das nur von der Einstellung des Einzelnen abhängt und somit zu einer erheblichen Rechtsunsicherheit beitrüge, da die individuellen Gewissensentscheidungen auch kaum einem Beweis zugänglich wären. 379

424 Palandt, § 229 Rn. 2, 3.

425 Palandt, § 229 Rn. 4.

426 Palandt, § 229 Rn. 5.

427 Palandt, § 230 Rn. 2.

428 Schönke/Schröder, Vorbem. §§ 32 ff. Rn. 107b; Jescheck/Weigend, § 36 I S. 1.

Würde die Glaubens- und Gewissensfreiheit als Rechtfertigungsgrund anerkannt, so müssten jedoch die verfassungsimmanenten Schranken, insbesondere die kollidierenden Grundrechte Dritter, umfassend berücksichtigt werden. Diskutiert wird auch, ob aus Art. 4 GG ein Entschuldigungsgrund abzuleiten ist.[429]

D. Schuld

I. Einführung

Nach Bejahung des objektiven und subjektiven Tatbestandes sowie der Rechtswidrigkeit ist als dritte Stufe im Verbrechensaufbau die *Schuld* zu prüfen. 380

Das StGB unterscheidet scharf zwischen Unrecht und Schuld, vgl. etwa §§ 17, 20 StGB. Während die mit Strafe bedrohte Handlung im Unrechtsbereich auf ihre Übereinstimmung mit den Sollensnormen der Rechtsordnung, d.h. auf ihre Rechtswidrigkeit hin überprüft wird, geht es im Schuldbereich um die Frage, ob dem Täter die rechtswidrige Tat persönlich vorzuwerfen ist.

Nulla poena sine culpa

Das deutsche Strafrecht beruht – in Übereinstimmung mit dem „Menschenbild" des GG – auf dem sog. *Schuld-* und *Verantwortungsprinzip*. Strafe darf also nur dann verhängt werden, wenn die Schuld vorhanden ist (*nulla poena sine culpa*).[430] Dieser Grundsatz wird auch an § 46 I S. 1 StGB deutlich, der die Schuld auch als Grundlage für die Strafzumessung bestimmt. Weitere Ausprägungen im Gesetz finden sich in §§ 17, 29 StGB. 381

hemmer-Methode: Hingegen setzen die sog. Maßregeln der Besserung und Sicherung gem. § 61 StGB nur voraus, dass eine rechtswidrige Tat i.S.d. § 11 I Nr. 5 StGB vorliegt. Folge des Schuldgrundsatzes ist damit das sog. dualistische Rechtsfolgensystem. Während also die Strafe an die Feststellung der Schuld gebunden ist, ist der Zweck der Maßregeln der Besserung und Sicherung, gefährliche Täter zu bessern oder die Allgemeinheit vor ihnen zu schützen. Anknüpfungspunkt ist also die Sozialgefährlichkeit eines Täters.[431]

Entscheidungsfreiheit

Grundlage des Schuld- und Verantwortungsprinzips ist die Fähigkeit des Menschen, sich frei und richtig zwischen Recht und Unrecht zu entscheiden. Nur wenn diese Entscheidungsfreiheit auch existiert, hat es Sinn, einen Schuldvorwurf gegen den Täter zu erheben.

Die Bedeutung des Schuldgrundsatzes lässt sich in drei Thesen zusammenfassen: 382

1. Neben Tatbestandsmäßigkeit und Rechtswidrigkeit ist die Schuld *strafbegründendes* und zugleich *strafbegrenzendes* Merkmal.
2. Unrecht und Schuld müssen einander entsprechen, d.h. die Schuld muss alle Unrechtsmerkmale umfassen.
3. Die im Einzelfall verhängte Strafe muss auch schuldangemessen sein.

[429] Vgl. zum Ganzen auch Schönke/Schröder, Vorbem. §§ 32 ff. Rn. 118 ff.

[430] Aus dem Lateinischen wörtlich übersetzt „keine Strafe ohne Schuld", näher dazu BVerfGE 20, S. 323, 331 = **juris**byhemmer; 23, S. 127, 132; BGHSt Grs 2, S. 194, 200.

[431] Vgl. auch Fischer, vor § 61 Rn. 1.

Gegenstand

Der Gegenstand des Schuldvorwurfs ist die in der rechtswidrigen Tat zum Ausdruck gekommene fehlerhafte Einstellung des Täters zu den Verhaltensanforderungen der Rechtsordnung. Anknüpfungspunkt ist insoweit nicht etwa eine Lebensführungsschuld, sondern immer nur die einzelne konkrete Tat. Das deutsche Strafrecht ist Tatstrafrecht.[432] 383

Schuld bedeutet demnach die Vorwerfbarkeit der Tat im Hinblick auf die ihr zugrunde liegende rechtlich tadelnswerte Gesinnung.[433]

Normativer Schuldbegriff

Dieses Schuldverständnis beruht auf der von *Frank* begründeten *normativen Schuldlehre*, welche das Wesen der Schuld in der Vorwerfbarkeit der Willensbildung und Willensbetätigung (also der normativen Bewertung eines psychischen Sachverhaltes) sieht.[434] Es geht also immer um die individuelle Vorwerfbarkeit der Tat gegenüber dem jeweiligen Täter. Die Schuld ist ein höchstpersönliches Merkmal einer Strafbarkeit, eine Zurechnung, etwa i.R.d. § 25 II StGB, kann demnach niemals erfolgen.[435] 384

Psychologischer Schuldbegriff

Im Gegensatz dazu stand der psychologische Schuldbegriff, der das Wesen der Schuld in der subjektiv-seelischen Beziehung des Täters zur Tat sah. Diese Lehre vermochte wesentliche Aspekte der Schuld nicht zu erfassen. Sie wird auch nicht mehr vertreten und ist allenfalls von rechtsgeschichtlichem Interesse.[436] 385

II. Prüfungsaufbau

Prüfungspunkte

Im Einzelnen ist damit auf der Schuldebene zu prüfen, ob Schuldausschließungsgründe oder Entschuldigungsgründe eingreifen. Bei den Schuldausschließungsgründen fehlt von vornherein eine Schuldvoraussetzung. Bei den Entschuldigungsgründen dagegen liegt eine Minderung von Unrecht und Schuld vor, die so erheblich ist, dass der Gesetzgeber die Tat verzeiht und einen Schuldvorwurf nicht mehr erhebt.[437] 386

Folgende Merkmale sind i.R.d. Schuld zu prüfen:

Prüfungsschema: Schuld

I. Schuldfähigkeit

1. §§ 19-21 StGB

2. Actio libera in causa

II. Spezielle Schuldmerkmale (str.)

III. Vorsatzschuld

IV. Entschuldigungsgründe

V. Unrechtsbewusstsein

[432] Zieschang, S. 83.

[433] Jescheck/Weigend, § 39 II S. 1.

[434] Vgl. Fischer, vor § 13 Rn. 47 m.w.N.

[435] Zieschang, S. 83.

[436] Vgl. Fischer, a.a.O.

[437] Zieschang a.a.O.

hemmer-Methode: Das obenstehende Prüfungsschema sollte in Klausuren natürlich nicht immer durchgeprüft werden. Vielmehr muss auf etwaige Schuldauschließungs- oder Entschuldigungsgründe nur dann eingegangen werden, wenn der Sachverhalt hierfür auch Anhaltspunkte bietet. Ansonsten ist die bloße Feststellung, dass der Täter wegen des Fehlens irgendwelcher Schuldausschließungs- oder Entschuldigungsgründe schuldhaft gehandelt hat, vollkommen ausreichend.

III. Schuldfähigkeit

1. Einführung

Voraussetzung dafür, dass jemand überhaupt schuldig sein kann, ist 387
seine Schuldfähigkeit zum konkreten Tatzeitpunkt. Die Schuldfähigkeit stellt das Mindestmaß an Fähigkeit zur Selbstbestimmung dar, das von der Rechtsordnung für die strafrechtliche Verantwortlichkeit verlangt wird.[438] Gesetzlichen Niederschlag hat dies in den §§ 19-21 StGB gefunden, die zunächst Gegenstand der folgenden Darstellung sind.

2. Schuldunfähigkeit gem. §§ 19, 20 StGB

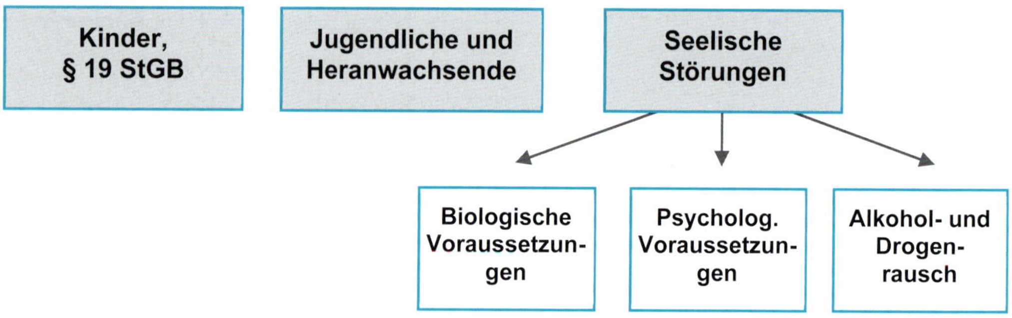

a) Kinder, § 19 StGB

Kinder, § 19 StGB

Nach § 19 StGB ist schuldunfähig, wer bei Begehung der Tat noch 388
nicht vierzehn Jahre alt ist (Berechnung nach § 187 II S. 2 BGB). Hierbei handelt es sich um eine *unwiderlegbare Vermutung*. Dies bedeutet, dass der individuelle Entwicklungsstand insoweit vollkommen unerheblich ist.[439]

Für Beteiligte an rechtswidrigen Taten eines Kindes bestimmt sich die Strafbarkeit nach § 29 StGB. Bei § 19 StGB handelt es sich materiell-rechtlich um einen Schuldausschließungsgrund, vgl. oben.

> ***Bsp.:*** *Der sechsjährige K ist begeistert von den Gartenzwergen im Garten des O. K will sich unbedingt einen der Gartenzwerge holen, wofür er aber eine Leiter benötigt, um die Gartenmauer zu überwinden. K erzählt seinem großen Bruder T von seinem Wunsch. T ist begeistert und stellt K eine Klappleiter zur Verfügung. T selbst will keinen Gartenzwerg, da er damit nichts anfangen kann. Am selben Abend soll dann der „Coup" steigen. T trägt dabei die Leiter, da sie für den K viel zu groß und zu schwer ist. T stellt die Leiter an der Mauer auf, K holt dann den Prächtigsten der Gartenzwerge. Strafbarkeit von K und T?*

[438] Jescheck/Weigend, § 40 I S. 1.

[439] Vgl. Schönke/Schröder, § 19 Rn. 1.

Eine Strafbarkeit von K scheidet aus. Er hat zwar tatbestandlich und rechtwidrig hinsichtlich des § 242 I StGB gehandelt, ist jedoch wegen § 19 StGB schuldunfähig. T hat § 242 I StGB nicht etwa in mittelbarer Täterschaft nach § 25 I 2. Alt. StGB erfüllt, da ihm die für § 242 I StGB erforderliche Zueignungsabsicht fehlt. Allerdings hat er zu der vorsätzlichen und rechtswidrigen Haupttat des K Beihilfe i.S.d. § 27 I StGB geleistet, so dass er nach §§ 242 I, 27 I StGB zu bestrafen ist. Dies ist Ergebnis der limitierten Akzessorietät i.R.d. Teilnahme. Dieses Prinzip wird durch § 29 StGB bestätigt. Strafausschließungsgründe wirken nur bei dem Teilnehmer, bei dem sie vorliegen, § 28 II StGB.

Prozessual

Die absolute Schuldunfähigkeit nach § 19 StGB wirkt sich im Strafprozess als Verfahrenshindernis aus. Folge hiervon ist dann eine Einstellung nach §§ 206a, 260 III StPO.[440] Eine strafrechtliche Ahndung ist demnach nicht möglich. Möglich sind aber in gewissem Umfang zivilrechtliche Maßnahmen, vgl. §§ 1631 III, 1666 BGB. 389

b) Jugendliche und Heranwachsende

Jugendliche

Bei Jugendlichen, d.h. bei Personen, die zur Zeit der Tatbegehung mindestens 14 Jahre alt sind, jedoch noch nicht das achtzehnte Lebensjahr vollendet haben, vgl. die Legaldefinition in § 1 II JGG, bedarf es gem. § 3 S. 1 JGG der positiven Feststellung der strafrechtlichen Verantwortlichkeit, sog. bedingte Strafbarkeit. 390

Zwar sind diese Personen grundsätzlich schuldfähig, was sich aus einem Umkehrschluss zu § 19 StGB ergibt. Diese ist aber wegen § 3 S. 1 JGG nur dann gegeben, wenn der Jugendliche zur Zeit der Tat nach seiner sittlichen und geistigen Entwicklung reif genug ist, das Unrecht der Tat einzusehen und nach dieser Einsicht zu handeln.

Heranwachsende

Heranwachsende sind Personen, die zur Zeit der Tatbegehung achtzehn, aber noch nicht einundzwanzig Jahre alt sind, § 1 II JGG. Hinsichtlich der Schuldfähigkeit bestehen grundsätzlich keine Besonderheiten, § 3 JGG ist auf diese Personen gerade nicht mehr anwendbar. 391

Besonderheiten bestehen vielmehr nur im Hinblick auf die möglichen strafrechtlichen Sanktionen, da nach § 105 JGG zu ermitteln ist, ob auf die Heranwachsenden noch die vom Erziehungsgedanken beherrschten Sanktionen des Jugendstrafrechts nach dem JGG anzuwenden sind oder die Rechtsfolgen des Erwachsenenstrafrechts nach dem StGB maßgeblich sind.[441] Dies beurteilt sich nach § 105 JGG entweder nach der Persönlichkeit des Täters oder nach der Art, den Umständen und den Beweggründen der Tat, etwa bei einem typischen „Jugendstreich".

c) Seelische Störungen, § 20 StGB

Erwachsene

Bei einem Erwachsenen hingegen wird die Schuldfähigkeit grundsätzlich vermutet, solange nicht Anhaltspunkte für das Gegenteil vorliegen. Bei Personen mit einem Alter ab 21 Jahren findet auch auf der Rechtsfolgenseite immer Erwachsenenstrafrecht Anwendung. 392

[440] Fischer, § 19 Rn. 2.

[441] Vgl. hierzu Zieschang, S. 84.

§ 20 StGB

Nach § 20 StGB handelt derjenige ohne Schuld, der bei Begehung der Tat wegen einer krankhaften seelischen Störung, wegen einer tiefgreifenden Bewusstseinsstörung, wegen einer Intelligenzminderung oder einer schweren anderen seelischen Störung unfähig ist, das Unrecht seiner Tat einzusehen oder nach dieser Einsicht zu handeln.

§ 20 StGB setzt für den Schuldausschluss nach seinem Wortlaut und auch der ganz h.M. eine Verbindung von *Ursache* und *Wirkung* voraus.[442] § 20 StGB kombiniert also bei der Umschreibung der Schuldunfähigkeit psychologisch-biologische Faktoren und psychologisch-normative Aspekte. Dies bedeutet, dass die Unfähigkeit, das Unrecht der Tat einzusehen oder nach dieser Einsicht zu handeln, auf einer der in § 20 StGB aufgezählten Krankheits- oder Bewusstseinsstörungstatbestände *beruhen* muss.

Gemischte Methode

Das Vorliegen der Schuldunfähigkeit wird hierbei nach der *gemischt biologisch-psychologischen* Methode bestimmt (auch psychisch-normative Methode genannt).[443] Dieses zweistufige Modell wird zwar vielfach dahingehend kritisiert, dass das in § 20 StGB formulierte Modell keine klare Abgrenzung zwischen deskriptiven, durch Diagnose zu erhebenden Ursachen und rechtlich zu bewertenden Auswirkungen enthalte, sondern diese auf allen Ebenen vermische.[444] Für die Klausur hat dies aber letztlich keine Bedeutung, so dass es der Übersichtlichkeit wegen bei oben genannter Einteilung nach der gemischten Methode verbleiben soll. 393

Die Beurteilung des Vorliegens der Schuldfähigkeit ist als Rechtsfrage dem Tatrichter vorbehalten.[445]

aa) Biologische Voraussetzungen

Biologisch

Als biologische Voraussetzungen kommen in Betracht das Vorliegen einer krankhaften seelischen Störung, einer tiefgreifenden Bewusstseinsstörung, von Schwachsinn oder einer anderen schweren seelischen Abartigkeit bei dem Täter im Tatzeitpunkt. 394

Krankhafte seelische Störung

Der Begriff der krankhaften seelischen Störung i.S.d. §§ 20, 21 StGB deckt sich zwar weitgehend mit dem psychiatrisch-medizinischen Krankheitsbegriff, ist jedoch selbständig auszulegen.[446] Zu den krankhaften seelischen Störungen werden grundsätzlich zwei Gruppen gezählt. Zum einen fallen hierunter sog. *endogene* Psychosen, wozu etwa Formen der Schizophrenie und manisch-depressives Verhalten zählen.[447] Zum anderen gehören hierzu die sog. *exogenen* Psychosen, die hirnorganische Ursachen haben, wie etwa chronische degenerative Erkrankungen (z.B. Alzheimer), oder Hirnabbau infolge chronischen Alkohol-, Drogen- oder Medikamentenmissbrauchs.[448] Zur wichtigen Rauschproblematik vgl. unten **cc)**. 395

Tiefgreifende Bewusstseinsstörungen

Unter einer tiefgreifenden Bewusstseinsstörung wird eine Trübung oder Einengung des Bewusstseins verstanden.[449] Die konkrete Abgrenzung zu den krankhaften seelischen Störungen ist vielfach zweifelhaft und umstritten. Vor allem werden Bewusstseinsstörungen häufig die Folge krankhafter seelischer Störungen sein.[450] 396

---

442 Fischer, § 20 Rn. 3.

443 Vgl. Schönke/Schröder, § 20 Rn. 1; Jescheck/Weigend, § 40 III.

444 Vgl. hierzu Fischer, § 20 Rn. 5.

445 Jescheck/Weigend, § 40 III S. 4.

446 Fischer, § 20 Rn. 8.

447 „Endogen“ steht in der Medizin für „im Körperinneren entstehend“ bzw. „von innen kommend“.

448 „Exogen“ steht in der Medizin für „von außen her in den Organismus eindringend“. Vgl. zum Ganzen Fischer, § 20 Rn. 10 f.

449 Roxin AT I, § 20 II S. 2.

450 Fischer, § 20 Rn. 29.

Jedenfalls hat eine tiefgreifende Bewusstseinsstörung, anders als die anderen Fallgruppen des § 20 StGB, den *unmittelbaren* Verlust von Entscheidungsfreiheit im Zeitpunkt der Tathandlung zum Inhalt. Für die Klausur ist eine nähere Darlegung dieser weithin umstrittenen Fallgruppe aber unerheblich. Als Beispiele können hier insbesondere Hypnose, schweres Fieber, Schlaftrunkenheit sowie hochgradige Zorn- und Angstaffekte genannt werden.

Schwachsinn

Als „Schwachsinn" werden Stufen angeborener Intelligenzschwäche ohne nachweisbare Ursache bezeichnet.[451] Hierzu zählen etwa Debilität, Imbezillität und Idiotie. Wichtigster Anhaltspunkt für die Feststellung des Schwachsinns ist der Intelligenzquotient (IQ).[452] 397

Schwere andere seelische Abartigkeit

Unter den sog. schweren anderen seelischen Abartigkeiten ist das Gegenstück zu den Psychosen, z.B. Psychopathien, Neurosen oder Triebstörungen - jeweils in schwerer Form - zu verstehen.[453] 398

bb) Psychologische Voraussetzungen

Psychologisch

Psychologische Voraussetzung ist, dass der Täter infolge des biologischen Zustandes unfähig war, das Unrecht seiner Tat einzusehen (*Fehlen des Einsichtsvermögens*) oder nach dieser Einsicht zu handeln (*Fehlen des Hemmungsvermögens*). 399

Bei Letzterem kommt es darauf an, ob der Täter fähig war, eine mögliche Unrechtseinsicht als Motivationsfaktor wirken zu lassen, also Anreize und Hemmungen gegeneinander abzuwägen und danach seinen Entschluss zu bilden.[454]

hemmer-Methode: Schon die obigen kurzen Ausführungen zeigen, dass eine Feststellung der Voraussetzungen des § 20 StGB im Rahmen einer Klausur kaum möglich ist. Deshalb wird dort auch in der Regel angegeben sein, dass der Täter nach § 20 StGB schuldunfähig war. Relevanz gewinnen die obigen Ausführungen damit hauptsächlich für das mündliche Examen. Wichtigster Themenkomplex insoweit ist aber jedenfalls die im Folgenden zu erörternde Trunkenheitsproblematik.

cc) Alkohol- und Drogenrausch

Einordnung

Regelmäßig relevant im Rahmen einer Klausur wird § 20 StGB dann, wenn eine hohe Alkoholkonzentration beim Täter im Tatzeitpunkt vorliegt. Nach h.M. sind die akuten Intoxikationspsychosen, also die akuten Rauschzustände infolge Alkohol- oder Drogenkonsums, Fälle der exogenen Psychosen i.R.d. krankhaften seelischen Störungen.[455] Nach anderer Ansicht handelt es sich um eine tiefgreifende Bewusstseinsstörung.[456] Für die Klausur hat diese unterschiedliche Einordnung allerdings keine Bedeutung. 400

Die praktisch wichtigste Fallgruppe, auch für die Klausur, ist die der Trunkenheitszustände nach Alkoholkonsum. Die Höhe der Blutalkoholkonzentration (BAK) zum Zeitpunkt der Tatbegehung bietet für die Beurteilung einen quantifizierbaren Anhaltspunkt.

451 Schönke/Schröder, § 20 Rn. 18; Jescheck/Weigend, § 40 III S. 2c.

452 Fischer, § 20 Rn. 35.

453 Schönke/Schröder, § 20 Rn. 19 ff.; Fischer, § 20 Rn. 36.

454 Fischer, § 20 Rn. 44.

455 Fischer, § 20 Rn. 11.

456 Vgl. Schönke/Schröder, § 20 Rn. 12 m.w.N.

Für die Frage nach (absoluter) Schuldunfähigkeit i.S.d. § 20 StGB oder verminderter Schuldfähigkeit i.S.d. § 21 StGB ist aber nicht der Wert der BAK allein maßgeblich, sondern es ist grundsätzlich auch die konkrete Tat sowie die Persönlichkeit und das Verhaltens des Täters in einer Gesamtschau zu würdigen.[457]

Es gilt dabei zu beachten, dass es keinen Rechts- oder Erfahrungssatz gibt, wonach ab einem bestimmten Blutalkoholwert die Schuldfähigkeit vermindert oder gar aufgehoben ist.[458] Dennoch hat die Rechtsprechung Richtwerte entwickelt, deren Kenntnis in Klausur und mündlicher Prüfung vorausgesetzt wird. Im Einzelnen ist Folgendes zu beachten:

Unter 2,0 ‰

Bei einem BAK-Wert von unter 2,0 ‰ ist bei einem erwachsenen und gesunden Menschen regelmäßig von der vollen Schuldfähigkeit auszugehen.[459] Man sollte sich aber auch hier vor zu schematischen Betrachtungsweisen hüten, da es einen allgemeinen Erfahrungssatz, dass bei einer BAK unter 2,0 ‰ eine erhebliche Einschränkung der Steuerungsfähigkeit stets ausgeschlossen wäre, nicht gibt.[460] Vor allem bei Werten, die nahe an dieser Grenze liegen, kann eine erhöhte Prüfungspflicht angenommen werden.[461] **401**

2,0 - 3,0 ‰

Für BAK-Werte zwischen 2,0 bis 3,0 ‰ ist bereits eine Intoxikationspsychose möglich, so dass hier regelmäßig von verminderter Schuldfähigkeit nach § 21 StGB auszugehen ist. Bei Tötungsdelikten wird diese wegen der erhöhten Hemmschwelle erst ab einem Wert von 2,2 ‰ angenommen.[462] Wiederum gilt es zu beachten, dass auch insoweit kein medizinisch-statistischer Erfahrungssatz besteht. Allerdings ist bei diesen Werten, zumindest stets zu prüfen, ob § 21 StGB eingreift.[463] Je mehr sich der Wert den 3,0 ‰ annähert, desto eher ist dabei aber von verminderter Schuldfähigkeit nach § 21 StGB auszugehen.[464] **402**

Ab 3,0 ‰

Ab einem Wert von 3,0 ‰ ist regelmäßig eine Prüfung der Aufhebung der Steuerungsfähigkeit nach § 20 StGB angezeigt. Bei Tötungsdelikten gilt wegen der hohen Hemmschwelle ein Wert von 3,3 ‰. **403**

Auch hier gibt es keinen Erfahrungssatz, der besagt, dass ab einer solchen BAK immer von Schuldunfähigkeit auszugehen ist. Dies gilt umso mehr bei trinkgewohnten Personen. Dann liegt aber bei solchen Personen wieder die Anwendung von § 21 StGB nahe.[465]

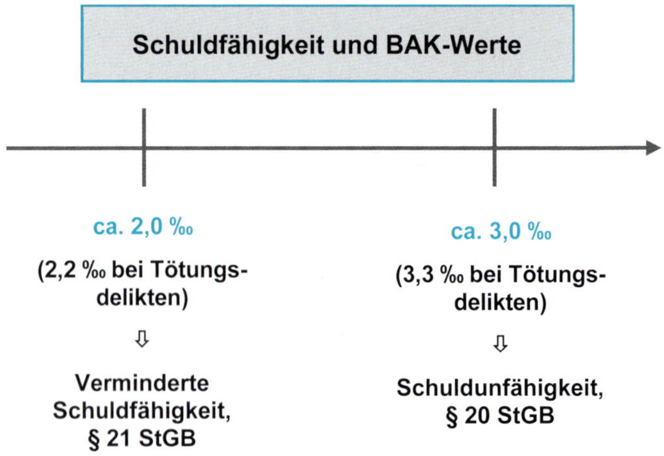

---

457 Fischer, § 20 Rn. 17, 21.

458 Zieschang, S. 84; so auch wieder BGH, NStZ 2005, S. 329.

459 Zieschang, S. 84.

460 Fischer, § 20 Rn. 21.

461 Vgl. Fischer, a.a.O.

462 BGHSt 37, S. 235 = **juris**byhemmer.

463 Vgl. Fischer, § 20 Rn. 21.

464 Vgl. BGH, NJW 1991, S. 127; Schönke/Schröder, § 20 Rn. 16a.

465 Vgl. hierzu auch Fischer, § 20 Rn. 20.

Einzelfall

Schon obige Ausführungen zeigen, dass sich grundsätzlich eine schematische Bewertung verbietet. Der BGH betont immer wieder, dass eine Gesamtschau der objektiven und subjektiven Umstände des Tatgeschehens und der Persönlichkeitsverfassung des Täters vor, während und nach der Tat vorzunehmen ist.[466]

hemmer-Methode: In der Klausur stellen die angegebenen BAK-Werte für Sie natürlich die wichtigsten Indizien dar. Geben Sie dem Korrektor aber zu verstehen, dass diese allein nicht entscheidend sind, sondern immer auf den Einzelfall abzustellen ist.

Feststellung der BAK

Für die Beurteilung der Schuldfähigkeit bei Begehung der Tat ist die Tatzeits-BAK festzustellen. Liegt der BAK-Wert einer nach der Tat entnommenen Blutprobe vor (beachten Sie insoweit auch § 81a StPO), so geschieht die Feststellung der Tatzeit-BAK im Wege der *Rückrechnung*. Bei der Prüfung der Schuldfähigkeit ist dabei zugunsten des Täters von einem maximalen Abbauwert auszugehen. 404

Dieser berechnet sich nach st. Rspr. aus dem stündlichen Abbauwert von 0,2 ‰ sowie einem einmaligen Sicherheitszuschlag von 0,2 ‰, wobei in diese Rechnung auch die ersten beiden Stunden nach Trinkende einzubeziehen sind.[467] Dabei ist das Trinkende als Anfangszeitpunkt, die Blutentnahme als Endzeitpunkt zu nehmen.

hemmer-Methode: Beachten Sie die Unterschiede zur Berechnung bei §§ 315c, 316 StGB. Sie geschieht dort zwar auch im Wege der Rückrechnung. Da es aber hier um die Ermittlung der Fahruntüchtigkeit geht, wird wegen des Zweifelssatzes ein maximaler Abbauwert von 0,1 ‰ zugrunde gelegt und, um bei längerer Resorptionszeit jede Benachteiligung des Täters auszuschließen, die ersten zwei Stunden nach Trinkende grundsätzlich von der Rechnung ausgeschlossen.[468] Dies kann dazu führen, dass auf Tatbestandsebene und auf Schuldebene von unterschiedlichen BAK-Werten auszugehen ist. Dies ist Ausfluss des in-dubio-pro-Grundsatzes.

> **Bsp.:** *T wird acht Stunden nach einer Wirtshausschlägerei, bei der O schwer verletzt wurde, aufgegriffen. Ein BAK-Test ergibt einen Wert von 1,5 ‰. Geht man hier nun von einem stündlichen Abbauwert von 0,2 ‰ (= 8h – 1,6 ‰) sowie einem einmaligen Sicherheitszuschlag von 0,2 ‰ aus, so errechnet sich zum Tatzeitpunkt eine BAK von 3,3 ‰. Damit ist hier grundsätzlich von Schuldunfähigkeit auszugehen, da auch der Wert von 3,0 ‰ deutlich überschritten ist und andere Anzeichen, wie etwa eine besondere Trinkgewohnheit des T, nicht vorliegen.* 405

3. Verminderte Schuldfähigkeit, § 21 StGB

§ 21 StGB

Vermindert schuldfähig nach § 21 StGB sind Personen, deren Einsichts- oder Steuerungsfähigkeit bei Begehung der Tat aus einem der in § 20 StGB genannten Gründe erheblich vermindert ist. 406

Daraus folgt, dass die biologischen Voraussetzungen insoweit denen des § 20 StGB entsprechen. Der Unterschied zu § 20 StGB liegt bei den psychologischen Voraussetzungen. Bei § 21 StGB ist die Einsichts- und/oder Steuerungsfähigkeit nicht völlig ausgeschlossen, wohl aber erheblich vermindert.

[466] Vgl. BGH, NStZ 1987, S. 321; NStZ 1982, S. 376 = jurisbyhemmer.

[467] Vgl. zum Ganzen Fischer, § 20 Rn. 13 m.w.N.

[468] Vgl. Fischer, § 316 Rn. 19.

Problematisch ist insoweit, wann von einer *erheblichen* Verminderung der Steuerungsfähigkeit in diesem Sinne gesprochen werden kann. Hierbei handelt es sich um einen unbestimmten Rechtsbegriff. Ein solcher kann nicht allein empirisch bestimmt werden. Demzufolge ist es Aufgabe des Tatgerichts, hierüber in eigener Verantwortung zu entscheiden.[469] Die Feststellung setzt eine normative Gesamtwürdigung des Tatrichters voraus.[470] Weitere Ausführungen sollen hier mangels Klausurrelevanz unterbleiben.

Praktisch wichtigster Fall ist auch insoweit die akute Alkoholintoxikation, bei der regelmäßig eine verminderte Schuldfähigkeit in Betracht kommt, vgl. oben.

Anwendungsbereich

§ 21 StGB regelt einen *Schuldminderungsgrund*, bei dem die Straf- 407
milderung fakultativ ist. Nach § 49 I StGB kann also die Strafe gemildert werden, was aber nicht zwingend ist. § 21 StGB bildet keine eigene Schuldkategorie, auch der vermindert Schuldfähige ist schuldig. Auswirkungen ergeben sich nur auf der Rechtsfolgenseite, namentlich bei der möglichen Verschiebung des Strafrahmens nach § 49 I StGB. Dabei steht die Strafmilderung aber nicht im Belieben des Tatrichters, sondern nach h.M. in dessen pflichtgemäßem Ermessen.

Wichtig ist auch dies vor allem im Bereich erhöhter Alkoholisierung. Denn bei einem selbstverschuldeten Alkoholrausch besteht nach st. Rspr. regelmäßig kein Anlass für die Strafmilderung. Ein solcher Fall liegt vor, wenn der Täter die Begehung von Straftaten vorhergesehen hat oder hätte vorsehen können, so dass in vielen Fällen in der Praxis trotz starker Alkoholisierung eine Strafmilderung nach §§ 21, 49 I StGB ausscheidet.[471]

4. Actio libera in causa

a) Einführung

a.l.i.c.

Ist der Täter bei der Tatausführung schuldunfähig, so ist an die 408
Grundsätze der sog. actio libera in causa (kurz: a.l.i.c.[472])[473] zu denken.

Zur besseren Verständlichkeit folgender

Ausgangsfall: *A will O töten. Ihm fehlt jedoch der Mut zur Tatbegehung.* 409
Da er aber weiß, dass er in angetrunkenem Zustand in der Lage ist, die Tat zu begehen, betrinkt er sich in seiner Stammkneipe, um dann in diesem Zustand O zu töten. Nachdem er den Zustand der Schuldunfähigkeit erreicht hat, tötet er O nach seinem vorgefassten Plan durch einen Messerstich. Strafbarkeit des A?

In Betracht kommt eine Strafbarkeit nach § 212 I StGB. A hat den objektiven und subjektiven Tatbestand erfüllt. Die Tat war auch rechtswidrig. Allerdings war er zum Zeitpunkt der Tatbegehung schuldunfähig nach § 20 StGB, so dass grundsätzlich eine Strafbarkeit nach § 212 I StGB entfallen muss. In Betracht käme demnach allein eine Strafbarkeit nach § 323a I StGB wegen Vollrauschs.

Ausgangspunkt der Überlegungen ist nun, ob im Wege der Rechtsfigur der a.l.i.c. eine Strafbarkeit nach § 212 I StGB begründet werden kann.

469 Fischer, § 21 Rn. 7.

470 Fischer, a.a.O. m.w.N.

471 Vgl. hierzu Fischer, § 21 Rn. 25.

472 Aus dem Lateinischen wörtlich übersetzt: „Eine bei der Verursachung freie Handlung".

473 Zur Übersetzung und der historischen Entwicklung vgl. Hruschka, JuS 1968, S. 554; Jerouschek, JuS 1997, S. 85 ff.

Klassisch für die Rechtsfigur der a.l.i.c. ist ein mehraktiges Geschehen, bei welchem der schuldfähige Täter in der ersten Phase eine Ursache für seine Schuldunfähigkeit und die eigentliche Tathandlung setzt, die er dann in der zweiten Phase als inzwischen Schuldunfähiger ausführt.

Konstellation der a.l.i.c.

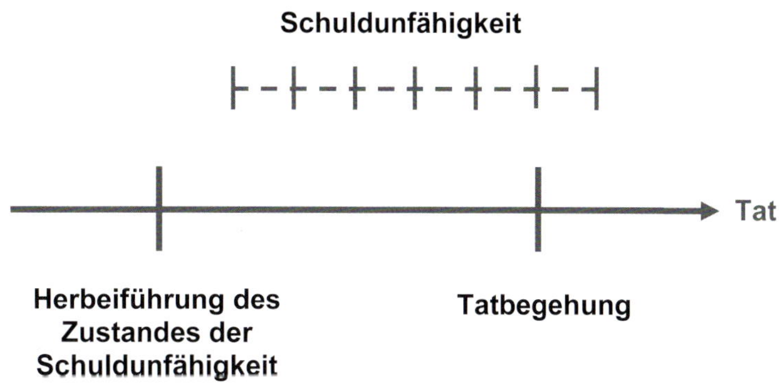

Grundsätzlich kommt die a.l.i.c. in zwei Varianten vor. Einmal ist sie als vorsätzliche a.l.i.c. denkbar, d.h. der Täter hat sich vorsätzlich in einen Defektzustand nach § 20 StGB versetzt, um in diesem Zustand eine bestimmte Tat zu begehen, was er schon bei Versetzung in den Defektzustand in seinen Vorsatz aufgenommen hatte. Zum anderen kommt eine fahrlässige a.l.i.c. in Betracht.

Während früher die a.l.i.c. als gewohnheitsrechtlich anerkannt bezeichnet wurde, kann dies heute aufgrund vielfacher Bedenken in der Literatur und vor allem aufgrund geänderter höchstrichterlicher Rechtsprechung kaum mehr angenommen werden.

b) Begründungsansätze

Die a.l.i.c. lässt sich ohne weiteres als eine der umstrittensten Rechts- 410
figuren bezeichnen. Es werden insoweit verschiedenste Ansätze vertreten, von denen dem Bearbeiter einer Klausur zumindest die wichtigsten bekannt sein müssen. Im Einzelnen sind dies folgende Modelle:

aa) Tatbestandslösung

Tatbestandslösung

Ein erster Begründungsansatz ist die sog. *Tatbestandslösung*, auch 411
Vorverlagerungsmodell genannt.[474] Diesem Ansatz liegt die Erwägung zugrunde, dass, wenn der Alkoholkonsum zur Schuldunfähigkeit führt, bereits das Sichbetrinken die eigentliche Tathandlung darstellt.

Die Herbeiführung des Defektzustandes ist demnach der Beginn der Tatbestandsverwirklichung.[475] Durch dieses Verhalten zu einem Zeitpunkt, zu dem der Täter noch schuldfähig ist, wird nämlich eine Kausalkette in Gang gesetzt, an deren Ende der tatbestandliche Erfolg steht.

---

[474] Hirsch, NStZ 1997, S. 230.

[475] BGHSt 17, S. 333 = jurisbyhemmer.

Grundsätzlich scheint dieses Modell mit dem Gesetzeswortlaut in Einklang zu stehen und insbesondere keine Ausnahme von dem in § 20 StGB enthaltenen Koinzidenzprinzip darzustellen, da ja – nach diesem Modell – zum Zeitpunkt der Tatbegehung, also des Sichbetrinkens, die Schuldfähigkeit vorlag.

Allerdings spricht gegen eine solche Vorverlagerung der strafrechtlich relevanten Handlung, dass auch sonst nicht jeder Vorbereitungsakt, der für einen späteren Erfolg kausal geworden ist, als tatbestandliche Handlung angesehen wird. Tragfähig wäre das Modell nur, wenn man bereits beim Trinken des Alkohols ein unmittelbares Ansetzen i.S.d. § 22 StGB, also ein Überschreiten der Schwelle zum strafbaren Versuch, erblicken könnte. Vorbereitungshandlungen allein sind grundsätzlich irrelevant. Ein unmittelbares Ansetzen liegt aber nur dann vor, wenn der Täter nach seiner Vorstellung das Rechtsgut in eine konkrete nahe Gefahr bringt.[476] Dies erscheint bei dem Trinken des Alkohols schwer verständlich, wenn man bedenkt, dass sich der Täter ja über die Schwelle von 3,0 ‰, bei Tötungsdelikten sogar über 3,3 ‰ betrinken muss. 412

Gegen dieses Modell wird auch angeführt, dass es die Rücktrittsmöglichkeiten in unzulässiger Weise beschränkt.[477]

Der BGH sieht dieses Modell grundsätzlich als tragfähige Grundlage an, wobei allerdings wichtige Einschränkungen bestehen.[478]

bb) Modell der mittelbaren Täterschaft

Mittelbare Täterschaft

Eng verwandt mit der „Tatbestandslösung“ ist ein Begründungsansatz, der in der a.l.i.c. einen Sonderfall der *mittelbaren Täterschaft* nach § 25 I Alt. 2 StGB sieht. Der Täter bedient sich bei der Ausführung der Tat seiner eigenen Person als Werkzeug. Entsprechend zum erstgenannten Ansatz wird auch hier der Schuldvorwurf auf einen Zeitpunkt vorverlagert, in dem der Täter noch schuldfähig war.[479] 413

Sieht man von den grundsätzlichen Bedenken gegen dieses Begründungsmodell ab, so ist demnach auch hier die tatbestandsmäßige Handlung das Sichbetrinken.

Vorteile gegenüber der ersten Ansicht liegen aber insoweit vor, als plausibel begründet wird, weshalb das Sichbetrinken bereits den Bereich der straflosen Vorbereitungshandlungen überschritten haben soll.

Gegen diese Ansicht lässt sich indes der Wortlaut des § 25 I Alt. 2 StGB anführen. Hiernach wird nämlich vorausgesetzt, dass die unmittelbare Tatausführung durch „einen anderen“ erfolgt. Die Person des Täters bleibt aber identisch, so dass insoweit eine Analogie zulasten des Täters nahe liegt (Art. 103 II GG). 414

hemmer-Methode: Bei der Darstellung der zwei oben genannten Ansichten in der Klausur ist Folgendes zu beachten:[480] Zunächst ist die unmittelbare Tathandlung, im Ausgangsfall der Messerstich, zu prüfen. Im Rahmen des § 20 StGB erfolgt dann eine Auseinandersetzung mit den folgenden Ansichten. Wenn man dann § 20 StGB bejaht, ist eine neue Prüfung zu beginnen, bei der als Tathandlung an das Sichbetrinken angeknüpft wird. Im Anschluss daran ist dann § 323a I StGB anzusprechen, der aber, wenn man die vorsätzliche a.l.i.c. anerkennt, hierzu subsidiär ist und damit jedenfalls auf Konkurrenzebene zurücktritt.

---

476 Fischer, § 22 Rn. 10.

477 Fischer, § 20 Rn. 53.

478 Zum Stand der Rechtsprechung vgl. Rn. 420.

479 Vgl. hierzu auch Roxin AT I, § 20 Rn. 58 ff.

480 Vgl. zum Aufbau auch Hemmer/Wüst, Die 34 wichtigsten Fälle für Anfangssemester, Strafrecht AT, Fall 18.

cc) Ausdehnungsmodell

Ausdehnungsmodell

Eine weitere in der Literatur vertretene Ansicht[481] versucht die Probleme, welche die beiden oben dargestellten Ansichten aufweisen, zu vermeiden. Dabei wird als Tathandlung wieder die unmittelbare Ausführungshandlung, im Ausgangsfall also der Messerstich, angesehen. 415

Ausgangspunkt dieses Ansatzes ist die Erwägung, dass die Schuld normativ zu bestimmen ist. Deshalb könne dem Täter das Gesamtgeschehen zum Vorwurf gemacht werden, sog. *Ausdehnungsmodell*. Dem Täter sei die Rechtsgutsverletzung nämlich deshalb vorwerfbar, weil er sich gerade im Hinblick auf sie schuldhaft seiner Steuerungsfähigkeit beraubt hat.

Im Präventionsinteresse und aus Gerechtigkeitsgründen sei aber der Begriff „bei Begehung der Tat" in § 20 StGB weit auszulegen in dem Sinn, dass auch das auf die Tatbestandsverwirklichung bezogene Vorverhalten im Schuldtatbestand erfassbar ist.

Diese Ansicht versucht den Anforderungen des Art. 103 II GG gerecht zu werden, indem sie einerseits den Deliktstatbestand unangetastet lässt und andererseits auch das Koinzidenzprinzip[482] wahrt. Denn bei Erstreckung des Schuldvorwurfs auf das Gesamtgeschehen handelt der Täter dann auch im Zeitpunkt der unmittelbaren Rechtsgutsverletzung „mit Schuld". Trotzdem weist diese Lehre ebenfalls große Schwächen auf. Gegen sie spricht ein gesetzessystematisches Argument, da nichts dafür ersichtlich ist, dass das Gesetz den in §§ 16 I S. 1, II, 17 S. 1 StGB und § 20 StGB unterschiedslos verwendeten Tatbegriff gerade in § 20 StGB in einem weiteren Sinn verstanden haben will als in den anderen genannten Vorschriften. Vielmehr ist auch hier nur auf den konkreten Handlungsmoment abzustellen, so dass im Ergebnis doch ein Verstoß gegen das in § 20 StGB verankerte Koinzidenzprinzip vorliegt und damit letztlich auch eine Analogie zu Lasten des Täters, also ein Verstoß gegen Art. 103 II GG. Das Ausdehnungsmodell wirkt in sich gekünstelt und ist als dogmatische Grundlage für die a.l.i.c. nicht tragfähig. 416

dd) Ausnahmemodell

Ausnahmemodell

Die letzte wichtige in der Literatur vertretene Ansicht sucht die Lösung der Problematik der a.l.i.c. in dem sog. *Ausnahmemodell*.[483] Danach wird das Koinzidenzprinzip des § 20 StGB in diesen Fällen zwar als nicht erfüllt angesehen, für den Fall der a.l.i.c. sei aber von diesem Prinzip eine Ausnahme zu machen. 417

Zum einen wird diese Ansicht mit einem entstehungsgeschichtlichen Argument begründet. Der Gesetzgeber habe mit Einführung des § 20 StGB nichts an der zuvor bekannten Rechtsfigur der a.l.i.c. ändern wollen. Zudem wird ein systematisches Argument angeführt, wonach das Gesetz selbst in §§ 35 I S. 2, 17 S. 2 StGB parallele Wertungen aufweise, bei denen entsprechende Ausnahmen für die Fälle gemacht würden, in denen ein Täter in vorwerfbarer Weise den Zustand herbeigeführt habe, der zum Ausschluss der Schuld führe.

[481] Vgl. Streng, JZ 1994, S. 711.

[482] Auch „Gleichzeitigkeitsprinzip" genannt. Gemeint ist damit, dass der Täter genau zum Zeitpunkt der Tat schuldhaft handeln muss.

[483] Hruschka, JZ 1996, S. 64 ff.; Kindhäuser, Gefährdung als Straftat, S. 120 ff.

Grundsätzlich ist also zu sagen, dass das Ausnahmemodell nicht auf Zweckkonstruktionen zurückgreifen muss, sondern sich systematisch begründen lässt. In eigentlich dogmatisch sauberer Art und Weise wird eine Analogie begründet. Damit ist aber auch das Kernproblem dieser Lehre offensichtlich: Sie verstößt gegen das Analogieverbot des Art. 103 II GG. Verständlich wird dies vor dem Hintergrund, dass diese Lehre zu einer Zeit begründet wurde, als es noch umstritten war, ob das Analogieverbot auch für den Bereich des Allgemeinen Teils gilt.[484] Nunmehr ist aber höchstrichterlich bestätigt, dass das Analogieverbot gerade auch für den Allgemeinen Teil gilt, so dass die heutige Fassung des § 20 StGB eindeutig dem Ausnahmemodell entgegensteht.[485] Ebenso steht Art. 103 II GG einem strafbegründenden Gewohnheitsrecht entgegen. *418*

ee) Ablehnung der a.l.i.c.

Ablehnung

Eine im Vordringen begriffene Ansicht im Schrifttum lehnt die Rechtsfigur der a.l.i.c. gänzlich ab.[486] „De lege lata“[487] sei eine Strafbarkeit derzeit nicht begründbar. Nach dieser Ansicht verbleibt also nur eine Strafbarkeit nach § 323a I StGB. *419*

Zwar führt diese Ansicht zu Strafbarkeitslücken. Doch allein das (scheinbare) Bedürfnis nach Bestrafung schafft noch lange keine tragfähige Begründung für eine solche Strafbarkeit. Andere Ansichten stehen im Widerspruch zur verfassungsrechtlichen Lage nach Art. 103 II GG.

hemmer-Methode: Wenn Sie einer der zuletzt dargestellten Ansichten im Rahmen Ihrer Klausur folgen wollen, dann müssen Sie i.R.d. Schuld zuerst § 20 StGB und diese Begründungsansätze zur a.l.i.c. diskutieren. Wenn dann eine Strafbarkeit wegen Bejahung des Ausdehnungs- oder Ausnahmemodells angenommen wird, so tritt § 323a I StGB auf Konkurrenzebene wiederum zurück. Wenn Sie mit der zuletzt genannten Ansicht die a.l.i.c. in Gänze ablehnen, so folgt dann (nachdem Sie auch das Vorverlagerungsmodell und das Modell der mittelbaren Täterschaft geprüft haben) die Strafbarkeit aus § 323a I StGB.

c) Rechtsprechung

Urteil vom 22.08.1996

Der BGH hat die Rechtsfigur der a.l.i.c. jahrzehntelang herangezogen, wobei er in der Begründung insbesondere zur Tatbestandslösung tendierte.[488] Der 4. Strafsenat des BGH hat sich jedoch in seinem Urteil vom 22.08.1996 gegen diese Rechtsfigur ausgesprochen, wobei er sich mit allen wichtigen zur a.l.i.c. vertretenen Ansichten ausführlich auseinandersetzte.[489] *420*

Ergebnis dieser Entscheidung war, dass zumindest für den Bereich der Straßenverkehrdelikte nach §§ 315c, 316 StGB, § 21 StVG die a.l.i.c. nicht mehr die Strafbarkeit des Täters zu begründen vermag.

Die Ansicht des BGH zu den verschiedenen Begründungsmodellen im Einzelnen:

---

484 Hruschka, JuS 1968, S. 554.

485 So in anderem Zusammenhang BGH, NJW 1996, S. 2663.

486 Salger/Mutzbauer, NStZ 1993, S. 561; Hettinger, GA 1989, S. 1.

487 Das heißt „nach der derzeitigen Rechtslage“. Abzugrenzen davon ist „de lege ferenda“, darunter ist die zukünftige, erstrebte Rechtslage zu verstehen.

488 Vgl. BGHSt 21, S. 381 = **juris**byhemmer.

489 BGH, NJW 1997, S. 136 (Lesenswert!); vgl. auch Kudlich/Spielbauer, Life&Law 1998, S. 52 ff. (lesenswert!).

Tatbestandslösung

Von besonderem Interesse sind die Ausführungen zur sog. Tatbestandslösung, vor allem auch deswegen, weil der BGH vielfach selbst zu dieser Ansicht tendierte, vgl. oben. Zwar ist der BGH in der oben zitierten Entscheidung grundsätzlich weiterhin der Ansicht, dass dieser Begründungsansatz eine tragfähige Grundlage einer Bestrafung bilden kann. Bei Tatbeständen aber, die wie §§ 315c, 316 StGB sowie § 21 StVG primär an ein Verhalten anknüpfen (Handlungsdelikte) und einen eigenhändigen Charakter aufweisen, kann diese Lösung die Annahme schuldhafter Taten trotz schuldausschließenden Vollrausches bei der eigentlichen Tathandlung nicht rechtfertigen.[490] 421

Dies ergibt sich daraus, dass diese Straßenverkehrsdelikte jeweils ein „Führen" des Fahrzeugs voraussetzen. Das Führen eines Fahrzeugs ist aber gerade nicht gleichbedeutend mit dem Verursachen der Bewegung. Ein Führen i.S.d. Vorschriften liegt vielmehr erst dann vor, wenn der Bewegungsvorgang mit dem Anfahren begonnen wird. Dagegen genügt für den Begriff des „Führens" nicht, dass – in der Absicht des baldigen Losfahrens – der Motor angelassen und das Abblendlicht eingeschaltet wird.

Damit verbietet sich aber, ein noch wesentlich vorgelagertes Geschehen, wie das Sichbetrinken, bereits unter den Begriff des „Führens" zu fassen. Im konkret vom BGH entschiedenen Fall führte dies zu einer Bestrafung des Täters, der in alkoholisiertem Zustand zwei Menschen zu Tode gefahren hatte, nach §§ 222, 323a, 52 StGB.

Die Strafbarkeit nach § 222 StGB ist insoweit möglich, da bei fahrlässigen Erfolgsdelikten an jedes sorgfaltspflichtwidrige Verhalten im Vorfeld der Rauschtat angeknüpft werden kann, wenn dieses für den Eintritt des tatbestandlichen Erfolgs kausal war. Damit kann insoweit im Rahmen des Fahrlässigkeitsvorwurfs unmittelbar auf das Sichbetrinken abgestellt werden. Eines Rückgriffs auf die Rechtsfigur der a.l.i.c. bedarf es insoweit nicht.

Mittelbare Täterschaft

Der Ansatz, der in der a.l.i.c. einen Sonderfall der mittelbaren Täterschaft sieht, wird weitestgehend mit denselben Argumenten für die Straßenverkehrsdelikte abgelehnt. Denn indem sich der Täter betrinkt, führt er eben kein Fahrzeug. Im Übrigen gilt es insoweit zu beachten, dass eigenhändige Delikte ohnehin nicht in mittelbarer Täterschaft verwirklicht werden können. 422

Ausdehnungs- und Ausnahmemodell

Während die beiden obigen Ansätze vom BGH zwar dem Grunde nach weiterhin als tragfähige Begründungen angesehen werden, werden das Ausdehnungs- sowie das Ausnahmemodell wegen der Unvereinbarkeit mit § 20 StGB und damit wegen eines Verstoßes gegen das Analogieverbot für nicht mehr tragfähig angesehen. Dies gilt gerade nicht nur für die Straßenverkehrsdelikte, sondern für alle Delikte! 423

Weitere BGH-Rechtsprechung

Dass aber die a.l.i.c. nicht in Gänze abgeschafft werden sollte, hat der BGH (diesmal der 3. Strafsenat) in einer kurze Zeit später ergangenen Entscheidung betont.[491] In diesem konkreten Fall ging es um das Erfolgsdelikt eines vorsätzlichen Totschlages, wobei der BGH ausdrücklich „an den vom Bundesgerichtshof in ständiger Rechtsprechung vertretenen Grundsätzen zur actio libera in causa festhält." 424

d) Zusammenfassung

Stellungnahme

Ein Festhalten an der Rechtsfigur der a.l.i.c. für die Fälle der Erfolgsdelikte wird damit begründet, dass ein unabweisbares praktisch-normatives Bedürfnis besteht, das Verhalten des Täters in die Betrachtung einzubeziehen, welches vor der Tatbegehung stattgefunden hat, wenn es zur Schuldunfähigkeit im Zeitpunkt der Tat führt.[492] 425

---

490 Vgl. BGH a.a.O.

491 BGH, NStZ 1997, S. 230 = **juris**byhemmer.

492 Fischer, § 20 Rn. 55.

Dagegen verbleibt es bei dem oben schon dargestellten Grundsatz, dass ein bloßes Bedürfnis nach Strafe nicht ausreichend ist, um auch tatsächlich eine Strafe verhängen zu können.[493] Dies wird im Ergebnis auch von den Befürwortern eines Festhaltens an der Linie des BGH erkannt, in dem sie einräumen, dass eine positiv-rechtliche Regelung wünschenswert wäre.[494]

Klausur

Angesichts des Streitstandes ist es damit grundsätzlich möglich, jede der dargestellten Auffassungen zu vertreten. Allerdings sollte man jedenfalls die Rechtsprechung des BGH im Auge behalten. Dies bedeutet im Einzelnen: 426

- ⇨ Zumindest bei den Tätigkeitsdelikten und den eigenhändigen Delikten hat der BGH die Rechtsfigur der a.l.i.c. aufgegeben, gleich ob diese vorsätzlich oder fahrlässig verwirklicht werden, vgl. etwa §§ 315c III, 316 II StGB. Dieser Linie sollte auch in der Klausurbearbeitung gefolgt werden.

- ⇨ Bei anderen Delikten, bei denen die Tathandlung im Tatbestand näher beschrieben ist, ohne dass es sich um Tätigkeitsdelikte oder eigenhändige Delikte handelt, kann eine Berufung auf obige Rechtsprechung nicht erfolgen. Letztlich kann aber mit ähnlicher Argumentation die a.l.i.c. in diesem Bereich abgelehnt werden.

  Bsp.: *Wer trinkt, nimmt damit noch nichts weg, § 242 I StGB.*

- ⇨ Streit besteht vor allem im Bereich der vorsätzlichen Erfolgsdelikte. Hier sind jedenfalls die Tatbestandslösung und das Modell der mittelbaren Täterschaft nach Ansicht des BGH noch als tragfähige Lösungen auch in der Klausur darstellbar. Vertretbar ist auch die Gegenansicht, welche die a.l.i.c. gänzlich ablehnt.

  Bsp.: *§§ 212 I, 303 StGB.*

- ⇨ Bei den fahrlässigen Erfolgsdelikten vermag es zu überzeugen, mit dem BGH die Notwendigkeit der Rechtsfigur einer fahrlässigen a.l.i.c. zu verneinen.

hemmer-Methode: Bei den Vertretern, welche die a.l.i.c. weiterhin, zumindest in Teilbereichen, für anwendbar halten, besteht im Großen und Ganzen Einigkeit hinsichtlich der einzelnen Voraussetzungen der a.l.i.c., so dass diese im Folgenden, unabhängig von dem obigen Meinungsstreit, dargestellt werden können.

e) Arten der a.l.i.c.

Dadurch, dass der BGH die Rechtsfigur der a.l.i.c. nur in Teilbereichen aufgegeben hat, ist es weiterhin unerlässlich, sich mit den einzelnen Voraussetzungen dieser Rechtsfigur zu beschäftigen. 427

hemmer-Methode: Die a.l.i.c. kann sicherlich mit guten Argumenten gänzlich abgelehnt werden. Allerdings sollte man insbesondere für das Zweite Staatsexamen der Linie des BGH folgen, da hier möglichst praxisnahe Lösungen gefragt sind.

Arten der a.l.i.c.

Grundsätzlich kann zwischen zwei Arten der a.l.i.c. unterschieden werden:

- ⇨ die vorsätzliche a.l.i.c.
- ⇨ die fahrlässige a.l.i.c.

[493] Zieschang, S. 86.

[494] Fischer, a.a.O.

aa) Vorsätzliche a.l.i.c.

Vorsätzliche a.l.i.c.

Eine Bestrafung wegen vorsätzlicher Tatbegehung unter Annahme einer vorsätzlichen a.l.i.c. ist nach h.M. nur dann möglich, wenn der Täter seinen Defektzustand vorsätzlich, d.h. zumindest mit Eventualvorsatz, herbeigeführt hat und sein Vorsatz bereits zu diesem Zeitpunkt auf die Begehung einer (wenigstens ihrer Art nach) bestimmten Straftat gerichtet war, zu deren Verwirklichung es sodann im Zustand der Schuldunfähigkeit gekommen ist. 428

Doppelvorsatz

Wesentliches Element der vorsätzlichen a.l.i.c. ist also ein *Doppelvorsatz* hinsichtlich Defektzustand und späterer Tat.[495] Nicht erforderlich ist, dass die Herbeiführung der Schuldunfähigkeit gerade der Tatbegehung *dient*, indem sich der Täter etwa „Mut antrinkt". 429

Es reicht jedenfalls aus, dass er nach dem Tatentschluss Rauschmittel zu sich nimmt, obgleich er damit rechnet und billigt, dass er die Tat in schuldunfähigem Zustand begehen werde.[496] Ausreichend ist also, wie dargestellt, jeweils dolus eventualis.

Bestimmtheit

Der Täter muss sich bei Herbeiführung des Defektzustandes eine bestimmte Straftat vorgestellt haben. Diese Straftat muss zumindest ihrer Art nach bestimmt sein. Nur wenn sich die geplante Tat und die später im Zustand der Schuldunfähigkeit begangene Tat im Wesentlichen decken, ist Raum für eine Bestrafung nach den Grundsätzen der a.l.i.c. 430

Defektzustand

Der Begriff des *Defektzustandes* umfasst die oben bei § 20 StGB dargestellten, die Schuld ausschließenden Zustände. 431

Im Folgenden werden die obigen Grundsätze anhand einiger Fallvarianten vertieft:

Ausgangsfall

> ***Ausgangsfall:*** *T will der hübschen O das Gesicht zerschneiden, da sie seine Annäherungsversuche immer zurückgewiesen hat. Da er im nüchternen Zustand nicht genügend Mut hat, trinkt er eine Flasche Apfelkorn. Dabei nimmt er in Kauf, dass er aufgrund des Alkoholgenusses bei der Tat nicht mehr schuldfähig ist. Als er schließlich einen die Schuldfähigkeit ausschließenden Vollrausch erreicht hat, führt er sein Vorhaben aus und zerschneidet O das Gesicht. Strafbarkeit des T?* 432
>
> In Betracht kommt eine Strafbarkeit nach §§ 223 I, 224 I Nr. 2, 226 I Nr. 3, II StGB. Der Tatbestand ist in objektiver wie in subjektiver Hinsicht erfüllt; auch Rechtswidrigkeit liegt vor.
>
> T war jedoch nach § 20 StGB zum Tatzeitpunkt schuldunfähig. Fraglich ist aber, ob eine Strafbarkeit nicht über die Grundsätze der vorsätzlichen a.l.i.c. begründet werden kann.
>
> Trotz aller grundsätzlichen Bedenken gegen die Rechtsfigur der a.l.i.c. wendet der BGH bei den Delikten, die weder ein eigenhändiges Delikt noch ein Tätigkeitsdelikt darstellen, die Grundsätze der a.l.i.c. weiterhin an, so dass, bei Vorliegen der oben genannten Voraussetzungen, eine Strafbarkeit des T in Betracht kommt.
>
> In dem Trinken des Apfelkorns liegt ein Versetzen in einen schuldunfähigen Zustand. Das Betrinken geschah auch vorsätzlich, da insoweit dolus eventualis ausreichend ist. Zum Zeitpunkt des Betrinkens lag auch Vorsatz hinsichtlich der später begangenen schweren Körperverletzung vor, so dass der erforderliche Doppelvorsatz gegeben ist. Damit hat sich T nach den Grundsätzen der a.l.i.c. gemäß §§ 223 I, 224 I Nr. 2, 226 I Nr. 3, II StGB strafbar gemacht.

[495] Schönke/Schröder, § 20 Rn. 36 f.; offengelassen von BGHSt 23, S. 358.

[496] Fischer, § 20 Rn. 50.

hemmer-Methode: Der konkrete Aufbau Ihrer Klausur gestaltet sich danach, welchem Begründungsansatz Sie folgen. Folgen Sie im Ergebnis dem BGH, gestaltet sich der klausurmäßige Prüfungsaufbau wie in Rn. 441 dargestellt (s.u.).

Abwandlung 1

Abwandlung 1: *Wie Ausgangsfall, jedoch hat diesmal T grundsätzlich genug „Mut" die Tat zu begehen. Er muss allerdings auf sein Opfer warten, so dass er zum Zeitvertreib wiederum eine Flasche Korn leert. Als O endlich kommt, befindet sich T wiederum im Zustand der Schuldunfähigkeit. T führt sein Vorhaben wiederum aus. Strafbarkeit des T?* 433

Im Unterschied zum Ausgangsfall hat T seinen Defektzustand nicht vorsätzlich herbeigeführt. In Betracht kommt deshalb nur eine Strafbarkeit wegen fahrlässiger Körperverletzung gem. § 229 StGB, vgl. hierzu unten, oder gem. § 323a I StGB.

Abwandlung 2

Abwandlung 2: *Wie Ausgangsfall, jedoch sieht T bei der Tat in der Tasche der O eine wertvolle Uhr, die O von ihrer Großmutter geerbt hat. Da dies eine günstige Gelegenheit darstellt, die O noch mehr für ihre ablehnende Haltung zu „bestrafen", greift T, nachdem er O verletzt hat, in die Tasche und verschwindet mit der Uhr. Strafbarkeit des T?* 434

Hinsichtlich einer Strafbarkeit nach den Grundsätzen der a.l.i.c. gem. §§ 223 I, 224 I Nr. 2, 226 I Nr. 3, II StGB ergeben sich keine Unterschiede zum Ausgangsfall.

Hinsichtlich der Wegnahme der Uhr scheidet aber eine Strafbarkeit nach den Grundsätzen der a.l.i.c. gem. § 242 I StGB aus, da T im Zeitpunkt des Sichbetrinkens keinen Vorsatz im Hinblick auf die Wegnahme der Uhr aufwies. Damit verbleibt hier nur § 323a I StGB.

Abwandlung 3

Abwandlung 3: *Wie Abwandlung 2, nur entschließt sich T diesmal die Wegnahme der Uhr statt der Körperverletzung auszuführen, was dann auch geschieht. Strafbarkeit des T?* 435

Eine Strafbarkeit wegen einer versuchten Körperverletzung scheidet aus. Dies ergibt sich daraus, dass das Sichbetrinken noch keinen Versuch der geplanten Straftat darstellt. Dieser ist vielmehr nach den allgemeinen Regeln des unmittelbaren Ansetzens nach § 22 StGB zu beurteilen. Das Versuchsstadium wird durch die Rechtsfigur der a.l.i.c. nicht nach vorne verlagert.

Aber auch eine Strafbarkeit nach § 242 I StGB oder § 249 I StGB (der Sachverhalt bietet insoweit keine näheren Angaben) scheidet im Ergebnis aus. Grundsätzlich besteht nämlich dann kein ausreichender Doppelvorsatz i.S.d. a.l.i.c., wenn sich der Täter vorsätzlich in den Rauschzustand versetzt, um irgendeine Straftat zu begehen.[497]

Der Tatvorsatz und der Tatablauf müssen sich nämlich auch bei der a.l.i.c. in den wesentlichen Grundzügen decken. Sonst bleibt nur Raum für § 323a I StGB.

Gleiches gilt aber auch für den Bereich des Vorsatzwechsels nach Eintritt des Defektzustandes. Für den neuen Vorsatz und dessen Realisierung greift ebenfalls nur § 323a I StGB ein, da der für eine Bestrafung nach den Grundsätzen der a.l.i.c. erforderliche Doppelvorsatz zum Zeitpunkt des Berauschens gerade nicht vorliegt. Somit scheidet im konkreten Fall eine Strafbarkeit nach § 242 I StGB oder § 249 I StGB aus. Es verbleibt bei einer Strafbarkeit nach § 323a I StGB.

hemmer-Methode: Die Fälle der vorsätzlichen a.l.i.c. sind in der Praxis kaum anzutreffen. Dies entspricht allerdings nicht der Klausurwirklichkeit, da auch die vorsätzliche a.l.i.c. immer wieder Gegenstand von Klausuren ist.

---

[497] Vgl. BGH, StV 1993, S. 356 = jurisbyhemmer.

Voraussetzungen

Zusammenfassend lassen sich für die vorsätzliche a.l.i.c. folgende Voraussetzungen festhalten:

Vorsätzliche a.l.i.c.

1. Herbeiführen des Defektzustandes
2. Vorsatz bzgl. der Herbeiführung des Defektzustandes
3. Vorsatz bzgl. der Begehung einer bestimmten Tat im Defektzustand

bb) Fahrlässige a.l.i.c.

Fahrlässige a.l.i.c.

Die fahrlässige actio libera in causa ist in verschiedenen Konstellationen möglich. Einmal ist sie dann gegeben, wenn sich der Täter fahrlässig in einen Rauschzustand versetzt und dann in diesem Zustand eine zuvor geplante Straftat begeht. Andererseits liegt eine fahrlässige a.l.i.c. auch dann vor, wenn sich der Täter fahrlässig oder vorsätzlich in den Rauschzustand versetzt und dabei fahrlässig nicht bedacht hat, dass er in diesem Zustand eine bestimmte Tat begehen wird, oder darauf vertraut hat, dass es zu einer solchen Tat nicht kommen wird.[498] 436

Zusammenfassend lässt sich also sagen, dass es für die Einordnung unter die fahrlässige a.l.i.c. unerheblich ist, ob die spätere Straftat fahrlässig oder vorsätzlich begangen wird. Entscheidend ist allein, ob der Täter bei Versetzen in den Defektzustand fahrlässig nicht die Möglichkeit einer späteren Straftat bedacht hat. Eine Bestrafung erfolgt dann auch nur aus dem Fahrlässigkeitsdelikt, selbst wenn die spätere Straftat vorsätzlich begangen wird.

Abgrenzung zur vorsätzlichen a.l.i.c.

Für die Abgrenzung zur vorsätzlichen a.l.i.c. sind demnach nur die beiden ersten Voraussetzungen von Bedeutung: 437

- ⇨ Herbeiführung des Defektzustandes und
- ⇨ die psychische Beziehung zu der späteren Rauschtat vor Herbeiführung des Defektzustandes

Im Ergebnis ist folglich dann nur eine fahrlässige a.l.i.c. gegeben, wenn dem Täter in mindestens einer der beiden oben genannten Kategorien Fahrlässigkeit zur Last gelegt werden kann. Dabei muss auch hier die Tat hinreichend konkretisiert sein, so dass es nicht ausreichend ist, dass der Täter allgemein mit ihrer Begehung rechnen musste.

Rechtsfolge

Bestraft werden kann in den Fällen der fahrlässigen a.l.i.c. nur wegen einer Fahrlässigkeitstat. Dies bedeutet aber, dass eine Strafbarkeit nur dann gegeben ist, wenn die fahrlässige Begehungsweise auch unter Strafe steht, vgl. § 15 StGB. 438

Zur Verdeutlichung der Problemkonstellationen in diesem Bereich soll der folgende Beispielsfall dienen:

[498] Fischer, § 20 Rn. 51.

Beispielsfall

Beispielsfall: *T fährt nach dem Außendienst nach Hause. Dabei kehrt er in der Gaststätte „Zum fröhlichen Zecher“ ein. Animiert durch die dortige gute Stimmung trinkt T statt einem Bier gleich mehrere Bier und dazu noch zahlreiche Schnäpse. Auf der Heimfahrt gerät er in eine Polizeikontrolle, bei der eine BAK von 3,5 ‰ festgestellt wird. Strafbarkeit des T?* 439

Mangels Anzeichen für die Gefährdung des Straßenverkehrs scheidet eine Strafbarkeit nach § 315c StGB aus. Allerdings greift möglicherweise § 316 I, II StGB ein. Bei einer BAK von 3,5 ‰ kann allerdings von Schuldunfähigkeit i.S.d. § 20 StGB ausgegangen werden, da nichts dafür ersichtlich ist, dass es sich bei T um eine besonders trinkgewohnte Person handelt.

Eine Strafbarkeit kommt aber über die Grundsätze der fahrlässigen a.l.i.c. in Betracht, da nach dem Sachverhalt ein fahrlässiges Berauschen und Versetzen in einen Rauschzustand vorliegt. Bei diesem Versetzen in den Rauschzustand wusste T auch, dass er noch nach Hause fahren musste. Damit war eine Tat nach § 316 I StGB für ihn voraussehbar. Damit hat sich T wegen einer fahrlässigen Trunkenheit im Verkehr nach § 316 I, II StGB in Verbindung mit den Grundsätzen der fahrlässigen a.l.i.c. strafbar gemacht.

Beachte!

hemmer-Methode: Zu beachten ist insoweit aber, dass eine solche Lösung nur noch dann in Betracht kommt, wenn man entgegen der Ansicht des 4. Strafsenats für die eigenhändigen Delikte, wie §§ 315c, 316 StGB, die Existenz der a.l.i.c. noch anerkennt. Dies ist aber letztlich aus den oben genannten Gründen jedenfalls im Zweiten Staatsexamen nicht anzuraten, da insoweit die BGH-Rechtsprechung maßgeblich ist.

Voraussetzungen

Im Überblick nochmals die Voraussetzungen der fahrlässigen actio libera in causa:

Fahrlässige a.l.i.c. 439

1. Herbeiführung des Defektzustandes
2. Vorsatz oder Fahrlässigkeit bzgl. der Herbeiführung des Defektzustandes
3. Fahrlässiges Nichtbedenken der Möglichkeit der späteren Straftat

hemmer-Methode: Die verschiedenen Konstellationen, die unter der Problematik der a.l.i.c. zusammengefasst werden, gehören zu den schwierigsten Problemen im Bereich des Strafrecht AT. Sie sollten diesen Komplex lieber einmal mehr lesen, wenn sich Ihnen die Problematik noch nicht vollkommen erschlossen hat. Insbesondere die geänderte BGH-Rechtsprechung muss Ihnen im Rahmen einer Klausur geläufig sein. Vor allem auch die unterschiedlichen Auswirkungen auf den Klausuraufbau sind zu beachten. Nachfolgend ein Schema zur Prüfung der vorsätzlichen a.l.i.c. bei Erfolgsdelikten nach der Rechtsprechung des BGH (= häufigster Klausurfall!). 440

441

Darstellung der vorsätzlichen a.l.i.c. bei Erfolgsdelikten nach dem BGH

I. Prüfung des verwirklichten Tatbestandes ⇨ **Anknüpfung an die eigentliche Tathandlung**

1. Tatbestand (+)

2. Rechtswidrigkeit (+)

3. Schuld: **Problem:** § 20 StGB, eigentlich Strafbarkeit (-) stattdessen § 323a StGB (+)

Aber: Kriminalpolitisches Bedürfnis wegen der eigentlichen Tatbegehung zu bestrafen, wenn eine vorsätzliche a.l.i.c. vorliegt. (Prüfung der Voraussetzungen einer vorsätzlichen a.l.i.c.).

Dogmatische Umsetzung:

a) Ausdehnungsmodell
b) Ausnahmemodell
} Verstoß gegen Art. 103 II GG

4. Ergebnis: Strafbarkeit insoweit (-)

II. Prüfung des verwirklichten Tatbestandes ⇨ **Anknuptung an die Herbeiführung des Deliktzustandes**

1. Tatbestand:

a) Modell der mittelbaren Täterschaft
b) Tatbestandslösung
} nach BGH bei Erfolgsdelikten vertretbar

2. Rechtswidrigkeit (+)

3. Schuld: Kein Problem, da zum Zeitpunkt des Herbeiführens des Deliktzustandes Schuldfähigkeit (+)

4. Ergebnis: Nach BGH Strafbarkeit (+), § 323a StGB wird verdrängt

IV. Spezielle Schuldmerkmale

Spezielle Schuldmerkmale

In einigen Strafvorschriften sind neben den eigentlichen Tatbestandsmerkmalen sog. *spezielle Schuldmerkmale* enthalten, bei deren Vorliegen die Einstellung des Täters zum Recht tadelnswert erscheint.[499] 442

Insoweit lassen sich folgende Beispiele anführen:

- *§§ 90a I Nr. 1, 130 I Nr. 2, 225 I StGB: Böswilligkeit*
- *§ 315c I Nr. 2 StGB: Rücksichtslosigkeit*

Hinsichtlich der Einordnung in den Prüfungsaufbau dieser speziellen Schuldmerkmale herrscht Streit. Nach einer Ansicht gibt es keinen festen Standort für die Prüfung, sondern sie sind jeweils in dem Bereich zu verorten, dem sie nahestehen. Nach dieser Auffassung wird etwa die „Rücksichtslosigkeit" i.R.d. § 315c I Nr. 2 StGB im subjektiven Tatbestand geprüft.

Selbständiger Charakter

Hingegen betont eine andere Ansicht den selbständigen Charakter als spezielle Schuldmerkmale und verortet diese demnach auf der Prüfungsebene der Schuld.[500] 443

499 Schönke/Schröder, Vorbem. §§ 13 ff. Rn. 122.

500 Vgl. Lackner/Kühl, § 15 Rn. 8; Haft, S. 131; Jescheck/Weigend, § 42 II.

Diese Auffassung differenziert zwischen verschiedenen Arten der speziellen Schuldmerkmale:

⇨ *Objektiv gefasste* Schuldmerkmale, die immer nur zugunsten des Täters eingreifen, wenn sie ihm wenigstens bekannt waren, wie etwa das ausdrückliche und ernstliche Verlangen bei der Bestimmung zur Tötung bei § 216 StGB.

⇨ *Subjektiv gefasste* Schuldmerkmale, die nur dann eingreifen, wenn sie motivierend auf die Willensbildung eingewirkt haben, wie etwa der Aussagenotstand nach § 157 I StGB.

⇨ *Gesinnungsmerkmale,* die allein davon abhängen, ob der geforderte psychische Zustand im Zeitpunkt der Tat vorgelegen hat, wie etwa die Habgier bei § 211 StGB.

Dieser Streit ist im Gegensatz zu anderen nicht nur rein akademischer Natur, sondern wirkt sich sowohl auf den Aufbau als auch i.R.d. Akzessorietät aus.

Wenn man mit der zuletzt genannten Ansicht den selbständigen Charakter als spezielle Schuldmerkmale anerkennt, erfolgt die Prüfung i.R.d. Schuld. Damit gilt im Teilnahmebereich der Grundsatz, dass jeder Tatbeteiligte ohne Rücksicht auf die Schuld des anderen allein nach seiner Schuld bestraft wird, vgl. § 29 StGB.

Hingegen fasst die erstgenannte Ansicht diese Merkmale als besondere persönliche Merkmale i.S.d. § 28 StGB auf.

Praktische Auswirkungen

Diese Unterscheidung hat auch durchaus erhebliche Auswirkung. 444
Fehlt beispielsweise einem Teilnehmer ein vom Haupttäter erfülltes Merkmal, wie etwa die „Rücksichtslosigkeit" bei § 315c I Nr. 2 StGB, so ist nach e.A. § 29 StGB anzuwenden, was zur Straflosigkeit des Teilnehmers führt. Wendet man dagegen mit der Gegenansicht § 28 StGB an, so ist auch der Teilnehmer strafbar und es greift nur die zwingende Strafmilderung nach § 28 I StGB ein.

hemmer-Methode: In der Klausur sind beide Auffassungen gut vertretbar. Achten Sie vor allem darauf, dass Ihre Klausur in sich schlüssig ist.

V. Vorsatzschuld

Vorsatzschuld

So wie „Unrecht" und „Schuld" einander entsprechen, besteht eine 445
Wechselbeziehung zwischen der Verhaltensform und der Schuldform des strafbaren Geschehens.

Während also die vorsätzliche oder fahrlässige Verwirklichung des Unrechtstatbestandes die Verhaltensform charakterisiert, bildet die Vorsatzschuld (bzw. die Fahrlässigkeitsschuld) als Korrelat die von Vorwerfbarkeitserwägungen bestimmte Schuldform.

Nach der Lehre von der Doppelfunktion des Vorsatzes ist der Vorsatz einerseits als Tatbestandsvorsatz Element der im Tatbestand zu prüfenden Handlung und andererseits als Schuldvorsatz Träger des in der Tat aktualisierten Gesinnungsunwertes, in dem sich die mangelhafte Einstellung zur Rechtsordnung offenbart.[501]

[501] Jescheck/Weigend, § 39 IV S. 4.

Indizwirkung

Nach dieser Lehre indiziert die Bejahung des Tatbestandsvorsatzes auch das Vorliegen der Vorsatzschuld. Wie auch die Tatbestandsverwirklichung die Rechtswidrigkeit indiziert, soll hiernach die vorsätzliche Verwirklichung des Tatbestandes den Schuldvorsatz nahelegen.

Klausur

Für die Klausurbearbeitung hat dies zur Folge, dass ein Bearbeiter auf diesen Punkt nur dann gesondert eingehen muss, wenn Anzeichen vorliegen, die diese Indizwirkung zu erschüttern vermögen.

hemmer-Methode: Um es nochmals zu verdeutlichen: Hüten Sie sich vor allzu schematischen Prüfungen! Dies ist auch in Ihrem eigenen Interesse, da diese Prüfungen einerseits den Korrektor verärgern und andererseits auch Zeit kosten, die Sie gerade im Strafrecht im Rahmen einer Examensklausur so gut wie nie haben werden. Dies bedeutet, dass die Vorsatzschuld in einer Klausur nur bei der irrigen Annahme der tatsächlichen Voraussetzungen eines anerkannten Rechtfertigungsgrundes (sog. Erlaubnistatbestandsirrtum) und auch dort nur dann, wenn der rechtsfolgenverweisenden eingeschränkten Schuldtheorie gefolgt wird, Bedeutung erlangt. Die Erörterung der Vorsatzschuld ist also der absolute Ausnahmefall.

VI. Entschuldigungsgründe

Fehlen von Entschuldigungsgründen

Als weiterer Prüfungspunkt auf der Schuldebene ist das *Fehlen von Entschuldigungsgründen* zu prüfen. 446

1. Einführung

a) Abgrenzung

Die Entschuldigungsgründe sind in zweierlei Hinsicht abzugrenzen. 447
Zum einen sind sie von den oben dargestellten Rechtfertigungsgründen zu unterscheiden, zum anderen von den sog. Schuldausschließungsgründen.

Rechtfertigungsgründe

Der Ausschluss der Rechtswidrigkeit durch einen *Rechtfertigungsgrund* bedeutet, dass eine tatbestandsmäßige Handlung durch das Eingreifen eines Erlaubnissatzes gerechtfertigt ist.[502] Damit ist ausnahmsweise das materielle Unrecht ausgeschlossen. Liegt dagegen ein *Entschuldigungsgrund* vor, wird die Tat zwar grundsätzlich als rechtswidrig von der Rechtsordnung missbilligt, in Anbetracht einer bestimmten außergewöhnlichen Konflikt- und Motivationslage wird jedoch Nachsicht geübt und auf einen Schuldvorwurf verzichtet, so dass der Täter, trotz rechtswidrigen Handelns, straflos bleibt. 448

Merksatz

Diesen Unterschied kann man sich mit folgendem Merksatz vergegenwärtigen: Die gerechtfertigte Tat wird von der Rechtsordnung *gebilligt*, die entschuldigte dagegen nur *nachgesehen*.[503]

Schuldausschließungsgründe

Weiterhin sind die Entschuldigungsgründe von den *Schuldausschließungsgründen* zu unterscheiden. Gemeinsam ist diesen beiden Kategorien, dass sie den Schuldvorwurf entfallen lassen. 449

Zu den Schuldausschließungsgründen zählen die oben dargestellte Schuldunfähigkeit sowie der unvermeidbare Verbotsirrtum, vgl. § 17 S. 1 StGB. Bei deren Vorliegen fehlt es an einer Schuldvoraussetzung bzw. an einem schuldbegründenden Merkmal.

---

502 Vgl. Jescheck/Weigend, § 43 I S. 1.

503 Jescheck/Weigend, § 43 I S. 3.

Die Entschuldigungsgründe dagegen bewirken nur eine so starke Herabsetzung des Unrechts- und Schuldgehalts der Tat, dass die untere Grenze der Strafwürdigkeit nicht mehr erreicht wird und der Gesetzgeber in Anbetracht der außergewöhnlichen Motivationslage auf die Erhebung eines Schuldvorwurfs verzichtet.

hemmer-Methode: Da sowohl Schuldausschließungs- als auch Entschuldigungsgründe (lediglich) den Schuldvorwurf entfallen lassen, ist wegen des Grundsatzes der limitierten Akzessorietät eine strafbare Teilnahme nach §§ 26, 27 StGB möglich. Da, wie oben dargestellt, das Recht dem Unrecht nicht zu weichen braucht und in diesen Fällen weiterhin eine rechtswidrige Tat vorliegt, ist auch eine Notwehr nach § 32 StGB gegen den entschuldigten Täter möglich.

b) Übersicht

Übersicht

Folgende Entschuldigungsgründe sind von der Rspr. und h.L. anerkannt bzw. werden diskutiert: 450

Übersicht Entschuldigungsgründe

I. Anerkannte Entschuldigungsgründe

1. Entschuldigender Notstand gem. § 35 I, II StGB
2. Notwehrexzess gem. § 33 StGB
3. Übergesetzlicher, entschuldigender Notstand

II. Weitere diskutierte Entschuldigungsgründe

1. Handeln auf Anordnung oder Befehl
2. Unzumutbarkeit normgemäßen Verhaltens
3. Glaubens- und Gewissensfreiheit, Art. 4 I GG

Im Folgenden werden die Entschuldigungsgründe im Einzelnen dargestellt:

2. Der entschuldigende Notstand gem. § 35 I, II StGB

a) Einführung

Entschuldigender Notstand

§ 35 I StGB regelt den entschuldigenden Notstand. Dieser stellt einen Entschuldigungsgrund dar und scheidet aus, wenn bereits § 34 StGB eingreift.[504] 451

Damit ist es unzulässig und sogar fehlerhaft, die Frage nach der Rechtswidrigkeit offen zu lassen mit dem Argument, dass jedenfalls § 35 I StGB eingreife. Diese Unzulässigkeit ergibt sich schon daraus, dass aus § 34 StGB eine Duldungspflicht für den Betroffenen resultiert, während gegenüber dem nach § 35 I StGB Entschuldigten eine Notwehr nach § 32 StGB ausgeübt werden kann.[505]

§ 35 II StGB

In § 35 II StGB findet sich eine Regelung des Irrtums über das tatsächliche Vorliegen der Voraussetzungen des entschuldigenden Notstandes. 452

[504] Fischer, § 34 Rn. 33.

[505] Vgl. Zieschang, S. 93.

b) Prüfungsschema

Prüfungsschema

Die Prüfung des entschuldigenden Notstandes kann nach dem folgenden Prüfungsschema erfolgen. Die Voraussetzungen lassen sich anhand des Wortlauts von § 35 I StGB bestimmen: 453

Prüfungsschema: § 35 I StGB

I. Notstandslage

1. Notstandsfähiges Gut: Leben, Leib Freiheit

2. Gegenwärtige Gefahr

3. Nicht anders abwendbar

a) Notstandshandlung als letzter und einziger Ausweg

b) Notstandshandlung ist objektiv erforderlich und geeignet

4. Betroffenheit

a) Täter

b) Angehöriger i.S.d. § 11 I Nr. 1 StGB

c) Nahe stehende Person

II. Grenze: Zumutbarkeit, § 35 I S. 2 StGB, Beispiele:

1. Besonderes Rechtsverhältnis

2. (Pflichtwidrige) Gefahrverursachung

3. Sonstige Umstände, z.B. Garantenstellung

III. Subjektives Rechtfertigungselement

1. Kenntnis

2. Rettungswille

c) Voraussetzungen des § 35 I StGB

Voraussetzungen

Im Folgenden sollen die im Prüfungsschema aufgeführten Voraussetzungen näher dargestellt werden: 454

aa) Notstandslage

Zur Einführung folgender bekannter Beispielsfall:

Beispielsfall

Beispielsfall („Brett des Karneades"): *A und B erleiden Schiffbruch. Schwimmenderweise erreichen beide eine Holzplanke, die jedoch nur einen von beiden tragen kann. Der stärkere A stößt den schwächeren B von der Planke, der daraufhin ertrinkt. A überlebt. Strafbarkeit von A nach § 212 I StGB?* 455

Notstandslage

Zunächst setzt § 35 I StGB eine Notstandslage voraus. Diese besteht in einer nicht anders abwendbaren Gefahr für Leben, Leib oder Freiheit des Täters selbst, eines Angehörigen i.S.d. § 11 I Nr. 1 StGB oder einer anderen ihm nahestehenden Person. Die Voraussetzung der Notstandslage ist in § 35 I StGB also gegenüber § 34 StGB in zweifacher Hinsicht enger: Zum einen kommt der entschuldigende Notstand nur bei einer Gefahr für Leib, Leben oder Freiheit in Betracht. Zum anderen ist der geschützte Personenkreis auf oben genannte Personen beschränkt.[506]

[506] Vgl. Zieschang, S. 94.

Notstandsfähiges Gut

Die notstandsfähigen Güter Leib, Leben und Freiheit stellen bei § 35 I StGB eine abschließende Aufzählung dar. Der Gesetzgeber wollte den Notstand bewusst auf Rechtsgüter beschränken, welche die physische Existenz des Menschen ausmachen oder für diese von elementarer Bedeutung sind.[507] Eine Ausweitung im Wege analoger Anwendung wird ganz überwiegend abgelehnt.[508] 456

Leben

Unter dem Rechtsgut *Leben* ist die physische Existenz eines Menschen zu verstehen, so dass der Begriff des Lebens i.S.d. §§ 211 ff. StGB gemeint ist. Umstritten ist, ob das ungeborene Leben (nasciturus) unter den Schutz des § 35 I StGB fällt. Nach inzwischen wohl h.M. fällt das ungeborene Leben nicht in diesen Schutzbereich.[509] 457

Leib

Unter dem Rechtsgut *Leib* ist grundsätzlich dasselbe zu verstehen wie bei den §§ 223 ff. StGB, so dass hier die körperliche Unversehrtheit geschützt ist. Nicht hierunter fällt allerdings die geistig-seelische Unversehrtheit. Dabei zeigt jedoch die Zusammenstellung mit dem Rechtsgut *Leben*, dass nicht jede drohende einfache Körperverletzung genügt, sondern nur eine schwere.[510] Eine generelle Bestimmung ist insoweit aber nicht möglich, sondern es ist jeweils der Einzelfall zu betrachten. 458

Freiheit

Unter dem Rechtsgut Freiheit i.S.d. § 35 I StGB ist nur die körperliche Fortbewegungsfreiheit zu verstehen. Damit entspricht das hier geschützte Rechtsgut dem durch § 239 I StGB geschützten. Dagegen ist nicht die Freiheit der Willensbetätigung geschützt, wie etwa bei § 240 I, II StGB. Auch dies ergibt sich aus einem Vergleich mit den anderen geschützten Rechtsgütern Leib und Leben, da nur der körperlichen Bewegungsfreiheit eine entsprechende Bedeutung zukommt. 459

Gegenwärtige Gefahr

Weiterhin muss für eines dieser abschließend aufgezählten Rechtsgüter eine *gegenwärtige Gefahr* bestehen. Der Gefahrbegriff des § 35 I StGB entspricht dabei dem des § 34 StGB. Somit ist unter gegenwärtiger Gefahr ein Zustand zu verstehen, der den Eintritt eines Schadens als sicher oder höchstwahrscheinlich erscheinen lässt, wenn nicht alsbald Abhilfe geschaffen wird.[511] Grundsätzlich ist dabei die Ursache der Gefahr unerheblich. Allerdings kann nach § 35 I S. 2 StGB der Umstand von Bedeutung sein, wenn der Täter die Gefahr selbst verursacht hat, vgl. hierzu unten. 460

Damit kommen als Gefahrenquelle beispielsweise folgende Umstände in Betracht:

- *ein Naturereignis: z.B. Schlagwetterexplosion,[512] Erdbeben, Überschwemmung[513]*
- *der gefährliche Zustand einer Sache: Einsturzgefahr eines baufälligen Hauses[514]*
- *von Menschen ausgehende Gefahren: politischer Terror,[515] unmenschliches Verhalten eines Familientyrannen,[516] Bedrohung eines Zeugen zur Erzwingung eines Meineids.[517]*

---

507 Vgl. Jescheck/Weigend, § 44 I S. 1; Schönke/Schröder, § 35 Rn. 4.

508 Vgl. Zieschang a.a.O.

509 So jetzt auch Fischer, § 35 Rn. 3; Roxin AT I, § 22 III Rn. 24; a.A. Schönke/Schröder, § 35 Rn. 5.

510 BGH, NStZ 1994, S. 556; Fischer, § 35 Rn. 4.

511 Vgl. Jescheck/Weigend, § 44 I S. 2; BGH, NJW 1951, S. 769 = **juris**byhemmer.

512 Vgl. RGZ 72, S. 246.

513 Vgl. RG, JW 1933, S. 700.

514 Vgl. RGZ 59, S. 69.

515 Vgl. RGZ 66, S. 222.

516 Vgl. BGH, NJW 1966, S. 1823 = **juris**byhemmer.

517 Vgl. BGHZ 5, S. 371.

Gegenwärtig ist die Gefahr dann, wenn sich die Wahrscheinlichkeit einer Rechtsgutsverletzung so verdichtet hat, dass die zum Schaden des bedrohten Rechtsguts notwendigen Maßnahmen sofort einzuleiten sind.[518] Ausreichend ist dabei grundsätzlich auch eine *Dauergefahr*, sofern diese jederzeit akut werden kann.[519]

Nicht anders abwendbar

Weiterhin dürfte diese gegenwärtige Gefahr für eines der genannten Rechtsgüter *nicht anders abwendbar* sein. Dieses Merkmal entspricht der Erforderlichkeit. Die Notstandshandlung muss somit ultima ratio, also das letzte zumutbare Mittel, aber auch ein geeignetes und das relativ mildeste Mittel zur Gefahrenabwehr sein.[520] Das Merkmal ist also im Einzelnen wie bei § 34 StGB zu bestimmen, so dass auf obige Ausführungen verwiesen werden kann. 461

Geschützter Personenkreis

Ferner muss die gegenwärtige Gefahr für ein Rechtsgut des in § 35 I StGB geschützten Personenkreises bestehen. Erfasst sind somit der *Täter selbst*, ein *Angehöriger* i.S.d. § 11 I Nr. 1 StGB oder eine dem Täter *nahestehende Person*. 462

Unter *Angehörigen* sind also die in § 11 I Nr. 1 StGB genannten Personen zu verstehen. Diese Regelung bestimmt den Begriff des Angehörigen und knüpft dabei abschließend an formelle Beziehungen zwischen Personen an, welche typischerweise auch eine persönliche Nähebeziehung begründen. Ob diese im Einzelfall tatsächlich (noch) besteht, ist dabei gleichgültig. Für die rechtlichen Wirkungen der Angehörigeneigenschaft kommt es auf den Augenblick der Tathandlung an (vgl. allg. § 8 StGB).

Nach § 11 I Nr. 1a StGB endet die Angehörigeneigenschaft bei Auflösung der Ehe durch Nichtigkeit, Scheidung, Aufhebung oder Tod nicht. Zwar kommt es nach h.M. bei dem Verlöbnis nicht auf die zivilrechtliche Wirksamkeit an,[521] allerdings wird doch ein ernst gemeintes Eheversprechen[522] bzw. Partnerschaftsversprechen nach § 1 LPartG beider Partner gefordert.[523] In der Praxis ist eine Feststellung eines Verlöbnisses oftmals schwierig.[524]

Mit *nahestehenden Personen* sollen persönliche Verhältnisse berücksichtigt werden, die in der Intensität des Zusammengehörigkeitsgefühls der Beziehung zwischen Angehörigen vergleichbar sind, da nur so der Systematik des § 35 I StGB entsprochen wird.[525] Die Person muss also dem Täter so verbunden sein, dass er eine Gefahr für diese auch für sich selbst als Drucksituation empfinden kann. Es muss eine auf Dauer angelegte persönliche Beziehung vorliegen, die über den üblichen Sozialkontakt des Alltagslebens hinausgeht. Beispiele hierfür sind etwa eheähnliche Lebensgemeinschaften, enge Freundschaften oder langjährige Hausgemeinschaften.[526]

Lösung Beispielsfall

Im Beispielsfall hat A den objektiven wie subjektiven Tatbestand des § 212 I StGB erfüllt. Eine Rechtfertigung nach § 32 StGB scheidet bereits mangels rechtswidrigen Angriffs des B aus. Zwar liegt eine Gefahr i.S.d. § 34 StGB vor, da aber bei beiden das Rechtsgut Leben bedroht ist, überwiegt das Interesse des A das des B nicht wesentlich. Eine Rechtfertigung nach § 34 StGB scheidet somit aus. 463

---

518 Zieschang, S. 95.

519 Vgl. Jescheck/Weigend, § 44 I S. 2.

520 Vgl. Jescheck/Weigend, a.a.O.; Schönke/Schröder, § 35 Rn. 13.

521 Jescheck/Weigend, § 44 I S. 3.

522 BGH, JZ 1989, S. 256 = **juris**byhemmer.

523 Vgl. Fischer, § 11 Rn. 8a.

524 Vgl. zum Ganzen Fischer, § 11 Rn. 8.

525 Vgl. Zieschang, S. 95.

526 Jescheck/Weigend, § 44 I S. 3; Schönke/Schröder, § 35 Rn. 15.

Allerdings liegen die Voraussetzungen der Notstandslage des § 35 I S. 1 StGB vor. Das Leben des A als notstandsfähiges Rechtsgut ist bedroht. Dass hier die Gefahr von einer Naturgewalt ausgeht, ist ausreichend. Eine von B ausgehende Gefahr ist gerade nicht erforderlich. Zudem ist die Gefahr auch nicht anders abwendbar. Ein Fall des § 35 I S. 2 StGB ist nicht ersichtlich. A handelte auch in Kenntnis der Notstandslage und mit Rettungswillen und ist somit nach § 35 I StGB entschuldigt.

bb) Grenze: Unzumutbarkeit nach § 35 I S. 2 StGB

Zumutbarkeitsklausel des § 35 I S. 2 StGB

Während § 34 StGB eine Güterabwägung vorsieht, ist dies bei § 35 I StGB nicht erforderlich. Allerdings ist nach § 35 I S. 2 HS 1 StGB als Rückausnahme der Täter dann wiederum nicht entschuldigt, soweit es ihm *zuzumuten* war, die Gefahr hinzunehmen. Beispielhaft nennt das Gesetz für einen solchen Sonderfall zwei Fallgruppen. Zum einen entfällt hiernach der Schuldvorwurf dann nicht, wenn der *Täter die Gefahr selbst verursacht* hat, zum anderen, wenn der Täter in einem *besonderen Rechtsverhältnis* stand. Diese Aufzählung ist nach dem Wortlaut des Gesetzes („namentlich“) nicht abschließend. 464

Selbst verursacht

Zunächst entfällt nach der ersten Fallgruppe der Schuldvorwurf dann nicht, wenn der *Täter die Gefahr selbst verursacht* hat. Umstritten ist in diesem Zusammenhang, was unter dem Begriff *Verursachung* zu verstehen ist. 465

Nur vereinzelt wird insoweit vertreten, dass jede Kausalität genügt.[527] Andere dagegen verlangen, dass eine pflichtwidrige Verursachung vorliegen muss, während teilweise sogar ein schuldhaftes Vorverhalten gefordert wird. Zuletzt wird vertreten, dass sich der Täter ohne zureichenden Grund in die Gefahr begeben haben müsse, die voraussehbar zu einer Notstandslage führen konnte.[528]

Ausweislich der Gesetzesmaterialien sollte kein schuldhaftes Vorverhalten erforderlich sein. Andererseits würde ein bloßes Abstellen auf die Kausalität die Einschränkung des § 35 I S. 2 StGB ins Uferlose erstrecken.[529] Wie so oft ist damit eine Lösung irgendwo in der Mitte der Positionen zu suchen.

Damit wird man grundsätzlich ein pflichtwidriges Verhalten des Täters fordern müssen, wobei es bei der Frage der *Zumutbarkeit* auf die *Umstände* ankommt, die im Wege einer Gesamtbewertung zu ermitteln sind, etwa Vorwerfbarkeit der Gefahrverursachung, Verhältnis des bedrohten zu dem vom Täter verletzten Rechtsgut sowie mögliche Handlungsalternativen.[530]

Nicht: Verursachung durch Angehörige oder nahestehende Person

Nicht erfasst ist dabei aber nach nicht ganz unbestrittener Ansicht der Fall, dass der Angehörige oder die dem Täter nahestehende Person die Gefahr verursacht hat. Dann soll § 35 I S. 1 StGB gelten.[531] Als Begründung hierfür wird der fehlende Zumutbarkeitszusammenhang angeführt, da derjenige, der die Gefahr verursacht hat, nicht mit demjenigen identisch ist, dem die Gefahr droht.[532] 466

Besonderes Rechtsverhältnis

Als weiteren Beispielsfall, in dem der Schuldvorwurf nicht entfällt, nennt das Gesetz den, dass der Täter in einem *besonderen Rechtsverhältnis* stand und ihm deshalb die Hinnahme der Gefahr zugemutet werden konnte. Da das Gesetz ein besonderes *Rechts*verhältnis fordert, scheiden bloße moralische Pflichten aus.[533] 467

---

527 Vgl. zu den verschiedenen Ansichten MüKo, § 35 Rn. 46 ff. m.w.N.; NK, § 35 Rn. 34 ff. m.w.N.

528 Roxin AT I, § 22 Rn. 46.

529 Vgl. Zieschang, S. 96.

530 Vgl. zum Ganzen Fischer, § 35 Rn. 11.

531 Fischer, a.a.O; a.A. Baumann/Weber/Mitsch, § 23 Rn. 28.

532 Zieschang, S. 96.

533 Fischer, § 35 Rn. 12.

Gemeint sind vielmehr solche Personen, die eine berufliche oder berufsähnliche Schutzfunktion für andere wahrnehmen, so dass aufgrund dieser Sonderpflicht die Opfergrenze erhöht ist.[534]

Bspe.: *Arzt, Feuerwehrmann, Polizist, Soldat (§ 6 WStG), Seemann.*

Es muss sich dabei um Gefahren handeln, die der Täter typischerweise tragen muss. Dabei muss diese Gefahr regelmäßig dem Täter selbst drohen, eine Gefahrtragungspflicht für Dritte, gerade auch für Angehörige oder nahestehende Personen, kann aus dessen Rechtsstellung nicht abgeleitet werden.[535]

Allerdings ist dem Täter auch nicht die Hinnahme jeder Gefahr i.R.d. Erfüllung seiner Pflichten *zumutbar*. Trotz der allgemeinen Pflicht, Gefahren über das durchschnittliche Maß zu tragen, kann die ihm konkret drohende Rechtsgutsverletzung außer Verhältnis zu einer Verletzung des von ihm pflichtgemäß zu schützenden Rechtsguts stehen.[536]

Schutzpflicht gegenüber Allgemeinheit

Umstritten ist, ob die Schutzpflicht gegenüber der Allgemeinheit bestehen muss.[537] Dies wird von einer Ansicht mit dem Hinweis darauf abgelehnt, dass die Erwartungen, welche an das Durchstehen einer berufstypischen Gefahr gestellt werden, unabhängig von Art und Umfang des geschützten Personenkreises seien, so dass beispielsweise auch der Bergführer in einem besonderen Rechtsverhältnis in oben genanntem Sinne stehe.[538] 468

Institutionalisierte Duldungspflichten

Des Weiteren fallen in diese Fallgruppe auch die sog. *institutionalisierten Duldungspflichten* aus spezialgesetzlichen Regelungen.[539]

Bspe.: *Pflicht zur Duldung körperlicher Eingriffe nach § 81a StPO; Pflicht zur Duldung der Freiheitsentziehung durch rechtmäßigen Hoheitsakt.*

Sonstige Fälle

Die Aufzählung in § 35 I S. 2 HS 1 StGB ist nicht abschließend, so dass neben diesen beiden Fallgruppen auch andere Fälle in Betracht kommen, wonach dem Täter die Hinnahme der Gefahr zugemutet werden kann. 469

Teilweise werden zu diesen sonstigen Fällen auch die oben genannten *institutionalisierten Duldungspflichten* gerechnet.

In Betracht kommen etwa Fälle von Garantenstellungen aus Gefahrengemeinschaft oder auch aus der Übernahme von Obhutspflichten. Ingerenzfälle hingegen gehören in die Fallgruppe der Gefahrverursachung.[540]

Abschließend gilt es zu erwähnen, dass umstritten ist, was zu gelten hat, wenn in den Fällen der Notstandshilfe der Angehörige oder die nahe stehende Person die Gefahr selbst verursacht hat. Während teilweise vertreten wird, dass die Hinnahme der Gefahr für den Notstandshelfer unzumutbar ist, geht die wohl h.M. davon aus, dass dann auch dem Notstandshelfer die Gefahr zumutbar ist.[541]

---

[534] Vgl. Schönke/Schröder, § 35 Rn. 22.

[535] Fischer, § 35 Rn. 12.

[536] Vgl. Fischer, a.a.O.

[537] So etwa Lackner/Kühl, § 35 Rn. 9.

[538] Zieschang, S. 96.

[539] Schönke/Schröder, § 35 Rn. 24.

[540] Zieschang, S. 97.

[541] Zieschang, S. 97.

§ 35 I S. 2 HS 2 StGB

Zu beachten ist aber, dass – außer in den Fällen, in denen ein besonderes Rechtsverhältnis besteht – eine fakultative Strafmilderung nach § 35 I S. 2 HS 2 StGB i.V.m. § 49 I StGB in Betracht kommt. Diese Milderung wird vor allem bei unverschuldeter Gefahrverursachung in Betracht kommen.[542] 470

cc) Subjektives Rechtfertigungselement

Subjektives Rechtfertigungselement

In subjektiver Hinsicht ist die Kenntnis der entschuldigenden Umstände sowie ein Rettungswille erforderlich. Ein entsprechender Rettungswille liegt vor, wenn der Täter handelt, um die Gefahr von sich oder einer der anderen geschützten Personen abzuwenden. Der Täter muss also die Gefahrabwendung bezwecken.[543] 471

dd) Sonderfall: Nötigungsnotstand

Nötigungsnotstand

Wie bereits i.R.d. § 34 StGB dargestellt, herrscht Streit darüber, wo der sog. Nötigungsnotstand einzuordnen ist. Während eine Ansicht eine Rechtfertigung nach § 34 StGB nicht von vornherein ausschließen will,[544] sieht die h.M. die Fälle des Nötigungsnotstandes als von § 35 StGB erfasst an. Begrifflich liegt ein Nötigungsnotstand vor, wenn der Täter von einem Dritten durch Gewalt oder Drohung zu einem strafbaren Verhalten genötigt wird. Zur Veranschaulichung folgender 472

Beispielfall: *T soll als Zeuge gegen den brutalen Rocker R aussagen. Kurz vor der Hauptverhandlung sucht R den T auf und droht ihm damit, dass er und seine Kumpane ihn kräftig „vermöbeln" werden, wenn T gegen ihn aussage. Aus Angst sagt T vor Gericht falsch aus und beeidet anschließend diese Aussage. R wird aufgrund dieser Aussage freigesprochen. Strafbarkeit des T?* 473

In Betracht kommt eine Strafbarkeit nach § 154 I StGB. Objektiver und subjektiver Tatbestand liegen vor. Möglicherweise greift aber eine Rechtfertigung nach § 34 StGB ein. Maßgeblich hierfür ist aber eine Abwägung zwischen geschütztem Interesse (körperliche Unversehrtheit des T) und beeinträchtigtem Interesse (Rechtspflege). Eine Rechtfertigung kommt dabei nur bei einem wesentlichen Überwiegen des geschützten Interesses in Betracht. Da es sich bei der Funktionsfähigkeit der Rechtspflege um ein hohes Rechtsgut für die Allgemeinheit handelt, liegt zumindest kein wesentliches Überwiegen des geschützten Interesses vor. Eine Rechtfertigung nach § 34 StGB scheidet somit aus.

T könnte jedoch nach § 35 I S. 1 StGB entschuldigt sein. Eine Notstandslage liegt vor, da eine Gefahr zumindest für den Leib des T besteht. Es handelt sich nicht nur um die Gefahr einer einfachen Körperverletzung, sondern bei der Drohung durch den brutalen Rocker R um die Gefahr erheblicher körperlicher Beeinträchtigungen. Für die Gegenwärtigkeit der Gefahr ist es auch unschädlich, dass hier nur eine sog. Dauergefahr vorliegt, da sich die Gefahr jederzeit in einem Schadenseintritt realisieren kann. Zudem war die Gefahr nicht anders abwendbar, wenn man berücksichtigt, dass auch Gefahr von den „Kumpanen" des R drohte (a.A. mit Hinweis auf polizeilichen Schutz vertretbar). Auch eine Zumutbarkeit der Hinnahme der Gefahr liegt nicht vor. Schließlich handelte T in Kenntnis der Notstandslage und mit Rettungswillen, so dass die Voraussetzungen des § 35 I S. 1 StGB vorliegen. T ist somit nicht nach § 154 I StGB strafbar.

---

542 Vgl. Fischer, § 35 Rn. 15.

543 Vgl. Zieschang, S. 95.

544 Vgl. Zieschang, S. 71.

ee) § 35 II StGB

§ 35 II StGB

§ 35 II StGB regelt den Irrtum des Täters über Umstände, die ihn nach § 35 I StGB entschuldigen würden. Es handelt sich dabei um einen Sachverhaltsirrtum wie bei § 16 StGB, nur dass sich der Irrtum nun auf die Voraussetzungen des § 35 I StGB bezieht. 474

Bsp.: A geht bei einem Schiffsunglück davon aus, dass eine Holzplanke, auf die er und B zuschwimmen, nur einen tragen können wird. Deshalb ertränkt A den B.

Bei einem unvermeidbaren Irrtum entfällt die Strafbarkeit mangels Schuld. Anderenfalls ist die Strafe gemäß § 49 I StGB zu mildern.

3. Der Notwehrexzess gem. § 33 StGB

a) Einführung

Notwehrexzess

Eine Rechtfertigung nach § 32 StGB setzt voraus, dass die Verteidigungshandlung *erforderlich* war. Überschreitet der Täter diese Grenzen der Erforderlichkeit, so liegt eine rechtswidrige Tat vor. Möglicherweise ist der Täter aber nach § 33 StGB entschuldigt. Obwohl das Gesetz nur davon spricht, dass der Täter „nicht bestraft“ wird, stellt § 33 StGB einen Entschuldigungsgrund dar.[545] 475

Die Entschuldigung erklärt sich daraus, dass aufgrund des Angriffs das Unrecht zumindest gemindert ist und im Hinblick auf die in § 33 StGB erwähnten sog. asthenischen Affekte auch die Schuld.[546]

Der Wortlaut gibt für eine Entschuldigung nach § 33 StGB folgende Voraussetzungen vor:

Prüfungsschema

Prüfungsschema: Notwehrexzess gem. § 33 StGB

I. Überschreitung der Grenzen der Notwehr

- h.M.: nur intensiver Notwehrexzess
- M.M.: auch extensiver Notwehrexzess

II. „aus“

⇨ deutet auf inneren Zusammenhang zwischen Überschreiten und Affekt hin

III. Verwirrung, Furcht, Schrecken

⇨ sog. asthenische Affekte

IV. Subjektive Merkmale

b) Voraussetzungen

Im Folgenden sollen die Voraussetzungen des § 33 StGB näher dargestellt werden:

545 BGH, NStZ 1991, S. 528 = jurisbyhemmer.

546 Zieschang, S. 91.

aa) Überschreitung der Notwehr

Überschreitung

Zunächst muss der Täter die Grenzen der Notwehr überschreiten. Umstritten ist in diesem Bereich, wie weit diese Grenzen zu ziehen sind. Unterschieden wird insoweit zwischen den Konstellationen des sog. intensiven Notwehrexzesses und des sog. extensiven Notwehrexzesses. 476

Intensiver Notwehrexzess

Ein sog. *intensiver Notwehrexzess* ist dann gegeben, wenn der Angegriffene in einer zum Tatzeitpunkt objektiv gegebenen Notwehrlage die Grenzen der Notwehr überschreitet, also über das nach § 32 II StGB erforderliche Maß oder die gebotene Abwehr hinausgeht. 477

> **Beispielsfall:** *O greift T an. T versetzt dem O aus Verwirrung einen Messerstich, obwohl gegenüber dem gleichstarken O ein Faustschlag zur Abwehr genügt hätte.*
>
> Eine Rechtfertigung nach § 32 StGB scheidet im Beispielsfall aus, da die Notwehrhandlung des T das erforderliche Maß überschritten hat, vgl. § 32 II StGB. Es liegt somit ein sog. intensiver Notwehrexzess vor. Dieser fällt unstreitig unter § 33 StGB, so dass T entschuldigt ist.

Krasses Missverhältnis, str.

Umstritten ist im Bereich des intensiven Notwehrexzesses, ob § 33 StGB auch dann zu einer Entschuldigung des Täters führt, wenn ein besonders krasses Missverhältnis zwischen verteidigtem und beim Angreifer verletztem Rechtsgut besteht. 478

Der Wortlaut hingegen stellt lediglich auf ein Überschreiten der Grenzen ab. Eine Ausklammerung der Fälle des krassen Missverhältnisses würde letztlich eine Analogie zu Lasten des Täters darstellen, so dass auch diese Konstellation von § 33 StGB gedeckt ist.[547]

Extensiver Notwehrexzess

Ein extensiver Notwehrexzess hingegen liegt dann vor, wenn es an der Gegenwärtigkeit eines Angriffs fehlt, d.h. die zeitliche Grenze der Notwehr überschritten wird. 479

Daraus folgt, dass der extensive Notwehrexzess grundsätzlich in zwei Konstellationen denkbar ist. Zur Verdeutlichung folgende Beispielsfälle:

Nachzeitig-extensiv

> **Beispielsfall 1:** *T versetzt O aus Furcht einen Messerstich, obwohl der Angriff des O bereits beendet ist.* 480

Vorzeitig-extensiv

> **Beispielsfall 2:** *T versetzt O aus Furcht einen Messerstich, obwohl ein Angriff des O noch nicht vorliegt und auch nicht unmittelbar bevorsteht, wohl aber in engem zeitlichem Zusammenhang erfolgen wird.* 481

Rspr.: (-)

Die Rechtsprechung lehnt in beiden Fällen des sog. extensiven Notwehrexzesses eine Anwendung von § 33 StGB ab.[548] Voraussetzung einer Anwendung des § 33 StGB ist nach Ansicht des BGH nämlich, dass überhaupt eine Notwehrlage besteht, die aber in beiden oben dargestellten Situationen mangels Gegenwärtigkeit des Angriffs nicht gegeben ist.[549] Der BGH begründet dies mit dem Wortlaut des § 33 StGB. Demnach setzt das Überschreiten der Grenzen der Notwehr voraus, dass überhaupt eine Notwehrlage vorliegt.

---

547 Fischer, § 33 Rn. 8; Zieschang, S. 92.

548 BGH, NStZ 1991, S. 528 = **juris**byhemmer.

549 Fischer, § 33 Rn. 5.

A.A.: (+)

In der Literatur hingegen wird die Ansicht vertreten, dass § 33 StGB auch in den Fällen des extensiven Notwehrexzesses eingreife. Insoweit wird zwischen den beiden Fällen des extensiven Notwehrexzesses unterschieden.

Nachzeitig-extensiv

In den Fällen des sog. *nachzeitig-extensiven* Notwehrexzesses, vgl. oben Beispielsfall 1, wird die Anwendung des § 33 StGB mit dem Argument bejaht, dass § 33 StGB nur von den Grenzen der Notwehr spreche, damit seien aber auch die zeitlichen Grenzen gemeint.[550] Die Situation sei nämlich mit der beim intensiven Notwehrexzess durchaus vergleichbar, wenn zumindest ein enger zeitlicher Zusammenhang zwischen dem vorangegangenen Angriff und den Maßnahmen nach dessen Ende bestehe. 482

Vorzeitig-extensiv

In den Fällen des sog. *vorzeitig-extensiven* Notwehrexzesses, vgl. oben Beispielsfall 2, greift § 33 StGB auch nach Ansicht der Literatur jedenfalls nicht direkt ein. Die Privilegierung des § 33 StGB wird nur aufgrund der mit der Notwehrlage einhergehenden psychischen Ausnahmesituation gewährt. Wer dagegen schon vorher zur Gegenwehr greift, überschreitet nicht die Grenzen der Notwehr.[551] 483

Teilweise wird jedoch eine analoge Anwendung des § 33 StGB auch auf diese Fälle befürwortet. Dies wird damit begründet, dass Grund für die Nichtbestrafung des Exzesstäters neben dem Affekt die aus dem rechtswidrigen Angriff resultierende Unrechtsminderung ist, so dass bei engem zeitlichem Zusammenhang zwischen dem Verhalten und dem bevorstehenden Angriff eine analoge Anwendung des § 33 StGB geboten sei.[552]

Kritik

Die letztgenannte Ansicht verstößt jedenfalls nicht gegen das Analogieverbot des Art. 103 II GG, da es sich um eine Analogie zugunsten des Täters handelt. Rechtpolitisch erscheint eine solche „Präventivnotwehr“ allerdings problematisch, vor allem wenn man bedenkt, dass eine Rechtfertigung nach § 32 StGB auch schon bei einem unmittelbar bevorstehenden Angriff eingreift, so dass hier noch eine weitere Vorverlagerung stattfinden würde.

Insgesamt dürfte die Ansicht des BGH für beide Fälle des extensiven Notwehrexzesses vorzugswürdig sein. Begründen lässt sich dies damit, dass eine unrechtsmindernde Notwehrlage, die – mit den asthenischen Affekten – zum Entfallen des Schuldvorwurfes führt, gerade noch nicht bzw. nicht mehr gegeben ist.[553]

Unterscheidung zu Irrtümern

Von den Konstellationen des intensiven wie des extensiven Notwehrexzesses sind aber folgende Fälle, die im Irrtumsbereich angesiedelt sind, zu unterscheiden: 484

- ⇨ die sog. *Putativnotwehr*, d.h. also die irrige Annahme der tatsächlichen Voraussetzungen einer Notwehr, obwohl eine Notwehrlage objektiv nicht gegeben ist: hier gelten die allgemeinen Irrtumsregeln ⇨ Erlaubnistatbestandsirrtum.
- ⇨ der sog. *Putativnotwehrexzess*, d.h. die irrige Annahme der tatsächlichen Voraussetzungen der Notwehr, obwohl objektiv keine Notwehrlage vorliegt und gleichzeitig Überschreiten der Erforderlichkeit: hier wird die Anwendung des § 33 StGB diskutiert, von der h.M. jedoch abgelehnt.

---

550 Vgl. Rengier, AT § 27 Rn. 18 f.

551 Kühl, AT § 12 Rn. 141.

552 Vgl. Zieschang, S. 92 f.

553 Vgl. Jescheck/Weigend, § 45 II S. 4.

bb) Wortlaut des § 33 StGB: „aus“

„aus“

Der Wortlaut des § 33 StGB gibt durch die Formulierung „aus“ zu erkennen, dass zwischen dem Affekt, vgl. hierzu sogleich, und der oben dargestellten Notwehrüberschreitung ein innerer Zusammenhang bestehen muss.[554] Der Grund für die Überschreitung der Grenzen der Notwehr muss gerade in dem asthenischen Affekt liegen, wobei eine Mitursächlichkeit genügt (s. sogleich unten). 485

cc) Verwirrung, Furcht, Schrecken

Sog. „asthenische Affekte“

Eine Entschuldigung nach § 33 StGB kommt nur dann in Betracht, wenn die Notwehrüberschreitung auf *Verwirrung*, *Furcht* oder *Schrecken* beruht. Diese sog. *asthenischen* (oder auch *defensiven*) *Affekte* sind regelmäßig Folge eines überraschenden Angriffs und beruhen auf einem Gefühl der Bedrohtheit. Dieser psychischen Ausnahmesituation will der Gesetzgeber gerecht werden, so dass sich hierauf die Entschuldigung nach § 33 StGB erstreckt. 486

Dabei ist zu beachten, dass für die *Furcht* i.S.d. § 33 StGB nicht schon jedes Angstgefühl ausreicht, sondern es muss durch den im Sinn-Zusammenhang der Panik liegenden Affekt die Fähigkeit, das Geschehen richtig zu verarbeiten, erheblich reduziert sein.

Sog. „sthenische Affekte“

Dagegen kommt nach ganz h.M. eine Ausweitung des § 33 StGB auf die sog sthenischen Affekte, wie etwa Wut, Zorn oder Kampfeseifer, nicht in Betracht.[555] 487

Liegen sowohl asthenische wie auch sthenische Affekte vor, so steht dies einer Anwendung von § 33 StGB nicht grundsätzlich entgegen. Dies gilt aber nur dann, wenn die asthenischen Affekte wie Furcht oder Verwirrung zumindest für eine über das Maß der Erforderlichkeit hinausgehende Notwehrhandlung mitursächlich waren.[556] Somit ist es nicht erforderlich, dass die in § 33 StGB genannten asthenischen Affekte die alleinige oder auch nur überwiegende Ursache für die Überschreitung der Notwehrgrenzen gewesen sind.

Grund dafür ist nach dem Sinn und Zweck der Norm, dass der Angreifer die ihn treffenden Folgen überzogener Abwehr grundsätzlich selbst und auch allein zu verantworten hat. Er hat also das Risiko zu tragen, dass er durch sein Handeln einen der Affekte des § 33 StGB auslöst, der den Angegriffenen die Grenzen der Notwehr überschreiten lässt. Schließlich sind solche gefühlsmäßigen „Gemengelagen“ in derartigen Situationen regelmäßig gegeben und damit auch vom Anwendungsbereich der Norm erfasst.

dd) Subjektive Merkmale

Verteidigungsabsicht

Auch i.R.d. § 33 StGB ist in subjektiver Hinsicht erforderlich, dass der Täter trotz seines Exzesses in Verteidigungsabsicht handelt. 488

Maß des Affektes

Der Wortlaut unterscheidet nicht zwischen bewusster oder unbewusster Überschreitung der Grenzen der Notwehr, so dass eine diesbezügliche Differenzierung für die Anwendung des § 33 StGB nach h.M. nicht in Betracht kommt.[557] 489

---

[554] Jescheck/Weigend, § 45 II S. 2.

[555] Schönke/Schröder, § 33 Rn. 4; Fischer, § 33 Rn. 4.

[556] Vgl. Life&Law 1999, S. 361 ff.

[557] Vgl. Schönke/Schröder, § 33 Rn. 6.

Auf den Grad des Erregungszustandes kommt es somit nicht an, so dass der Täter auch dann nicht strafbar ist, wenn er sich des Exzesses bewusst ist, aber von seinem Affekt hingerissen wird.[558] Dagegen sieht eine andere Ansicht den Anwendungsbereich des § 33 StGB nur für Fälle des unbewussten Überschreitens der Notwehrgrenzen eröffnet.[559]

§ 33 StGB gilt aber dann nicht, wenn sich der rechtswidrig Angegriffene planmäßig in eine tätliche Auseinandersetzung mit seinem Gegner eingelassen hat, um ihn mit eigenen Mitteln abzuwehren.[560]

Allerdings ist bei einem nur erwarteten Angriff § 33 StGB jedenfalls nicht von vornherein ausgeschlossen.

ee) Analoge Anwendung des § 33 StGB

Analoge Anwendung des § 33 StGB auf andere Rechtfertigungsgründe str.

In der Literatur ist es umstritten, ob § 33 StGB entsprechend auf die Fälle anzuwenden ist, in denen der Täter die Grenzen eines anderen Rechtfertigungsgrundes, namentlich des § 34 StGB, aus einem der in § 33 StGB genannten asthenischen Affekte überschreitet. Die wohl h.M. lehnt dies ab, da der Gesetzgeber den Anwendungsbereich auf die Überschreitung des § 32 StGB begrenzen wollte.[561] 490

hemmer-Methode: Merken Sie sich also insgesamt, dass die Rechtsprechung § 33 StGB als Ausnahmevorschrift sehr eng auslegt.

4. Der übergesetzliche entschuldigende Notstand

a) Einführung

Übergesetzlicher entschuldigender Notstand

Über die gesetzlich geregelten Fälle der §§ 33, 35 StGB hinaus ist in Rechtsprechung und Literatur[562] in Anlehnung an § 35 I StGB als weiterer Entschuldigungsgrund der sog. *übergesetzliche entschuldigende Notstand* (auch entschuldigende Pflichtenkollision genannt) anerkannt. 491

Die Anerkennung bzw. die Notwendigkeit der Anerkennung dieses gesetzlich nicht normierten Entschuldigungsgrundes resultiert unter anderem daraus, dass § 35 StGB in seinem Anwendungsbereich sehr stark dadurch eingeschränkt ist, dass er eine abschließende Aufzählung des geschützten Personenkreises enthält, so dass eine Entschuldigung nach § 35 StGB eben nicht möglich ist, wenn der Täter zur Rettung anderer als der in § 35 StGB aufgezählten Sympathiepersonen handelt.[563] Grundkonstellation des übergesetzlichen entschuldigenden Notstandes ist eine Situation, in der der Täter, um ein bedrohtes Rechtsgut zu retten, ein anderes gleichwertiges Rechtsgut aufgibt bzw. opfert.

---

558 Fischer, § 33 Rn. 8.

559 Vgl. Schönke/Schröder, a.a.O.

560 Fischer, § 33 Rn. 6 f.

561 Vgl. Schönke/Schröder, § 34 Rn. 52; Fischer, § 33 Rn. 8; a.A. NK, § 33 Rn. 17.

562 Vgl. Fischer, vor § 32 Rn. 15.

563 Vgl. Zieschang, S. 97 f.

Prüfungsschema: Übergesetzlicher Entschuldigungsgrund

I. Notstandslage

II. Übelverringerung

III. Grenzen

1. Nicht anders abwendbar
2. Unzumutbarkeit entspr. § 35 I S. 2 StGB

IV. Subjektive Merkmale

b) Voraussetzungen

Voraussetzungen

Wegen der Ähnlichkeit zu § 35 I StGB sind die Voraussetzungen des übergesetzlichen entschuldigenden Notstandes diesem weitgehend angenähert. Im Einzelnen sind dies: 492

aa) Notstandslage

Notstandslage

In objektiver Hinsicht ist zunächst eine *gegenwärtige Lebensgefahr* zu fordern. Eine Gefahr für Leib oder Freiheit genügt insoweit nicht. Diese gegenüber § 35 I StGB gesteigerten Anforderungen ergeben sich aus dem Ausnahmecharakter des gesetzlich nicht normierten Entschuldigungsgrundes. Diese Lebensgefahr darf nur durch eine Tat abgewendet werden können, die nicht nach § 34 StGB gerechtfertigt ist, da Leben gegen Leben steht, und auch nicht durch § 35 I StGB entschuldigt ist, da die Tat nicht zugunsten einer dort genannten Sympathieperson begangen wird. 493

bb) Übelverringerung

Übelverringerung

Umstritten ist, ob in objektiver Hinsicht zu fordern ist, dass der Täter das „kleinere Übel" gewählt hat. Teilweise wird dieses Erfordernis in Gänze abgelehnt, während eine andere Ansicht zumindest eine Gleichwertigkeit des geschützten Interesses fordert.[564] 494

Mit der wohl h.M. wird man aber wegen des Ausnahmecharakters dieses Entschuldigungsgrundes eine solche Übelverringerung verlangen müssen.[565] Demnach muss das vom Täter angerichtete Übel bei einer ethischen Gesamtbetrachtung gegenüber dem durch die Tat verhinderten das wesentlich geringere Übel sein.

Umstritten ist insoweit, ob die Gefahr auf gänzlich Unbeteiligte abgewälzt werden darf, die mit den gefährdeten Personen also keine Art von Schicksalsgemeinschaft bilden.[566] Eine solche Einschränkung wird aber von der h.M. abgelehnt.[567] Begründet wird dies damit, dass der Gewissenskonflikt für den Täter unabhängig davon besteht, ob im Ergebnis Unbeteiligte betroffen werden. Die Gegenansicht hat für sich, dass ohne diese Einschränkung der Ausnahmefall des übergesetzlichen entschuldigenden Notstandes kaum mehr eingrenzbar ist.[568]

---

564 Kühl, AT § 12 Rn. 100.

565 Vgl. Jescheck/Weigend, § 47 I S. 2.

566 So etwa Jakobs, AT § 20 Rn. 41 f.

567 Kühl, AT § 12 Rn. 104 f.

568 Vgl. Zieschang a.a.O.

cc) Grenzen

Auch bei dem übergesetzlichen entschuldigenden Notstand findet die Notstandshandlung ihre Grenzen. 495

Nicht anders abwendbar

Zum einen darf auch hier die Gefahr nicht anders abwendbar sein.[569] Dabei muss die Handlung in jeder Hinsicht das einzige Mittel sein, um noch Schlimmeres zu verhindern; es liegt also ein sog. *quantitativer* Lebensnotstand vor.

§ 35 I S. 2 StGB entspr.

Zum anderen ist zu verlangen, dass dem möglichen Täter die Hinnahme der Gefahr entsprechend § 35 I S. 2 StGB nicht zumutbar gewesen ist. Der Ausnahmefall des gesetzlich nicht normierten Entschuldigungsgrundes muss zumindest denselben Schranken wie der gesetzlich geregelte Fall des entschuldigenden Notstandes nach § 35 I StGB unterliegen.

dd) Subjektive Merkmale

Gefahrabwendungswille

In subjektiver Hinsicht muss der Täter in Kenntnis aller Umstände und aus der Gewissensnot heraus mit *Gefahrabwendungswillen* gehandelt haben. 496

Darüber hinaus verlangt der BGH, dass der Täter eine gewissenhafte Prüfung der Notstandssituation vornimmt.[570] Wegen des Ausnahmecharakters des übergesetzlichen entschuldigenden Notstandes ist der Rechtsprechung hinsichtlich dieses Erfordernisses hier im Gegensatz zu den sonstigen Notstandsfällen auch zu folgen.[571]

ee) Beispielsfall

Zur Veranschaulichung der Thematik des übergesetzlichen entschuldigenden Notstandes soll der folgende klassische Beispielsfall dienen:

Bahnwärterfall

> ***Bahnwärterfall:*** *Das Hauptgleis einer Bahnstrecke wurde durch einen Erdrutsch verschüttet. Ein mit mehreren hundert Insassen besetzter Zug droht, ungebremst in die Verschüttungen hineinzufahren. Bahnwärter T erkennt, dass der Zugführer nicht mehr rechtzeitig gewarnt werden kann. T sieht als einzige Möglichkeit, die Katastrophe zu vermeiden, den Zug auf ein Nebengleis umzuleiten. Wie er weiß befinden sich zurzeit die Gleisarbeiter A und B dort, die er aber nicht rechtzeitig warnen kann. Wie von T vorgestellt, werden A und B von dem Personenzug überrollt. Strafbarkeit von T nach § 212 I StGB?* 497

Lösung Bahnwärterfall

Der objektive Tatbestand ist erfüllt, da die Weichenumstellung kausal für den Tod von A und B war. Auch in subjektiver Hinsicht liegt zumindest dolus eventualis vor. Eine Rechtfertigung nach § 32 StGB scheidet mangels gegenwärtigen rechtswidrigen Angriffs von A und B aus. 498

Eine Rechtfertigung nach § 34 StGB scheidet im Ergebnis ebenfalls aus, da das geschützte Interesse das beeinträchtigte Interesse nicht wesentlich überwiegt. Eine Abwägung „Leben gegen Leben“ findet nicht statt. Eine Entschuldigung nach § 35 StGB scheidet trotz der gegenwärtigen Gefahr für das Leben der Zuginsassen aus, da sie nicht zum geschützten Personenkreis des § 35 I StGB gehören.

---

569 Zieschang, S. 98.

570 BGHSt 35, S. 347, 350 f.

571 A.A. Zieschang, S. 99.

Möglicherweise kommt T aber der übergesetzliche entschuldigende Notstand zugute. In objektiver Hinsicht liegt eine gegenwärtige Lebensgefahr für die Zuginsassen vor, die auch nicht anders abwendbar ist. Dadurch, dass T mehrere hundert Menschen zulasten des Lebens von A und B gerettet hat, liegt auch die erforderliche Übelverringerung in quantitativer Hinsicht vor. Stellt man nun aber das Erfordernis auf, dass dieser Entschuldigungsgrund nur dann eingreift, wenn die Gefahr nicht auf Unbeteiligte, sondern auf in einer Art Schicksalsgemeinschaft stehende Personen abgewälzt wird, so wäre T hier nicht entschuldigt. A und B bilden mit den Zuginsassen keine Schicksalsgemeinschaft. Wenn man mit der h.M. eine solche Einschränkung nicht vornimmt, so ist T entschuldigt, da er auch in subjektiver Hinsicht mit Gefahrabwendungswillen gehandelt hat. Nach h.M. hat sich T nicht nach § 212 I StGB strafbar gemacht.

5. Sonstige übergesetzliche Entschuldigungsgründe

a) Handeln auf dienstliche Weisung

Dienstliche Weisung/Befehl

Ob das Handeln auf eine dienstliche Weisung (Anordnung/Befehl) ebenfalls einen übergesetzlichen Entschuldigungsgrund darzustellen vermag, ist umstritten. Dabei wird zwischen verbindlichen und unverbindlichen Weisungen unterschieden. 499

Verbindliche Weisung

Die *verbindliche* Weisung bildet für den Untergebenen i.R. seiner Befolgungspflicht bereits einen Rechtfertigungsgrund. 500

Problematisch ist dies dann, wenn es sich um eine rechtswidrige Weisung handelt. In Ausnahmefällen wird auch hier ein Rechtfertigungsgrund angenommen, z.B. bei einer Weisung im militärischen Bereich, gerichtet auf die Begehung einer Ordnungswidrigkeit oder einer unerlaubten Handlung (§ 11 II SoldG).

Dies ergibt sich daraus, dass die Rechtswidrigkeit und die Verbindlichkeit unterschiedliche Kategorien darstellen, so dass der Befolgungsdruck für den Untergebenen weiter besteht.[572] Problematisch an dieser Ansicht ist, dass damit gegen eine solche Handlung keine Notwehr nach § 32 StGB möglich ist, so dass insoweit auch eine Einordnung erst auf der Ebene der Schuld als möglich erscheint.[573]

Unverbindliche Weisung

Unverbindlich ist eine dienstliche Weisung insbesondere dann, wenn durch ihre Ausführung eine Straftat begangen, die Menschenwürde verletzt oder gegen allgemein anerkannte Regeln des Völkerrechts verstoßen würde. In diesem Bereich ist allgemeine Meinung, dass eine Rechtfertigung nicht in Betracht kommt. Wie aber nun die Fälle konkret zu behandeln sind, ist streitig. 501

Nach einer Ansicht kann eine unverbindliche Weisung grundsätzlich einen eigenen Entschuldigungsgrund darstellen. Dies kommt aber nur dann in Betracht, wenn der Untergebene die Unverbindlichkeit nicht erkannt hat und diese für ihn auch nicht erkennbar war.

Nach anderer Ansicht besteht für einen diesbezüglichen eigenständigen Entschuldigungsgrund keine Notwendigkeit, da diese Konstellationen über die allgemeinen Irrtumsregelungen lösbar seien.[574]

572 Vgl. Jescheck/Weigend, § 35 II.

573 Vgl. hierzu Fischer, vor § 32 Rn. 16; Schönke/Schröder, Vorbem. §§ 32 ff. Rn. 86.

574 Schönke/Schröder, Vorbem. §§ 32 ff. Rn. 88.

hemmer-Methode: Die Klausurrelevanz kann als sehr gering bezeichnet werden. Sollte diese Thematik doch einmal Gegenstand einer Klausur sein, so ist eine gute Argumentation erforderlich, die den Kern des Problems herausarbeitet und einer vertretbaren Lösung zuführt.

b) Unzumutbarkeit normgemäßen Verhaltens

Unzumutbarkeit normgemäßen Verhaltens

Die *Unzumutbarkeit normgemäßen Verhaltens* soll den Täter entschuldigen, wenn ihm bzw. einem Durchschnittsmenschen nach den konkreten Umständen des Falles ein anderes, normgerechtes Verhalten nicht zugemutet werden kann. 502

Nach h.M. ist die Unzumutbarkeit normgemäßen Verhaltens nicht generell als übergesetzlicher Entschuldigungsgrund anzuerkennen.[575] Schon bei dem übergesetzlichen entschuldigenden Notstand bestehen wegen der Gefahrabwälzung auf möglicherweise Unbeteiligte Bedenken wegen der Uferlosigkeit. Dies muss bei einem derartig vagen, in Voraussetzungen und Grenzen unbestimmten Fall der Unzumutbarkeit normgemäßen Verhaltens umso mehr gelten, da ansonsten der Rechtsunsicherheit Tür und Tor geöffnet wäre.

hemmer-Methode: Diese Aussagen gelten nur für das vorsätzliche Begehungsdelikt. Anwendbar bleibt dieser Entschuldigungsgrund bei den Fahrlässigkeitsdelikten. Strittig ist seine Anwendung dagegen beim vorsätzlichen unechten Unterlassungsdelikt, wo er als regulatives Prinzip zur sachgerechten Begrenzung des Umfangs der Handlungspflichten herangezogen werden kann.

c) Glaubens- und Gewissensfreiheit, Art. 4 I GG

Art. 4 I GG

Teilweise wird vertreten, dass ein Entschuldigungsgrund aus Art. 4 I GG folgen soll, wenn der Täter in einen Konflikt zwischen der Rechtsüberzeugung der Gesellschaft und seiner eigenen Glaubensüberzeugung gerät. 503

Die h.M. jedoch lehnt einen direkt auf Art. 4 I GG beruhenden Entschuldigungsgrund ab. Die Anerkennung als Entschuldigungsgrund ist mit einer extremen Subjektivierung verbunden. Die Rechtsordnung kann die Geltung ihrer Normen nicht von der Billigung durch den Einzelnen abhängig machen, weil sie sonst zur unverbindlichen Empfehlung herabsinken und ihre Verlässlichkeit einbüßen würde.[576]

VII. Unrechtsbewusstsein

Unrechtsbewusstsein

Das Unrechtsbewusstsein bildet nach h.M. neben der Schuldform, also Fahrlässigkeits- oder Vorsatzschuld, ein selbständiges Schuldelement.[577] Inhalt des Unrechtsbewusstseins ist die Einsicht des Täters, dass sein Verhalten rechtlich verboten ist, nicht aber die Kenntnis der Strafvorschrift bzw. Strafbarkeit des Verhaltens.[578] Wer wissentlich und willentlich einen Unrechtstatbestand verwirklicht, ohne eine die Tat rechtfertigende Sachlage anzunehmen, weiß als Schuldfähiger regelmäßig, dass er Unrecht tut. Somit liegt auch insoweit eine Indizwirkung vor, so dass ohne besondere entgegenstehende Anhaltspunkte das Unrechtsbewusstsein vermutet wird. 504

---

575 Schönke/Schröder, Vorbem. §§ 32 ff. Rn. 122.

576 Vgl. Schönke/Schröder, Vorbem. §§ 32 ff. Rn. 119; Jescheck/Weigend, § 37 II S. 3.

577 BGHSt GrS 2, S. 194.

578 Lesch, JA 1996, S. 504.

Aktuell/potentiell

Regelmäßig wird dem Täter das Unrecht einer vorsätzlichen Tat klar vor Augen stehen, sog. *aktuelles Unrechtsbewusstsein*.[579] Nach h.M. genügt es aber auch, dass er bei dem ihm zumutbaren Einsatz seiner Erkenntniskräfte und Wertvorstellungen die Einsicht in das Unrecht der Tat gewinnen kann, sog. potentielles Unrechtsbewusstsein.[580]

hemmer-Methode: Einziger Punkt innerhalb einer Klausur, an dem das Unrechtsbewusstsein eine Rolle spielt, ist der Fall eines Verbotsirrtums nach § 17 StGB. Fehlt dem Täter bei der Begehung der Tat infolge eines unvermeidbaren Verbotsirrtums die Einsicht, Unrecht zu tun, so handelt er nach § 17 S. 1 StGB ohne Schuld. Dies ist allerdings der Ausnahmefall. Regelmäßig wird ein Verbotsirrtum vermeidbar sein, so dass nur eine Milderung gemäß § 17 S. 2 StGB in Betracht kommt.[581]

E. Strafausschließungs- und Strafaufhebungsgründe, Absehen von Strafe, Prozessvoraussetzungen

I. Einführung

Einführung

505 Strafausschließungs- und Strafaufhebungsgründe, Absehen von Strafe sowie Prozessvoraussetzungen sind keine Bestandteile des eigentlichen dreistufigen Verbrechensaufbaus, sondern erst im Anschluss an die Schuld zu prüfen. Eine Prüfung hat insofern aber nur zu erfolgen, wenn Anhaltspunkte für deren Vorliegen gegeben sind.

hemmer-Methode: Hüten Sie sich vor allzu schematischen Prüfungen. Ausführungen zu diesen Punkten ohne ausreichende Anhaltspunkte im Sachverhalt zeugen von falscher Schwerpunktsetzung und kosten überdies wertvolle Zeit.

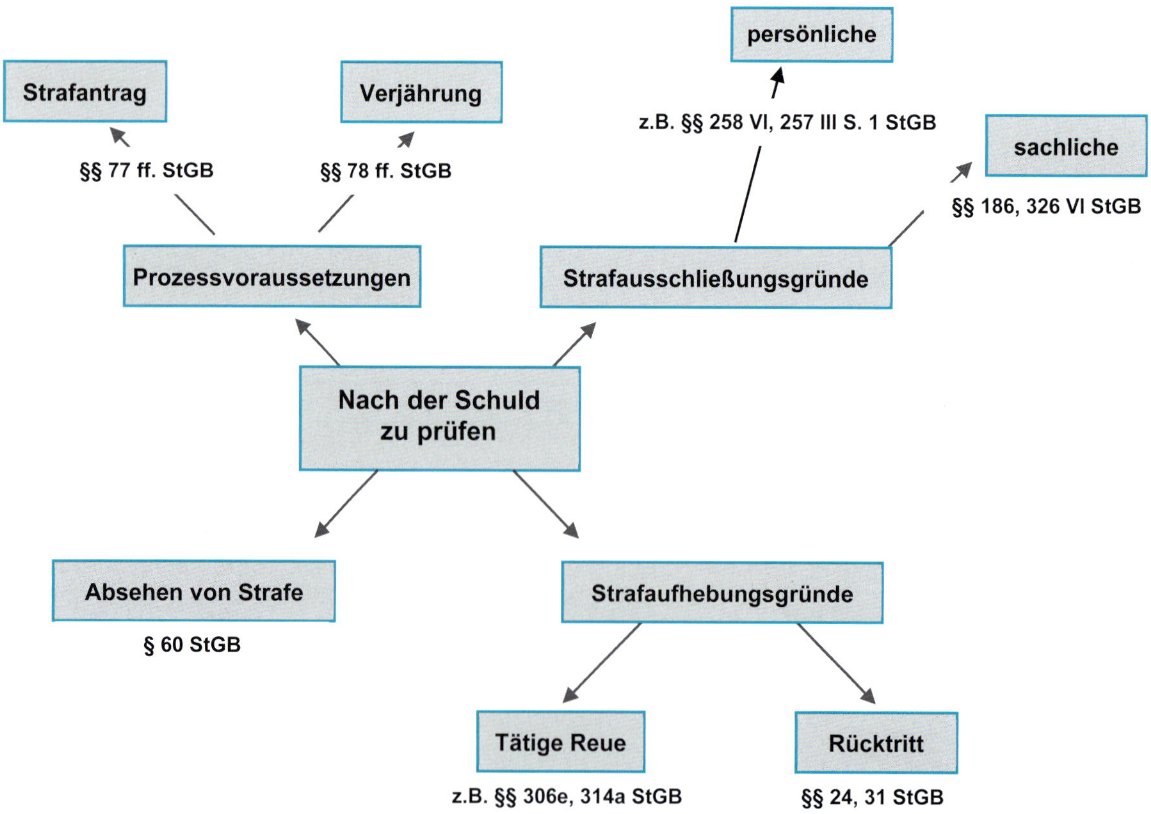

[579] BGHSt 15, S. 377.

[580] BGHSt 21, S. 18, 20.

[581] Näher zu den Irrtümern siehe Hemmer/Wüst Strafrecht AT II, Rn. 318 ff.

II. Strafausschließungsgründe

Strafausschließungsgründe

Die Strafbarkeit kann trotz Vorliegens einer rechtswidrigen und schuldhaften Tat entfallen, wenn zum Zeitpunkt der Tat ein sog. *Strafausschließungsgrund* vorliegt. Dabei lassen sich die Strafausschließungsgründe in persönliche und sachliche unterteilen. Sie stehen außerhalb von Unrecht und Schuld und stellen somit eine Art Gegenstück zu den objektiven Strafbarkeitsbedingungen dar. 506

1. Persönliche Strafausschließungsgründe

Persönliche Strafausschließungsgründe

Als *persönliche* Strafausschließungsgründe werden die gesetzlich normierten Umstände bezeichnet, deren Gegebensein von vornherein zur Straflosigkeit führt. 507

Sie beruhen auf im Tatzeitpunkt vorliegenden persönlichen Eigenschaften oder Verhältnissen des Täters. Nach § 28 II StGB kommen sie nur demjenigen zugute, der ihre Voraussetzungen erfüllt.

Hierunter fallen etwa:

- *§ 258 VI StGB: Angehörigenprivileg*
- *§§ 258 V, 257 III S. 1 StGB: Vortatbeteiligung*
- *§ 173 III StGB: jugendliches Alter*
- *§ 36 StGB, Art. 46 I GG: Abgeordnetenindemnität*

2. Sachliche Strafausschließungsgründe

Sachliche Strafausschließungsgründe

Die *sachlichen* Strafausschließungsgründe beruhen auf einem nicht personengebundenen Sachverhalt. 508

Hierunter fallen etwa:

- *§ 37 StGB: wahrheitsgetreue Parlamentsberichte*
- *§ 326 VI StGB: geringe Menge des Abfalls*

III. Strafaufhebungsgründe

Strafaufhebungsgründe

Die Strafbarkeit kann trotz Vorliegens einer rechtswidrigen und schuldhaften Tat entfallen, wenn nach Begehung der Tat ein *Strafaufhebungsgrund* vorliegt. Die bereits begründete Strafbarkeit wird demnach in diesen Fällen rückwirkend beseitigt. 509

Hierunter fallen etwa:

1. Rücktritt vom Versuch

- *§ 24 StGB*
- *§ 31 StGB: Rücktritt vom Versuch der Verbrechensbeteiligung*

***2. Tätige Reue*:**

- *§ 98 II S. 2 StGB*
- *§ 306e StGB*
- *§ 314a StGB*
- *§ 330b StGB*

Zivilrechtliche Rückwirkung

Strafaufhebungsgründe können sich auch daraus ergeben, dass man die zivilrechtliche Rückwirkung rechtsgeschäftlicher Erklärungen, wie etwa einer Anfechtung oder einer nachträglichen Genehmigung, auch im Strafrecht anerkennt.[582] 510

IV. Absehen von Strafe

Absehen von Strafe

Das Absehen von Strafe ist in allgemeiner Weise in § 60 StGB geregelt sowie an verschiedenen anderen Stellen im Gesetz. 511

1. § 60 StGB

§ 60 StGB

Nach § 60 S. 1 StGB sieht das Gericht von Strafe ab, wenn die Folgen der Tat, die den Täter getroffen haben, so schwer sind, dass die Verhängung einer Strafe offensichtlich verfehlt wäre. Die Entscheidung des Gerichts ist obligatorisch, wenn die Voraussetzungen erfüllt sind. Zu den schweren Folgen gehören etwa körperliche oder wirtschaftliche Umstände, aber auch der Verlust von Angehörigen, insbesondere bei Fahrlässigkeitsdelikten, vgl. hierzu folgendes 512

> ***Beispiel:*** *M fährt in angetrunkenem Zustand fahrlässig zu schnell. In einer Kurve kommt er von der Fahrbahn ab und fährt gegen einen Baum. Bei dem Unfall wird seine Frau F auf dem Beifahrersitz getötet. Hier treffen den Täter die Folgen seiner Tat so schwer, dass die Verhängung einer Strafe unter Berücksichtigung aller anerkannten Strafzwecke verfehlt sein kann.*[583]

Nach § 60 S. 2 StGB darf keine Freiheitsstrafe von mehr als einem Jahr verwirkt sein. Bei der Verhängung einer Gesamtstrafe nach §§ 54 f. StGB gilt § 60 StGB für jede Einzelstrafe.[584]

2. Weitere gesetzliche Beispiele

Weitere Beispiele

Auch verschiedene einzelne Normen sehen spezielle Fälle vor, die ein Absehen von Strafe ermöglichen: 513

Bspe.:

- *§ 129 VI StGB: Bildung krimineller Vereinigungen*
- *§ 139 I StGB: Nichtanzeige geplanter Straftaten*
- *§ 157 I, II StGB: Aussagenotstand*
- *§ 158 I StGB: Berichtigung einer falschen Aussage*
- *§ 199 StGB: wechselseitige Beleidigung*

V. Prozess- und Strafverfolgungsvoraussetzungen

Prozessvoraussetzungen

Im Bereich der Prozess- und Strafverfolgungsvoraussetzungen sind insbesondere der *Strafantrag* nach §§ 77 ff. StGB sowie die *Verjährung* nach §§ 78 ff. StGB zu beachten. 514

[582] Vgl. hierzu Fischer, vor § 32 Rn. 17b.

[583] Vgl. zu den Voraussetzungen hierfür auch Fischer, § 60 Rn. 4 ff.

[584] Fischer, § 60 Rn. 4.

1. Strafantrag gem. §§ 77 ff. StGB

a) Einführung

Strafantrag

Im Falle eines Antragsdelikts kann die Straftat nur verfolgt werden, 515
wenn ein Strafantrag gestellt wird. Seinem Wesen nach handelt es sich damit beim Strafantrag um eine Prozessvoraussetzung.[585]

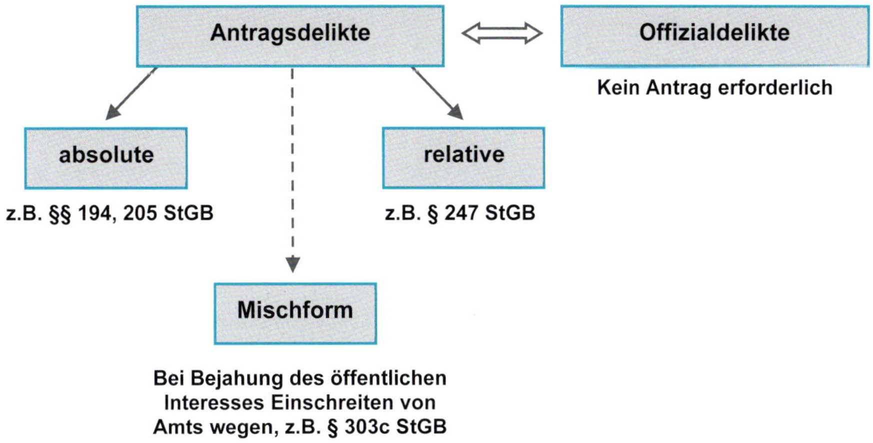

Dabei lassen sich absolute und relative Antragsdelikte unterscheiden. Bei den *absoluten* Antragsdelikten ist eine Strafverfolgung nur dann möglich, wenn ein solcher Antrag gestellt wurde, vgl. etwa §§ 194, 205 StGB. Bei den *relativen* Antragsdelikten dagegen ist eine Strafverfolgung nicht stets antragsbedürftig, sondern nur unter bestimmten Voraussetzungen, z.B. wegen der Angehörigeneigenschaft i.R.d. § 247 StGB. In diesen Fällen müssen diese bestimmten Voraussetzungen zum Tatzeitpunkt vorliegen.[586]

Schließlich gibt es eine Mischform zwischen den absoluten und den relativen Antragsdelikten. Diese Delikte sind zwar grundsätzlich nur auf Antrag verfolgbar, zeichnen sich aber dadurch aus, dass die Staatsanwaltschaft durch die Bejahung des besonderen öffentlichen Interesses das Antragserfordernis ersetzen kann, wie etwa bei § 303c StGB.

Gegenstück zu den Antragsdelikten sind die sog. *Offizialdelikte*, bei denen eine Strafverfolgung von Amts wegen erfolgt. Diese sind der gesetzliche Regelfall, so dass ohne besondere Anordnung eines Antragserfordernisses vom Vorliegen eines Offizialdelikts auszugehen ist.

b) Abgrenzung

Abgrenzung

Abzugrenzen sind die bloße Strafanzeige i.S.d. § 158 I S. 1, 1. Alt. 516
StPO, der Strafantrag i.S.d. § 158 I S. 1, 2. Alt. StPO und der Strafantrag nach §§ 158 II StPO, 77 StGB. Nur letzterer unterfällt den Voraussetzungen der §§ 77 ff. StGB und ist oben erwähnte Prozessvoraussetzung.

[585] H.M., vgl. etwa Fischer, vor § 77 Rn. 4.

[586] BGHSt 29, S. 56.

§ 158 I S. 1, 1. Alt. StPO

Die Strafanzeige nach § 158 I S. 1, 1. Alt. StPO ist lediglich die Mitteilung eines Sachverhaltes, der nach Meinung des Anzeigenden Anlass für eine Strafverfolgung bietet. Sie ist eine bloße Anregung des Verletzten oder einer anderen Person, es möge geprüft werden, ob Anlass zur Einleitung eines Ermittlungsverfahrens besteht.[587] 517

§ 158 I S. 1, 2. Alt. StPO

Der Strafantrag nach § 158 I S. 1, 2. Alt. StPO dient nicht nur der Mitteilung eines strafbaren Sachverhaltes, sondern stellt auch klar, dass der Anzeigende ein Interesse an der Strafverfolgung hat. Die Strafanzeige und der Strafantrag (beide Formen) können auch miteinander verbunden werden.[588] Nur wenn ein Strafantrag nach § 158 I S. 1, 2. Alt. StPO gestellt wurde, besteht bei Einstellung des Verfahrens die Pflicht, dem Antragsteller in diesem Sinne unter Angabe der Gründe einen Bescheid zu schicken, § 171 S. 1 StPO. Ist dieser zugleich der Verletzte, muss er über die Möglichkeit belehrt werden, ein Klageerzwingungsverfahren gemäß § 172 StPO einzuleiten, vgl. § 171 S. 2 StPO. 518

Im Zweifelsfall ist durch Auslegung zu ermitteln, ob nur eine Anzeige nach § 158 I 1. Alt. StPO oder auch ein Antrag nach § 158 I 2. Alt. StPO gewollt war. Die Vertretung ist in beiden Fällen möglich.[589]

Handelt aber ein Rechtsanwalt, so kann von diesem grundsätzlich verlangt werden, dass er ausdrücklich einen Strafantrag i.S.d. § 158 II StPO stellt, so dass insoweit keine Auslegung möglich ist. Entsprechendes gilt bei Kaufhausdetektiven für Fälle des Ladendiebstahls.

c) Voraussetzungen

Voraussetzungen

Bei den Antragsdelikten sind für das Vorliegen eines wirksamen Strafantrages gem. § 158 II StPO, §§ 77 ff. StGB folgende Voraussetzungen zu prüfen: 519

Prüfungsschema: Strafantrag, §§ 77 ff. StGB

I. Vorliegen eines Antragsdelikts

⇨ dem jeweiligen Straftatbestand zu entnehmen

II. Antragsberechtigung, §§ 77, 77a StGB

III. Form und Frist, §§ 77b, 77c StGB

IV. Antrag gestellt und nicht zurückgenommen

⇨ § 77d StGB

aa) Antrag

Antrag

Der Inhalt des Antrages braucht nur das Begehren eines strafrechtlichen Einschreitens wegen einer bestimmten Handlung erkennbar zum Ausdruck bringen. Eine rechtliche Qualifizierung ist nicht erforderlich, eine fälschliche unschädlich.[590] 520

Die Bezeichnung einer konkret beschuldigten Person, die verfolgt werden soll, ist regelmäßig nicht erforderlich. Zulässig ist aber eine Beschränkung auf einen von mehreren Tätern, also eine Beschränkung in persönlicher Hinsicht.[591]

---

[587] Meyer-Goßner/Schmitt, § 158 Rn. 2.

[588] Meyer-Goßner/Schmitt, § 158 Rn. 3.

[589] Meyer-Goßner/Schmitt, § 158 Rn. 14.

[590] Fischer, § 77 Rn. 24.

[591] Fischer, § 77 Rn. 25.

Die Handlung, auf die sich der Antrag bezieht, ist gleichbedeutend mit dem Tatbegriff des § 264 I StPO, gemeint ist also das gesamte historische Geschehen, das auf einem einheitlichen Lebenssachverhalt beruht. In sachlicher Hinsicht ist eine Beschränkung auf eines von mehreren ideell konkurrierenden Delikten zulässig.[592]

Wird aber hinsichtlich eines Antragsdelikts, das zu einem Offizialdelikt in Tateinheit steht, ein Antrag nicht gestellt, so darf nur das Offizialdelikt allein verfolgt werden.[593]

bb) Antragsberechtigung

Antragsberechtigung

§ 77 I StGB regelt den Regelfall der *Antragsberechtigung*. Hiernach ist grundsätzlich der Verletzte antragsberechtigt, d.h. der Träger des durch die Tat unmittelbar verletzten Rechtsguts.[594] 521

Auch eine juristische Person kann insoweit antragsberechtigt sein, als sie fähig ist, Träger von Rechtsgütern zu sein, also insbesondere bei Vermögens- und Eigentumsdelikten. Wer dabei den Strafantrag zu stellen hat, bestimmt sich nach der gesetzlichen oder satzungsmäßigen Vertretungsregelung.[595]

Nach § 77 III StGB kann der gesetzliche Vertreter den Antrag stellen. Wer das ist und wer geschäftsfähig ist, bestimmt das bürgerliche Recht.

In § 77 II StGB ist der Übergang des Antragsrechts für den Fall des Versterbens des unmittelbar Verletzten geregelt, wobei im Regelfall die Angehörigen insoweit die Nachfolge antreten.

hemmer-Methode: Zu beachten ist insoweit, dass ein Übergang des Antragsrechts nach § 77 II StGB ausdrücklich gesetzlich bestimmt sein muss. Dies ist bei einem Familiendiebstahl gemäß § 247 StGB nicht der Fall, bei Körperverletzungsdelikten gemäß § 230 I S. 2 StGB hingegen schon.[596]

Sonderfall § 77a StGB

§ 77a StGB regelt die Antragsberechtigung für die Fälle, in denen das Gesetz den Antrag eines Dienstvorgesetzten zur Prozessvoraussetzung macht, wenn die Tat von einem Amtsträger, einem für den öffentlichen Dienst besonders Verpflichteten, vgl. § 355 III S. 1 StGB, oder einem Soldaten der Bundeswehr oder auch gegen eine solche Person, vgl. §§ 194 III S. 1, 230 II S. 1 StGB, begangen worden ist. 522

cc) Form und Frist

Form

§ 158 II StPO verlangt einen schriftlichen Antrag mit Unterschrift, wobei auch Telegramm, Fernschreiben oder Telefax genügen. Dagegen ist eine fernmündliche Antragstellung unwirksam.[597] Alternativ sieht § 158 II StPO die Möglichkeit einer Erklärung zu Protokoll bei Gericht oder Staatsanwaltschaft vor. 523

---

592 Fischer, § 77 Rn. 29.

593 Fischer, a.a.O.

594 BGHSt 31, S. 210.

595 Vgl. Fischer, § 77 Rn. 2a.

596 Instruktiver Fall in diesem Kontext vgl. BGH, Beschluss vom 21.12.2016 – 3 StR 453/16 = Life&Law 2017, 620 ff. = **juris**byhemmer.

597 Meyer-Goßner/Schmitt, § 158 Rn. 11.

Frist

Bei der Frist nach § 77b I StGB handelt es sich um eine Ausschlussfrist. Sie beträgt drei Monate. Die Frist beginnt nach § 77b II StGB mit Ablauf des Tages, an dem der Antragsberechtigte von der Tat und der Person des Täters Kenntnis erlangt. Der Berechtigte muss dabei persönlich entsprechende Kenntnis erlangen. Die Kenntnis eines Vertreters ist unerheblich. Zu beachten ist, dass nach § 77 III StGB die Frist für jeden Tatbeteiligten und jeden Antragsberechtigten gesondert läuft. Eine Verkürzung dieser Frist kann nach § 77c S. 1 StGB bei wechselseitig begangenen Taten eintreten. 524

dd) Antragstellung, keine Rücknahme gem. § 77d StGB

Rücknahme gem. § 77d StGB

Bis zum rechtskräftigen Abschluss des durch den Antrag in Gang gesetzten Verfahrens, also auch noch in der Revisionsinstanz, kann der Antrag *zurückgenommen* werden. Eine bestimmte Form wird für die Rücknahme im Gegensatz zur Antragstellung, vgl. oben, im Gesetz nicht verlangt. Erforderlich ist aber, dass die Rücknahme gegenüber dem sog. Rücknahmeadressaten erklärt wird und diesem zugeht.[598] Rücknahmeadressat ist dabei die Behörde, die zur Zeit mit der Sache befasst ist.[599] 525

Zu beachten ist, dass nach § 77d I S. 3 StGB ein einmal zurückgenommener Strafantrag nicht mehr gestellt werden kann. Ein Widerruf sowie eine Rücknahme unter Bedingungen und einschränkenden Voraussetzungen sind unzulässig.[600]

Rücknahmeberechtigung

Rücknahmeberechtigt ist der Antragsteller selbst, und zwar beschränkt auf seinen eigenen Antrag.[601] Eine Stellvertretung ist aber, wie auch bei der Stellung des Antrages, möglich.[602] 526

hemmer-Methode: In der Klausur sollte ein Hinweis auf den erforderlichen Strafantrag nie fehlen. Regelmäßig wird in Klausuren für das Erste Staatsexamen im Bearbeitervermerk stehen, dass die erforderlichen Anträge gestellt sind bzw. werden. Sollte dies einmal nicht der Fall sein, muss auf das Erfordernis hingewiesen werden. Eine ausführliche Prüfung anhand der oben genannten Kriterien dürfte im Ersten Staatsexamen regelmäßig nicht erforderlich sein. Anders kann dies aber bei Klausuren im Zweiten Staatsexamen sein.

2. Verjährung gem. §§ 78 ff. StGB

Verjährung

Die Verjährung stellt ein Verfahrenshindernis dar. Rechtsfolge ist damit die Einstellung des Verfahrens durch Urteil nach § 260 III StPO oder durch Beschluss nach § 206a I StPO. Die Verjährung ist von Amts wegen in jeder Lage des Verfahrens zu beachten, also auch im Rechtsmittelverfahren. 527

Verjährungsfrist

Die Verjährungsfristen sind in § 78 III StGB geregelt. Dabei richten sich die konkreten Fristen nach dem Höchstmaß der in den Straftatbeständen angedrohten Strafen. Nach § 78 II StGB verjährt der Mord nach § 211 StGB nicht; dies gilt auch für Versuch und Teilnahme. Weiterhin verjähren folgende Delikte nicht: der Völkermord, vgl. § 6 VStGB (Völkerstrafgesetzbuch), Verbrechen gegen die Menschlichkeit, vgl. § 7 VStGB, sowie Kriegsverbrechen nach §§ 8 ff. VStGB. 528

[598] Fischer, § 77d Rn. 2.

[599] Fischer, a.a.O.

[600] Fischer, § 77d Rn. 3 f.

[601] NK, § 77d Rn. 3.

[602] Fischer, § 77d Rn. 6.

Bspe.:

- *Ein einfacher Diebstahl (§ 242 I StGB) verjährt gemäß § 78 III Nr. 4 StGB in 5 Jahren, da das Höchstmaß 5 Jahre Freiheitsstrafe beträgt. Falls ein besonders schwerer Fall gemäß § 243 StGB vorliegen sollte, bliebe dies außer Betracht, vgl. § 78 IV StGB.*
- *Ein einfacher Raub (§ 249 I StGB) verjährt gemäß § 78 III Nr. 2 StGB in 20 Jahren, da das Höchstmaß gemäß § 38 II StGB 15 Jahre Freiheitsstrafe beträgt. Bei Raub mit Todesfolge (§ 251 StGB) ist „lebenslang" möglich, so dass die Verjährungsfrist 30 Jahre beträgt, vgl. § 78 III Nr. 1 StGB.*

Fristbeginn

§ 78a StGB regelt den Beginn der in § 78 III StGB geregelten Verjährungsfristen. Die Verjährung beginnt nach § 78a S. 1 StGB grundsätzlich dann, wenn das auf die Verwirklichung des Tatverhaltens gerichtete Täterverhalten beendet ist. Nach § 78a S. 2 StGB beginnt die Frist abweichend von S. 1 erst mit dem Eintritt des Erfolgs, wenn dieser der zeitlichen Beendigung des Täterverhaltens nachfolgt. 529

In diesem Bereich gewinnt die oben dargestellte Unterscheidung der verschiedenen Deliktsarten erhebliche Bedeutung, da zwischen Erfolgsdelikten, Tätigkeitsdelikten, Dauerdelikten, Gefährdungsdelikten etc. erhebliche Unterschiede bestehen können.[603]

hemmer-Methode: Die Verjährung dürfte in Klausuren regelmäßig keine Rolle spielen. Insbesondere in mündlichen Prüfungen können die §§ 78 ff. StGB aber durchaus Bedeutung gewinnen. Gefragt ist in diesem Bereich dann aber wohl nur das Verständnis der Systematik, die Sie einmal anhand der Lektüre der einschlägigen Regelungen nachvollziehen sollten.

[603] Vergleichen Sie hierzu die ausführliche Kommentierung bei Fischer, § 78a Rn. 7 ff.

§ 3 DAS VORSÄTZLICHE UNTERLASSUNGSDELIKT

A. Einführung

I. Allgemeines

Unterlassen

Neben dem aktiven Tun bildet das *Unterlassen* die zweite Grundform strafrechtlich relevanten menschlichen Verhaltens. Die Unterlassungsstraftaten gliedern sich dabei in zwei strukturell verschiedene Gruppen:[604] 530

Echte Unterlassungsdelikte	Unechte Unterlassungsdelikte

Echte Unterlassungsdelikte

Echte Unterlassungsdelikte sind Straftaten, die sich in dem *Verstoß* gegen eine *Gebotsnorm* und im *bloßen Unterlassen* einer vom Gesetz geforderten Tätigkeit erschöpfen.[605] Dogmatisch bilden die echten Unterlassungsdelikte damit das Gegenstück zu den schlichten Tätigkeitsdelikten. Sie sind dadurch gekennzeichnet, dass zur Verwirklichung dieser Delikte im Gegensatz zu den unechten Unterlassungsdelikten gerade keine besondere Pflichtenstellung gegenüber dem zu schützenden Rechtsgut bestehen muss.[606] Damit findet § 13 StGB auf diese Delikte keine Anwendung. Sie können damit grundsätzlich von jedem begangen werden. 531

Bspe.:

- *§ 123 I 2. Alt. StGB: „Sich-Nicht-Entfernen"*
- *§ 138 StGB: Nichtanzeige geplanter Straftaten*
- *§ 323c I StGB: Unterlassene Hilfeleistung*

Unechte Unterlassungsdelikte

Dagegen sind *unechte Unterlassungsdelikte* Straftaten, bei denen der Unterlassende als *„Garant"* zur Erfolgsabwendung verpflichtet ist und bei denen das Unterlassen wertungsmäßig der Verwirklichung des gesetzlichen Tatbestandes durch aktives Tun entspricht, vgl. § 13 I StGB a.E.[607] Damit stellt das unechte Unterlassungsdelikt das Spiegelbild des Begehungsdelikts als Erfolgsdelikt dar. 532

Daher sind die unechten Unterlassungsdelikte auch nicht in eigenen Straftatbeständen geregelt, sondern jedes Erfolgsdelikt kann grundsätzlich durch aktives Tun wie auch durch Unterlassen verwirklicht werden, wenn in letzterem Fall die Voraussetzungen des § 13 I StGB vorliegen.

Bspe.:

- *Mord durch Unterlassen gem. §§ 211, 13 I StGB: Mutter lässt ihr Baby verhungern*
- *Fahrlässige Tötung durch Unterlassen gem. §§ 222, 13 I StGB: Bademeister lässt sich ablenken und übersieht ertrinkenden Jungen*

---

[604] Vgl. hierzu schon oben Rn. 73 ff.

[605] Jescheck/Weigend, § 58 III S. 2.

[606] Zieschang, S. 145.

[607] BGHSt GrS 16, S. 155.

II. Aufbauschemata

Echtes Unterlassungsdelikt

Im Wesentlichen entspricht der Aufbau des echten Unterlassungsdelikts dem Aufbau des vorsätzlichen Begehungsdelikts. Als Besonderheiten sind hier einige ungeschriebene Tatbestandsmerkmale zu beachten: 533

Prüfungsschema: Echtes Unterlassungsdelikt

I. Tatbestandsmäßigkeit

- **1.** Objektiver Tatbestand
  - **a)** Obj. Merkmale entsprechend jeweiligem Straftatbestand
  - **b)** Ungeschriebene Tatbestandsmerkmale
    - **aa)** Tatsächliche Möglichkeit des gebotenen Tuns
    - **bb)** Zumutbarkeit des gebotenen Tuns
- **2.** Subjektiver Tatbestand
  - **a)** Vorsatz
  - **b)** Sonstige subjektive Tatbestandsmerkmale

II. Rechtswidrigkeit

III. Schuld

- **1.** Wie bei vorsätzlichem Begehungsdelikt
- **2.** Bei Entschuldigungsgründen zusätzlich: Unzumutbarkeit normgemäßen Verhaltens

IV./V. Wie bei vorsätzlichem Begehungsdelikt

hemmer-Methode: Es gibt insgesamt nur wenige echte Unterlassungsdelikte. Entsprechend gering ist im Vergleich zu den unechten Unterlassungsdelikten ihre Prüfungsrelevanz. Dieser Bedeutung folgend soll anschließend die Darstellung der unechten Unterlassungsdelikte im Mittelpunkt stehen. Wichtigstes echtes Unterlassungsdelikt ist § 323c I StGB, das in Klausuren vor allem dann zur Anwendung kommt, wenn eine Strafbarkeit beispielsweise wegen fehlender Garantenstellung ausscheidet.

Unechtes Unterlassungsdelikt

Das unechte Unterlassungsdelikt hat im Vergleich zum vorsätzlichen Begehungsdelikt zusätzlich die Voraussetzungen des § 13 I StGB einzubeziehen. Folglich ist das bekannte Schema des vorsätzlichen Begehungsdelikts diesen zusätzlichen Voraussetzungen anzupassen: 534

Prüfungsschema: Unechtes Unterlassungsdelikt

I. Tatbestandsmäßigkeit

- **1.** Objektiver Tatbestand
  - **a)** Eintritt des tatbestandsmäßigen Erfolgs
  - **b)** Nichtvornahme der zur Erfolgsabwendung objektiv gebotenen und dem Täter möglichen Handlung
  - **c)** Hypothetische Kausalität
  - **d)** Objektive Zurechnung
  - **e)** Garantenstellung
  - **f)** Entsprechungsklausel

2. Subjektiver Tatbestand
   a) Vorsatz
   b) Sonstige subjektive Tatbestandsmerkmale

II. Rechtswidrigkeit, insbesondere rechtfertigende Pflichtenkollision

III. Schuld

1. Wie bei vorsätzlichem Begehungsdelikt
2. Bei Entschuldigungsgründen zusätzlich: Unzumutbarkeit normgemäßen Verhaltens

IV./V. Wie bei vorsätzlichem Begehungsdelikt

hemmer-Methode: Zu beachten ist, dass die Prüfungsreihenfolge der zusätzlichen Voraussetzungen des § 13 I StGB nicht zwingend und insbesondere aus klausurtaktischen Gründen unter Umständen zu verändern ist, z.B. Garantenstellung an den Anfang, wenn diese im Ergebnis nicht gegeben ist, aber alle anderen Voraussetzungen unproblematisch sind.
Wichtig: Fehlt die hypothetische Kausalität, so scheidet Vollendung aus. Vergessen Sie dann aber nicht, den Versuch zu prüfen!

B. Tatbestandsmäßigkeit

I. Eintritt des tatbestandsmäßigen Erfolgs

Erfolgseintritt

Wie beim vorsätzlichen Begehungsdelikt muss auch in den Fällen des unechten Unterlassungsdelikts zunächst der tatbestandsmäßige Erfolg eingetreten sein. Dieser Erfolg richtet sich nach dem jeweiligen Straftatbestand. Fehlt dieser Erfolg, so kommt nur ein Versuch in Betracht, soweit dieser in der jeweiligen Norm unter Strafe gestellt ist bzw. ein Verbrechen vorliegt, vgl. § 23 I StGB. 535

> ***Bsp.:*** *§§ 212 I, 13 I StGB setzen den Tod eines Menschen als tatbestandlichen Erfolg voraus.*

hemmer-Methode: Steht offensichtlich ein Unterlassen im Raum, kann unmittelbar mit der Prüfung des unechten Unterlassungsdelikts begonnen werden. Ist dagegen die Abgrenzung zwischen positivem Tun und Unterlassen problematisch, so bietet es sich grundsätzlich an, mit dem Begehungsdelikt zu beginnen. Wenn Sie allerdings anhand Ihrer Vorprüfung zu dem Ergebnis kommen, dass ein Unterlassen vorliegt, so kann die Abgrenzung natürlich auch gleich im Prüfungsaufbau des unechten Unterlassungsdelikts vorgenommen werden.

II. Nichtvornahme der zur Erfolgsabwendung objektiv gebotenen und subjektiv möglichen Handlung

1. Abgrenzung: Aktives Tun – Unterlassen

Tun / Unterlassen

Im Regelfall lassen sich aktives Tun und Unterlassen nach dem äußeren Erscheinungsbild einfach unterscheiden. Wer ein Kausalgeschehen durch *Einsatz von Energie* in Gang setzt oder auch in eine bestimmte Richtung lenkt, der „tut" etwas. Wer dagegen den Dingen einfach *ihren Lauf lässt* und dabei von der Möglichkeit des Eingreifens keinen Gebrauch macht, der „unterlässt" etwas. 536

Im Einzelfall kann die Abgrenzung aber durchaus problematisch sein. Dies ist dann der Fall, wenn die Verhaltensweise nach ihrem äußeren Erscheinungsbild als mehrdeutig zu bezeichnen ist.

hemmer-Methode: Da das unechte Unterlassungsdelikt über § 13 I StGB eine Reihe von Unterschieden zum vorsätzlichen Begehungsdelikt aufweist, kann die Entscheidung, ob nun aktives Tun oder Unterlassen vorliegt, regelmäßig nicht offenbleiben.

Beispielsfall

***Radleuchtenfall**[608]: Radfahrer R fährt nachts Fußgänger F an, weil er kein Licht angeschaltet hat, und verletzt F schwer. Liegt hier ein aktives Tun (Fahren ohne Licht) oder ein Unterlassen (Nichteinschalten des Lichtes) vor?* 537

Umstritten ist, anhand welcher Kriterien die Abgrenzung zwischen aktivem Tun und Unterlassen konkret vorzunehmen ist. Insoweit sollen die wichtigsten Ansätze kurz erläutert werden:

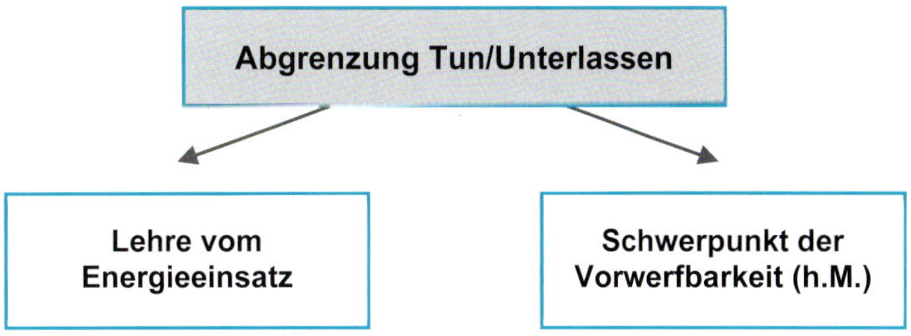

a) Aufwendung von Energie

Energieeinsatz

Eine Ansicht versucht die Abgrenzung unter Heranziehung naturalistischer Kriterien zu lösen.[609] Hiernach soll ein aktives Tun immer dann vorliegen, wenn ein *Energieeinsatz* in eine Richtung stattgefunden hat. Dagegen soll ein Unterlassen umgekehrt immer dann vorliegen, wenn kein Energieeinsatz in eine bestimmte Richtung stattgefunden hat. Diese Ansicht knüpft an das Kriterium der Kausalität an. Zu prüfen ist nach dieser Ansicht zuerst, ob der Täter durch eine Handlung naturgesetzlich kausal den tatbestandlichen Erfolg herbeigeführt hat und ob diese Handlung rechtswidrig ist. Erst wenn keine kausale rechtswidrige Handlung ermittelt werden kann, ist ein Rückgriff auf ein Unterlassen möglich. 538

b) Schwerpunkt der Vorwerfbarkeit

Schwerpunkt

Der BGH und die wohl h.M. im Schrifttum halten eine solche rein empirische Betrachtungsweise zur Abgrenzung zwischen aktivem Tun und Unterlassen für nicht ausreichend.[610] Die Abgrenzung muss nach dieser Ansicht vielmehr mittels einer *Wertung* erfolgen, um auch den Besonderheiten des Einzelfalls gerecht zu werden. Entscheidend für die Abgrenzung zwischen aktivem Tun und Unterlassen ist danach, wo bei *normativer* Betrachtung unter *Berücksichtigung des sozialen Sinngehalts der Schwerpunkt des strafrechtlich relevanten Verhaltens* liegt.[611] 539

---

608 RGSt 63, S. 392.

609 Jescheck/Weigend, § 58 II S. 2.

610 BGHSt 6, S. 59; Schönke/Schröder, Vorbem. §§ 13 ff. Rn. 158.

611 Instruktiv zur Abgrenzung Tun/Unterlassen nach der Rechtsprechung vgl. BGH, Urteil vom 04.09.2014 – 4 StR 473/13 = **juris**byhemmer = Life&Law 2015, S. 179 ff.

Auch diese Ansicht ist vielfacher Kritik ausgesetzt.[612] Zwar spricht für diese Ansicht, dass sie versucht, den Besonderheiten des Einzelfalls gerecht zu werden. Verschiedentlich wird aber eingewandt, dass die Abgrenzung letztlich allein anhand einer wertenden Entscheidung ein vages Kriterium darstelle und damit im Widerspruch zum Bestimmtheitsgebot des Art. 103 II GG stehe.[613]

Lösung Radfahrerfall

Zu obigem Beispielfall lässt sich nach alldem sagen, dass der 540
Schwerpunkt des vorwerfbaren Verhaltens auf dem aktiven Tun des Fahrens ohne Licht beruht. Das Nichteinschalten war lediglich wesensnotwendige Modalität des Fahrlässigkeitsdelikts. R ist somit nach § 229 StGB strafbar.

hemmer-Methode: Zwar ist der Mindermeinung durchaus zuzugeben, dass eine Abgrenzung allein anhand wertender Kriterien problematisch ist. Allerdings ist in der Klausur letztlich doch dem BGH zu folgen, da es sich insoweit um ständige Rechtsprechung handelt. Hauptargument für die h.M. ist die Möglichkeit der Berücksichtigung aller Umstände des konkreten Einzelfalls.

Zur näheren und vertiefenden Erläuterung der Problematik folgender bekannter Beispielsfall:

Ziegenhaarfall

Ziegenhaarfall:[614] *Fabrikant T händigt seinen Arbeiterinnen chinesische* 541
Ziegenhaare aus, ohne diese zuvor zu desinfizieren. Vier der Arbeiterinnen infizieren sich mit Milzbrand und versterben hieran.

Als Anknüpfungspunkt für eine fahrlässige Tötung nach § 222 StGB kommt sowohl ein aktives Tun (Übergabe der Haare) als auch ein Unterlassen (fehlende Desinfektion) in Betracht. Nach h.M. liegt ein aktives Tun vor. Der Schwerpunkt der Vorwerfbarkeit liegt in der sorgfaltswidrigen Übergabe der Haare. Die fehlende Desinfektion als Unterlassensmoment betrifft letztlich nur die sorgfaltswidrige Art und Weise des Handlungsvollzuges.

c) Rettungsfälle

„Rettungsfälle“

Häufiges Thema in Klausuren in diesem Bereich ist die Vereitelung 542
der Rettung einer Person. Dabei ist zwischen den verschiedenen Fallkonstellationen zu differenzieren, in denen jemand *fremde Rettungshandlungen vereitelt* oder *eigene Rettungsbemühungen wieder abbricht*:

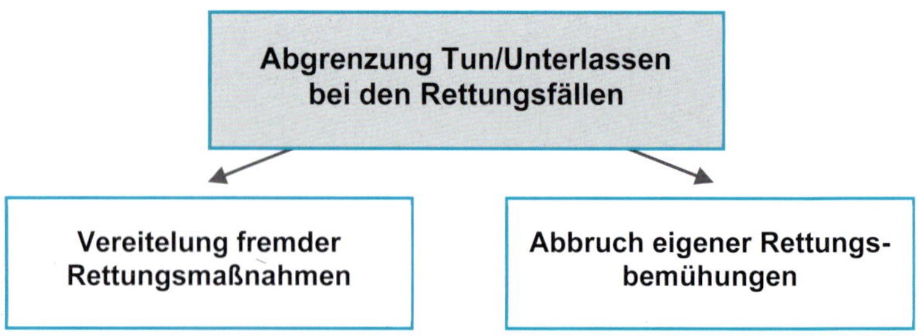

aa) Vereitelung fremder Rettungsmaßnahmen

Vereitelung fremder Rettungsmaßnahmen

Die Vereitelung erfolgversprechender Rettungsmöglichkeiten durch 543
aktives Eingreifen in fremde Rettungshandlungen im Wege des Zwanges oder auch durch Täuschung – also mit Mitteln der mittelbaren Täterschaft – erfüllt die Voraussetzungen eines Begehungsdelikts.

[612] Vgl. Fischer, vor § 13 Rn. 17 m.w.N.

[613] Vgl. Zieschang, S. 26, 147.

[614] RGSt 63, S. 211.

Unerheblich ist dabei, ob auf eine rettungswillige Person oder ein sachliches Rettungsmittel eingewirkt wird.

Für die Annahme eines Unterlassungsdelikts (§ 323c I StGB) bleibt nur Raum, wenn die erforderliche Hilfe durch bloßes Untätigbleiben verweigert wird, wenn der Täter etwa persönliches Handeln einfach unterlässt oder ein in seiner tatsächlichen Sachherrschaft stehendes sachliches Rettungsmittel nicht zur Verfügung stellt.

__Bsp. 1:__ O ist in einen Brunnenschacht gefallen und droht zu ertrinken. H will den O durch sein mitgebrachtes Seil retten. T schlägt H nieder und macht das Seil unbrauchbar. 544

Hier liegt aktives Tun vor. T vereitelt mit Zwang die erfolgversprechenden Rettungshandlungen des H.

__Bsp. 2:__ Wie oben, nur bittet H den T um sein Seil, um O retten zu können. T aber ist das Schicksal des O egal und er geht weiter, ohne sein Seil dem H zu geben. 545

Im Gegensatz zum Bsp. (1) liegt hier ein Unterlassen vor. T unterbindet nicht aktiv die Rettungsbemühungen des H, sondern unterlässt es nur, das ihm zur Verfügung stehende Rettungsmittel dem H zu reichen.

hemmer-Methode: Die Verwirklichung eines Tatbestandes durch Unterlassen und im Wege der mittelbaren Täterschaft weisen durchaus strukturelle Gemeinsamkeiten auf. So ist beiden gemeinsam, dass der Täter den Kausalverlauf nicht durch unmittelbares aktives Engreifen steuert. Deshalb sollte in einer Klausur zumindest immer dann auch an die jeweils andere Variante gedacht werden, wenn die eine abgelehnt wird.

Hierzu folgender Beispielsfall:

__Beispielsfall:__ Autofahrer A überfährt Radfahrer R in angetrunkenem Zustand. Sein Beifahrer B steigt nach dem Unfall aus dem Wagen aus und begutachtet R. Dann erklärt er A wahrheitswidrig, dass R bereits tot sei, so dass es das Beste sei, sofort das Weite zu suchen. Dies geschieht, wodurch R, der sonst noch hätte gerettet werden können, verstirbt. Strafbarkeit des B? 546

Eine Garantenstellung i.S.d. § 13 I StGB, etwa aus Ingerenz, seitens des B scheidet aus. In Betracht kommt aber ein Totschlag in mittelbarer Täterschaft nach §§ 212 I, 25 I 2. Alt. StGB, da B durch List auf den rettungswilligen Garanten A, der aus seinem Vorverhalten zum Handeln verpflichtet war, eingewirkt hat.

bb) Abbruch eigener Rettungsbemühungen

Abbruch eigener Rettungsmaßnahmen

Beim Abbruch eigener Rettungsbemühungen ist nach h.M. nach dem Zeitpunkt zu unterscheiden, in dem die Rettungsbemühungen abgebrochen werden.[615] 547

Hiernach ist ein Unterlassen so lange gegeben, wie die Rettungshandlung den Betroffenen noch nicht erreicht und ihm noch keine realisierbare Rettungsmöglichkeit eröffnet hat. Ein aktives Tun liegt dann vor, wenn der Abbruch zu einem Zeitpunkt erfolgt, in dem sich bereits eine gesicherte Rettungsmöglichkeit ergeben hat.

[615] Zieschang, S. 147.

Bsp. 1: T steht am Ufer und sieht zu, wie sein Vater ertrinkt. 548

⇨ Unterlassen

Bsp. 2: T steht am Ufer und sieht seinen Vater im Wasser um sein Leben kämpfen. T wirft daraufhin ein Seil, das allerdings in 10m Entfernung zu V auf das Wasser aufschlägt. V kann aufgrund des Wellengangs als Nichtschwimmer dieses Seil unter keinen Umständen erreichen. Plötzlich erkennt T dies als gute Gelegenheit, frühzeitig Erbe des V zu werden, so dass er das Seil zurückzieht und auch keine weiteren Wurfversuche unternimmt. 549

⇨ Auch hier liegt ein Unterlassen vor, da noch keine realisierbare Rettungsmöglichkeit vorlag. Der Schwerpunkt des vorwerfbaren Verhaltens liegt somit in der Nichtvornahme der gebotenen Rettungshandlung, hier des wiederholten Werfens des Seiles. Die Mindermeinung, die auf Kausalitätserwägungen und den Energieeinsatz abstellt, sieht dagegen im Zurückziehen des Seiles ein aktives Tun.[616]

Bsp. 3: Wie eben, nur hatte diesmal V das Seil schon erfasst. Um aber wiederum an das Erbe zu gelangen, zieht T das Seil ruckartig zurück, so dass es V entgleitet. 550

⇨ Hier liegt nach allen Ansichten ein aktives Tun vor. Nach h.M. entzieht T dem V eine realisierbare Rettungsmöglichkeit, so dass der Schwerpunkt des Verhaltens in einem aktiven Tun liegt. Nach der Mindermeinung, die schon in Bsp. (2) ein aktives Tun sieht, ergibt sich insoweit keine Veränderung.

cc) Abschaltung eines mechanischen Rettungsmittels

Arzt

Eine den oben dargestellten Rettungsfällen ähnliche Problematik ist der Abbruch einer apparativen Intensivbehandlung (Beatmungsgerät, Herz-Lungen-Maschine) durch einen Arzt oder eine ärztliche Hilfsperson auf Anweisung des Arztes. 551

Die Mindermeinung, die auf den Energieeinsatz abstellt, sieht in dem Abschaltvorgang ein aktives Tun.[617] Die h.M. stellt dagegen darauf ab, dass eine solche Maschine nur eine mechanisierte Form der Rettungshandlungen ist, so dass insoweit dieselben Kriterien wie in den obigen Rettungsfällen anzuwenden sind. 552

Unterlassen

Das bedeutet, dass ein Arzt, welcher das mechanische Rettungsmittel in Gang gesetzt hat, seine eigene Rettungsbemühung einstellt, wenn er das Rettungsmittel abschaltet. Das Abschalten des Rettungsmittels stellt daher für den behandelnden Arzt normativ ein Unterlassen dar. 552

Aktives Tun

In anderen Fällen, in denen ein Nichtarzt (z.B. ein Angehöriger) die Maschine abschaltet, liegt dagegen ein *aktives Tun* vor, weil insoweit in fremde Rettungsbemühungen eingegriffen wird. 553

hemmer-Methode: An dieser grundsätzlichen Differenzierung dürfte sich nichts geändert haben. Beachten Sie jedoch, dass der BGH festgestellt hat, dass die Grenze zwischen erlaubter Sterbehilfe und einer nach den §§ 211 ff. StGB strafbaren Tötung nicht sinnvoll nach Maßgabe einer Unterscheidung von aktivem und passivem Handeln bestimmt werden kann. Zudem macht § 1901a III BGB den gesetzgeberischen Willen hinreichend deutlich, dass dem Patientenwillen eine besondere Bedeutung zukommt, auch wenn dieser später seinen Willen nicht mehr aktuell kundtun kann. Vor diesem Hintergrund erscheint es sachgerecht, in der Sondersituation des „Behandlungsabbruchs" ausnahmsweise eine rechtfertigende Einwilligung für möglich zu erachten.[618]

[616] Vgl. Zieschang, S. 147.

[617] Jescheck/Weigend, § 58 II S. 2.

[618] Vgl. BGH, Urteil vom 25.06.2010 – 2 StR 454/09 = Life&Law 2010, 681 ff. = jurisbyhemmer, sowie Hemmer/Wüst, StrafR BT II, Rn. 32-33.

2. Objektiv gebotene und subjektiv mögliche Rettungshandlung

Rettungshandlung

Der Täter muss eine objektiv gebotene, erforderliche und ihm subjektiv mögliche Rettungshandlung unterlassen haben. Unterlassen im Rechtssinne heißt nicht nur passives Nichtstun, sondern die Nichtvornahme einer bestimmten rechtlich geforderten Tätigkeit. 554

Gebotenheit

Was rechtlich geboten ist, ist objektiv zu bestimmen und hängt von den Umständen des Einzelfalls ab. 555

Erforderlichkeit

Der Täter kann nur wegen eines Unterlassungsdelikts bestraft werden, falls die Handlung überhaupt erforderlich war. Dies ist z.B. dann nicht der Fall, wenn das Opfer aufgrund einer frei gebildeten, eigenverantwortlichen Entscheidung auf Hilfe verzichtet. Ebenfalls liegt keine Erforderlichkeit vor, wenn bereits von anderer Stelle ausreichend Hilfe geleistet wird. Abgestellt wird für die Beurteilung, ob eine Rettungshandlung erforderlich ist, auf die Sicht eines objektiven Dritten in der Situation des Täters ex ante.[619] 556

Physisch-reale Möglichkeit

Rechtlich gefordert wird aber nur das, was dem Normadressaten in der Gefahrensituation physisch-real möglich ist.[620] Da Unmögliches nicht verlangt werden kann, entfällt mit Verneinung der physisch-realen Möglichkeit der Verhinderung des Erfolgseintritts bereits der Tatbestand des Unterlassungsdelikts.[621] Diese physisch-reale Möglichkeit fehlt insbesondere in folgenden Konstellationen: 557

- ⇨ *bei völliger Handlungsunfähigkeit*, z.B. Ohnmacht, Fesselung, Lähmung usw.
- ⇨ *bei mangelnder räumlicher Nähe zur Gefahrensituation*, z.B. Täter in München, Opfer in Hamburg
- ⇨ bei *Fehlen von zur Rettung nötigen Hilfsmitteln* bzw. *Fehlen der zum Gebrauch nötigen Kenntnisse*, keine Leiter, um aufs Dach des brennenden Hauses zu gelangen bzw. Kran kann mangels entsprechender Kenntnisse nicht bedient werden.
- ⇨ *bei individueller Unfähigkeit*, z.B. Nichtschwimmer kann Ertrinkenden nicht aus dem Wasser holen.

Die Frage, ob der Unterlassende von der Gefahrensituation und den zu ihrer Abwendung verfügbaren Hilfsmitteln Kenntnis hatte, ist erst i.R.d. Tatbestandsvorsatzes zu prüfen.[622]

Vorverschulden

Allerdings gilt es zu beachten, dass die Tatbestandsmäßigkeit trotz aktueller Unmöglichkeit dann nicht entfällt, wenn den Täter ein Vorverschulden trifft. Dies ist dann der Fall, wenn er seine Handlungsunfähigkeit durch zurechenbares Verhalten selbst herbeigeführt hat.[623] 558

Zumutbarkeit

Umstritten ist, ob die Frage, ob dem Unterlassenden bei vorhandener Rettungsmöglichkeit die Durchführung der gebotenen Handlung auch zuzumuten war, bereits auf der Ebene des Tatbestandes zu erörtern ist[624] oder erst auf der Schuldebene.[625] 559

---

[619] Vgl. Zieschang, S. 147 f.

[620] BGH, NStZ 1997, S. 125; 545.

[621] Fischer, § 13 Rn. 6.

[622] Vgl. Schönke/Schröder, Vorbem. §§ 13 ff. Rn. 143.

[623] Lackner/Kühl, § 13 Rn. 3; Fischer, § 13 Rn. 43.

[624] Vgl. etwa die Einordnung der Zumutbarkeit bei Fischer, § 13 Rn. 6, 44 f.; Schönke/Schröder, Vorbem. §§ 13 ff. Rn. 155.

[625] So die wohl h.M., vgl. Schönke/Schröder, a.a.O. m.w.N.; Zieschang, S. 148.

Für die h.M. und damit eine Prüfung erst auf der Ebene der Schuld spricht, dass die Zumutbarkeit von § 13 I StGB selbst gerade nicht vorausgesetzt wird.

III. Hypothetische Kausalität und Zurechnung

Ähnlich wie bei den vorsätzlichen und fahrlässigen Begehungsdelikten hängt die Erfolgszurechnung bei den unechten Unterlassungsdelikten von zwei Voraussetzungen ab, nämlich der hypothetischen Kausalität und der objektiven Zurechnung. 560

1. Hypothetische Kausalität

Hypothetische Kausalität

Eine Kausalität im herkömmlichen Sinne ist bei den Unterlassungsdelikten nicht möglich, da kein naturgesetzlicher Zusammenhang zwischen Unterlassen und Erfolgseintritt bestehen kann. Die gebräuchliche conditio-sine-qua-non-Formel, wonach jede Bedingung, die nicht hinweggedacht werden kann, ohne dass der Erfolg in seiner konkreten Gestalt entfiele, kausal für den Erfolg ist, kann nicht weiterhelfen, da der Täter ja gerade gar keine Bedingung setzt, sondern untätig bleibt.[626] Daraus folgt, dass bei den Unterlassungsdelikten auf den hypothetischen Kausalzusammenhang abzustellen ist, sog. *Quasikausalität.* 561

Definition

Demnach geht die h.M. von einem normativen Kausalitätsbegriff aus, wonach ein Unterlassen dann erfolgsursächlich ist, wenn das gebotene Verhalten nicht hinzugedacht werden kann, ohne dass der tatbestandliche Erfolg mit an Sicherheit grenzender Wahrscheinlichkeit entfiele. Wenn dahingehend Zweifel bestehen, entfällt die Quasikausalität. 562

Strittig ist insoweit, ob sich die Quasikausalität – anders als bei den Begehungsdelikten – nicht auf den Erfolg in seiner konkreten Gestalt, sondern ausgehend von obiger Definition auf den im Gesetz abstrakt umschriebenen tatbestandsmäßigen Erfolg als solchen bezieht.[627] Eine damit verbundene Ausweitung der Haftung für Unterlassungen wird nach dieser Ansicht erst auf der Ebene der Zurechnung korrigiert.

Dagegen wird vertreten, dass schon auf der Ebene der Quasikausalität vom Erfolg in seiner konkreten Gestalt auszugehen ist, so dass eine hypothetische Kausalität nur dann gegeben ist, wenn der konkrete Erfolg nicht so oder nicht in dem konkreten Zeitpunkt eingetreten wäre.[628] Es ist nichts ersichtlich, warum insoweit von den bei den Begehungsdelikten aufgestellten Kriterien abgewichen werden sollte, es sei denn, dass sich solche Ausnahmen aus der speziellen Natur der Unterlassungsdelikte ergeben.[629]

Zur Verdeutlichung dieses Problemkreises folgender

Beispielsfall

Beispielsfall: *Die Wohnung der Familie F im Dachgeschoss eines Mehrfamilienhauses steht in Flammen. Vater V und sein Kind K sind eingeschlossen. Eine Flucht durch das Treppenhaus ist unmöglich, da die Flammen dieses bereits ergriffen haben. Die einzige Rettungschance besteht darin, dass V das Kind K in die Arme von mehreren unten stehenden, hilfsbereiten Passanten wirft (Höhe 5 Meter). V scheut aber das Risiko. In letzter Sekunde kann er sich durch einen Sprung in die Tiefe in Sicherheit bringen. K verbrennt. Quasikausalität?* 563

[626] Zieschang, S. 148.

[627] Gropp, AT, § 11 Rn. 75.

[628] Baumann/Weber/Mitsch, § 15 Rn. 23; Hilgendorf, GA 1995, 515 ff.

[629] Vgl. Herzberg, MDR 1971, S. 881; Spendel, JZ 1973, S. 137 ff.

BGH:

Fraglich ist, ob hier das Unterlassen des V, K aus dem Fenster zu werfen, quasikausal für den Tod von K war. Der BGH fragt insoweit nicht danach, ob K dem Flammentod entgangen wäre, sondern ganz allgemein, ob K am Leben geblieben wäre, wenn V das Kind K rechtzeitig aus dem Fenster in die Arme der Helfer geworfen hätte.[630] Als Begründung gegen ein Abstellen auf den konkreten Erfolg, also den Flammentod, wird ausgeführt, dass sonst auch dann die Quasikausalität des Verhaltens von V gegeben wäre, wenn der Wurf aus dem Fenster den sicheren Tod des K zur Folge gehabt hätte (etwa aus dem 20. Stock eines Hochhauses).

A.A.:

Dieser Argumentation wird entgegengehalten, dass hier die Ebenen von Kausalität und Zurechnung vermischt werden. Sinn des § 13 I StGB kann es zwar nicht sein, dass lediglich die eine Todesart (Flammentod) durch eine andere Todesart (Tod durch Fenstersturz) ausgewechselt wird. Trotzdem ändert diese Erkenntnis zunächst nichts an der Quasikausalität, sondern ist erst auf der Ebene der Zurechnung zu berücksichtigen. Nach dieser Ansicht ist das Verhalten des V jedenfalls ursächlich, da der Flammentod bei einem Wurf aus dem Fenster nicht eingetreten wäre.

2. Objektive Zurechnung

Objektive Zurechnung

Als weiteres Kriterium ist bei den unechten Unterlassungsdelikten die objektive Zurechnung zu prüfen. Dabei ist unter dem Blickwinkel des Pflichtwidrigkeitszusammenhangs zu fragen, ob der Erfolg gerade auf der Pflichtwidrigkeit des Unterlassens beruht. Dies ist dann anzunehmen, wenn die Vornahme der gebotenen Rettungshandlung in der konkreten Gefahrensituation mit an Sicherheit grenzender Wahrscheinlichkeit zur Erhaltung des gefährdeten Rechtsguts geführt hätte.[631] 564

Dies bedeutet, dass die objektive Zurechenbarkeit des Erfolgs dann entfällt, wenn dieser auch bei Beachtung der Handlungspflicht eingetreten wäre.

> **Bsp.:** *Übertragen auf den obigen Beispielsfall bedeutet dies, dass der Erfolg dem V dann objektiv nicht zurechenbar wäre, wenn auch der Wurf von K aus dem Fenster zum Tode geführt hätte. Dies ergibt sich daraus, dass Sinn einer Handlungspflicht gerade nicht ist, eine Erfolgsursache durch eine andere auszutauschen.*

hemmer-Methode: Nochmals ist darauf hinzuweisen, dass bei Entfallen der Quasikausalität oder der objektiven Zurechnung eine Strafbarkeit wegen vollendeten Delikts ausscheidet. Zu denken ist dann aber an eine Prüfung der Versuchsstrafbarkeit.

IV. Garantenstellung

1. Einführung

§ 13 I StGB

Typisches Merkmal der unechten Unterlassungsdelikte ist, dass der Täter eine besondere Pflichtenstellung gegenüber dem von einer Strafnorm geschützten Rechtsgut oder der von ihr geschützten Person aufweist. § 13 I StGB bringt dies dadurch zum Ausdruck, dass eine Strafbarkeit nur dann vorliegt, „wenn er rechtlich dafür einzustehen hat, dass der Erfolg nicht eintritt.“ Dadurch ist aber noch nichts darüber gesagt, wann eine solche Rechtspflicht im Einzelnen vorliegt. 565

---

630 BGH, JZ 1973, S. 173.

631 BGHSt 30, S. 391 = jurisbyhemmer.

Die Formulierung des Gesetzes gibt insoweit nur den groben Rahmen dahingehend vor, dass es sich um eine *Rechts*pflicht handeln muss, so dass eine rein sittliche Verpflichtung nicht ausreichend ist.

Echte Unterlassungsdelikte

Nochmals sei darauf hingewiesen, dass die sog. echten Unterlassungsdelikte keine Garantenpflichten i.S. einer besonderen Rechtspflicht erfordern. Aus den echten Unterlassungsdelikten ergeben sich aber auch keine Garantenpflichten, da diese, etwa § 323c I StGB, nur allgemeine Rechtspflichten enthalten, die gerade jedermann treffen. 566

Nach h.M. sind die tatsächlichen Umstände, welche die Garantenstellung begründen, ungeschriebene Tatbestandsmerkmale der unechten Unterlassungsdelikte.

2. Übersicht

Im Einzelnen ist hinsichtlich der Garantenpflichten vieles umstritten. Während früher als Entstehungsgründe Gesetz, Vertrag, vorangegangenes gefährdendes Tun sowie enge Lebensbeziehungen anerkannt waren,[632] wird wegen der Vielgestaltigkeit und Unterschiedlichkeit der jeweiligen Sachverhalte nach heutiger Lehre eine mehr an materiellen Kriterien orientierte Einteilung in verschiedene Fallgruppen bevorzugt, sog. Funktionenlehre.[633] 567

Zweiteilung

Demnach wird eine Zweiteilung der Fallgruppen vorgenommen, in welche die jeweiligen Fallgestaltungen eingeordnet werden. Es wird unterschieden zwischen *Beschützergaranten* und *Überwachungsgaranten*. Insoweit folgender Überblick nach der Funktionenlehre:

Übersicht: Garantenpflichten

I. Beschützergarantenpflichten

1. Aus Gesetz
   z.B. §§ 666, 1353, 1626, 1631 BGB
2. Aus enger natürlicher Verbundenheit
   z.B. Geschwister; str., ob tatsächliche Verbundenheit hinzukommen muss
3. Aus anderen Lebens- und Gefahrengemeinschaften
   z.B. nichteheliche Lebensgemeinschaft, langjährige Vertragsbeziehungen, Bergkameraden
4. Aus *freiwilliger Übernahme* von Schutz- und Beistandspflichten
   ⇨ entscheidend: tatsächliche Übernahme
   z.B. Arzt, Babysitter, Bergführer, Bademeister
5. Aus Stellung als *Amtsträger* oder *Organ* einer juristischen Person

II. Überwachungsgarantenpflichten

1. Aus Verkehrssicherungspflichten wie im BGB
2. Aus Pflicht zur Beaufsichtigung Dritter kraft Autoritätsstellung, z.B. Lehrer, Vorgesetzter bei Bundeswehr
3. Aus vorangegangenem pflichtwidrigem Tun (sog. *Ingerenz*)
4. Beherrschbarkeit von Räumen (str.)

[632] RGSt 63, 392; 74, 309; BGHSt 2, S. 150; 19, S. 167.

[633] Vgl. NK, § 13 Rn. 32 ff.; Zieschang, S. 149.

3. Beschützergaranten

a) Aus Gesetz

Gesetz

Eine Garantenstellung kann sich zunächst *aus gesetzlichen Vorschriften*, im Einzelfall auch unmittelbar aus Verfassungsnormen ergeben.[634] Dies ist dann der Fall, wenn in besonderen Rechtssätzen eine Einstandspflicht für bestimmte Personengruppen angeordnet wird. 568

Zunächst werden hier einige Beispiele angeführt, im Anschluss wird § 1353 BGB kurz erläutert:

Bspe.:

- *§ 666 BGB: Auskunfts- und Rechenschaftspflicht des Beauftragten gegenüber dem Auftraggeber*
- *§ 1353 I BGB: eheliche Beistandspflicht, gilt auch für eingetragene Lebenspartner, vgl. § 2 S. 1 LPartG*
- *§ 1626 BGB: elterliche Sorge*
- *§ 1631 BGB: Personensorge der Eltern*
- *§ 1793 BGB: Sorgerecht des Vormunds*

Zu § 1353 BGB

Grundsätzlich begründet *§ 1353 I BGB* eine Garantenpflicht der Art, dass Ehegatten verpflichtet sind, Leibes- und Lebensgefahren voneinander abzuwenden.[635] Strittig ist in diesem Bereich, ob die Tatsache, dass die Ehe besteht, zur Begründung der Garantenstellung bereits ausreicht oder ob tatsächlich auch eine enge Bindung bestehen muss.[636] Der BGH hat insoweit eine vermittelnde Position eingenommen. Hiernach ergibt sich eine Schutzpflicht grundsätzlich allein aus § 1353 I BGB. Eine räumliche oder emotionale Distanzierung hebt diese Garantenstellung nicht auf. Allerdings endet die Garantenstellung, unabhängig von einem rechtlich formalen Bestand, dann, wenn die Ehegatten nach den tatsächlichen Umständen keinen Anlass mehr haben, auf den gegenseitigen Schutz ihrer Rechtsgüter zu vertrauen.[637] Auch hier verbietet sich aber jede schematische Betrachtungsweise. Vielmehr ist immer auf die Umstände des Einzelfalls zu achten. Eine Rolle können hier etwa die Länge des Getrenntlebens sowie die Gründe der Trennung spielen. 569

§ 2 S. 1 LPartG

Obige Ausführungen gelten auch für die Partner einer eingetragenen Lebenspartnerschaft, vgl. § 2 S. 1 LPartG, der dem § 1353 I S. 2 HS 1 BGB entspricht. 570

b) Aus rechtlich fundierten Verhältnissen enger natürlicher Verbundenheit

Verbundenheit

Weiterhin kann sich aus einer *engen natürlichen Verbundenheit* dann eine Garantenpflicht ergeben, wenn die Verbundenheit auf einem *rechtlich fundierten Verhältnis* beruht.[638] Nicht ausreichend sind bloße moralische Pflichten. Hieraus wird schon deutlich, dass insoweit Abgrenzungsprobleme bestehen können. 571

---

634 BGHSt 48, S. 84 f.

635 BGHSt 19, S. 168 = **juris**byhemmer.

636 Vgl. Zieschang, S. 149.

637 BGHSt 48, S. 301, 305 = **juris**byhemmer; Fischer, § 13 Rn. 13.

638 Schönke/Schröder, § 13 Rn. 17; Jescheck/Weigend, § 59 IV S. 3.

Jedenfalls kann die Reichweite der Schutzpflicht je nach Enge der Verbundenheit durchaus unterschiedlich sein.

Familie

Um die Garantenpflicht nicht zu weit auszudehnen und den Begriff nicht völlig konturenlos werden zu lassen, wird man eine derart rechtlich verfestigte Pflicht wohl nur im Bereich der *Familie* annehmen können. Diese stellt von Natur aus ein Gemeinschaftsverhältnis dar, das auf den gegenseitigen Beistand seiner Mitglieder angelegt ist. 572

Allerdings sind in diesem Bereich auch die gesellschaftlichen Veränderungen der letzten Jahrzehnte zu berücksichtigen, die von der Großfamilie hin zur Kleinfamilie führten, so dass insbesondere die ältere Rechtsprechung nicht mehr in vollem Umfang Geltung beanspruchen kann.

Grundsätzlich gilt aber weiterhin, dass es umso weniger auf das Vorhandensein einer effektiven Familiengemeinschaft ankommt, je näher das Familien- bzw. Verwandtenverhältnis ist.[639] Ehegatten und Verwandte in gerader Linie (Großeltern – Eltern – Kind) haben sich gegenseitig Hilfe zu leisten, auch wenn sie nicht zusammen leben.

Geschwister

Diese Grundsätze können aber wohl schon auf Geschwister nicht mehr unbesehen angewandt werden. So wird vertreten, dass sich allein aus einer Geschwisterstellung keine Einstandspflicht ergebe. Dies soll sogar dann gelten, wenn die Geschwister eine Wohnung zusammen bewohnen. Vielmehr sei eine tatsächliche Verbundenheit nötig.[640] 573

hemmer-Methode: Sie sehen, dass in diesem Bereich vieles im Fluss ist. Feststehende Kriterien lassen sich insoweit nur schwer aufstellen. Im Klausurfall ist hier deshalb eine sorgfältige Analyse des Sachverhalts erforderlich.

c) Aus anderen Lebens- und Gefahrengemeinschaften

Gefahrengemeinschaft

Darüber hinaus können auch andere Lebens- und Gefahrengemeinschaften dann zu einer Garantenpflicht führen, wenn sie nach der zweckgerichteten Art ihrer Entstehung und des dadurch begründeten Vertrauensverhältnisses die Gewähr für gegenseitige Hilfe und Fürsorge in sozialtypischen Gefahrenlagen einschließen. 574

Auch diese Gruppe ist wenig konturenreich, so dass eine Abgrenzung häufig schwierig ist. Anerkannt sind insoweit folgende Konstellationen:

Bspe.:

- *Seilschaft beim Klettern*[641]
- *Weltumsegler*
- *Tiefseetaucher*
- *Expeditionsteilnehmer*

[639] Schönke/Schröder, § 13 Rn. 19.

[640] LG Kiel, NStZ 2004, S. 157, 158 f.

[641] BayObLG 1998, S. 97.

Nichteheliche Lebensgemeinschaft

Für den Bereich der nichtehelichen Lebensgemeinschaft ist vieles umstritten. Während eine Ansicht die nichteheliche Lebensgemeinschaft als Standardbeispiel für diese Fallgruppe der Garantenstellung ansieht,[642] geht die nunmehr wohl h.M. davon aus, dass die nichteheliche Lebensgemeinschaft für sich allein noch keine Garantenstellung zu begründen vermag.[643] 575

Hiernach kann eine Garantenstellung insoweit allenfalls aus der konkreten Ausgestaltung der Beziehung resultieren. Dies kann sich insbesondere bei tatsächlicher Gewährübernahme in der Form wechselseitiger Anvertrauung von Schutzfunktionen ergeben.[644]

Jedenfalls begründet ein bloß tatsächliches Zusammenwohnen im Rahmen einer häuslichen Gemeinschaft für sich allein keine Garantenstellung i.S.d. § 13 I StGB, weil sonst bei den höchst unterschiedlichen Formen des menschlichen Zusammenlebens der Kreis der Schutzpflichtigen in unangemessener Weise ausgedehnt würde.[645]

Zufallsgemeinschaften

Ebenfalls als nicht ausreichend werden die sog. Zufallsgemeinschaften angesehen: 576

Bspe.:

- *Zechgemeinschaft*[646]
- *Gemeinsamer Erwerb oder Konsum von Betäubungsmitteln*[647]

Ende

Im Gegensatz zu einer Garantenstellung aus enger natürlicher Verbundenheit ist aber die Garantenpflicht aus Gefahrengemeinschaft relativ leicht durch die Auflösung der Gemeinschaft beendbar, z.B. Ende der Kletterpartie. 577

d) Aus freiwilliger Übernahme von Schutz- und Beistandspflichten

Übernahme

Die *freiwillige Übernahme von Schutz- und Beistandspflichten* ist ebenfalls grundsätzlich geeignet, eine Garantenstellung zu begründen. 578

In Betracht kommt eine Übernahme aufgrund Vertrages, wobei es insoweit nicht auf die zivilrechtliche Wirksamkeit dieses Vertrages ankommt, sondern nur auf die freiwillige und tatsächliche Übernahme der vertraglichen Pflichten.[648] Maßgebend ist insoweit vor allem, ob im Vertrauen auf die zugesagte Hilfe und die Einsatzbereitschaft des Gewährübernehmers andere Schutzmaßnahmen unterblieben sind und auch unterbleiben durften.[649]

Bspe.:

- *Babysitter*
- *Bergführer*
- *Arbeitgeber für Abführung der Lohnsteuer*
- *Gastwirt, der einen bis zur Schuldunfähigkeit betrunkenen Gast vor die Tür setzt und seinem Schicksal überlässt*
- *Wohnungsinhaber, der einen Pflegebedürftigen aufnimmt*

---

642 Kretschmer, JR 2008, 51; Zieschang, S. 150.

643 NK, § 13 Rn. 57; Schönke/Schröder, § 13 Rn. 17; Jakobs, AT § 29 Rn. 66.

644 Fischer, § 13 Rn. 25.

645 BayObLG 1998, S. 97.

646 BayObLG a.a.O.

647 OLG Stuttgart, NJW 1981, S. 182 = **juris**byhemmer. Wie so häufig kommt es auch hier auf die Umstände des Einzelfalls an. Instruktiv hierzu BGH, Beschluss vom 05.08.2015 – 1 StR 328/15 = **juris**byhemmer = Life&Law 2016, S. 252 ff.

648 Fischer, § 13 Rn. 22.

649 Jescheck/Weigend, § 59 IV S. 3c.

Einzelfall

Gerade die letzten beiden Beispiele zeigen aber wiederum, dass jeweils die Umstände des Einzelfalls maßgeblich sind. Die Aufnahme einer Person in die eigene Wohnung begründet für sich genommen keine Garantenstellung.[650] Eine solche kann hier nur bei Vorliegen besonderer Umstände bejaht werden. 579

Übernahme von anderen Garantenpflichtigen

Eine tatsächliche Gewährsübernahme ist auch durch Übernahme einer Sicherungspflicht von einem anderen Garantenpflichtigen möglich.[651] Eine völlige Befreiung von der eigenen Pflicht ist aber hierdurch nicht möglich, vielmehr nur eine Entlastung in diesem Bereich. 580

Ende

Die Garantenstellung endet mit der Beendigung des Übernahmeverhältnisses, wobei auch insoweit die tatsächlichen Umstände maßgebend sind. 581

e) Aus der mit einem besonderen Pflichtenkreis verbundenen Stellung als Amtsträger oder Organ

Amtsträger

Weiterhin kann sich aus der mit einem besonderen Pflichtenkreis verbundenen Stellung als Amtsträger oder Organ einer juristischen Person eine Garantenstellung ergeben. 582

> ***Bsp.:*** *Finanzbeamter, der pflichtwidrig Steuern nicht erhebt, kann sich einer Straftat durch Unterlassen schuldig machen.*[652]

Polizeibeamte

In diesem Bereich ist allerdings vieles strittig. Etwa für Polizeibeamte ist der Schutz von Individualrechtsgütern vor Straftaten grundsätzlich wesentlicher Bestandteil ihrer Berufspflichten und nicht nur ein Reflex ihrer Pflicht zur Abwehr von Gefahren für die öffentliche Sicherheit und Ordnung.[653] 583

Daraus ergibt sich, dass einen Polizeibeamten die Pflicht trifft, bei Kenntnis bevorstehender Straftaten einzuschreiten. Erlangt er privat diese Kenntnis, so muss er dann einschreiten, wenn angesichts der Schwere der Straftat das öffentliche Interesse an der Strafverhinderung das private Interesse am Schutz der Privatsphäre des Beamten überwiegt.[654]

Andere Amtsträger

Auch in anderen Bereichen bestehen für Amtsträger Garantenpflichten. Hierbei ist allerdings zu beachten, dass ein Verhalten, das verwaltungsrechtlich erlaubt oder geboten ist, nicht strafbar sein kann (Stichwort: „Einheit der Rechtsordnung").[655] 584

4. Überwachungsgaranten

a) Aus Verkehrssicherungspflicht (kurz: „VSP")

VSP

Kennzeichnend für den Überwachungsgaranten ist, dass dieser für eine bestimmte Gefahrenquelle verantwortlich ist, woraus besondere Pflichten resultieren.[656] 585

650 BGHSt 30, S. 395 f. = **juris**byhemmer.

651 BGHSt 47, S. 224 = **juris**byhemmer.

652 Schönke/Schröder, § 13 Rn. 31a.

653 Fischer, § 13 Rn. 17 f.

654 BVerfG, NJW 2003, S. 1030 = **juris**byhemmer; Zieschang, S. 150.

655 Fischer, vor § 324 Rn. 18.

656 Zieschang, S. 150.

Diese Garantenpflicht ist nach der überwiegenden Meinung mit den zivilrechtlichen *Verkehrssicherungspflichten* gleichzustellen, also den Pflichten zur Abwehr von Gefahren, die auf dem Zustand von Sachen, Anlagen oder Einrichtungen in einem bestimmten sozialen Herrschaftsbereich beruhen. Ebenfalls hierunter fällt die freiwillige Übernahme von Verkehrssicherungspflichten Dritter.

hemmer-Methode: Nutzen Sie in diesem Bereich Ihre Kenntnisse aus dem Zivilrecht. So können Sie unnötiges „Doppellernen" vermeiden.

Unerheblich ist dabei, ob die Gefahrverursachung auf einem pflichtwidrigen Verhalten beruht oder mit einer sozialadäquaten, rechtlich erlaubten Betätigung verbunden ist.

Der Grund hierfür liegt darin, dass Außenstehende auf Gefahrenquellen in fremden Herrschaftsbereichen nicht einwirken dürfen und sich infolgedessen darauf verlassen müssen, dass derjenige, dem die Verfügungsgewalt und damit auch die Verantwortung innerhalb des eigenen Herrschaftsbereichs obliegt, die daraus herrührenden Gefahren unter Kontrolle hält und wirksame Sicherheitsvorkehrungen gegen eine Schädigung seiner Mitmenschen trifft.

Bspe.: 586

- *Halter eines PKW, z.B. bei der Überlassung des PKW an eine fahruntaugliche Person*
- *Betreiber einer Anlage, z.B. Atomkraftwerk*
- *Mieter, der Streupflicht übernommen hat, auch bei formularmäßiger Aufbürdung im Mietvertrag*
- *Tierhalter für seine Tiere*

Auch in diesem Bereich ist in erster Linie die Sachnähe entscheidend und nicht die konkrete zivilrechtliche Ausformung.

Produkthaftung

Problematisch ist innerhalb dieser Fallgruppe die Frage, ob die zivilrechtliche Produkthaftung allein schon die Grundlage strafrechtlicher Verantwortung sein kann. Im bekannten *Lederspray-Fall* hat der BGH dies offengelassen und stattdessen die Garantenstellung jedenfalls aus vorangegangenem pflichtwidrigem Tun bejaht.[657] 587

b) Aus der Pflicht zur Beaufsichtigung Dritter

Aufsichtspflicht

Weiterhin kann sich aus der *Pflicht zur Beaufsichtigung Dritter* eine Garantenstellung ergeben. Maßgebend ist dabei, dass die Allgemeinheit im Hinblick auf die bestehende Autoritäts- und Aufsichtsstellung darauf vertraut, dass der Pflichtige Gefahren, die von den zu überwachenden Personen ausgehen, beherrscht.[658] 588

Bspe.:

- *Lehrer bzgl. seiner Schüler*
- *Militärische Vorgesetzte (§ 41 WStG)*
- *Vorgesetzte Amtsträger (§ 357 StGB)*
- *Gefängnispersonal bzgl. Gefangener*

[657] BGHSt 37, S. 106, 115 = **juris**byhemmer.

[658] Jescheck/Weigend, § 59 IV S. 4c.

Hinsichtlich der minderjährigen Schüler besteht bei einem Lehrer darüber hinaus eine Garantenstellung als Beschützergarant aus tatsächlicher Übernahme von Schutzpflichten.

Ehegatten

Nach heute h.M. folgt aus der ehelichen Lebensgemeinschaft allein 589
noch nicht die Pflicht, Straftaten des anderen Ehegatten zu verhindern.[659] Selbiges gilt für das Verhältnis von Eltern zu ihren volljährigen Kindern.[660]

c) Aus vorangegangenem pflichtwidrigen Tun (= Ingerenz)

Ingerenz

Immer wieder Gegenstand von Klausuren ist die Garantenstellung 590
aus *vorangegangenem pflichtwidrigem Tun*, sog. *Ingerenz*. Dies ergibt sich nach h.M. daraus, dass jeder, der durch ein objektiv pflichtwidriges Tun oder Unterlassen für Rechtsgüter Dritter die nahe Gefahr des Schadenseintritts geschaffen hat, zur Abwendung des drohenden Erfolgs verpflichtet ist.[661] Zu beachten ist, dass die Pflichtwidrigkeit dabei in einem Verstoß gegen eine Norm bestehen muss, die gerade dem Schutz des betroffenen Rechtsgutes dient.[662]

Relevant kann eine Garantenstellung auch in Fällen des *sog. Mittäterexzesses* werden.[663]

Hierzu folgender Beispielsfall:

Mittäterexzess

Fall: *A und B berauben C nach einem gemeinsamen Plan und schlagen* 591
ihn dabei gemeinsam bewusstlos. Dann bekommt A Angst wegen der Überführungsgefahr und erschießt den „lästigen Zeugen" C mit einer von ihm mitgeführten Waffe, von der B nichts wusste. B hätte dies verhindern können, unterließ dies aber.

Strafbarkeit des B gem. § 212 I StGB?

Die Tötung des C war nicht vom gemeinsamen Tatplan von A und B erfasst. Damit stellt diese Handlung des A für B einen sog. Mittäterexzess dar, für den eine Bestrafung wegen Mittäterschaft nach § 25 II StGB ausscheidet. Allerdings ist fraglich, ob nicht eine Strafbarkeit nach §§ 212 I, 13 I StGB hinsichtlich des B besteht. Nach dem BGH führt ein bloß ursächliches Vorverhalten nicht zu einer Garantenstellung aus Ingerenz. Erforderlich ist vielmehr eine Gefahrerhöhung in dem Sinne, dass das Vorverhalten die nahe Gefahr des konkret eingetretenen tatbestandsmäßigen Erfolgs verursacht. Derjenige, der selbst nicht Garant ist, erhält nicht schon durch den gemeinsam mit dem Garanten gefassten Entschluss zum Unterlassen von Rettungshandlungen eine eigene Garantenstellung.[664]

Allerdings hat hier die Beteiligung des B an einer für sich nicht lebensgefährdenden Misshandlung durch das Niederschlagen zu einer Gefahrerhöhung für C geführt,[665] da er in seiner Verteidigungsmöglichkeit entscheidend eingeschränkt wurde. Somit kann hier eine Strafbarkeit des B nach §§ 212 I, 13 I StGB bejaht werden.

Vorverhalten

Weithin umstritten ist, welche Anforderungen an das Vorverhalten 592
konkret zu stellen sind.[666] Im Kern geht es um die Frage, ob auch ein rechtmäßiges oder verkehrsgerechtes Vorverhalten eine Garantenstellung begründen kann.

---

[659] So aber RGSt 74, S. 283.

[660] Zieschang a.a.O.

[661] BGHSt 38, S. 358.

[662] BGHSt 37, S. 106, 115; NStZ 2008, S. 276, 277: **alle Entscheidungen** = **juris**byhemmer.

[663] Zur Mittäterschaft im Allgemeinen Hemmer/Wüst, StrafR AT II, § 7.

[664] BGH, NStZ 1998, S. 83 = **juris**byhemmer.

[665] Vgl. auch BGH, NStZ 2004, S. 294 ff.; NStZ 2005, S. 93 ff.

[666] Vgl. Schönke/Schröder, § 13 Rn. 32 ff.

E.A.: Gefahrschaffung ausreichend

Nach einer Ansicht ist ein pflichtwidriges Vorverhalten nicht Voraussetzung für eine Garantenstellung aus Ingerenz. Ausreichend sei vielmehr, dass durch das Verhalten eine Gefahr geschaffen werde.[667] 593

H.M.: objektive Pflichtwidrigkeit

Die h.M. lehnt diese Ansicht ab und fordert dagegen das Vorliegen eines objektiv pflichtwidrigen Vorverhaltens. Ein sozialadäquates Verhalten kann schon deshalb nicht ausreichen, weil damit die „schlichte" Kausalität zum die Garantenpflicht begründenden Zurechnungskriterium würde.[668] Nach der h.M. besteht damit bei rechtmäßigem Vorverhalten nur die allgemeine Hilfspflicht aus § 323c I StGB. 594

Notwehr

Bspe.: 595

- *Notwehr:[669] Wird ein Angreifer in Notwehr verletzt, so trifft den Angegriffenen grds. nur die allgemeine Hilfspflicht aus § 323c I StGB. Anders kann dies aber sein, wenn der Angreifer seinerseits schuldlos handelt[670] oder ein sonstiger Fall der Notwehreinschränkung vorliegt.*
- *Verkehrsgerechtes Verhalten im Straßenverkehr:[671] Dieses begründet nach BGH ebenfalls keine Garantenstellung, so dass insoweit ebenfalls nur eine Strafbarkeit nach § 323c I StGB in Betracht kommt.*

In eng begrenzten Ausnahmefällen erwägt die h.M. eine Ausnahme von den oben dargestellten Grundsätzen und gelangt auch hier zu einer Garantenstellung trotz rechtmäßigen Vorverhaltens.[672] Hierunter fallen etwa die oben erwähnten Fälle der Notwehr gegenüber einem schuldlosen Angreifer. Weiterhin kommt dies im Fall des aggressiven Notstandes in Betracht, wo sich der Handelnde auf Kosten unbeteiligter Dritter aus der gegenwärtigen, nicht anders abwendbaren Notstandslage befreit.

Bsp.: *Ein LKW drängt einen PKW von der Straße ab. Der PKW-Fahrer kann sich nur dadurch retten, dass er auf den Gehweg fährt. Dort kollidiert er unweigerlich mit einem Fußgänger und verletzt diesen schwer. Hier soll der PKW-Fahrer gegenüber dem Fußgänger nicht nur die allgemeine Hilfspflicht aus § 323c I StGB, sondern sogar eine Garantenstellung i.S.d. § 13 I StGB haben, da ein anderes Ergebnis unbillig erscheint.*

d) Beherrschbarkeit von Räumen (str.)

Beherrschbarkeit von Räumen

Wie schon an verschiedenen Stellen oben angesprochen, wird teilweise aufgrund verantwortlicher Stellung in bestimmten Räumen eine Garantenstellung angenommen. Allerdings sollte insoweit keine eigene Fallgruppe begründet werden. Eine Garantenstellung beurteilt sich vielmehr auch hier nach den Grundsätzen über die Verantwortlichkeit über eine Gefahrenquelle. 596

Teilweise wird dem Inhaber der Verfügungsgewalt die Pflicht auferlegt, in den Räumlichkeiten für Ordnung zu sorgen und Straftaten zu verhindern.[673] Begründet wird dies mit dem besonderen Schutz, den der Hausfrieden genießt, weswegen Eingriffe von öffentlicher Hand auch besonderen Voraussetzungen unterworfen sind.

---

[667] BGHSt 3, S. 203; 19, S. 152; Herzberg, JuS 1972, S. 74.

[668] Fischer, § 13 Rn. 31.

[669] BGH, NStZ 2000, S. 414 = **juris**byhemmer.

[670] BGHSt 23, S. 327 f. = **juris**byhemmer.

[671] BGHSt 25, S. 218 ff. = **juris**byhemmer.

[672] Vgl. MüKo, § 13 Rn. 130 ff.

[673] Vgl. BGH, NJW 1966, S. 1763 = **juris**byhemmer.

Im Ergebnis ist diese Meinung aber abzulehnen, da diese die Garantenstellung zu weit ausdehnt. Vielmehr besteht keine allgemeine Rechtspflicht des Wohnungsinhabers, Straftaten Dritter in seiner Wohnung zu verhindern.[674] Nur wenn besondere Umstände hinzutreten, kann auch insoweit eine Garantenstellung bejaht werden.

Nochmals sei erwähnt, dass den Wohnungsinhaber auch keine allgemeine Rechtspflicht zum Schutz der in seiner Wohnung befindlichen Rechtsgüter Dritter trifft. Anderes gilt aber bei Vorliegen besonderer Umstände, etwa bei Aufnahme pflegebedürftiger Personen.

5. Sonderproblem: Beteiligung am Unterlassungsdelikt

Beteiligung

Sehr strittig und von hoher Klausurrelevanz sind die Fragen der Beteiligung am Unterlassungsdelikt. 597

Insoweit sind grundsätzlich zwei Konstellationen zu unterscheiden. Zum einen geht es um die Frage der *Beteiligung durch positives Tun an dem Unterlassungsdelikt* eines anderen, zum anderen um eine *Beteiligung durch Unterlassen*.

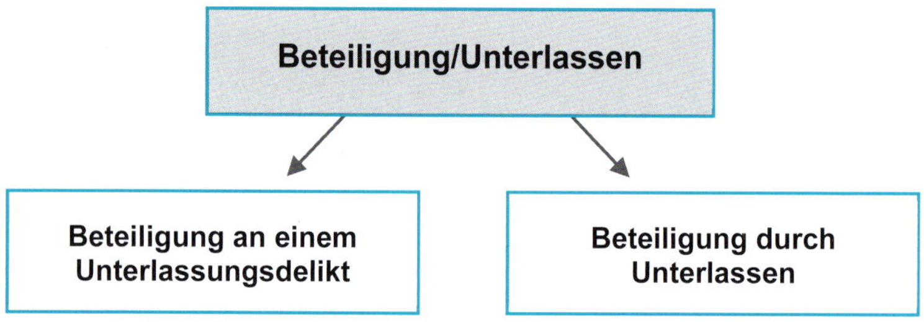

a) Beteiligung durch positives Tun

Beteiligung durch positives Tun

Zunächst ist die Frage nach der Beteiligung an dem Unterlassungsdelikt eines anderen durch positives Tun zu klären. Zur Verdeutlichung folgender Beispielsfall: 598

> **Bsp.:** *V droht zu ertrinken. Sohn S und seine Freundin A stehen am Ufer. A rät S, V ertrinken zu lassen, um vorzeitig das Erbe zu erlangen. S bleibt daraufhin untätig, obwohl es ihm als gutem Schwimmer möglich wäre, seinen Vater zu retten. V ertrinkt. Strafbarkeit von A? Auf mögliche Mordmerkmale ist nicht einzugehen.*

Es ist weithin umstritten, ob eine Beteiligung an dem Unterlassungsdelikt eines anderen durch aktives Tun möglich ist. Teilweise wird vertreten, dass Anstiftung und Beihilfe insoweit gar nicht möglich seien, sondern von Begehungstäterschaft auszugehen sei.[675]

Dagegen halten der BGH und die h.M. im Schrifttum eine Teilnahme nach den allgemeinen Regeln für möglich.[676] Da es sich dann insoweit um ein Begehungsdelikt handelt, muss der Teilnehmer selbst keine Garantenstellung aufweisen.

hemmer-Methode: Täter eines Unterlassungsdelikts kann aber nur ein Garant sein, es handelt sich insoweit also um ein Sonderdelikt, so dass Nichtgaranten hier nur Teilnehmer sein können.

---

[674] Fischer, § 13 Rn. 35.

[675] Vgl. MüKo, § 25 Rn. 237.

[676] BGHSt 14, S. 280; Jescheck/Weigend, § 60 III S. 1.

§ 28 I StGB

Strittig ist in diesem Bereich weiterhin, ob eine Strafmilderung nach § 28 I StGB in Betracht kommt. Voraussetzung hierfür wäre, dass es sich bei der Garantenstellung um ein besonderes persönliches Merkmal handelt. Nach der Rechtsprechung des BGH ist die Garantenstellung jedoch kein besonderes persönliches Merkmal i.S.d. § 28 StGB. Hierfür spricht, dass der Gesetzgeber mit „besonderen Merkmalen" in diesem Sinne offenbar nur unrechtsumschreibende Merkmale im Sinne des Strafrecht BT gemeint hat. Eine Übertragung auf die AT-Vorschrift § 13 StGB scheidet dann aus. 599

Lösung Beispielsfall

Für den Beispielsfall bedeutet dies, dass sich A nach der h.M. gem. §§ 212 I, 13 I, 26 StGB strafbar gemacht hat. Dabei ist die Strafe nicht nach §§ 28 I, 49 I StGB zu mildern. 600

b) Beteiligung durch Unterlassen

Beteiligung durch Unterlassen

Fraglich ist weiterhin, inwieweit eine Beteiligung durch Unterlassen in Betracht kommt. Zur Verdeutlichung folgender Beispielsfall: 601

> **Bsp.:** *Der Wachmann W sieht, wie D die Bank ausräumt. Da er sich auf seinem Posten vollkommen unterfordert fühlt und zudem unterbezahlt, lässt er D trotz Eingriffsmöglichkeit gewähren. Strafbarkeit des W?*

Zunächst ist klarzustellen, dass sowohl eine Mittäterschaft wie auch die Teilnahme durch Unterlassen nur dann möglich ist, wenn die betreffende Person ebenfalls eine Garantenstellung trifft.[677]

Problematisch ist in diesem Bereich die Abgrenzung zwischen Täterschaft und Teilnahme. Verdeutlichen lässt sich dies insbesondere an obigem Beispielsfall. D ist nach § 242 I StGB strafbar. W ist als Wachmann kraft tatsächlicher Übernahme von Schutzpflichten Beschützergarant, da es gerade seine Aufgabe ist, die Bank vor solchen Vermögensschäden zu bewahren. Insoweit ist aber fraglich, ob ihn diese Pflicht zum Täter neben D macht.

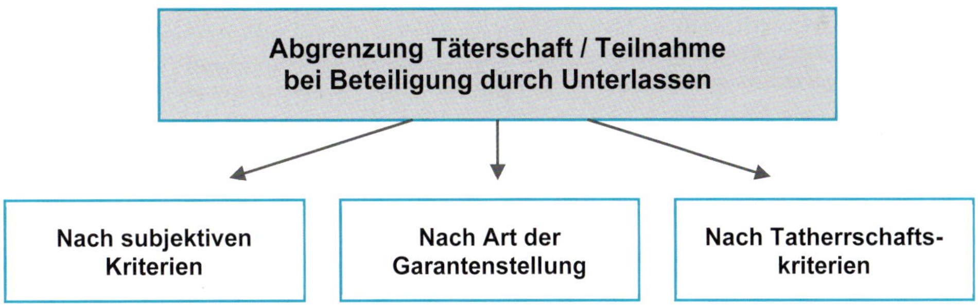

Rspr.: subjektive Kriterien

Die Rechtsprechung grenzt bei der Frage, ob hier Mittäterschaft oder Beihilfe vorliegt, nach subjektiven Kriterien ab, so wie sie auch sonst die Abgrenzung zwischen Mittäterschaft und Beihilfe vornimmt.[678] Maßgeblich ist hiernach insbesondere das Interesse am Taterfolg. 602

A.A.: Unterschiede zwischen Beschützer- und Überwachungsgarant

Eine andere Ansicht in der Literatur nimmt die Abgrenzung anhand der unterschiedlichen Kategorien der Garanten vor. 603

677 Fischer, § 13 Rn. 50.

678 Zu den unterschiedlichen Abgrenzungen in diesem Bereich vergleichen Sie bitte die Ausführungen in Hemmer/Wüst, StrafR AT II, § 7.

Hiernach sind Beschützergaranten als Täter, Überwachungsgaranten dagegen nur als Gehilfen zu bestrafen.[679]

H.M. Schrifttum: Tatherrschaft

Die wohl h.M. im Schrifttum nimmt die Abgrenzung anhand der Kriterien vor, die sie auch sonst zu dieser Einteilung heranzieht. Im Gegensatz zur Rechtsprechung erfolgt diese nach objektiven Kriterien anhand der sog. Tatherrschaftslehre. 604

Lösung Beispielsfall

Nur die Ansicht, welche die Abgrenzung anhand der unterschiedlichen Kategorien der Garantenstellung vornimmt, kommt hier zu einer täterschaftlichen Bestrafung des W, da dieser hier Beschützergarant ist. Nach der h.M. im Schrifttum wäre W nur als Gehilfe zu bestrafen, da er mangels Gestaltung des Geschehens keine Tatherrschaft innehatte. Auch die Rechtsprechung käme hier nur zu einer Bestrafung als Gehilfe, da W kein eigenes täterschaftliches Interesse am Taterfolg hat. 605

hemmer-Methode: Beachten Sie, dass es gerade in Klausuren vor allem darum geht, sich argumentativ mit dem Problemfeld auseinanderzusetzen. Welchem Ansatz der Vorzug gegeben wird, ist dann häufig zweitrangig.

V. Entsprechungsklausel

Entsprechungsklausel

Nach § 13 I HS 2 StGB hängt die Strafbarkeit wegen eines unechten Unterlassungsdelikts zudem davon ab, dass das Unterlassen der Verwirklichung des gesetzlichen Tatbestandes *durch ein aktives Tun entspricht*. Diese Voraussetzung liegt vor, wenn im konkreten Fall das Unterlassen dem Unrechtsgehalt aktiver Tatbestandsverwirklichung so nahe kommt, dass es sich in den Unrechtstypus des Tatbestandes einfügt, sog. *Modalitätenäquivalenz*.[680] 606

Relevant regelmäßig bei sog. „verhaltensgebundenen Delikten"

Im Regelfall spielt diese sog. Entsprechungsklausel für die Klausur keine besondere Rolle. Bei den reinen Erfolgsdelikten kann im Normalfall eine Erörterung der Entsprechungsklausel unterbleiben, da hier ein solches Entsprechen regelmäßig zu bejahen ist. Eigenständige Bedeutung kommt der Entsprechungsklausel des § 13 I StGB jedoch bei den sog. *verhaltensgebundenen Delikten* zu, die sich nicht in der Herbeiführung eines bestimmten Erfolgs erschöpfen, sondern auch eine bestimmte Tathandlung voraussetzen. Hierunter fallen etwa:

Bspe.:

- *§ 224 I Nr. 5 StGB: lebensgefährdende Behandlung*
- *§ 211 II Gr. 2 Var. 2 StGB: grausam*

Bei diesen verhaltensgebundenen Delikten ist umstritten, ob das Delikt auch durch ein Unterlassen verwirklicht werden kann. Als Faustregel kann Folgendes gelten: Soweit das beschriebene Verhalten eine hinreichende „Erfolgsbezogenheit" aufweist, ist die Entsprechungsklausel zu bejahen. Eine solche „Erfolgsbezogenheit" liegt dann vor, wenn das unter Strafe gestellte Verhalten nicht zwingend eine aktive Handlung voraussetzt, sondern Grund für die Strafe vielmehr die mit dem beschriebenen Verhalten einhergehenden Auswirkungen beim Opfer sind. Für diesen Fall ist es unerheblich, ob ein Tun oder ein Unterlassen Anknüpfungspunkt ist.

[679] Vgl. zum Ganzen Zieschang, S. 155.

[680] BGHSt 28, S. 300 ff.; Fischer, § 13 Rn. 46.

hemmer-Methode: Mit dieser Argumentation ist bei den genannten Beispielen eine Begehung durch Unterlassen jeweils zu bejahen. Dagegen vertritt der BGH die Auffassung, dass eine Tötung durch Unterlassen mit gemeingefährlichen Mitteln (vgl. §§ 211 II Gr. 2 Var. 3, 13 I StGB) grundsätzlich nicht möglich sei, und zwar unabhängig davon, ob die Gefahr zufällig entstanden, von einer dritten Person verursacht oder vom Täter selbst ohne Tötungsvorsatz herbeigeführt worden ist.[681]

Des Weiteren kann der Entsprechungsklausel auch dann eine besondere Bedeutung zukommen, wenn es darum geht, aus Billigkeitserwägungen ein erhebliches Strafmaß bei einem Unterlassen als Anknüpfungspunkt zu vermeiden.

Zur näheren Erläuterung zwei Beispiele aus dem Bereich des § 211 StGB:

Mord in Verdeckungsabsicht

Zunächst ist umstritten, ob ein Mord in Verdeckungsabsicht nach § 211 II Gr. 3, 2. Alt. StGB auch durch Unterlassen verwirklicht werden kann. Dagegen könnte man einwenden, dass vom Täter nicht gefordert werden kann, tätig zu werden, wenn er damit rechnen muss, dass gerade deshalb eine von ihm begangene Straftat aufgedeckt wird. Insoweit könne eine aktive Tötung mit Verdeckungsabsicht (Mord gemäß § 211 II Gr. 3, 2. Alt. StGB) nicht einem Unterlassen gleichgestellt werden. 607

Die h.M. geht hingegen davon aus, dass auch der Verdeckungsmord durch Unterlassen begangen werden kann:[682]

> ***Bsp.:** A verschuldet einen Verkehrsunfall, bei dem B schwer verletzt wird. A entfernt sich vom Unfallort, obwohl er erkennt, dass B noch zu retten wäre. Er tut dies vor allem deswegen, um einer Strafbarkeit nach § 229 StGB zu entgehen. B verstirbt. Strafbarkeit des A?*
>
> Unproblematisch besteht eine Strafbarkeit aus §§ 212 I, 13 I StGB (Garantenstellung aus Ingerenz). Darüber hinaus kommt eine Strafbarkeit wegen Mordes in Verdeckungsabsicht nach §§ 211 II Gr. 3, 2. Alt., 13 I StGB in Betracht.
>
> Früher verlangte der BGH für ein „Verdecken" mehr als ein „Nichtaufdecken". Demzufolge war beim Entfernen vom Unfallort unter billigender Inkaufnahme des Todes des Opfers eine Verdeckungsabsicht nicht gegeben, weil ein aktives „Zudecken" zu fordern war und der Tod das Mittel der Verdeckung und nicht nur die Folge eines anderen Mittels sein musste.[683]
>
> Nunmehr sieht der BGH auch insoweit die Möglichkeit der Begehung durch Unterlassen als möglich an.[684] Es gelten in diesem Bereich keine Besonderheiten mehr, so dass bei Vorliegen der „normalen" Voraussetzungen auch insoweit eine Strafbarkeit nach §§ 211 II Gr. 3, 2. Alt., 13 I StGB möglich ist.[685]

Heimtücke-Mord

Dagegen wird von der h.M. eine Strafbarkeit nach §§ 211 II Gr. 2 Var. 1, 13 I StGB abgelehnt. „Heimtückisch" setzt ein aktives Handeln voraus. Eine tückische Vorgehensweise durch Unterlassen ist demzufolge abzulehnen. Dafür spricht auch, dass insoweit eine hinreichende „Erfolgsbezogenheit" bei der Unrechtsbeschreibung fehlt. Primärer Anknüpfungspunkt für die Unrechtsbeschreibung ist die konkrete Begehungsweise des Täters und nicht der beim Opfer eingetretene Erfolg. 608

---

681 Vgl. BGH, Beschluss vom 07.07.2009 – 3 StR 204/09 = **juris**byhemmer = Life&Law 2010, S. 310 ff.

682 BGH, NJW 2000, S. 1730 = **juris**byhemmer = Life&Law 2000, S. 640; Fischer, § 211 Rn. 72.

683 So noch BGHSt 7, S. 287 = **juris**byhemmer.

684 BGH, NJW 2000, S. 1730 = **juris**byhemmer = Life&Law 2000, S. 640.

685 Vgl. auch Fischer, a.a.O.; Freund, NStZ 2004, S. 123 ff.

hemmer-Methode: Eine andere Ansicht ist insoweit gut vertretbar. Argumentiert werden könnte damit, dass beim Heimtücke-Mord der Täter primär die Opfersituation (Arg- und Wehrlosigkeit) ausnutze. Ob der Täter dabei durch Tun oder Unterlassen tötet, könne insofern keinen Unterschied machen. Merken Sie sich, dass bei der Entsprechungsklausel nahezu alles vertretbar ist, wenn Sie nur überzeugend argumentieren.

VI. Subjektiver Tatbestand

Subjektiver Tatbestand

Der Täter muss hinsichtlich der Verwirklichung des objektiven Tatbestandes mit Vorsatz gehandelt haben. *609*

Der Vorsatz muss dabei den Willen zum Untätigbleiben in Kenntnis aller objektiven Tatbestandsmerkmale umfassen. Darüber hinaus müssen auch beim unechten Unterlassungsdelikt die besonderen subjektiven Merkmale vorliegen.

Der Vorsatz des Täters muss sich insoweit auch auf die Umstände, welche die Handlungspflicht begründen, sowie auf die physisch-reale Möglichkeit der Erfolgsabwendung beziehen.[686]

Ein Irrtum über das tatsächliche Vorliegen der Umstände, die eine Garantenpflicht begründen, stellt somit einen Tatbestandsirrtum nach § 16 I S. 1 StGB dar. Anders verhält es sich jedoch, wenn der Täter diese Umstände zutreffend erkennt, aber irrtümlich meint, ihn treffe keine Garantenpflicht. Dies ist als Gebotsirrtum i.S.d. § 17 StGB zu bewerten.[687]

Bspe.:

- *1. A weiß nicht, dass B sein (unehelicher) Sohn ist und lässt diesen bei einem Straßenverkehrsunfall einfach liegen, so dass er verstirbt.*
- *2. A weiß, dass B sein (unehelicher) Sohn ist und lässt diesen bei einem Straßenverkehrsunfall einfach liegen, so dass dieser verstirbt. A ging davon aus, dass er für B nicht zu sorgen habe, da dieser bereits jahrelang von ihm getrennt lebt.*

Im *Beispiel 1* hat sich A nicht wegen Totschlags durch Unterlassen gemäß §§ 212 I, 13 I StGB strafbar gemacht, es fehlt der Vorsatz bezüglich seiner Garantenstellung. A hat sich nur gemäß § 323c I StGB strafbar gemacht.

Im *Beispiel 2* hingegen kennt A alle Umstände, auch diejenigen, welche seine Garantenstellung begründen. Die rechtlich fehlerhafte Bewertung des A führt allein zu einem vermeidbaren Verbotsirrtum in Form eines Gebotsirrtums gemäß § 17 StGB. A ist demzufolge gemäß §§ 212 I, 13 I StGB zu bestrafen. Die Strafe kann allerdings über § 17 S. 2 StGB gemäß § 49 I StGB gemildert werden. Der mitverwirklichte § 323c I StGB wird davon verdrängt.

C. Rechtswidrigkeit

Rechtswidrigkeit

Nach der Lehre vom Erfolgsunrecht wird auch bei den unechten Unterlassungsdelikten die Rechtswidrigkeit indiziert und liegt daher regelmäßig vor, wenn nicht ausnahmsweise ein Rechtfertigungsgrund greift. Auch im Übrigen gelten die Ausführungen zur Rechtswidrigkeit bei den Begehungsdelikten entsprechend, so dass auch hier die dort dargestellten Rechtfertigungsgründe in Betracht kommen. *610*

[686] Zieschang, S. 152.

[687] BGHSt GrS 16, S. 155; 19, S. 295 ff.

Von besonderer Bedeutung ist diesem Zusammenhang die sog. rechtfertigende Pflichtenkollision, vgl. oben Rn. 286 ff.

D. Schuld

Schuld

Grundsätzlich ist die Ebene der Schuld wie beim vorsätzlichen Begehungsdelikt zu prüfen. 611

Unzumutbarkeit

I.R.d. unechten Unterlassungsdelikts ist jedoch die dogmatische Einordnung der Unzumutbarkeit normgemäßen Verhaltens strittig, wenn weder der rechtfertigende Notstand nach § 34 StGB noch der entschuldigende Notstand nach § 35 StGB eingreifen. 612

Zur Verdeutlichung dieser Problematik folgender Beispielsfall:

Fall: *T kann aus einem brennenden Haus entweder seine Mutter M oder seine Freundin F retten. Für eine zweite Rettung fehlt die Zeit, da das Haus einzustürzen droht. T rettet F, M verbrennt daraufhin. Strafbarkeit des T?* 613

Hinsichtlich M könnte sich T eines Totschlages durch Unterlassen strafbar gemacht haben gem. §§ 212 I, 13 I StGB. Die Tatbestandsvoraussetzungen liegen in objektiver wie subjektiver Hinsicht vor. Eine Rechtfertigung aus § 34 StGB scheidet aus, da dieser einer Abwägung Leben gegen Leben nicht zugänglich ist. Auch die rechtfertigende Pflichtenkollision greift nicht ein, da T nicht die aufgrund seiner Garantenstellung gegenüber M vorrangige Pflicht erfüllt hat, M zu retten. Auch eine Entschuldigung über § 35 StGB greift nicht, da die Garantenstellung gegenüber M i.S.d. § 13 I StGB als sonstiger Grund bei § 35 I S. 2 StGB zu berücksichtigen ist. Möglicherweise könnte T aber entschuldigt sein, wenn die Unzumutbarkeit normgemäßen Verhaltens als Entschuldigungsgrund anzuerkennen ist. Dies ist im Einzelnen aber strittig.

Einordnung als Tatbestandsmerkmal

Nach der Mindermeinung begrenzt die Unzumutbarkeit als allgemeines Prinzip die Garantenpflicht und ist damit, korrespondierend zu den echten Unterlassungsdelikten, bereits als Tatbestandsmerkmal auf der Ebene des objektiven Tatbestandes zu prüfen.[688] 613

Hiergegen spricht jedoch, dass den Garanten die Pflicht zur Erfolgsabwendung in gleichem Maß trifft wie den Begehungstäter die Pflicht trifft, den Erfolg nicht durch positives Tun herbeizuführen. Eine Gleichwertigkeit zwischen positivem Tun und Unterlassen, wie sie von § 13 I StGB in Form der Entsprechungsklausel explizit gefordert wird, wäre damit nicht mehr gegeben.[689]

Entschuldigungsgrund

Die h.M. erkennt beim unechten Unterlassungsdelikt die Unzumutbarkeit als speziellen Entschuldigungsgrund an.[690] Dies wird dadurch gerechtfertigt, dass der Unrechts- und Schuldgehalt des Untätigbleibens aufgrund des vorliegenden Motivationsdrucks weitgehend dadurch aufgehoben wird, dass ein gleichwertiges Rechtsgut vor der sicheren Vernichtung bewahrt wird. Der Gesichtspunkt der Unzumutbarkeit soll auch bei den unechten Unterlassungsdelikten als regulatives Prinzip den Umfang der Sorgfalts- und Handlungspflichten in sachgerechter Weise begrenzen. 614

[688] Vgl. hierzu Schönke/Schröder, Vorbem. §§ 13 ff. Rn. 155.

[689] Vgl. Jescheck/Weigend, § 59 VIII S. 3.

[690] BGHSt 4, S. 23; NStZ 1984, S. 164.

Die Vornahme einer Handlung kann insbesondere dann unzumutbar sein, wenn der Garant dadurch eigene, billigenswerte Interessen gefährdet. Hierbei bedarf es aber stets der Abwägung der Umstände des Einzelfalles. So ist auf der anderen Seite insbesondere das Gewicht des bei der Unterlassung eintretenden Schadens in die Abwägung mit einzubeziehen.[691]

Folgen des Meinungsstreits

Praktische Bedeutung hat der oben dargestellte Meinungsstreit vor allem im Bereich des Vorsatzes. Folgt man insoweit nämlich der Mindermeinung, welche die Unzumutbarkeit bereits als Tatbestandsmerkmal ansieht, so führt die irrige Annahme des Täters, dass ihm die Vornahme der objektiv gebotenen Handlung nicht zuzumuten sei, zum Entfallen des Vorsatzes nach § 16 I S. 1 StGB. Darüber hinaus ergeben sich wegen des Grundsatzes der limitierten Akzessorietät auch Auswirkungen im Bereich der strafbaren Teilnahme, da ein Entfallen des Vorsatzes auch den §§ 26, 27 StGB die Grundlage entziehen würde. 615

[691] Zieschang, S. 154.

§ 4 FAHRLÄSSIGKEITSDELIKT

A. Einführung

I. Allgemeines

Zur Einführung werden zunächst die Begrifflichkeiten dargestellt sowie die verschiedenen Kategorien und Abgrenzungen in diesem Bereich. 616

hemmer-Methode: Von besonderer Bedeutung für die Klausur sind die §§ 222, 229 StGB. Grundsätzlich sind die Fahrlässigkeitsdelikte vor allem im Bereich der Straßenverkehrsdelikte von hoher Klausurrelevanz, insbesondere also auch die §§ 315c III Nr. 2, 316 II StGB.

1. Begriff

§ 15 StGB

Für das grundsätzliche Verständnis der Fahrlässigkeitsdelikte ist zunächst die gesetzliche Regelung des § 15 StGB wichtig. § 15 StGB lautet: 617

> *„Strafbar ist nur vorsätzliches Handeln, wenn nicht das Gesetz fahrlässiges Handeln ausdrücklich mit Strafe bedroht.“*

Solche Androhungen der Strafe finden sich in den verschiedenen Normen des Besonderen Teils. Aber es bleibt festzuhalten, dass eben nur in diesen Fällen eine Fahrlässigkeitsstrafbarkeit besteht, was in einigen Bereichen zu sog. *Strafbarkeitslücken* führt.

hemmer-Methode: Die Formulierung „Strafbarkeitslücke“ vermittelt eine etwas unpräzise Sicht der Dinge, denn in diesen Bereichen hat der Gesetzgeber bewusst auf eine Strafbarkeit verzichtet, da er insoweit ein fahrlässiges Verhalten gerade nicht mit strafrechtlichen Folgen sanktionieren wollte.

Definition

Im Gesetz gibt es keine Legaldefinition der Fahrlässigkeit. Nach der Rspr. und der h.M. im Schrifttum wird die Fahrlässigkeit definiert als die ungewollte Verwirklichung des gesetzlichen Tatbestandes durch eine pflichtwidrige Vernachlässigung der im Verkehr erforderlichen Sorgfalt.[692] Diese generalklauselartige Begriffsbestimmung wird den vielfältigen Fallgestaltungen im Bereich der Fahrlässigkeit nicht immer gerecht und bedarf somit im Einzelfall der näheren Konkretisierung. 618

2. Formen der Fahrlässigkeit

Formen

Die Fahrlässigkeit lässt sich nach verschiedenen Kriterien unterteilen. Zunächst wird von der Rspr. und der h.M. im Schrifttum eine Unterscheidung anhand der *Wissensseite* getroffen, wonach es grundsätzlich zwei Formen der Fahrlässigkeit gibt, die *unbewusste* und die *bewusste* Fahrlässigkeit. 619

Unbewusste Fahrlässigkeit

Unbewusst fahrlässig handelt ein Täter, wenn er bei einem bestimmten Tun oder Unterlassen die gebotene Sorgfalt außer Acht lässt und infolgedessen den gesetzlichen Tatbestand verwirklicht, ohne dies zu erkennen.[693] Der Täter sieht also den Erfolgseintritt nicht voraus. 620

---

[692] Fischer, § 15 Rn. 12; BGHSt 49, S. 1 ff. = **juris**byhemmer.

[693] BGHSt 41, S. 218 = **juris**byhemmer.

Bewusste Fahrlässigkeit

621 Bewusst fahrlässig dagegen handelt ein Täter, wenn er es für möglich hält, dass er den gesetzlichen Tatbestand verwirklicht, jedoch pflichtwidrig darauf vertraut, dass er ihn nicht verwirklichen werde.

hemmer-Methode: Die bewusste Fahrlässigkeit ist unter Umständen schwierig vom Eventualvorsatz abzugrenzen.

Auswirkungen hat die Unterscheidung zwischen bewusster und unbewusster Fahrlässigkeit im Regelfall nicht, da keine Strafnorm des Besonderen Teils eine derartige Unterscheidung trifft.

3. Grad der Fahrlässigkeit

Grad

622 Eine weitere Einteilung der Fahrlässigkeit lässt sich nach verschiedenen Fahrlässigkeitsgraden vornehmen. Insoweit ist zwischen der *einfachen Fahrlässigkeit* und der *Leichtfertigkeit* zu differenzieren. Zu beachten ist dabei, dass der Grad der Fahrlässigkeit nicht von der oben dargestellten Form der Fahrlässigkeit abhängt. Demnach kann die bewusste wie die unbewusste Fahrlässigkeit sowohl einfach oder auch leichtfertig sein.

Leichtfertigkeit

623 *Leichtfertig* handelt ein Täter, wenn er die gebotene Sorgfalt in ungewöhnlich hohem Maße verletzt. Der Täter handelt dabei entgegen den Anforderungen, die jedem ohne weiteres einsichtig sind. Dieser Begriff entspricht damit objektiv der groben Fahrlässigkeit im Zivilrecht. Die Leichtfertigkeit stellt folglich nur eine besondere Kategorie der Fahrlässigkeit dar.

Diese Unterscheidung gewinnt insoweit Bedeutung, als verschiedene Normen des Besonderen Teils ein leichtfertiges Verhalten voraussetzen:

Bspe.:

- *§ 138 III StGB*
- *§ 251 StGB*
- *§ 306c StGB*
- *§ 308 III StGB*

4. Verhältnis zum Vorsatz und Schlussfolgerungen

a) Verhältnis Vorsatz zu Fahrlässigkeit

Verhältnis

624 Ebenso wie der Vorsatz besitzt auch die Fahrlässigkeit als Unrechts- und Schuldform eine Doppelnatur. Beide Typen stehen dabei zueinander in einem *aliud-Verhältnis*. Sie schließen einander bezogen auf dasselbe Delikt also gegenseitig aus.[694] Allerdings schließt dies die Annahme eines normativen Stufenverhältnisses nicht aus, so dass auch eine Feststellung über die Anwendung des in-dubio-pro-reo-Grundsatzes möglich ist.[695]

[694] Fischer, § 15 Rn. 19.

[695] Vgl. Fischer, a.a.O.

Nach dem BGH kommt den Tatbeständen, in denen eine Fahrlässigkeit unter Strafe steht, eine Auffangfunktion zu, so dass dann, wenn der Vorsatz nicht nachweisbar ist, eine Fahrlässigkeitsstrafbarkeit zu bejahen sein kann.[696] Dabei ist aber zu beachten, dass insoweit nicht „automatisch“ eine Fahrlässigkeitsstrafbarkeit gegeben ist. Vielmehr müssen die Voraussetzungen der Fahrlässigkeit selbständig auf ihr Vorliegen geprüft werden.

hemmer-Methode: Dieses aliud-Verhältnis bedeutet jedoch nicht, dass ein Verhalten nur Vorsatz oder Fahrlässigkeit darstellen kann. Ein und dieselbe tatsächliche Handlung kann nämlich hinsichtlich eines Straftatbestandes vorsätzlich und hinsichtlich eines anderen fahrlässig sein.

> ***Bsp.:*** *T schießt auf A, um diesen zu töten, trifft aber den daneben stehenden B (sog. aberratio ictus). Bezüglich A hat sich T eines versuchten Totschlags nach §§ 212 I, 22, 23 I StGB strafbar gemacht, bezüglich B einer fahrlässigen Tötung nach § 222 StGB.*

b) Schlussfolgerungen

Schlussfolgerungen

Wie bereits dargestellt, handelt es sich bei der Fahrlässigkeit um eine 625
eigenständige und vom Vorsatz unabhängige Unrechts- und Schuldform. Damit sind aber die Regeln des Allgemeinen Teils, die im Regelfall Vorsatz voraussetzen, nicht auf die Fahrlässigkeit anwendbar. Aus dieser grundsätzlichen Aussage ergeben sich einige wichtige Folgen.

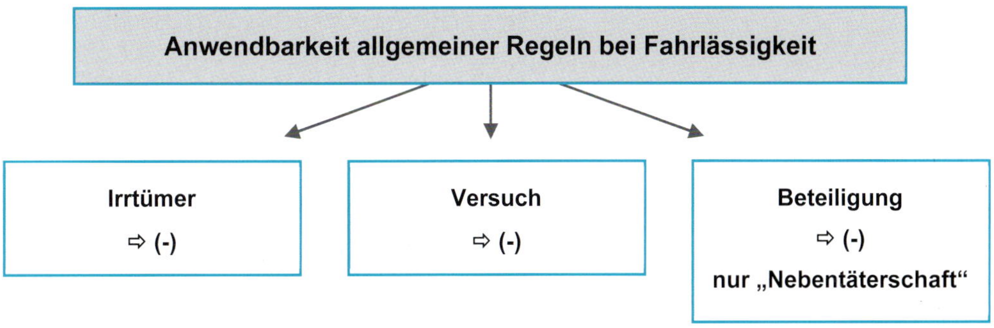

§ 16 StGB

Zunächst ist natürlich die Anwendung des § 16 StGB ausgeschlos- 626
sen. Ein Tatbestandsirrtum ist i.R.d. Fahrlässigkeitsdelikts denknotwendig ausgeschlossen. Dagegen kann umgekehrt ein Tatbestandsirrtum gerade zu einer Fahrlässigkeitsstrafbarkeit führen, vgl. § 16 I S. 2 StGB.

§§ 22 ff. StGB

Auch eine Versuchsstrafbarkeit gibt es i.R.d. Fahrlässigkeitsdelikts 627
nicht, so dass die §§ 22 ff. StGB hier keine Anwendung finden. Kennzeichnend für den Versuch ist nämlich vor allem der Wille zur Verwirklichung einer Tat, der im Tatentschluss zum Ausdruck kommt. Dieser Verwirklichungswille fehlt gerade beim fahrlässigen Delikt.

§§ 25 ff. StGB

Darüber hinaus ist auch eine mittelbare Täterschaft, eine Mittäter- 628
schaft und eine Teilnahme gem. §§ 25 ff. StGB bei Fahrlässigkeitsdelikten nicht möglich. Ausweislich des Wortlauts der §§ 26, 27 StGB, die eine vorsätzliche rechtswidrige Haupttat verlangen, ist dies im Bereich der Teilnahme unumstritten.

Eine Mitwirkung an einer fahrlässigen Tat ist nur in der Form der *Nebentäterschaft* möglich.

[696] BGH GrSenSt 9, S. 393; Fischer, § 15 Rn. 19 m.w.N.

Dabei muss jeder Täter die Merkmale des Fahrlässigkeitsdelikts selbst vollständig verwirklicht haben. Eine Zurechnung der Tatbeiträge wie i.R.d. § 25 II StGB findet gerade nicht statt.

5. Aktives Tun und Unterlassen

Tun/Unterlassen

Beim fahrlässigen Erfolgsdelikt kann der für die Strafbarkeit vorausgesetzte Erfolg sowohl durch aktives Tun als auch durch Unterlassen herbeigeführt werden. In diesem Bereich kann die Abgrenzung zwischen aktivem Tun und Unterlassen aber durchaus schwierig zu treffen sein. Zur Verdeutlichung folgender 629

> ***Beispielsfall:*** *Der LKW- Fahrer F überholt den Radfahrer R mit einem zu geringen Sicherheitsabstand. R gerät unter den Hinterreifen des LKW von F und wird von diesem überrollt, so dass er verstirbt.*

Grundsätzlich könnte man hier der Auffassung sein, dass ein Unterlassen vorliegt, indem man sagt, R habe es unterlassen, den erforderlichen Sicherheitsabstand einzuhalten. Da es aber nun i.R.d. Fahrlässigkeitsdelikte stets um Sollensanforderungen geht, käme man in Fällen der Fahrlässigkeit durchweg zu einem Unterlassen.

Schwerpunkt der Vorwerfbarkeit

Daher hat die Abgrenzung auch im Bereich der Fahrlässigkeit nach allgemeinen Kriterien zu erfolgen. Ein *aktives Tun* liegt demnach grundsätzlich dann vor, wenn der Täter den Unrechtserfolg durch eine bestimmte, in ihrem Handlungsvollzug sorgfaltswidrige Tätigkeit verursacht hat. Ein *Unterlassen* ist gegeben, wenn der Täter einen bestimmten Unrechtserfolg trotz Handlungspflicht nicht verhindert hat und diese Untätigkeit ihrerseits auf einer Sorgfaltswidrigkeit beruht. Auch hier wird im Einzelnen die Abgrenzung nach dem Schwerpunkt der Vorwerfbarkeit getroffen, wie auch sonst bei der Abgrenzung zwischen aktivem Tun und Unterlassen. 630

Unter Beachtung der hierzu oben dargestellten Kriterien liegt im obigen Beispielsfall im Überholen mit zu geringem Seitenabstand und Überrollen des Radfahrers ein aktives Tun vor.

II. Aufbauschema

Aufbauschema

Im Folgenden soll ein Aufbauschema dargestellt werden, das auf dem modernen Verbrechensaufbau fußt. Auch hier gilt, wie bei allen anderen Aufbauschemata, dass ein Bearbeiter im Rahmen einer Klausur nur die wirklich problematischen Punkte eingehender darstellen und nicht völlig Unproblematisches über Seiten hinweg ausführen sollte. 631

<u>Fahrlässigkeitsdelikt</u>

I. Tatbestand

- **1.** Erfolgseintritt
  - **a)** Durch aktives Tun
  - **b)** Durch Unterlassen
    - Handlungsmöglichkeit
    - Erforderlichkeit
    - Garantenstellung
    - Entsprechungsklausel
- **2.** Kausalität des Verhaltens für den Erfolg
- **3.** Objektive Sorgfaltspflichtverletzung
  - **a)** Objektive Nichtbeachtung der im Verkehr erforderlichen Sorgfalt
  - **b)** Objektive Vorhersehbarkeit

4. Objektive Zurechnung
   a) Pflichtwidrigkeitszusammenhang; a.A.: Risikoerhöhung
   b) Schutzzweck der Norm
5. Ggfs. objektive Strafbarkeitsbedingungen

II. Rechtswidrigkeit

⇨ Wie bei Vorsatzdelikt

⇨ Problem: subjektive Rechtfertigungselemente

III. Schuld

1. Schuldfähigkeit
2. Subjektive Sorgfaltspflichtverletzung
   a) Subjektive Erfüllbarkeit der Sorgfaltspflicht
   b) Subjektive Vorhersehbarkeit des Erfolgseintritts
3. Unrechtsbewusstsein
4. Fehlen von Entschuldigungsgründen
5. Unzumutbarkeit normgemäßen Verhaltens (str.)
   ⇨ Wie bei Unterlassungsdelikt

IV. Strafausschließungs- und Strafaufhebungsgründe, Absehen von Strafe

⇨ Wie beim Vorsatzdelikt

V. Prozessvoraussetzungen

⇨ Wie beim Vorsatzdelikt

B. Tatbestandsmäßigkeit

I. Erfolgseintritt / aktives Tun oder Unterlassen

1. Erfolgs- und schlichte Tätigkeitsdelikte / Erfolgseintritt

Erfolgs- und Tätigkeitsdelikte

Fahrlässigkeitsdelikte gibt es in Form der Erfolgs- sowie der Tätigkeitsdelikte. 632

Erfolgsdelikte

Voraussetzung für einen Fahrlässigkeitsvorwurf bei den *Erfolgsdelikten* ist – wie bei den vorsätzlichen Begehungsdelikten – der Eintritt eines sozialschädlichen Erfolgs durch ein vom Willen beherrschtes oder beherrschbares Verhalten, also Tun oder Unterlassen. 633

Bspe.:

- *§ 222 StGB: Tod eines anderen Menschen*
- *§ 229 StGB: Verletzung von Körper / Gesundheit*

Tätigkeitsdelikte

Bei den *schlichten Tätigkeitsdelikten* entfallen die Probleme i.R.d. Erfolgszurechnung. Vielmehr liegt hier der Schwerpunkt des Fahrlässigkeitsvorwurfes in der Verwirklichung des Unrechtstatbestandes durch das im Gesetz umschriebene Verhalten. 634

Bspe.:

- *§ 161 I StGB: falsches Schwören*
- *§ 316 II StGB: Fahren im fahruntüchtigen Zustand*

Im Bereich der Sorgfaltspflichtverletzung tritt bei den schlichten Tätigkeitsdelikten an die Stelle der Vorhersehbarkeit des „Erfolges“ die Erkennbarkeit der Tatbestandsverwirklichung als solche.

2. Aktives Tun oder Unterlassen

Tun/Unterlassen

Auch im Rahmen eines Fahrlässigkeitsdelikts ist eine Begehung durch aktives Tun oder durch Unterlassen möglich. Insoweit ist ebenfalls die Abgrenzung wie bei den Vorsatzdelikten anhand der sog. Formel vom Schwerpunkt der Vorwerfbarkeit zu treffen.[697] 635

hemmer-Methode: Das fahrlässige Unterlassungsdelikt ist im Übrigen wie das vorsätzliche Unterlassungsdelikt aufzubauen, d.h. Erfolgseintritt – Nichtvornahme der gebotenen Handlung – hypothetische Kausalität – Garantenstellung – ggfs. Entsprechungsklausel. Danach ist dann wie beim fahrlässigen Begehungsdelikt fortzufahren. 636

II. Kausalität

Kausalität

Weiterhin muss zwischen aktivem Tun und Erfolgseintritt eine Kausalitätsbeziehung bestehen bzw. beim Unterlassen muss die hypothetische Kausalität gegeben sein. Dabei kann auf dieselben Kriterien zurückgegriffen werden wie beim vorsätzlichen Begehungsdelikt bzw. beim vorsätzlichen unechten Unterlassungsdelikt. 637

Äquivalenztheorie

Die Kausalität ist somit anhand der sog. *Äquivalenztheorie* zu bestimmen. Die Kausalität ist dann zu bejahen, wenn die Handlung nicht hinweggedacht werden kann, ohne dass der Erfolg in seiner konkreten Gestalt entfiele. 638

Die Ausweitungen, welche die Äquivalenztheorie mit sich bringt, sind auch hier nicht auf der Ebene der Kausalität zu korrigieren, sondern erst i.R.d. objektiven Zurechnung.

III. Objektive Sorgfaltspflichtverletzung

Objektive Sorgfaltspflichtverletzung

I.R.d. objektiven Sorgfaltspflichtverletzung ist zu prüfen, ob der Täter in dieser Hinsicht die im Verkehr erforderliche Sorgfalt außer Acht gelassen hat und ob der tatbestandliche Erfolg objektiv vorhersehbar war. 639

hemmer-Methode: Diese Prüfungspunkte sind im Rahmen einer Klausur bei einem Fahrlässigkeitsdelikt stets zu prüfen. Wie breit die Darstellung insoweit auszufallen hat, ist Frage des konkreten Falles.

1. Nichtbeachtung der im Verkehr erforderlichen Sorgfalt

Um überhaupt beurteilen zu können, ob der Täter die im Verkehr erforderliche Sorgfalt nicht beachtet hat, muss zunächst Inhalt, Art und Maß der jeweiligen Sorgfaltspflicht ermittelt werden. Danach ist insoweit ein Vergleich mit dem erfolgsbegründenden Verhalten des Täters anzustellen. Entspricht das Verhalten den an die Sorgfaltspflicht zu stellenden Anforderungen, so handelt der Täter auch sorgfältig und verkehrsgerecht. Damit entfällt dann aber bereits der Handlungsunwert, d.h. folglich auch die Tatbestandsmäßigkeit. Unsorgfältig und verkehrswidrig handelt ein Täter nur, wenn sein Verhalten gerade hinter den an ihn gestellten Anforderungen der Sorgfaltspflicht zurückbleibt. 640

[697] Siehe hierzu das Fallbeispiel in Life&Law 2008, S. 537 ff.

a) Inhalt der Sorgfaltspflicht

Inhalt

Der abstrakte *Inhalt* einer Sorgfaltspflicht besteht darin, die sich aus dem konkreten Verhalten ergebenden Gefahren für ein geschütztes Rechtsgut zu erkennen und die gefährlichen Handlungen nur unter entsprechenden Sicherheitsvorkehrungen vorzunehmen bzw. gänzlich zu unterlassen.[698] 641

Damit ist das Verhalten des Täters an der Gesamtrechtsordnung zu messen und anhand dieser zu prüfen, welche Verhaltensanforderungen an den Täter gestellt werden.[699] Der Inhalt einer Sorgfaltspflicht kann sich insbesondere ergeben aus:

⇨ speziellen Rechtsvorschriften, z.B. StVO, StVG, Unfallverhütungsvorschriften, feuer-/gewerbe-/baupolizeilichen Vorschriften, Betriebsordnungen, Dienstanordnungen, Gefahrstoffverordnungen, DIN-/VDE-Normen.[700]

⇨ aus der Verkehrssitte herrührenden *Verhaltensmaßregeln*, die für den Verkehrskreis des Täters gelten oder für die vom Täter übernommene Tätigkeit anerkannt sind, z.B. Sportregeln, Jagdregeln, Regeln der ärztlichen Kunst. Insbesondere der Beruf kann eine Sorgfaltspflicht begründen.

⇨ *Abwägung der Schadenswahrscheinlichkeit* und der Schadensintensität, falls keine Regeln bestehen. Dabei sind die Sorgfaltsanforderungen umso höher, je höher das Risiko und je größer der zu erwartende Schaden ist.

b) Art und Maß der Sorgfaltspflicht

Art/Maß

Nach h.M. ergeben sich Art und Maß der jeweils anzuwendenden Sorgfalt aus den Anforderungen, die bei einer Betrachtung der Gefahrenlage ex ante an einen besonnenen gewissenhaften Menschen in der konkreten Lage und der sozialen Rolle des Handelnden zu stellen sind.[701] 642

Im Gegensatz hierzu will eine andere Ansicht auf das individuelle Leistungsvermögen des Täters abstellen. Diese Meinung ist aber im Hinblick auf den modernen Verbrechensaufbau abzulehnen. Eine Betrachtung subjektiver Elemente ist hiernach erst auf der Ebene der Schuld vorgesehen und nicht bereits auf der Ebene des Tatbestandes.

Sonderwissen

Eine Einschränkung nimmt auch die h.M. in der Literatur für die Fälle an, in denen der Täter über eigenes Sonderwissen oder Sonderkönnen verfügt, da ein größeres individuelles Leistungsvermögen auch zu größerer Umsicht bereits auf objektiver Ebene verpflichtet und damit auch entsprechend höhere Leistungsanforderungen rechtfertigt.[702] 643

Bspe.:

– *Wer weiß, dass eine bestimmte Straßenkreuzung von besonderer Gefährlichkeit ist, muss sich in deren Bereich vorsichtiger verhalten als derjenige, der nicht um die besondere Gefährlichkeit weiß.*

[698] Vgl. BGHSt 5, S. 271; 20, S. 315, 320; 53, S. 288 = **juris**byhemmer.

[699] Baumann/Weber/Mitsch, § 22 Rn. 32.

[700] Weitere Bsp. vgl. Fischer, § 222 Rn. 6.

[701] Vgl. BGHSt 7, S. 307; Jescheck/Weigend, § 55 I S. 2b.

[702] Schönke/Schröder, § 15 Rn. 138 ff.

– *Ein Arzt, der über spezielle Ausbildungen und Fertigkeiten verfügt, muss diese Fähigkeiten auch einsetzen und sich nicht nur auf die Anwendung solcher Fähigkeiten beschränken, über die auch ein Durchschnittsarzt verfügt.*

Vertrauensgrundsatz

Wie dargestellt, kann sich der Inhalt einer Sorgfaltspflicht aus einer Vielzahl von Normen und Regelungen ergeben. Auch die Anforderungen an Art und Maß der Sorgfaltspflicht sind sehr weitgehend. Um der Gefahr der Ausuferung zu begegnen, hat die Rechtsprechung bereits auf objektiver Ebene ein Korrektiv eingeführt. Zur Begrenzung der Sorgfaltspflicht wendet die Rspr. den sog. *Vertrauensgrundsatz* (oder erlaubtes Risiko) an.[703] 644

Danach darf derjenige, der selbst die gebotene Sorgfalt beachtet, seinerseits darauf vertrauen, dass sich seine Mitmenschen ebenfalls sorgfaltsgerecht verhalten, sofern sich das Gegenteil nicht deutlich erkennen lässt oder aus anderen Gründen eine erhöhte Sorgfalt geboten ist. Grundlage dieses Vertrauensgrundsatzes ist der Gedanke, dass letztlich jeder Handlung ein gewisser Grad an typischer Gefährlichkeit innewohnt, die aber von der Rechtsordnung als Ausdruck der sozialen Adäquanz akzeptiert wird. Andernfalls wäre die Aufrechterhaltung des sozialen Lebens und Verkehrs nicht möglich. Erst bei Überschreitung dieser Schwelle kann demnach ein objektiv sorgfaltswidriges Verhalten angenommen werden.

Bspe.: 645

– *Anwendung findet obiger Grundsatz insbesondere in Fällen mit Bezug zum Straßenverkehr. Die Benutzung eines Autos ist von Natur aus gefährlich. Jeder Verkehrsteilnehmer darf sich aber grds. darauf verlassen, dass sich die anderen Verkehrsteilnehmer genauso wie er selbst an die Verkehrsregeln halten. Dies gilt allerdings dann nicht, wenn eine besondere Gefährlichkeit der Situation, etwa eine gefährliche Kreuzung, bekannt oder erkennbar ist, oder aufgrund erkennbarer, in der Person anderer Verkehrsteilnehmer liegender Gründe, etwa bei alten Menschen, die eine Straße überqueren oder bei spielenden Kindern am Straßenrand, mit einem verkehrswidrigen Verhalten zu rechnen ist.*
– *Der Umgang mit gefährlichen Stoffen, etwa Sprengstoffen oder Chemikalien, ist ebenfalls per se gefährlich.*
– *Bei einer Operation oder sonstigen Heilbehandlung, bei der mehrere Ärzte und Hilfspersonen beteiligt sind, bestimmt sich das Maß der Sorgfalt eines jeden nach seinem jeweiligen Verantwortungsbereich. Beteiligte Fachärzte können sich grundsätzlich auf die fehlerfreie Mitwirkung von Kollegen anderer Fachrichtungen verlassen. Dies gilt aber nur solange, als keine ernsthaften Zweifel an der Ordnungsmäßigkeit der Vorarbeiten der anderen Ärzte bestehen.*[704]

Wann dagegen eigenes verkehrswidriges Verhalten die Berufung auf den Vertrauensgrundsatz ausschließt, lässt sich nicht allgemein beantworten, sondern hängt vielmehr davon ab, ob und gegebenenfalls in welcher Weise sich der eigene Sorgfaltsverstoß im nachfolgenden Schadensereignis ausgewirkt hat.[705]

2. Objektive Vorhersehbarkeit des Erfolgseintritts

Objektive Vorhersehbarkeit

Bei der objektiven Vorhersehbarkeit des Erfolgseintritts geht es darum, ob aus der Sicht ex ante für einen besonnenen und gewissenhaften Menschen aus dem Verkehrskreis und in der Situation des Täters der Eintritt des Erfolgs nach allgemeiner Lebenserfahrung nicht so sehr außerhalb der Wahrscheinlichkeit gelegen hat, dass man mit ihm nicht zu rechnen brauchte.[706] 646

[703] Vgl. Fischer, § 222 Rn. 10, 14 m.w.N.
[704] Vgl. hierzu Fischer, § 222 Rn. 10.
[705] Vgl. BGH, VRS 33, S. 368.
[706] Zieschang, S. 108.

Nach der Tat gewonnene Erkenntnisse bleiben somit unberücksichtigt.

Hintergrund für das Kriterium der objektiven Vorhersehbarkeit des Erfolgs ist, dass atypische Kausalverläufe ausgeschlossen werden sollen.

> **Bsp.:**[707] *O will Selbstmord begehen und stürzt sich aus dem 10. Stock eines Hochhauses. Beim Sturz wird er auf Höhe des 9. Stocks von einer Kugel tödlich getroffen, welche A im Verlaufe eines Streits mit seiner Ehefrau B abgegeben, diese aber verfehlt hatte. In diesem Fall ist mangels objektiver Vorhersehbarkeit des Erfolgs eine Strafbarkeit des A gem. § 222 StGB nicht gegeben.*

IV. Objektive Zurechnung

1. Einführung

Objektive Zurechnung

Die Erfolgsverursachung und die Sorgfaltspflichtverletzung begründen für sich allein noch nicht den Unrechtstatbestand eines fahrlässigen Erfolgsdelikts. Hinzukommen muss noch die *objektive Zurechenbarkeit* des Erfolges. Die objektive Zurechnung stellt ein normatives, also mit Wertungsaspekten verbundenes Kriterium dar, das aus zwei Elementen besteht: 647

- ⇨ Pflichtwidrigkeitszusammenhang 648
- ⇨ Schutzzweckzusammenhang

Eine objektive Zurechenbarkeit des sorgfaltswidrig herbeigeführten Erfolgs ist somit nur dann gegeben, wenn der konkrete tatbestandliche Erfolg bei sorgfaltsgerechtem Verhalten vermeidbar gewesen wäre und der Erfolgseintritt gerade auf der Verwirklichung von Gefahren beruht, die nach dem Schutzzweck der verletzten Norm verhütet werden sollten. 649, 650

2. Pflichtwidrigkeitszusammenhang

Pflichtwidrigkeitszusammenhang

Der Pflichtwidrigkeitszusammenhang entfällt dann, wenn der Erfolg aufgrund eines Fehlverhaltens des Opfers oder aufgrund von Naturereignissen auch dann eingetreten wäre, wenn sich der Täter sorgfaltsgemäß verhalten hätte,[708] der Erfolg also auch bei rechtmäßigem Alternativverhalten für den Täter unvermeidbar gewesen ist. 651

Prüfung

Nur bei Vermeidbarkeit ist die Sorgfaltspflichtverletzung auch der maßgebliche Grund für den Erfolgseintritt. Da den Fahrlässigkeitsdelikten letztlich immer ein Unterlassensmoment innewohnt, ist die Prüfung des Pflichtwidrigkeitszusammenhanges diesem Umstand anzupassen.

Zu fragen ist, wie das Geschehen verlaufen wäre, wenn der Täter sich einwandfrei verhalten und im Handlungsvollzug die Grenzen des „erlaubten Risikos“ nicht überschritten hätte.

Umstritten ist in diesem Zusammenhang jedoch, welche Anforderungen an die Vermeidbarkeit zu stellen sind:

---

[707] Zieschang a.a.O.

[708] Zieschang, S. 109.

a) Herrschende Meinung

H.M.

Die h.M. in Rechtsprechung und Schrifttum lässt für die Unvermeidbarkeit bereits die ernsthafte Möglichkeit genügen, dass der Erfolg auch bei sorgfaltsgemäßem Handeln eingetreten wäre.[709] Liegen konkrete Anhaltspunkte vor, dass der tatbestandliche Erfolg auch bei sorgfaltsgemäßem Verhalten des Täters eingetreten wäre, so entfällt nach dieser Ansicht unter Heranziehung des Grundsatzes in dubio pro reo (vgl. Art. 6 II EMRK) der Pflichtwidrigkeitszusammenhang.[710] 652

b) Risikoerhöhungslehre

Risikoerhöhungslehre

Dagegen kommen die Vertreter der sog. Risikoerhöhungslehre regelmäßig zu einem für den Täter ungünstigeren Ergebnis. Danach kommt es darauf an, ob das Verhalten des Täters zu einer das erlaubte Maß übersteigenden Gefahrerhöhung geführt hat.[711] Demnach liegt der Pflichtwidrigkeitszusammenhang bereits dann vor, wenn die Wahrscheinlichkeit des Erfolgseintritts bei sorgfaltsgerechtem Verhalten geringer gewesen wäre. Jede durch das sorgfaltswidrige Verhalten gegenüber dem sorgfaltsgerechten Verhalten eingetretene Gefahrerhöhung begründet also den objektiven Zurechnungszusammenhang. 653

Zur Verdeutlichung dieser Problematik folgender Beispielsfall:

Bsp.: *A wirft dem ertrinkenden B keinen Rettungsring zu, weil er es aufgrund der Entfernung für aussichtslos erachtet, dass der bereits entkräftete B den Ring noch erreicht.* 654

1. Variante: Lässt sich die objektiv vorliegende Entfernung zwischen A und B rekonstruieren und ist zweifelhaft, ob der B trotz seiner erlahmenden Kräfte den Rettungsring noch erreicht hätte, so bejaht die Risikoerhöhungslehre die Zurechnung. 655

2. Variante: Bleibt die reale Tatsituation unklar, d.h. war die objektiv vorliegende Entfernung möglicherweise so groß, dass es – diese Voraussetzung als wahr unterstellt – für B zweifelsfrei unmöglich gewesen wäre, an den Ring heranzukommen, so greift auch nach der überwiegenden Ansicht innerhalb der Risikoerhöhungslehre der Grundsatz in dubio pro reo ein, so dass zugunsten des A angenommen wird, die Entfernung sei so groß gewesen, dass der Ringwurf das Leben des B nicht gerettet hätte, mithin also keine Risikoerhöhung vorlag. 656

Argumente gegen Risikoerhöhungslehre

Die h.M. lehnt die Risikoerhöhungslehre aufgrund der folgenden zwei Argumente ab: Zum einen führt diese Lehre dazu, dass durch ein Abstellen auf die Gefahrerhöhung Verletzungsdelikte, wie etwa §§ 222, 229 StGB, contra legem in Gefährdungsdelikte umgewandelt werden.[712] 657

Zum anderen schränkt die Risikoerhöhungslehre den Grundsatz in dubio pro reo unangemessen zu Lasten des Täters ein.

[709] BGHSt 11, S. 1; BGHSt 24, S. 33 = **juris**byhemmer.

[710] Zieschang, a.a.O.; Gropp, AT, § 12 Rn. 54.

[711] Zieschang, a.a.O.

[712] Fischer, vor § 13 Rn. 26.

3. Schutzzweck der Norm

Schutzzweck der Norm/ Schutzzweckzusammenhang

Weiterhin gilt es im Bereich der objektiven Zurechnung den Schutzzweckzusammenhang zu beachten. 658

Nur wenn die verletzte Sorgfaltsnorm gerade dazu dient, Erfolge wie den eingetretenen zu verhindern, wird überhaupt ein rechtlich relevantes Risiko geschaffen, welches die Grundlage dafür bildet, dass der konkrete Erfolg dem pflichtwidrig Handelnden als „sein Werk" zugerechnet werden kann.[713]

Zur Verdeutlichung folgender Beispielsfall:

Fall: *T fährt mit 60 km/h durch eine geschlossene Ortschaft, in der die innerörtliche Geschwindigkeitsbegrenzung von 50 km/h gilt. Plötzlich springt der 10-jährige O hinter einem parkenden LKW auf die Straße hervor. T erfasst O und verletzt diesen tödlich. Auch wenn T die zulässige Höchstgeschwindigkeit eingehalten hätte, wäre der Tod des von der Straße aus nicht sichtbaren O nicht zu verhindern gewesen. Hat sich T nach § 222 StGB strafbar gemacht?* 659

Lösung

Der tatbestandliche Erfolg des § 222 StGB ist durch den Tod des O eingetreten. Auch eine objektive Sorgfaltspflichtverletzung liegt durch das Überschreiten der zulässigen Höchstgeschwindigkeit vor.

Fraglich ist aber, ob auch die objektive Zurechnung gegeben ist. Nach der Entscheidung des OLG Karlsruhe[714] war die objektive Zurechnung gegeben, da T bei Einhalten der zulässigen Höchstgeschwindigkeit den Unfallort erst einige Minuten später erreicht hätte, nachdem O die Straße bereits überquert gehabt hätte.

Der BGH ist dieser Entscheidung des OLG Karlsruhe zu Recht entgegengetreten. Der Pflichtwidrigkeitszusammenhang liegt zwar vor, da bei sorgfaltsgemäßem Verhalten der T den Unfallort erst später erreicht hätte, was nach oben Gesagtem den Unfall verhindert hätte. Der Sinn einer Geschwindigkeitsbegrenzung und damit ihr Schutzzweck liegt aber nicht darin, dass der Autofahrer zeitlich später einen bestimmten Ort erreicht, sondern vielmehr darin, anderen Verkehrsteilnehmern im Geltungsbereich der Geschwindigkeitsbegrenzung ein gefahrloses Überqueren der Straße dadurch zu ermöglichen, dass der Fahrer bei auftretenden Gefahren rechtzeitig bremsen, ausweichen oder anhalten kann. Anderenfalls ließe sich die Argumentation des OLG Karlsruhe auch insoweit umkehren, als man sagen könnte: Wäre T noch schneller gefahren, so hätte er den Unfallort bereits passiert, als O die Straße überquerte. Diese Argumentation auf die Spitze getrieben, würde dies bedeuten, dass der Unfall eben auch dann nicht passiert wäre, hätte sich T erst gar kein Auto gekauft.

Mit der heute ganz h.M. muss damit hier mangels Schutzzweckzusammenhangs eine Strafbarkeit des T nach § 222 StGB ausscheiden, da T auch bei korrekter Geschwindigkeit den Unfall nicht hätte vermeiden können.

hemmer-Methode: Ein ähnlich schwieriges Zurechnungsproblem stellt sich bei der Frage, ob bzw. unter welchen Voraussetzungen ein Mitverschulden des Unfallgegners („Rotlichtverstoß") die objektive Vorhersehbarkeit des Unfalls und seine Folgen entfallen lassen kann.[715]

[713] Fischer, vor § 13 Rn. 27.

[714] OLG Karlsruhe, NJW 1958, S. 430.

[715] Vgl. hierzu OLG Hamm, Beschluss vom 20.08.2015 – 5 RVs 102/15 = Life&Law 2016, 479 ff. = jurisbyhemmer.

4. Fallgruppen

Fallgruppen

In verschiedenen Fallgruppen diskutieren Rspr. und Literatur eine 660
Einschränkung bis hin zum Ausschluss des Pflichtwidrigkeitszusammenhangs.[716]

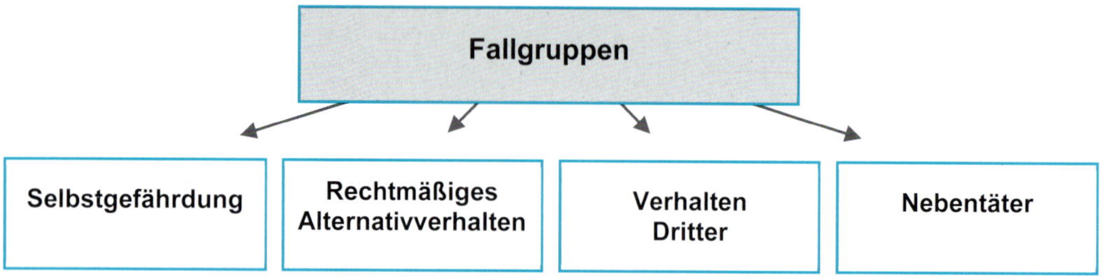

a) Selbstgefährdung

Selbstgefährdung

Wie bei den vorsätzlichen Begehungsdelikten lässt auch hier die *frei-* 661
verantwortliche Selbstgefährdung die objektive Zurechnung entfallen.[717] Diese Einschränkung der objektiven Zurechnung beruht auf dem Eigenverantwortlichkeitsprinzip. Wer seine Rechtsgüter in freiverantwortlicher Weise selbst gefährdet oder gar verletzt, trägt dafür grundsätzlich auch selbst die Verantwortung. Die Straftatbestände sollen nach ihrem Schutzzweck den Rechtsinhaber vor Eingriffen Dritter bewahren, nicht aber den Rechtsinhaber vor sich selbst schützen. Wer also lediglich eine eigenverantwortliche Selbstgefährdung anderer fahrlässig veranlasst, ermöglicht oder fördert, kann, wenn sich das mit der Selbstgefährdung bewusst eingegangene Risiko realisiert, nicht schon deshalb wegen fahrlässiger Tötung oder fahrlässiger Körperverletzung bestraft werden, weil er pflichtwidrig eine Bedingung für das weitere Geschehen gesetzt hat.

Anders ist dies dann, wenn der Dritte das Risiko aufgrund überlegenen Wissens besser erfasst als der Rechtsinhaber. Hier ist eine Strafbarkeit des Dritten möglich.[718]

Beispiel: *Rauschgift-Fälle*[719]

T und O haben bereits einiges an Alkohol konsumiert. Zusätzlich hat O 662
einige Valiumtabletten eingenommen. Schließlich holt T ein Heroingemisch aus seiner Tasche, das sich T und O spritzen. T wusste, dass O bereits Erfahrung mit Rauschgift hatte. O wird aufgrund des Tabletten- und Heroingemischs ohnmächtig. Die Wiederbelebungsversuche des T bleiben erfolglos. Aus Angst vor der Polizei ruft T nicht den Notarzt und hofft, dass mit der abklingenden Wirkung des Rauschgifts schon wieder alles in Ordnung komme. O stirbt im Laufe der Nacht an den Folgen des Heroinkonsums. Strafbarkeit des T?

Lösung

1. Zunächst kommt eine Strafbarkeit nach § 222 StGB durch aktives Tun wegen der Übergabe des Heroins in Betracht. Dies muss jedoch wegen fehlender objektiver Zurechenbarkeit ausscheiden, da es sich bei dem Konsum um eine freiverantwortliche Selbstschädigung in oben dargestelltem Sinne handelt. Für ein überlegenes Wissen des T ist aufgrund der Rauschgifterfahrung des O nichts ersichtlich.

716 Vgl. hierzu schon beim vorsätzlichen Begehungsdelikt Rn. 124 ff.

717 Instruktives Fallbeispiel zur eigenverantwortlichen Selbstgefährdung bei überobligatorischen Rettungshandlungen, etwa durch einen Feuerwehrmann, vgl. Life&Law 2008, S. 820 ff.

718 Vgl. BGH, NStZ 1984, S. 452; BayObLG, JZ 1989, S. 1073 (freiverantwortliches Risiko bei HIV-Infektion) = **juris**byhemmer.

719 Vgl. BGHSt 32, S. 262 ff.; NJW 1991, S. 307: **alle Entscheidungen** = **juris**byhemmer.

2. In Betracht kommt aber weiterhin eine Strafbarkeit des T nach § 222 StGB durch Unterlassen, dadurch dass T keinen Notarzt gerufen hat. Das Rufen des Notarztes wäre auch eine objektiv erforderliche Rettungshandlung gewesen. Fraglich ist aber, ob eine Garantenstellung des T bestand. Die bloß freundschaftliche Beziehung zwischen T und O genügt hierfür nicht. Ebenso ist bei gemeinsamem Rauschgiftkonsum eine Gefahrengemeinschaft abzulehnen. Weiterhin kommt eine Garantenstellung aus Ingerenz in Betracht. Die Literatur lehnt eine Garantenstellung aus Ingerenz hier ab, da die eigenverantwortliche Selbstgefährdung beim Rauschgiftkonsum gerade kein pflichtwidriges Vorverhalten im Hinblick auf eine Körperverletzung oder Tötung begründet. Die Rspr. dagegen nimmt hier eine Garantenstellung aus Ingerenz wegen eines Verstoßes gegen § 29 BtMG an. Die Straflosigkeit des Vorverhaltens aufgrund der Selbstschädigung ändere hieran nichts, da der Täter in dem Moment, in welchem sich aus dem allgemeinen Risiko des Rauschgiftkonsums eine konkrete Gefahrenlage ergebe – also bei Eintritt der Bewusstlosigkeit des O – verpflichtet sei, den drohenden Erfolg abzuwenden. Da die übrigen Voraussetzungen gegeben sind, hat sich T nach dieser Ansicht gem. §§ 222, 13 I StGB strafbar gemacht.

hemmer-Methode: Ein schönes Fallbeispiel stellt auch die durch einen Arzt überwachte Einnahme von Drogen als nicht anerkannte Therapiemethode dar (sog. Psycholyse): Insoweit hat der BGH festgestellt, dass ein Arzt oder Therapeut nur dann eine strafbegründende Handlungsherrschaft erlangt, wenn er entweder kraft überlegenen Fachwissens das mit dem Drogenkonsum verbundene Risiko besser erfasst, als es die sich selbst gefährdenden Patienten zu tun vermögen, oder diese infolge einer (bereits bestehenden) Intoxikation zu einer Risikoabwägung nicht mehr in der Lage sind.[720]

Bsp. für überlegenes Wissen: 663

Von einem überlegenen Sachwissen ist regelmäßig bei einem Einsatz von Doping-Mitteln durch einen Arzt auszugehen, wenn dieser den Sportler nicht ausführlich über die Risiken informiert hat.

b) Rechtmäßiges Alternativverhalten

Rechtmäßiges Alternativverhalten

Der Einwand des *rechtmäßigen Alternativverhaltens* ist nichts anderes als das Fehlen des Pflichtwidrigkeitszusammenhangs. Wäre der konkret eingetretene Erfolg auch bei einem sorgfaltsgerechten Verhalten eingetreten, entfällt der für die Strafbarkeit erforderliche Zusammenhang zwischen Sorgfaltspflichtverletzung und Erfolg. 664

Radfahrer-Fall

Bsp. Radfahrer-Fall:[721] 665

LKW-Fahrer T fährt mit seinem LKW auf einer geraden und übersichtlichen Straße. An der rechten Seite fährt Fahrradfahrer O in dieselbe Richtung. Mit einem Seitenabstand von 75 cm anstelle des vorgeschriebenen Abstandes von 1,5 m und einer Geschwindigkeit von 26 km/h überholt T den O. Dabei gerät O mit seinem Kopf unter den rechten Hinterreifen des Anhängers und verstirbt. Im Zeitpunkt des Unfalls hatte O lt. Sachverständigengutachten einen Blutalkoholgehalt von 1,96 ‰. Aufgrund dieser BAK hatte O so stark hin- und hergeschwankt, dass auch bei Einhaltung des vorgeschriebenen Abstandes der Unfall nicht vermeidbar gewesen wäre. Strafbarkeit von T gem. § 222 StGB?

Innerhalb der Prüfung des § 222 StGB ist allein fraglich, ob die objektive Zurechnung gegeben ist, da der Verletzungserfolg durch den Tod von O sowie das objektive Fehlverhalten aufgrund des zu geringen Abstandes gegeben sind.

---

[720] Vgl. BGH, Beschluss vom 11.01.2011 – 5 StR 491/10 = **juris**byhemmer = Life&Law 2011, S. 486 ff. Instruktiv zur Frage der Frei- bzw. Eigenverantwortlichkeit des Opfers, wenn der Dealer aus Versehen Drogenpäckchen vertauscht hat und aufgrunddessen das Opfer nach dem Konsum verstirbt, vgl. BGH, Beschluss vom 08.01.2009 – 1 StR 518/08 = Life&Law 2009, S. 534 ff.

[721] Nach BGHSt 11, S. 1 = **juris**byhemmer.

Die h.M. in der Literatur ordnet die vorliegende Problematik auf der Ebene der objektiven Zurechnung ein. Diese ist hier nicht gegeben, da der Verletzungserfolg auch bei sorgfaltsgemäßem Verhalten des T eingetreten wäre, der Unfall also auch bei rechtmäßigem Alternativverhalten nicht zu vermeiden war.

Der BGH erörtert diese Problematik im zugrunde liegenden Fall unter der Rubrik „Ursächlichkeit". Diese Einordnung findet ihren Ursprung u.a. im Wortlaut des § 222 StGB, der von Verursachung „durch Fahrlässigkeit" spricht. Dogmatisch sauberer dürfte es aber sein, die Kausalität unter herkömmlichen Aspekten zu prüfen und das Problem des rechtmäßigen Alternativverhaltens in der Klausur erst i.R.d. objektiven Zurechnung unter dem Prüfungspunkt „Pflichtwidrigkeitszusammenhang" abzuhandeln.[722]

Der teilweise geäußerte Vorwurf, dass ein Berufen auf das rechtmäßige Alternativverhalten bei einem Täter, der einen bestimmten Deliktserfolg verwirklicht und dabei auch nachweislich objektiv sorgfaltswidrig gehandelt hat, die Straffreiheit ermöglicht, nur weil eine hypothetische Möglichkeit besteht, dass es auch ohne Pflichtwidrigkeit zu demselben Erfolg gekommen wäre, vermag schon deshalb nicht überzeugen, weil er der gesetzlichen Systematik widerspricht. Denn es existiert gerade kein allgemeiner Fahrlässigkeitsstraftatbestand.

c) Verhalten Dritter

Verhalten Dritter

Weiterhin kommt als Problemfeld in diesem Bereich das *Fehlverhalten Dritter* in Betracht. In den zuvor erörterten Fällen des rechtmäßigen Alternativverhaltens ging es um das Verhalten des möglichen Täters. 666

Wäre aber der gleiche Erfolg auch durch das fahrlässige Verhalten eines Dritten herbeigeführt worden, sog. *Reserveursache*, so schließt dies nach allgemeinen Regeln weder die Ursächlichkeit des pflichtwidrigen Verhaltens des Ersttäters noch die objektive Zurechnung des tatbestandlichen Erfolgs aus.[723]

Massenkarambolage-Fall

Bsp. Massenkarambolage-Fall:[724] 667

Auf einer Autobahn kommt es zu einer Massenkarambolage. O kann sich unversehrt aus seinem beschädigten Fahrzeug retten. In diesem Augenblick kommt T mit seinem Wagen auf der Überholspur mit deutlich überhöhter Geschwindigkeit an die Unfallstelle heran, erfasst O und verletzt diesen dabei tödlich. Nur wenige Sekunden danach fährt D mit seinem LKW auf die verunfallten Fahrzeuge auf und schiebt diese ineinander. Bei diesem Vorgang wäre O ebenfalls erfasst und mit an Sicherheit grenzender Wahrscheinlichkeit tödlich verletzt worden. Strafbarkeit des T nach § 222 StGB?

Auch in diesem Fall liegen Verletzungserfolg und objektiv pflichtwidriges Verhalten unproblematisch vor, die Kausalität wird mit dem Argument bejaht, dass es auf den Erfolg in seiner konkreten Gestalt ankommt, so dass allein die objektive Zurechenbarkeit fraglich ist. Zwar hätte das Verhalten des D ebenfalls den Tod von O herbeigeführt, jedoch würde es sich hierbei um einen anderen, weil zeitlich später eingetretenen Erfolg handeln. Das Berufen auf einen durch eine andere Ursache eingetretenen Erfolg kann jedoch nicht den Zusammenhang zwischen dem tatsächlich eingetretenen, konkreten Erfolg und der diesen bedingenden Sorgfaltspflichtverletzung aufheben. Im konkreten Erfolg hat sich nämlich gerade die Gefahr verwirklicht, die von der Sorgfaltspflichtverletzung des T ausging. Insoweit verbleibt es also bei der Strafbarkeit von T nach § 222 StGB.

---

[722] Vgl. hierzu auch Zieschang, S. 107.

[723] Schönke/Schröder, Vorbem. §§ 13 ff. Rn. 80.

[724] Nach BGHSt 30, S. 228 = **juris**byhemmer.

Exkurs: Vorsätzliches Dazwischentreten eines Dritten

Vorsätzliches Dazwischentreten eines Dritten

Ein der soeben beschriebenen Fallgestaltung verwandtes Problem liegt vor, wenn statt eines fahrlässigen Verhaltens eines Dritten ein *vorsätzliches Dazwischentreten eines Dritten* gegeben ist.[725] Hier werden in der Literatur verschiedene Ansichten vertreten. Zur Verdeutlichung folgender 668

Beispielsfall:[726] *Jäger T kommt in eine Gaststätte, in der bereits eine aufgeheizte Stimmung herrscht. Seine entsicherte Flinte lehnt er an die Garderobe. Als sich eine Schlägerei anbahnt, verlässt T das Lokal, ohne noch an das Gewehr zu denken. Die Situation eskaliert in der Folgezeit. Der an der Schlägerei beteiligte D sieht die Waffe, ergreift sie und erschießt O. Strafbarkeit des T nach § 222 StGB?* 669

Zunächst ist hier eine Abgrenzung zwischen aktivem Tun und Unterlassen vorzunehmen. Hier liegt wohl der Schwerpunkt der Vorwerfbarkeit darin, dass T überhaupt eine entsicherte Waffe in ein belebtes Lokal mitbringt und an die Garderobe lehnt (a.A. vertretbar). An der Kausalität dieser Handlung für den Tod ist nicht zu zweifeln. Ein objektiv sorgfaltswidriges Verhalten liegt insoweit ebenfalls unproblematisch vor.

Fraglich ist aber, ob das vorsätzliche Verhalten des Dritten D die objektive Zurechnung entfallen lässt. Eine Ansicht vertritt, dass ein solches vorsätzliches Verhalten eines Dritten tatsächlich den Zurechnungszusammenhang durchbricht. Eine andere Ansicht dagegen grenzt nach Verantwortungsbereichen ab. Danach dürfe grundsätzlich jeder auf das rechtstreue Verhalten Dritter vertrauen, es sei denn, dass Anhaltspunkte für die geplante Straftat oder Tatgeneigtheit des Dritten vorliegen.[727]

Diese Ansicht würde im konkreten Fall wohl zu einer Strafbarkeit von T nach § 222 StGB gelangen, da aufgrund der bereits aufgeheizten Stimmung und der sich abzeichnenden Schlägerei ausreichende Anhaltspunkte für eine bevorstehende Straftat bestanden.

Die wohl h.M. in der Literatur sieht in diesen Fällen keinen Anlass von den allgemeinen Grundsätzen der Fahrlässigkeitsdelikte abzuweichen.[728] Demnach entfällt eine Strafbarkeit nach § 222 StGB nur dann, wenn das Dazwischentreten nach den allgemeinen Kriterien objektiv nicht vorhersehbar war. Diese Vorhersehbarkeit war hier im konkreten Fall aber aufgrund der Verhältnisse in der Gaststätte gegeben, so dass die h.M. hier zu einer Strafbarkeit von T nach § 222 StGB kommt.

In der Klausur ist eine Streitentscheidung nur notwendig, wenn die verschiedenen Ansichten zu unterschiedlichen Ergebnissen gelangen. Damit wird regelmäßig zumindest die erste Ansicht explizit abzulehnen sein, da diese Ansicht von der gefestigten Dogmatik ohne Not abweicht und eine schon i.R.d. Kausalität abzulehnende Ansicht nur in ein neues Gewand zu kleiden versucht.[729] Im Ergebnis sollte der h.M. gefolgt werden, da sie sich nahtlos in die allgemeine Fahrlässigkeitsdogmatik einfügt.

---

[725] Vgl. Baumann/Weber/Mitsch, § 14 Rn. 33 ff.; Fischer, vor § 13 Rn. 38.

[726] Nach Zieschang, S. 110.

[727] Gropp, AT, § 12 Rn. 42 ff.

[728] Baumann/Weber/Mitsch, § 14 Rn. 33 ff.; Zieschang, S. 111.

[729] Vgl. Zieschang, S. 117.

d) Nebentäter

Nebentäter

Fahrlässig handelnde Nebentäter können ihre Verantwortlichkeit für den von ihnen herbeigeführten Taterfolg nicht mit dem Hinweis auf das pflichtwidrige Verhalten des jeweils anderen von sich weisen (sog. *Doppelkausalität*, vgl. oben), sondern es haften vielmehr beide für die Verwirklichung des jeweils in Betracht kommenden Straftatbestandes.[730] 670

***Bsp.:** A und B fahren jeweils einen Kleinbus, mit dem sie Arbeiter zu ihrer Arbeitsstelle bringen. Wegen des starken Nebels orientieren sich beide am Mittelstreifen und missachten dabei das Rechtsfahrgebot, vgl. § 2 II StVO. Schließlich kommt es zu einem Frontalzusammenstoß, bei dem einige der Arbeiter verletzt werden. Die Straße war nur 5m breit. Strafbarkeit von A und B nach § 229 StGB?*

A und B könnten jeweils geltend machen, dass der Unfall auch bei Einhaltung des Rechtsfahrgebotes wegen der geringen Straßenbreite geschehen wäre. Würde man diese Einwände zulassen, würde dies zur Straflosigkeit von beiden führen. Da es sich um einen Fall der sog. Doppelkausalität (oder kumulativen Kausalität) handelt, war sowohl das Verhalten des A als auch das des B nach der modifizierten conditio-sine-qua-non-Formel kausal.

Im Fall der kumulativen Kausalität ist danach von mehreren Ursachen, die zwar alternativ, nicht aber kumulativ hinweggedacht werden können, ohne dass der Erfolg in seiner konkreten Gestalt entfiele, jede erfolgsursächlich. Somit wird beiden Tätern der Erfolg zugerechnet. Im Unfall hat sich nämlich genau die Gefahr realisiert, die durch den Verstoß gegen das Rechtsfahrgebot geschaffen wurde.

Niemand darf sich im Vertrauen darauf, dass der andere schon die erforderliche Sorgfalt einhalten werde, über die ihm selbst obliegende Sorgfaltspflicht hinwegsetzen. Eine Anwendung des Vertrauensgrundsatzes ist in solchen Konstellationen ausgeschlossen. Somit haben sich im Ergebnis sowohl A als auch B gem. § 229 StGB strafbar gemacht.[731]

5. Abschließender Beispielsfall

Zu der Problematik der objektiven Zurechnung folgender Beispielsfall:

Beispielsfall

***Fall:** Nach dem Besuch eines Biergartens und trotz des Genusses mehrerer Biere fühlte sich T weiter in der Lage, nach Hause zu fahren (BAK 1,2 ‰). Im Wagen befand sich seine Lebensgefährtin O.* 671

Auf der Autobahn fuhr T mit einer Geschwindigkeit von 150 km/h auf der mittleren Spur, wobei er, dem Verkehrsfluss angepasst, zum vorausfahrenden Fahrzeug einen Abstand von 90 m einhielt. Der Fahrer eines etwa auf gleicher Höhe mit annähernd gleicher Geschwindigkeit auf der rechten Spur fahrenden Fahrzeugs nahm plötzlich einen Spurwechsel auf die mittlere Spur vor, was zu einer Berührung der beiden Fahrzeuge und zu einer nicht mehr kontrollierbaren Driftbewegung des Wagens von T führte. Der Wagen prallte mit einer Geschwindigkeit von 110 km/h in die Leitplanke, von wo aus er zurück auf die mittlere Spur geriet, wo er mit einem anderen Fahrzeug kollidierte. Dadurch wurde O getötet.

Ein Sachverständigengutachten ergab, dass bei Eintritt der kritischen Verkehrslage T den Unfall mit seinen tödlichen Folgen auch dann nicht hätte vermeiden können, wenn er nüchtern gewesen wäre. Hätte er dagegen bei Eintritt der kritischen Verkehrslage eine Geschwindigkeit von höchstens 130 km/h eingehalten, so wäre es – bei ansonst gleichem Geschehensablauf – zwar auch zum Unfall, nicht aber zu den tödlichen Verletzungen von O gekommen, da dann der Aufprall auf die Leitplanke nur mit ca. 20 km/h erfolgt wäre und der Wagen nicht zurück auf die mittlere Spur geraten wäre.

Hat T sich nach § 222 StGB strafbar gemacht?

---

[730] BGH, NJW 2010, S. 1087, 1092 = **juris**byhemmer.

[731] Vgl. BGHSt 30, S. 228 ff.

Lösung

Lösung:

O ist tot. Die Handlung des T, betrunken zu fahren, war kausal, da sie nicht hinweggedacht werden kann, ohne dass der Erfolg in seiner konkreten Gestalt entfiele. Wäre T nämlich nicht gefahren, wäre O nicht gestorben. Dass O auch verstorben wäre, wenn T nüchtern gewesen wäre, spielt hier noch keine Rolle, sondern erst bei der Frage der Zurechenbarkeit. Auch eine objektive Sorgfaltspflichtverletzung liegt vor, indem T betrunken ein Fahrzeug führte, vgl. § 24a StVG. Zudem war der Erfolg objektiv vorhersehbar, da es nicht außerhalb der Lebenserfahrung liegt, dass es im Rahmen einer Trunkenheitsfahrt zu der Tötung eines Menschen kommt.

Problematisch ist aber, ob der Erfolg dem Täter auch zuzurechnen ist. Dazu müsste sich gerade das pflichtwidrige und vorwerfbare Verhalten des Täters in dem Erfolg verwirklicht haben (Pflichtwidrigkeitszusammenhang). Eine Zurechnung könnte hier unter dem Gesichtspunkt entfallen, dass der gleiche Erfolg auch bei verkehrsgerechtem Verhalten eingetreten wäre.

Grundsätzlich hat die Prüfung der Zurechenbarkeit eines verkehrswidrigen Verhaltens erst mit dem Eintritt der konkreten kritischen Verkehrslage einzusetzen, die unmittelbar zu dem schädigenden Ereignis geführt hat.

Die Frage, welches Verhalten des Fahrers verkehrsgerecht gewesen wäre, ist folglich im Hinblick auf die Verkehrswidrigkeit zu beantworten. Legt man nun das Sachverständigengutachten zugrunde, so ist hier grundsätzlich der Pflichtwidrigkeitszusammenhang zu verneinen, denn T hat gerade nicht gegen eine Höchstgeschwindigkeitsvorschrift verstoßen. Auch ein nüchterner Fahrer hätte aber in der konkreten Verkehrssituation den Unfall nicht vermeiden können.

Diese dogmatisch saubere Lösung wird von der Rechtsprechung aber nicht geteilt. Diese geht vielmehr von folgender Überlegung aus: Ein Autofahrer, der entgegen § 316 StGB am Straßenverkehr teilnimmt, muss den alkoholbedingten Beeinträchtigungen (Einschränkungen der Konzentration, der Aufmerksamkeit, der Reaktionsfähigkeit etc.) dadurch Rechnung tragen, dass er seine Geschwindigkeit so herabsetzt, dass er in der konkreten Verkehrslage keinen längeren Anhalteweg als der mit noch zulässiger Geschwindigkeit fahrende nüchterne Fahrer braucht, um vor einem unvorhersehbaren Hindernis zum Stehen zu kommen.[732] Nach der Rspr. ergibt sich dieses Gebot aus § 3 I S. 1, 2 StVO, wonach der Fahrzeugführer nur so schnell fahren darf, dass er sein Fahrzeug beherrscht, wobei er seine Geschwindigkeit auch seinen persönlichen Verhältnissen anzupassen hat.[733]

Damit käme es nicht darauf an, ob ein nüchterner Fahrer den Unfall hätte vermeiden können, sondern darauf, ob der Erfolg nicht eingetreten wäre, wenn der Täter bei im Übrigen gleichem Sachverhalt mit angepasster Geschwindigkeit gefahren wäre. Im Gegensatz zu einer konkreten Gefährdung des Straßenverkehrs infolge Genusses alkoholischer Getränke nach § 315c I Nr. 1a StGB braucht bei einer fahrlässigen Tötung im Straßenverkehr die Trunkenheit nicht unmittelbar ursächlich sein; als unmittelbare Ursache kommt hier auch jede andere Verkehrswidrigkeit, also auch ein Verstoß gegen § 3 I S. 1, 2 StVO, in Betracht, selbst wenn kein durch Alkoholeinfluss hervorgerufener Fahrfehler nachgewiesen werden kann.

Da nun im konkreten Fall laut Sachverständigengutachten der Tod von O bei einer Geschwindigkeit von 130 km/h nicht eingetreten wäre, wäre nach der Rspr. eine Strafbarkeit von T nach § 222 StGB zu bejahen. Der BGH untermauert diese Argumentation noch damit, dass die wegen persönlicher Mängel unzulässige Teilnahme am Straßenverkehr nicht anders beurteilt werden könne als die unzulässige Teilnahme am Straßenverkehr mit einem wegen mangelhafter Bremsen oder abgefahrener Reifen verkehrsuntüchtigen Fahrzeug.[734]

---

732 BGH, NJW 1971, S. 388 = **juris**byhemmer.

733 BayObLG NStZ 1997, S. 388 f. = **juris**byhemmer.

734 BGHSt 24, S. 36 = **juris**byhemmer.

Kritik

Die Ansicht der Rspr. ist in der Literatur auf teilweise heftige Kritik gestoßen. Diese Rechtsprechung führt nämlich zur Notwendigkeit, Sorgfaltsregeln für Fahruntüchtige oder für Benutzer fahruntüchtiger Fahrzeuge aufzustellen, die im Grunde „unterhalb des Rechts“ angesiedelt und bei alkoholisierten Fahrern schwer begründbar sind, da Sorgfaltspflichten mit dem Grade der Enthemmung wachsen müssten.[735] Insoweit besteht nämlich augenscheinlich die Möglichkeit, das Ergebnis dadurch zu manipulieren, dass man von mehreren denkbaren sorgfaltsgemäßen Alternativverhaltensweisen eine für maßgeblich erklärt. Der Rspr. wird insoweit vor allem auch vorgeworfen, dass sie nicht nach dem rechtmäßigen Alternativverhalten frage, sondern die eine Sorgfaltspflichtverletzung (Fahren im fahruntüchtigen Zustand) durch eine andere (Fahren mit einer dem fahruntüchtigen Zustand nicht angepassten Geschwindigkeit) ersetze.[736] 672

Im Ergebnis ist die Kritik der Literatur zutreffend. Schon die Begründung der Sorgfaltspflicht aus § 3 StVO, die Geschwindigkeit anzupassen, steht in klarem Widerspruch zu dem nach § 316 StGB bestehenden Verbot für den angetrunkenen Fahrer überhaupt zu fahren. Steht aber fest, dass ein bestimmtes Verhalten verboten ist, erscheint es widersinnig danach zu fragen, wie dieses Verhalten ausgestaltet sein müsste, um erlaubt zu sein. Stellt man aber für den fahruntüchtigen Autofahrer eine Sorgfaltsnorm des Inhaltes auf, seine Geschwindigkeit seiner herabgesetzten Reaktionsfähigkeit anzupassen, dürfte man ihn für einen Zusammenstoß nicht verantwortlich machen, den er bei solchermaßen herabgesetzter Geschwindigkeit aufgrund seiner verlangsamten Reaktion verursacht hat. In der Rechtswirklichkeit würde aber kein Gericht einen angetrunkenen Fahrer mit der Verteidigung hören, er habe diese Pflicht doch erfüllt.

hemmer-Methode: In der Klausur kommt es vor allem darauf an, dass Sie diese Problematik erkennen und dann mit einer vertretbaren Argumentation einer Lösung zuführen.

C. Rechtswidrigkeit

Rechtswidrigkeit

Wie auch im Bereich der Vorsatzdelikte ist die *Rechtswidrigkeit* regelmäßig zu bejahen, kann aber durch Rechtfertigungsgründe ausgeschlossen sein. Grundsätzlich sind insoweit auch i.R.d. Fahrlässigkeitsdelikte die allgemeinen Rechtfertigungsgründe anzuwenden. 673

Umstritten ist jedoch, ob beim fahrlässigen Delikt im Rahmen von Rechtfertigungsgründen ein *subjektives Rechtfertigungselement* (= Rechtfertigungswille) zu fordern ist. Die h.M. fordert im Bereich der Vorsatzdelikte ein solches subjektives Rechtfertigungselement. Gerade im Falle unbewusster Fahrlässigkeit aber hat der Täter typischerweise nicht an die Verwirklichung eines Verletzungserfolgs gedacht. Selbst wenn eine Rechtfertigungslage objektiv gegeben ist, würde daher immer das subjektive Rechtfertigungselement fehlen und damit auch eine Rechtfertigung ausscheiden. Die überwiegende Meinung verzichtet daher im Bereich der Fahrlässigkeitsdelikte auf das subjektive Rechtfertigungselement.[737] 674

Bsp.: *A nimmt sich vor, Schussübungen im Wald zu absolvieren. Dabei dreht er sich plötzlich um und schießt auf einen bestimmten Baum, den er sich zuvor ausgesucht hatte. Ohne es zu erkennen, tötet A dabei B, welcher sich neben dem anvisierten Baum in einem Busch versteckt hielt und A gerade aus dem Hinterhalt töten wollte.*

[735] Vgl. etwa Fischer, vor § 13 Rn. 34 m.w.N.

[736] Vgl. Puppe, Anm. zu BayObLG, NStZ 1997, S. 388, 390.

[737] Jescheck/Weigend, § 36 I S. 3; Schönke/Schröder, Vorbem. §§ 32 ff. Rn. 97 ff.

A könnte sich mangels Tötungsvorsatzes allenfalls wegen § 222 StGB strafbar gemacht haben. Der Tatbestand ist auch erfüllt, insbesondere hat sich hier die typische Gefahr realisiert, welche bei unkontrollierten Schussübungen im Wald entsteht. A könnte allerdings aufgrund von Notwehr gerechtfertigt sein, § 32 StGB. Da eine Notwehrlage aufgrund des Angriffs des B vorlag und die Tötung des B auch erforderlich und geboten war, handelte A gerechtfertigt. Ein Notwehrwille ist nach h.M. gerade nicht erforderlich. Denn im Tatbestand des § 222 StGB ist kein Handlungsunrecht verwirklicht, welches durch das Erfordernis eines subjektiven Rechtfertigungselements kompensiert werden müsste. A bleibt straflos.

hemmer-Methode: Dieses Ergebnis mag manchen etwas seltsam erscheinen, ist aber konsequent, wenn als Strafgrund des § 222 StGB allein der Todeserfolg angesehen wird. Hier war der Tod des B nicht Unrecht, da nur so das Leben des A gerettet werden konnte. A hat einfach „Glück gehabt", vergleichbar den Fällen, in denen z.B. die Vollendung eines Delikts im Versuch stecken bleibt und dieser von Gesetzes wegen nicht strafbar ist.

D. Schuld

Schuld

Hinsichtlich der Elemente Schuldfähigkeit und Unrechtsbewusstsein gilt dasselbe wie für die Vorsatztat.[738] 676

Fahrlässigkeitsschuld

Die Fahrlässigkeitsschuld als Korrelat zur Vorsatzschuld wird durch die Feststellung begründet, dass der Täter nach seinen persönlichen Fähigkeiten und dem Maß seines individuellen Könnens imstande war, die *objektive Sorgfaltspflichtverletzung zu erkennen und die sich daraus ergebenden Sorgfaltsanforderungen zu erfüllen.* 677

Bei den fahrlässigen Erfolgsdelikten müssen der tatbestandliche Erfolg und der Kausalverlauf in den wesentlichen Zügen auch subjektiv voraussehbar gewesen sein.

Unzumutbarkeit normgemäßen Verhaltens

Weiterhin ist zu beachten, dass im Unterschied zum vorsätzlichen Begehungsdelikt ein besonderer Entschuldigungsgrund existiert: Die Unzumutbarkeit normgemäßen Verhaltens.[739] Ob dabei ein normgerechtes Verhalten zugemutet werden kann, hängt einerseits von der beim Täter gegebenen Interessenlage ab. Andererseits spielt auch die Schwere der drohenden Rechtsgutsverletzung eine Rolle. Je bedeutender das Rechtsgut und je größer die Gefahr ist, desto eher ist dem Täter eine Preisgabe seiner eigenen Interessen zuzumuten. 678

hemmer-Methode: Probleme aus dem Fahrlässigkeitsbereich sind immer wieder Gegenstand von Klausuren, so dass diese Delikte bei der Examensvorbereitung nicht außer Acht gelassen werden sollten. Legen Sie dabei vor allem Wert auf die Unterschiede und die Abgrenzung zwischen den Vorsatz- und den Fahrlässigkeitsdelikten.

---

[738] Vgl. hierzu oben Rn. 387 ff.; 504.

[739] Zieschang, S. 110.

§ 5 VORSATZ-FAHRLÄSSIGKEITS-KOMBINATIONEN

A. Einführung

Vorsatz-Fahrlässigkeit

Neben reinen Vorsatzdelikten und reinen Fahrlässigkeitsdelikten existieren auch Delikte, die eine Kombination aus beiden Formen darstellen. Bei diesen Tatbeständen wird für die Handlung Vorsatz und für den spezifischen Verletzungs- oder Gefährdungserfolg (mindestens) Fahrlässigkeit vorausgesetzt (sog. Vorsatz-Fahrlässigkeits-Kombinationen). Insoweit ist zwischen zwei Formen zu unterscheiden: 679

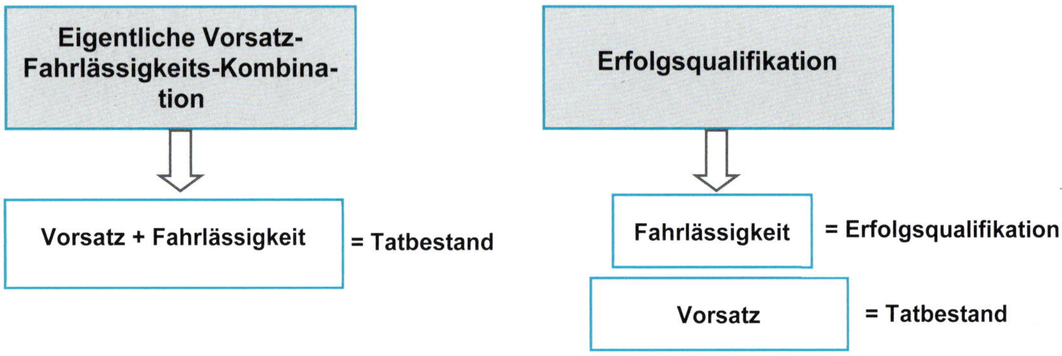

Eigentliche V-F-K

Die eigentlichen Vorsatz-Fahrlässigkeits-Kombinationen zeichnen sich dadurch aus, dass der Vorsatzteil für sich selbst alleine nicht strafbar ist.[740] 680

Bspe. hierfür sind etwa:

§§ 97 I, 315 V, 315a III Nr. 1, 315b IV, 315c III Nr. 1 StGB.

Erfolgsqualifikation

Die uneigentlichen Vorsatz-Fahrlässigkeits-Kombinationen (erfolgsqualifizierte Delikte i.S.d. § 18 StGB) hingegen knüpfen an die vorsätzliche Verwirklichung eines selbständig mit Strafe bedrohten Grunddelikts an, welches durch die Verwirklichung eines weitergehenden Erfolges, i.d.R. eine schwere Gesundheitsschädigung oder Tod, qualifiziert wird. 681

- ⇨ Fahrlässigkeit: z.B. §§ 221 II Nr. 2, III, 226 I, 227 I, 239 III, 308 II, 318 III/ IV StGB
- ⇨ Leichtfertigkeit: z.B. §§ 218 II S. 2 Nr. 2, 239a III, 239b II, 251, 306c, 308 III, 316a III StGB

§ 11 II StGB

Für beide Formen bestimmt § 11 II StGB, dass Vorsatz-Fahrlässigkeitskombinationen einheitlich als Vorsatzdelikte zu behandeln sind. Dies hat zur Folge, dass auch Teilnahme gem. §§ 26, 27 StGB und Versuch gem. §§ 22 ff. StGB grundsätzlich möglich sind. 682

Rechtsfolge der erfolgsqualifizierten Delikte ist ein im Vergleich zum rein fahrlässigen Erfolgsdelikt wesentlich erhöhter Strafrahmen.

[740] MüKo, § 11 Rn. 134.

B. Eigentliche Vorsatz-Fahrlässigkeits-Kombinationen

Eigentliche V-F-K

Bei den Tatbeständen der eigentlichen Vorsatz-Fahrlässigkeits-Kombinationen ist zu beachten, dass die Sorgfaltspflichtverletzung regelmäßig schon in der vorsätzlichen Tathandlung enthalten ist. 683

Hinweis

Für die Klausur von Bedeutung sind vor allem § 315b IV StGB (gefährlicher Eingriff in den Straßenverkehr) und § 315c III Nr. 1 StGB (Gefährdung des Straßenverkehrs).

C. Erfolgsqualifizierte Delikte[741]

I. Allgemeines

Die erfolgsqualifizierten Delikte basieren auf einer selbständig strafbaren Vorsatztat, die durch die Verwirklichung einer besonders schweren Folge, insbesondere schwere Körperverletzung oder Tod, qualifiziert wird. Wie bereits erwähnt, führt die Erfolgsqualifikation im Vergleich zum rein fahrlässigen Erfolgsdelikt zu einem erheblich erhöhten Strafrahmen. 684

⇨ §§ 223, 222, 52 StGB ⇨ bis zu 5 Jahre

⇨ § 227 StGB ⇨ 3 bis 15 Jahre (vgl. § 38 II StGB)

Leichtfertigkeit

Auf die vielfältige Kritik in der Literatur,[742] die Höhe der Strafe verstoße gegen das Schuldprinzip, hat der Gesetzgeber reagiert. In den neueren erfolgsqualifizierten Delikten ist nicht mehr jegliche Fahrlässigkeit ausreichend, sondern es wird ein gesteigerter Fahrlässigkeitsgrad gefordert, nämlich Leichtfertigkeit. Wo nunmehr Leichtfertigkeit gefordert wird, ist eine gesteigerte, erfolgsrelevante Sorgfaltspflichtverletzung erforderlich, d.h. ein erhöhter Grad an Fahrlässigkeit, der etwa der groben Fahrlässigkeit im Zivilrecht entspricht.[743] Allerdings ist hier im Gegensatz zum Zivilrecht auf die persönlichen Fähigkeiten des Täters abzustellen.[744] 685

hemmer-Methode: Im Zuge der Strafrechtsreform von 1998 wurde bei allen Delikten, bei denen „Leichtfertigkeit“ verlangt wird, das Wörtchen „wenigstens“ eingefügt. Damit hat sich der frühere Streit, ob diese Delikte auch (und erst recht) vorsätzlich erfüllt werden können, erledigt. Näher hierzu Hemmer/Wüst, Strafrecht BT I, Rn. 75.

II. Besonderheiten im Aufbau

Aufbau

Aus den Besonderheiten des erfolgsqualifizierten Delikts, dass hinsichtlich der schweren Folge gem. § 18 StGB grundsätzlich Fahrlässigkeit genügt und zwischen Grunddelikt und schwerer Folge ein spezifischer Zusammenhang bestehen muss, resultiert ein vom klassischen Vorsatzdelikt in Teilen abweichender Aufbau. Hierzu folgendes Aufbauschema: 686

[741] Ausführlich hierzu Berberich, Die erfolgsqualifizierten Delikte und das „Pyramidenprinzip“, Life&Law 2009, S. 201 ff.

[742] Vgl. etwa Paeffgen, JZ 1989, S. 220.

[743] Vgl. Fischer, § 15 Rn. 20; BGHSt 33, S. 67.

[744] Fischer, a.a.O.

Aufbauschema

Erfolgsqualifiziertes Delikt

I. Tatbestandsmäßigkeit

1. Verwirklichung des Grunddelikts

   Objektiver und subjektiver Tatbestand des vorsätzlichen Grunddelikts

2. Schwere Folge

   a) Eintritt des qualifizierenden Erfolges

   b) Kausalität zwischen Grundtatbestand und qualifizierendem Erfolg

   c) Objektive Fahrlässigkeit bzw. Leichtfertigkeit bzgl. der Erfolgsherbeiführung, d.h. objektive Vorhersehbarkeit

3. Tatbestandsspezifischer Gefahrzusammenhang zwischen Grunddelikt und schwerer Folge

II. Rechtswidrigkeit

Wie bei Vorsatztat

III. Schuld

1. Schuldfähigkeit

2. Schuldform

   Subjektive Fahrlässigkeit / Leichtfertigkeit bzgl. schwerer Folge

3. Unrechtsbewusstsein

4. Ggfs. spezielle Schuldmerkmale

5. Fehlen von Entschuldigungsgründen

IV. / V. Wie beim Vorsatzdelikt

hemmer-Methode: Abweichend von dem soeben dargestellten Kombinationsaufbau kann man auch „getrennt“ aufbauen. Dies bedeutet, dass zuerst der Grundtatbestand komplett (geordnet nach Tatbestand, Rechtswidrigkeit und Schuld) durchgeprüft wird und erst anschließend die Voraussetzungen der Erfolgsqualifikation eigenständig geprüft werden. Dieser alternative Aufbau empfiehlt sich vor allem dann, wenn im Ergebnis die Erfolgsqualifikation, etwa wegen fehlenden tatbestandsspezifischen Gefahrzusammenhangs, abgelehnt wird. Zu beachten ist im Rahmen des Aufbaus aber, dass bei der Prüfung der Erfolgsqualifikation dann nicht mehr auf Rechtswidrigkeit und Schuld einzugehen ist, da diese bereits beim Grundtatbestand geprüft wurden.

Besonderheiten

Hinsichtlich der Fahrlässigkeit / Leichtfertigkeit bzgl. der schweren Folge liegt regelmäßig bereits in der vorsätzlichen Verwirklichung des Grunddelikts die objektive Sorgfaltspflichtverletzung, soweit es um die Außerachtlassung der im Verkehr erforderlichen Sorgfalt und die objektive Vermeidbarkeit der Tatbestandsverwirklichung geht.[745] Die h.M. folgert daraus, dass sich die Fahrlässigkeitsprüfung des § 18 StGB auf die *Vorhersehbarkeit der besonderen Tatfolge* beschränkt.[746] 687

III. Tatbestandsspezifischer Gefahrzusammenhang

Gefahrzusammenhang

Wie bereits erwähnt, muss sich die dem Grunddelikt innewohnende tatbestandsspezifische Gefahr in dem besonderen Erfolg realisiert haben (sog. *tatbestandsspezifischer Gefahrzusammenhang* oder auch *Unmittelbarkeitserfordernis* genannt). 688

[745] BGHSt 24, S. 213 = **juris**byhemmer.

[746] Andere Ansicht etwa Zieschang, S. 107.

Gerade die Gefährlichkeit des Grunddelikts und nicht ein anderes Gefahrmoment muss Ursache der besonderen Folge gewesen sein. Hierbei kann im Wesentlichen auf die Kriterien zurückgegriffen werden, die bereits i.R.d. objektiven Zurechnung des Erfolgs vorgestellt wurden.

Insbesondere im Bereich des § 227 I StGB herrscht Streit darüber, ob diese Vorschrift auch dann einschlägig ist, wenn der Täter bzgl. der Todesfolge vorsätzlich handelt. So wird zum einen vertreten, dass dann schon der Tatbestand nicht einschlägig sei.[747] Dies ist aber im Hinblick auf den Wortlaut des § 18 StGB abzulehnen, der „wenigstens" Fahrlässigkeit voraussetzt. Damit ist aber – selbst wenn der Unterschied zwischen Fahrlässigkeit und Vorsatz nicht rein quantitativer Natur ist – auch der Fall umfasst, dass der Täter vorsätzlich handelt.[748] In diesem Fall greift also § 227 I StGB grundsätzlich ein, tritt aber auf der Konkurrenzebene hinter die vorsätzliche Tötung zurück.[749]

Zur besseren Übersichtlichkeit lassen sich darüber hinaus folgende Fallgruppen bilden:[750]

1. Dritt- und Opferverhalten

a) Grunddeliktsneutrales Verhalten

Grunddeliktsneutrales Verhalten

Handelt es sich um Schadensentwicklungen, die nicht mit grunddeliktsspezifischen Verletzungsvorgängen zusammenhängen, sondern nur auf die Verletzung als solche zurückzuführen sind (sog. grunddeliktsneutrales Verhalten) und verwirklicht sich eine neue Gefahr, so ist die Unmittelbarkeit bzw. der tatbestandsspezifische Gefahrzusammenhang regelmäßig zu verneinen.[751] 689

> ***Bsp.:*** *A schlägt B nieder, der jedoch nur leicht verletzt wird. C nutzt diese Chance aus und erschießt B. Strafbarkeit von A gem. § 227 I StGB (-).*

b) Grunddeliktbedingtes Verhalten

Grunddeliktbedingtes Verhalten

Beim grunddeliktbedingten Dritt- oder Opferverhalten, wie z.B. einem Behandlungsfehler des Arztes, scheidet eine Zurechnung i.R.d. Unmittelbarkeitserfordernisses nur dann aus, wenn mit dieser Fehlreaktion im Allgemeinen nicht gerechnet werden braucht, also ein grob pflicht- oder sachwidriges Handeln gegeben ist.[752] 690

Täterhandlungen

2. Beeinflussung des Kausalverlaufs zwischen Primär- und Sekundärverletzung durch den Täter

a) Nachträgliche vorsätzliche Tötung durch aktives Tun

> ***Bsp.:*** *A schlägt B mit der Faust nieder. Dieser ist zwar schwer, aber nicht lebensgefährlich verletzt. Um den einzigen Zeugen für diese Tat aus der Welt zu schaffen, erschießt A sodann B.* 691
>
> Hier liegt keine Körperverletzung mit Todesfolge gem. § 227 I StGB vor, da A durch seine spätere vorsätzliche Tötungshandlung den Gefahrzusammenhang durchbrochen hat.

---

[747] So die h.L., vgl. NK, § 227 Rn. 35 m.w.N.

[748] Zieschang, S. 104.

[749] Vgl. zu den Ausnahmen von diesem Grundsatz Fischer, § 227 Rn. 12.

[750] Vgl. Rengier, Erfolgsqualifizierte Delikte und verwandte Erscheinungsformen, S. 133 ff.

[751] Schönke/Schröder, Vorbem. §§ 13 ff. Rn. 102.

[752] Vgl. hierzu eingehend Hemmer/Wüst, StrafR BT II, Rn. 102.

b) Nachträgliches vorsätzliches Unterlassen

Bsp.: Wie oben, B ist diesmal jedoch so schwer verletzt, dass er, um am Leben zu bleiben, sofortige ärztliche Hilfe benötigt. A erkennt dies auch, entfernt sich aber dennoch vom Tatort. 692

In Betracht käme, A wegen Körperverletzung mit Todesfolge in Tateinheit mit Totschlag durch Unterlassen gemäß §§ 227 I, 212 I, 13 I, 52 StGB zu bestrafen, da A durch die Verletzungshandlung das tödliche Risiko geschaffen hat, das sich schließlich auch verwirklicht hat. Dagegen spricht jedoch, dass der Täter durch den Tötungsvorsatz das Geschehen viel intensiver beherrscht, so dass eine Zäsur geschaffen wird, die den Zusammenhang zwischen Grunddelikt und Erfolg durchbricht.

c) Nachträgliche fahrlässige Tötung durch aktives Tun

Bsp.: A bringt den durch den Faustschlag nur leicht verletzten B ins Krankenhaus. Dabei verschuldet er fahrlässig einen Verkehrsfall, bei dem B verstirbt. 693

Hier ist kein Fall des § 227 I StGB gegeben. Zu strafen wäre lediglich nach §§ 223 I, 222, 53 StGB. Es besteht kein tatbestandsspezifischer Gefahrzusammenhang.

Anders wäre aber dann zu entscheiden, wenn die spezifischen Bedingungen der Handlung, wenn auch modifiziert durch nachfolgende Handlungen des Täters, fortwirken.

Bsp.: Sachwidrige Versorgung des schwer verletzten Opfers.

d) Nachträgliche fahrlässige Tötung durch Unterlassen

Wie oben b), A erkennt jedoch infolge von Fahrlässigkeit die Intensität der Verletzungen nicht und verlässt den vermeintlich nur leicht verletzten B. 694

Hierbei ist zu beachten, dass der Fahrlässigkeitsvorwurf i.R.d. erfolgsqualifizierten Delikts nicht auf die nachträgliche Fahrlässigkeit gestützt werden kann, diese muss bereits i.R.d. Grunddeliktshandlung gegeben sein. Kann man dies bejahen, so steht der Verwirklichung des § 227 I StGB grundsätzlich nichts entgegen, da anders als bei dem unter b) dargestellten Fall keine Zäsur durch ein vorsätzliches Verhalten geschaffen wird.

3. Handlungs- oder Erfolgsunrecht

Anknüpfungspunkt der Erfolgsqualifikation

Weiterhin ist fraglich, ob der tatbestandsspezifische Gefahrzusammenhang bereits dann bejaht werden kann, wenn die schwere Folge nicht aufgrund des Erfolgs des Grunddelikts eingetreten ist, sondern allein infolge der Handlung. Dies kann allerdings nicht pauschal beantwortet werden, vielmehr sind die Besonderheiten des jeweiligen Tatbestandes zu beachten. 695

Handlungsgefährlichkeit

Als Beispiel für eine Handlungsgefährlichkeit ist etwa § 251 StGB zu nennen, da nicht die Wegnahme als Taterfolg lebensgefährlich ist, sondern der Einsatz der qualifizierten Nötigungsmittel, welche dies ermöglichen. 696

Bsp.: Wenn A dem B ein lebenswichtiges Medikament raubt und B daraufhin verstirbt, so ist A nicht nach § 251 StGB strafbar, weil sich im Tod des B nicht die typische Gefahr des Grunddelikts verwirklicht hat. Diese liegt bei § 249 I StGB in der Anwendung des qualifizierten Nötigungsmittels, nicht aber in der Wegnahme.

Erfolgsgefährlichkeit

Im Bereich der Erfolgsgefährlichkeit gibt es nahezu keinen einzigen unumstrittenen Fall. Im Folgenden werden nur kurze Anmerkungen gegeben, da sich hierzu bei der Erörterung der einzelnen Tatbestände in den BT-Skripten vertiefte Darstellungen finden: 697

§ 227 I StGB[753]

Die frühere Rspr.[754] forderte, dass zwischen dem Körperverletzungs-Erfolg und dem Todeseintritt i.R.d. § 227 I StGB der spezifische Gefahrzusammenhang besteht. Die Todesfolge musste sich demnach aus einer „tödlichen Wunde“ (lat.: vulnus letale) ergeben, sog. „Letalitätstheorie“. Der BGH und die ihm insoweit folgende h.M. in der Literatur beziehen hingegen auch die Körperverletzungshandlung, soweit bereits ihr das Risiko eines tödlichen Ausgangs anhaftet, in den Gefahrzusammenhang mit ein.[755] 698

§ 306c StGB[756]

Auch i.R.d. Brandstiftung mit Todesfolge gem. § 306c StGB dürfte vieles dafür sprechen, ebenfalls die Brandstiftungshandlung als Anknüpfungspunkt für die Todeserfolgsqualifikation anzusehen. § 306c StGB fordert, dass der Tod „durch eine Brandstiftung“ verursacht werden muss. Typischerweise gefährlich ist nach vorzugswürdiger Auffassung bereits die Brandstiftungshandlung und nicht erst der eingetretene Erfolg. 699

hemmer-Methode: Wie bereits erwähnt, kann an dieser Stelle keine erschöpfende Darstellung erfolgen, sondern es wird auf die Ausführungen zu den einzelnen Deliktsarten verwiesen. Als Grundregel kann man sich jedoch merken, dass fast immer die Handlungsgefährlichkeit des Grunddelikts Anknüpfungspunkt für die Erfolgsqualifikation ist. Konsequenz hieraus ist, dass grds. ein sog. erfolgsqualifizierter Versuch möglich ist. Zu diesem sehr examensrelevanten Bereich lesen Sie bitte eingehend Hemmer/Wüst, StrafR AT II Rn. 36 ff., BT I Rn. 76 ff.

IV. Beteiligung

Beteiligung

Beteiligen sich an einem erfolgsqualifizierten Delikt mehrere Personen als Mittäter, Anstifter oder Gehilfen, vgl. §§ 25 II, 26, 27 I StGB, so ist nach Bejahung des einschlägigen Grunddelikts für jeden Beteiligten nach §§ 29, 18 StGB gesondert zu prüfen, ob ihm hinsichtlich der schweren Folge wenigstens Fahrlässigkeit bzw. Leichtfertigkeit zur Last fällt. 700

hemmer-Methode: Teilnahme ist grundsätzlich nur an einer vorsätzlichen rechtswidrigen Haupttat möglich, vgl. §§ 26, 27 I StGB. Vergessen Sie deshalb nicht bei den Vorsatz-Fahrlässigkeits-Kombinationen den § 11 II StGB mitzuzitieren, da dort klargestellt wird, dass diese Delikte wie Vorsatzdelikte zu behandeln sind.

Bsp.: *A gibt T 1.000 € dafür, dass T den O mit einem Baseballschläger verprügelt. A ist bekannt, dass T gelegentlich über die Stränge schlägt. T verprügelt O mit einem Baseballschläger so, dass dieser kurze Zeit später an den Folgen verstirbt. Strafbarkeit von A und T?* 701

Bezogen auf T ist der Sachverhalt zu dünn, um eine Strafbarkeit wegen Totschlags gemäß § 212 I StGB zu bejahen. Denn bei der Bejahung eines Tötungsvorsatzes ist von einer hohen Hemmschwelle des Täters auszugehen.[757]

---

753 Vgl. vertiefend Hemmer/Wüst, StrafR BT II, Rn. 101.

754 RGSt 44, S. 137.

755 BGHSt 14, S. 110; BGHSt 48, S. 34, 37 f. = jurisbyhemmer; Fischer, § 227 Rn. 3a m.w.N.

756 Vgl. vertiefend Hemmer/Wüst, StrafR BT II, Rn. 305 ff.

757 Anders wäre der Fall zu beurteilen, wenn T dem O laut Sachverhalt mit dem Baseballschläger gezielt auf den Kopf geschlagen hätte. Dann wäre Tötungsvorsatz zu bejahen.

T hat sich jedenfalls gemäß § 227 I StGB strafbar gemacht. Insbesondere hat sich hier die typische Gefahr der zugefügten Verletzungen im Tod des O verwirklicht.

A hat T zum Grundtatbestand der gefährlichen Körperverletzung angestiftet, §§ 223 I, 224 I Nr. 2 Alt. 2, 5, 26 StGB. Da A bekannt war, dass T gelegentlich auch härter zuschlägt, ist ihm bzgl. der Todesfolge ebenfalls Fahrlässigkeit vorzuwerfen. A hat sich demnach gem. §§ 227 I, 26 StGB strafbar gemacht.

hemmer-Methode: Merken Sie sich für die Beteiligung am erfolgsqualifizierten Delikt, dass sich die Art der Beteiligung nach der Art der Beteiligung am Grunddelikt richtet. Sie haben also nur noch zu prüfen, ob der konkret Beteiligte auch selbst hinsichtlich des konkreten Erfolgseintritts fahrlässig gehandelt hat (vgl. Wortlaut des § 18 StGB: „ihm").

WIEDERHOLUNGSFRAGEN .... Randnr.

Einleitung

1. Was ist bei dem Aufbau einer Strafrechtsklausur zu beachten? .... *2 ff.*

2. Auch bei Beteiligung mehrerer ist also die Klausurlösung in Handlungskomplexe einzuteilen. Innerhalb der Handlungskomplexe wird dann nach Personen unterschieden. Welche Prüfungsreihenfolge folgt zwingend aus dem Grundsatz der materiell-rechtlichen Akzessorietät der Teilnahme, wenn nach der Strafbarkeit mehrerer Personen gefragt ist? *5*

3. Straftat ist jedes Verhalten, durch das ein Strafgesetz verletzt worden ist. Was sind Strafgesetze? *8*

4. Nennen Sie mindestens fünf strafrechtliche Nebengesetze! *9*

5. Erläutern Sie das sog. dualistische Rechtsfolgenprinzip, dem das deutsche Strafrecht folgt! *10*

6. Wann liegt ein Verbrechen, wann ein Vergehen vor? .... *12 ff.*

7. Welcher maßgebliche Grundsatz kennzeichnet die Garantiefunktion des Strafgesetzes? .... *16 ff.*

8. Welche vier Grundregeln werden aus der Garantiefunktion des Strafgesetzes, also aus dem nullum crimen sine lege - Grundsatz abgeleitet? .... *16 ff.*

9. Der strafrechtliche Vorwurf knüpft immer an ein bestimmtes Verhalten an, das sich in einem aktiven Tun oder einem Unterlassen äußern kann. Diese an sich klare Einteilung klärt aber noch nicht, welche Anforderungen an eine strafrechtlich relevante Handlung zu stellen sind. Nennen Sie die drei überwiegend vertretenen Handlungslehren und die daraus folgenden Konsequenzen für den Prüfungsaufbau! .... *26 ff.*

10. Wie ist ein Delikt nach dem modernen Verbrechenssystem zu prüfen? *36*

11. Die h.M. folgt also einem dreistufigen Verbrechensaufbau. Skizzieren Sie als Gegenansicht, die sog. Lehre von den negativen Tatbestandsmerkmalen! *36*

12. Nicht jedes menschliche „Handeln“ erfüllt auch in strafrechtlicher Hinsicht den Handlungsbegriff. Nennen Sie zwei klassische Beispiele für eine Nichthandlung! .... *37 ff.*

13. Erläutern Sie kurz die Systematik des Strafgesetzbuchs! ... 46

14. Welcher Grundsatz gilt für die Anwendbarkeit des deutschen Strafrechts? ... 48 ff.

15. Welche Ausnahmetatbestände hiervon kennen Sie? ... 57 ff.

16. Welcher Zeitpunkt ist für die Strafbarkeit einer Tat maßgeblich? ... 62

Das vorsätzliche Begehungsdelikt

Der objektive Tatbestand

17. Die Elemente des objektiven Tatbestandes beschreiben diejenigen Umstände, welche das äußere Erscheinungsbild der Tat bestimmen, sog. äußere Unrechtsmerkmale. Welche fünf Bereiche lassen sich generell im objektiven Tatbestand unterscheiden? ... 64

18. Zur Einteilung im Hinblick auf den Täter: Unterscheiden Sie Allgemeindelikte, Sonderdelikte und eigenhändige Delikte! ... 66 ff.

19. Man unterscheidet echte und unechte Sonderdelikte. Erklären Sie diese! ... 67

20. Welche Deliktseinteilungen im Bereich der Tathandlung kennen Sie? ... 72 ff.

21. Grenzen Sie die Begehungsdelikte von den Unterlassungsdelikten ab! ... 72 f.

22. Nach dem Grad der Ausführungshandlung bestehen bei Delikten Unterschiede. Hier lassen sich Vollendungs- und Unternehmensdelikte unterscheiden. Das Vollendungsdelikt führt nur dann zur Strafbarkeit, wenn alle Tatbestandsmerkmale verwirklicht sind. Zuvor kommt eine Strafbarkeit wegen Versuchs nur unter den Voraussetzungen des § 23 I StGB in Betracht. Welche Arten von Unternehmensdelikten kennen Sie? ... 77

23. Wie sind Zustandsdelikte von Dauerdelikten zu unterscheiden? ... 80 ff.

24. Wo wirkt sich die Unterscheidung von Zustands- und Dauerdelikt aus? ... 83

25. Delikte lassen sich auch nach dem Taterfolg einteilen. Grenzen Sie insofern die Erfolgsdelikte von den schlichten Tätigkeitsdelikten ab! ... 84 ff.

26. Welches ungeschriebene objektive Tatbestandsmerkmal ist zusätzlich bei Erfolgsdelikten zu prüfen? ... 84

27. Hinsichtlich des Taterfolgs lassen sich Verletzungsdelikte und Gefährdungsdelikte unterscheiden. Bei den Verletzungsdelikten ist die Schädigung des Handlungsobjekts erforderlich, vgl. z.B. Körperverletzung und Totschlag. Bei Gefährdungsdelikten genügt die Gefährdung des Handlungsobjekts. Differenzieren Sie zwischen konkreten und abstrakten Gefährdungsdelikten! ... 86 f.

28. Was sind erfolgsqualifizierte Delikte? ... 91

29. Was sind deskriptive und was normative Tatbestandsmerkmale? ... 92

30. In den Strafvorschriften des StGB finden sich Gruppen zusammengehöriger Straftatbestände, die sich mit dem Schutz desselben Rechtsgutes befassen. An ein bestimmtes Grunddelikt, z. B. den Totschlag gem. § 212 StGB, knüpfen sich verschiedene Abwandlungen mit leichterer oder schwerer Rechtsfolge. Welche Tatbestandsabwandlungen kennen Sie? ... 95 ff.

31. Wie unterscheiden sich Abwandlungen von Regelbeispielen und sonstigen Strafzumessungsregeln? ... 99

32. Welche Theorie wird zur Kausalität überwiegend vertreten? ... 103 ff.

33. Welche Theorien zur Kausalität kennen Sie neben der Äquivalenztheorie? ... 105 ff.

Der subjektive Tatbestand

Die Strafausschließungs- und Strafaufhebungsgründe, Prozessvoraussetzungen

Das vorsätzliche Unterlassungsdelikt

162. Woraus kann sich eine Beschützergarantenstellung ergeben? ... *567*

163. Worauf kommt es bei der freiwilligen Übernahme von Schutz- und Beistandspflichten an? ... *578*

164. Was ist ein Überwachergarant? ... *585*

165. Woraus kann sich eine Überwachergarantenstellung ergeben? ... *585*

166. Kann ausnahmsweise auch ein rechtmäßiges bzw. verkehrsgerechtes Vorverhalten eine Garantenstellung aus Ingerenz begründen? ... *592*

167. Zu unterscheiden ist die Beteiligung an einem Unterlassungsdelikt durch positives Tun und durch pflichtwidriges Unterlassen. Erläutern Sie zunächst die Möglichkeit der Beteiligung durch positives Tun! ... *597 ff.*

168. Ist eine Beteiligung durch Unterlassen an einem Unterlassungsdelikt möglich? ... *601*

169. Was besagt die Entsprechungsklausel des § 13 I Hs. 2 StGB? ... *606*

170. In welchen Fällen wird die Entsprechungsklausel nur relevant? ... *607*

171. Nennen Sie einen klassischen Fall zur Entsprechungsklausel! ... *607*

172. Welcher Rechtfertigungsgrund ist beim Unterlassungsdelikt besonders zu beachten? ... *610*

173. Als Entschuldigungsgrund wird der Einwand der Unzumutbarkeit normgemäßen Verhaltens diskutiert, wenn der rechtfertigende Notstand gem. § 34 StGB und der entschuldigende Notstand gem. § 35 StGB nicht greifen. Beispiel: T kann aus einem brennenden Haus entweder seine Mutter oder seine Freundin retten. Für eine zweite Rettung fehlt die Zeit, da das Haus einzustürzen droht. T rettet seine Freundin, seine Mutter verbrennt daraufhin. T wäre wegen Totschlags durch Unterlassen bzgl. seiner Mutter zu bestrafen, weil nur ihr gegenüber eine Garantenpflicht besteht. Ist T wegen Unzumutbarkeit normgemäßen Verhaltens entschuldigt? ... *613 ff.*

Das Fahrlässigkeitsdelikt

174. Wann ist fahrlässiges Handeln strafbar? ... *616 ff.*

175. Definieren Sie den Begriff "Fahrlässigkeit"! ... *618*

176. Welche Formen der Fahrlässigkeit lassen sich unterscheiden? ... *619-621*

177. Welche Arten der Fahrlässigkeit lassen sich dem Grad nach unterscheiden? ... *622 f.*

178. Wann handelt ein Täter leichtfertig? ... *623*

179. Nennen Sie Beispiele für Delikte, die ein leichtfertiges Handeln voraussetzen! ... *623*

180. In welchem Verhältnis stehen Vorsatz und Fahrlässigkeit zueinander? ... *624*

181. Welche Normen des Allgemeinen Teils des StGB finden auf Fahrlässigkeitsdelikte keine Anwendung? ... *626 ff.*

182. Wie bauen Sie die Prüfung eines Fahrlässigkeitsdelikts auf? ... *631*

183. Was ist i.R.d. objektiven Sorgfaltspflichtverletzung zu prüfen? ... *639 ff.*

184. Woraus können sich Sorgfaltspflichten ergeben? ... *641*

185. Wonach bestimmen sich Art und Maß der Sorgfaltspflicht? ... *642-645*

186. Wie ist die objektive Vorhersehbarkeit zu bestimmen? ... *646*

187. Was ist unter objektiver Zurechenbarkeit zu verstehen? ... *647*

188. I.R.d. Prüfungspunktes „Pflichtwidrigkeitszusammenhang“ ist danach zu fragen, wie das Geschehen verlaufen wäre, wenn der Täter sich einwandfrei verhalten und im Handlungsvollzug die Grenzen des „erlaubten Risikos“ nicht überschritten hätte. Umstritten ist, welche Anforderungen an diese Vermeidbarkeit zu stellen sind. Welche Ansichten werden hier vertreten? ... *652-657*

189. Nennen Sie Fallgruppen, die zum Ausschluss des Pflichtwidrigkeitszusammenhangs führen können! ... *660 ff.*

190. Was ist i.R.d. Rechtfertigungsgründe bei Fahrlässigkeitsdelikten zu beachten? ... *674*

191. Welcher Entschuldigungsgrund wird bei Fahrlässigkeitsdelikten zusätzlich diskutiert? ... *678*

Die Vorsatz-Fahrlässigkeits-Kombinationen

192. Bei den sog. Vorsatz- Fahrlässigkeits-Kombinationen wird für die Handlung Vorsatz und für den spezifischen Verletzungs- oder Gefährdungserfolg mindestens Fahrlässigkeit vorausgesetzt. Welche Vorsatz-Fahrlässigkeits-Kombinationen lassen sich unterscheiden? ... *679 ff.*

193. Welche Auswirkung hat § 11 II StGB? ... *682*

194. Wie wird das erfolgsqualifizierte Delikt aufgebaut? ... *686*

195. Was ist unter dem Begriff "tatbestandsspezifischer Gefahrzusammenhang" zu verstehen? ... *688*

196. Nennen Sie Fälle, in denen wegen eines Dritt- bzw. Opferverhaltens das Unmittelbarkeitserfordernis fehlt! ... *689 ff.*

197. Wann fehlt bei erfolgsqualifizierten Delikten das Unmittelbarkeitserfordernis, wenn der Täter selbst den Kausalverlauf beeinflusst? ... *691 ff.*

198. Wie bereits angesprochen, ist bei einem erfolgsqualifizierten Delikt eine Teilnahme wegen § 11 II StGB möglich. Was ist dabei zu beachten? ... *700*

Die Zahlen verweisen auf die Randnummern des Skripts